Ffarwel i'r Grassholm Gribog:
MOELFRE A'R MÔR

Penbonc – arferai'r llwybr i Borth yr Ynys, Y Swnt, fynd o flaen Penbonc.

Moelfre o Ynys Moelfre.

Ffarwel i'r Grassholm Gribog:
MOELFRE A'R MÔR

Robin Evans

Gwaelod Pen Stryd.

Argraffiad cyntaf: 2009

© testun: Robin Evans/y cyhoeddiad Gwasg Carreg Gwalch

Rhif rhyngwladol: 978-1-84527-245-6

Mae'r cyhoeddwr yn cydnabod cefnogaeth ariannol
Cyngor Llyfrau Cymru

Cynllun clawr: Sian Parri

Cyhoeddwyd gan Wasg Carreg Gwalch,
12 Iard yr Orsaf, Llanrwst, Conwy, LL26 0EH.
Ffôn: 01492 642031 Ffacs: 01492 641502
e-bost: llyfrau@carreg-gwalch.com
lle ar y we: www.carreg-gwalch.com

Argraffwyd a chyhoeddwyd yng Nghymru.

Er Cof am fy Nhad
Capten Robert Owen Evans
(Bob Teras)
1918-1988

ac yn gyflwynedig i fy Mam, Lil Evans, a'm brawd, Brian

Diolchiadau

Mae fy nyled i lu o unigolion yn enfawr. Dechreuais gyfweld trigolion y pentref yn 1989 a thrwyddynt hwy y dechreuais ar y broses o gofnodi hanes y pentref a chyhoeddi erthyglau. Daethant oll yn gyfeillion annwyl ac er i nifer ein gadael erbyn hyn, mae'u hanes hwy, eu teuluoedd a'u cymdogion ar gof a chadw drwy gyfrwng archif Moelfre. Hyderaf fod y llyfr hwn yn rhoi blas teilwng o'u hanes hwy a'u cyfraniad amhrisiadwy wrth gofnodi hanes eu cymuned.

Diolch hefyd i bawb sydd wedi cyfrannu lluniau ar gyfer y gyfrol – cydnabyddir perchnogion y lluniau isod.

Bu'r dosbarth nos hanes a drefnwyd gan y Cynghorydd Derlwyn Hughes gyda chefnogaeth Cyngor Cymuned Moelfre dros fisoedd y gaeaf 2007-8 yn allweddol i'r gwaith o baratoi'r llyfr. Bu'r dosbarth yn gweithredu fel grŵp cynghori a golygu wrth ddethol a dewis cynnwys y llyfr. Diolch yn fawr iawn felly i: Dafydd Evans, David ac Eirys Evans, Lil Evans, Ifor ac Olwen Griffiths, Gwilym a Nel Hawes, Eira Jones, Gwyneth Jones, John Jones, Dr Graham Loveluck a Llio Rhydderch, David Arbonne Owens, Owen Owens, John Parry, Dr Huw Lewis Roberts, Robin a Linda Thomas, Megan Williams.

Rwy'n ddyledus hefyd i'r holl awduron a gweisg a roddodd ganiatâd i mi gynnwys eu gwaith yn y llyfr hwn. Diolch i Olwen, Gerallt ac Awen Hughes am eu cymorth ac i Rhian Mair a Rhian Pierce am wirio nifer o fy erthyglau i. Mae cynnwys y map o enwau lleoedd yn ffrwyth llafur Aeron Rees a Mel Parry a diolch iddynt am eu gwaith a'r cyfle i'w gyhoeddi. Nodir tarddiad pob cyfraniad ar eu diwedd a dylid nodi fod troednodiadau yn cadw at y drefn yr ymddangosant yn wreiddiol. Cafwyd mân olygu ar rai erthyglau o'm heiddo i er mwyn osgoi ailadrodd, er bod hynny yn anorfod mewn mannau oherwydd natur y gyfrol. Mae gweddill y cynnwys yn cadw'n union at y gwreiddiol.

Rhaid diolch i staff Llyfrgell Genedlaethol Cymru, Archifau Môn, Gwynedd a Phrifysgol Bangor am eu llafur a'u hamynedd wrth ymdrin â fy amrywiol ofynion dros flynyddoedd maith. Diolch i Bartneriaeth Moelfre, Cyngor Cymuned Moelfre a Chyngor Sir Ynys Môn am eu cefnogaeth. Diolch arbennig i Myrddin ap Dafydd am ei gefnogaeth amhrisiadwy a phawb yng Ngwasg Carreg Gwalch am eu gwaith proffesiynol.

Diolch i fy Mam, Lil Evans, fy mrawd Brian, fy ngwraig, Janet a'r genod Mari, Lleucu ac Annes am eu cariad, eu cefnogaeth a'u hamynedd dros y blynyddoedd.

Lluniau (yn ôl eu tudalennau)

Dafydd a Pat Parry 47 gwaelod
Dr Huw Lewis Roberts 38 top de; 68 top; 70 top
David ac Eirys Evans 47 top
Dr Graham Loveluck a Llio Rhydderch 71
Louise a Gwynfor Bulkeley a Barbara Spencer 72 top
John Hughes, Seaview Terrace 120 gwaelod; 73 top;
　　73 gwaelod chwith
Linda Thomas 72 gwaelod; 73 gwaelod de
William Roberts (cyn-gocsyn y bad achub)
　　74 top chwith
Owen Owens 74 gwaelod; 75; 76 top; 77 gwaelod
Edwina Owen 78 gwaelod; 77 top
Jane Owen 76 gwaelod; 78 top

Lil Evans 80 top
Jabez Francis 80 gwaelod chwith
Bedwyr Rees 80 gwaelod de
Kitty Griffiths (drwy law Eira Jones) 2; 4; 9; 76 canol;
　　79 top
Bryan Hope 60 top
Trevor Morgan (Cumbria) 99 top
Valerie Williams (Lewis gynt) 60 gwaelod; 99 gwaelod;
　　74 top de
Robin Evans 33-37; 38 gwaelod; 39-46; 48; 65-67; 68
gwaelod; 69 gwaelod; 70 gwaelod; 79 gwaelod
Gwasg Carreg Gwalch 120 top
Wenna Jones 69 top

Cynnwys

Atodiadau

Mynegeiau

*Tai Moranedd a adeiladwyd gan Mrs Jones, Gwredog gan efelychu tai
ardal y Cotswolds.*

Rhagair

Mae pentref Moelfre, ar arfordir dwyreiniol Môn, yn un o bentrefi glan môr mwyaf adnabyddus Cymru. Daeth sylw i'r pentref yn rhannol oherwydd gwrhydri criwiau ei bad achub, oherwydd trychinebau fel suddo'r *Royal Charter* yn 1859 ac, yn fwy diweddar, fel canolfan dwristiaeth. Ond mae sawl agwedd arall i hanes y pentref sy'n golygu ei bod yn bentref morwrol o bwys. Bu'r pentref yn fagwrfa i longwyr a hwyliai i bedwar ban byd yn cyflawni pob math o ddyletswyddau ar bob math o longau dros y canrifoedd. Bu cyfran helaeth o'r rhai a aeth i'r môr yn gapteiniaid llongau a hwyliai'r arfordir gydag eraill yn gapteiniaid ar longau a hwyliai i rhai o wledydd mwyaf egsotig y byd. Bu'r pentref yn ganolfan bysgota bwysig am gyfnod maith, nid yn unig o safbwynt cynhaliaeth feunyddiol ond hefyd fel diwydiant eithaf sylweddol. Roedd chwareli'r fro yn bwysig iawn yn ei hanes, nid yn unig fel cyflogwr o bwys ar adegau ond fel sbardun i weithgaredd morwrol – daeth nifer o drigolion y fro yn berchnogion llongau o ganlyniad i'r fasnach leol mewn cerrig.

Mae'n amlwg fod y môr yn allweddol i hanes Moelfre ac roedd hynny'n wir am bob agwedd ar fywyd y pentref. O brofiadau plant wrth dyfu i fyny i fywyd crefyddol y pentref, o safbwynt merched y gymuned a'r ymwelwyr cyson, yn ei bywyd cymdeithasol a diwylliannol – roedd y môr bob amser yn bresennol. Ond lleolir Moelfre o fewn plwyf gwledig ar yr arfordir ac mae'r berthynas rhwng y pentref morwrol a chefn gwlad yn un sydd wedi dylanwadu ar ddatblygiad y pentref a'r plwyf.

Yn y llyfr hwn casglwyd ynghyd nifer o erthyglau ac ysgrifau o amryw gylchgronau a llyfrau, ac mae'r amrediad o ffynonellau yn tystio i'r diddordeb fu yn y gymuned hon dros y blynyddoedd. Y nod cyntaf yw cyflwyno agweddau ar hanes morwrol Moelfre, a phlwyf Llanallgo yn ystod y cyfnod 1750-1950. Yn ail, er mai hanes un pentref yn unig a geir yma, mae astudio hanes morwrol y fro arbennig hon yn cyflwyno'r darllenydd i hanes cymunedau tebyg ar draws Gymru ac Ewrop gyfan. Wrth gwrs nid yw pob agwedd ar hanes morwrol i'w cael o fewn y llyfr hwn – nid oedd Moelfre yn ganolfan adeiladu llongau er enghraifft – wedi'r cyfan, un pentref bach mewn ardal anghysbell yw Moelfre hyd heddiw. Ond mae i bob pentref bychan ei lle yn ein hanes a thrydydd nod y llyfr hwn yw dangos sut mae un gymuned fechan, glòs wedi llwyddo i gyfrannu i, ac adlewyrchu, sawl agwedd ar fywyd a datblygiad yn hanes Cymru.

Un sylw byr am deitl y llyfr, megis *Ffarwel i'r Grassholm Gribog*. Ar ei fordaith olaf, lluniodd fy hen daid, Siôn Ifan, y gerdd sydd yn cychwyn hefo'r llinell hon. Cefnu ar oes fel llongwr oedd Siôn Ifan ond, o fewn hanner canrif i'w ymddeoliad, roedd mwyafrif llethol dynion Moelfre hwythau wedi cefnu ar yrfa forwrol. Gyda llond llaw yn unig o hogiau Moelfre ar y môr heddiw mae pentref Moelfre yntau, i bob pwrpas, wedi dweud *Ffarwel i'r Grassholm Gribog*.

Robin Evans

Y DDEUNAWFED GANRIF

Ffarwel i'r Grassholm Gribog

Ffarwel i ti y Grassholm gribog
A tithau'r Smalls y ddau wynebog
Weli di byth mo Siôn Ifan eto.

Siôn Ifan
(fersiwn David Evans)

neu

Ffarwel i'r Grassholm gribog
Tithau'r Smalls y ddau wynebog
Weli di byth mo'r hen 'Siôn Ifan Ynte' eto.

Siôn Ifan
(fersiwn y Capten Harry Owen Roberts)

Roedd Siôn Ifan (John Evans 1859-1924) yn un o deulu hynaf y fro a bu ei gyndeidiau yn byw yma ymhell cyn i dreflan Moelfre dyfu'n bentref. Yn forwr drwy'i oes, roedd ganddo naw o blant a bu i'r wyth bachgen oll ddilyn gyrfa forwrol. Roedd yn hen daid i awdur y gyfrol hon.

Clywodd y Capten Harry Owen Roberts (cyfweliad 2 Rhagfyr, 1993) y gerdd gan ei dad, y Capten Henry Roberts. Drwy 'Yncl John Penrallt', sef mab yng nghyfraith Siôn Ifan, y clywodd David Evans, mab y Cocsyn Dic Evans, (cyfweliad 15 Medi, 1994) y gerdd. Roedd y ddau yn gytûn mai'r achlysur oedd mordaith olaf Siôn Ifan – er nad yw'r flwyddyn yn hysbys – a'i fod ar ei ffordd i Lerpwl.

Ynys Gwales yw'r Grassholm ac, yn ôl y Capten Harry Owen Roberts, mae'n rhoi'r argraff o fod yn gribog ar ei hyd. Felly hefyd mae'r Smalls yn ddau wynebog pa bynnag gyfeiriad y gwynebir hi. Adwaenid Siôn Ifan fel 'Siôn Ifan Ynte' oherwydd ei duedd i adrodd 'ynte' ar ddiwedd bob cymal neu frawddeg o sgwrs, ynte.

Robin Evans

'Bwhwman mewn tywyllwch dudew':
crefydd ac addysg ym mhlwyf Llanallgo
yn ystod ail hanner y ddeunawfed ganrif

Robin Evans

Cefndir

Gellid dadlau bod cymdeithas Cymru yn ystod y ddeunawfed ganrif yn *wanting in religious fervency* a hynny am sawl rheswm.[1] Un o'r rhesymau hynny fyddai gwendidau'r eglwys wladol, ond byddai'n annheg derbyn y darlun a grëwyd gan y Methodistiaid o eglwys gwbl lygredig.[2] Mewn sawl ardal yng Nghymru roedd gan yr eglwys esgobion, offeiriaid a chiwradau cydwybodol, gweithgar ac effeithiol. Roedd yr eglwys dal yn agos at galonnau nifer, ond nid y mwyafrif bellach, o blwyfolion Cymru.[3] Digon amrywiol oedd y rhesymau dros eu teyrngarwch gan gynnwys yr elfen o draddodiad a'r defnydd o'r iaith Gymraeg, ar y naill law, a'r ffaith nad oedd yr eglwys yn gosod gofynion moesol mawr ar y bobl, ar y llall. O ganlyniad, ar ddechrau'r ganrif roedd dros 90% o'r Cymry addolgar yn mynychu'r eglwys wladol. Hyd yn oed yng nghanol y ganrif, roedd Anghydffurfiaeth yn wan ac yn 1751 roedd y Methodistiaid yn dal i ddatgan nad anghydffurfwyr mohonynt ac mai adnewyddu'r eglwys wladol oedd eu bwriad.[4]

Rhaid oedd disgwyl tan ddegawdau olaf y ganrif cyn i Fethodistiaeth dyfu'n fudiad poblogaidd, yn enwedig yn y gogledd. Un o'r rhesymau amlwg dros hynny oedd datblygiad yr ysgolion Sul. Erbyn y nawdegau dilornwyd y Methodistiaid ac fe'u herlidiwyd mewn rhai ardaloedd. Diogelwyd y Bedyddwyr a'r Annibynwyr yn hyn o beth gan Ddeddf Goddefiad 1689 a sylweddolodd y Methodistiaid y byddent hwythau'n gorfod dilyn yr un llwybr, sef cofrestru eu tai cwrdd. Er na fyddai'r Methodistiaid yn arddel yr enw am rai blynyddoedd, Anghydffurfwyr oedd y Methodistiaid wedi 1811, er eu bod yn ffitio'r categori hwnnw ym marn nifer o'u gwrthwynebwyr cyn diwedd y ddeunawfed ganrif. I raddau helaeth iawn, roedd digwyddiadau ym mhlwyf Llanallgo yn adlewyrchu'r datblygiadau uchod. Bwriad yr ysgrif hon yw cynnig astudiaeth o gyflwr yr eglwys ym mhlwyf Llanallgo ac o ddatblygiad Anghydffurfiaeth yn y plwyf yn ystod ail hanner y ddeunawfed ganrif. Yn ogystal, astudir y cysylltiad rhwng crefydd ac addysg a'i effaith ar drigolion Moelfre a Llanallgo.

Eglwys Llanallgo

Fel ym mhob rhan o'r wlad, dibynnai'r nifer a fynychai eglwysi'r ynys ar sawl ffactor, megis safon ac ymroddiad y clerigwr ac arweiniad teulu dylanwadol lleol. Byddai'r eglwys yn naturiol yn llawn waeth beth oedd y dylanwadau hyn, pan fyddai achlysur teuluol er enghraifft. Ni ddylid diystyried agweddau megis y tywydd a phellter o'r eglwys ar benderfyniad pobl i fynychu'r gwasanaethau neu beidio. Er nad oes tystiolaeth o'r ddeunawfed ganrif, yn sicr roedd y ffaith bod yr eglwys rhyw filltir o bentref Moelfre, i fyny allt ac ar hyd ffordd wael, droellog yn ystyriaeth amlwg ar Sul gaeafol, gwlyb gyda gwynt y dwyrain yn chwipio o'r môr ar adegau ar ddechrau'r ugeinfed ganrif!

Ym mhlwyf Llanallgo mae Adroddiadau Gofwy 1776, 1788 ac 1801, ynghyd ag Adroddiad Gofwy'r Wardeiniaid 1788, wedi goroesi.[5] Mae'r adroddiadau hyn yn cynnig darlun llawnach o weithgarwch yr eglwys yn y cyfnod dan sylw. O'r rhain gellir casglu bod y ddwy eglwys a oedd yng ngofal yr offeiriad, sef Llanallgo a Llaneugrad, yn cynnal gwasanaeth yn Gymraeg bob dydd Sul yn 1776. Yn ystod y blynyddoedd hyn, ni chynhelid gwasanaethau yn ystod yr wythnos nac ar wyliau ac eithrio'r Nadolig, Llun y Pasg neu Llun Sulgwyn. Rhoddid y cymun bedair gwaith y flwyddyn, sef Pasg, Sulgwyn, Calan Gaeaf a'r Nadolig. Roedd y nifer a dderbyniai'r Cymun fel a ganlyn:

Sulgwyn	1776	20
Pasg	1785	tua 46
Pasg	1786	60
Pasg	1787	64
Pasg	1788	62
ar gyfartaledd	1801	tua 18

Yn anffodus nid yw'r niferoedd a dderbyniai'r Cymun o reidrwydd yn rhoi darlun cywir i ni o'r nifer fyddai'n mynychu'r eglwys o Sul i Sul. Ymddengys o'r dystiolaeth a ganlyn fodd bynnag nad oedd mwyafrif y plwyfolion yn mynychu'r eglwys yn rheolaidd ac yn hyn o beth nid oeddynt yn wahanol i fwyafrif plwyfolion Cymru. Yn 1776 cwynodd John Williams, offeiriad y plwyf rhwng 1771 ac 1792, bod mwyafrif y plwyfolion yn anwybodus ac *'neither will they come to church, if they think that I will catechise.'*

Ond erbyn 1788 roedd y sefyllfa wedi newid, er na roddir esboniad dros y newid hwn:

> *The Parishoners are of late very careful in sending their children to be instructed in the Fundamentals of our Holy Religion. To those of riper understanding, Lewis' Exposition is made use of. They are catechised every week, generally in English.*

Mae'n debyg mai gweithgarwch y ciwrad, John Richards, oedd yn gyfrifol am y cynnydd yn y niferoedd uchod ac yn sicr gwelir awgrym clir o'i gryfder ef o'i gymharu â gwendid amlwg yr offeiriad eraill, oherwydd yn ôl y wardeiniaid yn 1788:

> *Our Minister constantly resides upon his Benefice, is far advanced in years, week and feeble, has not been a Hundred yards from the House for several years back ...our Curate preaches every Sunday and reads the Morning and Evening Service audibly & to our satisfaction. He reads Prayers on Feasts and Fasts ...He baptizes all the children at the Font in the Church and not elsewhere except there is an Apprehension of Death. He publicly receives them to Church. He instructs the Youth in the Church Catechism and in every other knowledge necessary for Confirmation. He administers the Sacrament of the Lord's Supper.*

Canmoliaeth yn wir! Yn sicr roedd cael ciwrad brwdfrydig, ac un a allai ysbrydoli'r gynulleidfa ym mhob agwedd o'r gwaith, yn bwysig yn arbennig o gofio nad oedd neb estron wedi pregethu yn yr eglwys ers Chwefror 1785. Gellir awgrymu hefyd nad oedd John Richards yn ymddwyn fel nifer fawr o giwradau'r cyfnod, megis yn esgeuluso'u dyletswyddau ac yn fydol iawn eu hagweddau.

Yn ystod wythnos y Pasg y dewiswyd wardeiniaid Eglwys Llanallgo ond fe amrywiai'r dull o'u dewis Ymhlith amrywiol ddyletswyddau'r wardeiniaid, disgwylid iddynt roi cymorth i'r tlodion a chadw cyfrifon. Yn gyffredinol, ffermwyr oedd llawer o wardeiniaid eglwysi'r ynys a phe digwyddai iddynt symud o'r plwyf, roedd modd iddynt barhau i wasanaethu fel wardeniaid am flwyddyn neu ddwy.[6] Yn achos plwyf Llanallgo gwasanaethodd 29 o ddynion y plwyf fel wardeiniaid yn ystod y cyfnod dan sylw. Yn ddiddorol iawn, un a wasanaethodd fel warden oedd Hugh Evan, crydd a ymgartrefodd yn Nhŷ Moel. Gwelir y cyfeiriad cyntaf ato yn y plwyf yn 1778 – wedi hynny bu'n warden yn 1779-81, 1788-89, 1799 ac 1800. Gwelir maes o law mai ef oedd un o sylfaenwyr achos y Methodistiaid yn y fro.

Fel y gwelwyd uchod yn y niferoedd yng ngwasanaeth y Cymun, fe ddibynnai bywyd crefyddol y bobl i raddau helaeth iawn ar gymeriad person y plwyf ac roedd amrywiaeth mawr yn safon y clerigwyr hyn. Yn ôl G. Nesta Evans, roedd yr Eglwys Wladol yn cynnig cystal bywoliaeth fel bod nifer o deuluoedd clerigol yn bod ym Môn yn ystod y ddeunawfed ganrif.[7] Mewn sawl achos trosglwyddwyd bywoliaeth o dad i fab. Roedd mwyafrif clerigwyr Môn yn wreiddiol o'r ynys a phrin iawn oedd y rhai nad oedd eu cyndeidiau yn gyfarwydd i olrheinwyr achau. Ni ellir dweud bod clerigwyr fel dosbarth yn gyfoethog ar yr ynys a £30 y flwyddyn oedd gwerth y guradiaeth a gynigiwyd i Goronwy Owen yn 1752. Ond rhaid cofio bod y swm hwnnw'n ddwywaith cyflog crefftwr a'i bod yn bosibl i glerigwr fod yn weddol gyffyrddus pe bai'n dal dwy fywoliaeth. Erbyn 1801, £40 y flwyddyn oedd y cyflog yn Llanallgo a dyma'r unig gyfeiriad at gyflog yn y cofnodion eglwysig yn ystod ail hanner y ddeunawfed ganrif.

Lewis Owen

Clerigwyr plwyf Llanallgo yn ystod y cyfnod hwn oedd Lewis Owen rhwng 1739 ac 1771, John Williams rhwng 1771 ac 1792 a Pierce Owen Mealy MA rhwng 1792 ac 1801.[8] Rhaid cyfeirio yn arbennig at un ohonynt sef Lewis Owen. Bu'n giwrad yn Aberffraw rhwng 1727 ac 1738 ac yna'n offeiriad plwyfi Llanallgo a Llaneugrad rhwng 1739 ac 1771. Yn wahanol i fwyafrif llethol clerigwyr Môn, gŵr dieithr oedd Owen o ran ei ach a'i wreiddiau. Ond, roedd Lewis Owen, fodd bynnag, yn un o'r clerigwyr ymroddgar hynny, yn amlwg yn y frwydr yn erbyn Anghydffurfiaeth y cyfnod ac yn glerigwr deallus iawn.

Wrth edrych ar yrfa Lewis Owen yn Llanallgo, gwelir dwy wedd bwysig i'w waith i fewn y plwyf a'r ddwy wedd yn amlwg ynghlwm â'i gilydd. Roedd yn awyddus iawn i sicrhau gwell addysg i'r plwyfolion ac fe wnaeth hynny drwy gyfrwng gwaith y *Society for the Propagation of Christian Knowledge* (SPCK).[9] Sefydlwyd y mudiad hwn yn Lloegr ar ddiwedd yr ail ganrif ar bymtheg gyda'r nod o wella cymdeithas a'i moesau trwy ledaenu gwybodaeth Gristnogol. Un agwedd bwysig ar waith y gymdeithas oedd dosbarthu Beiblau. Gwelir bod Lewis Owen yntau yn awyddus i sicrhau digon o Feiblau i'w blwyfolion ond doedd y dosbarthu ddim bob amser yn effeithiol yn yr ardal.

Dengys llythyr gan yr SPCK yn 1754 eu bod yn ymwybodol o'r broblem ac yn ceisio ei hateb.[10] Roedd Morris Pritchard Morris o Ddulas yn un o'r dosbarthwyr ar yr ynys ac yn 1755 dosbarthodd Feiblau i nifer o lefydd gan gynnwys Llanallgo a derbyniodd Lewis Owen ddeugain copi o'r Testament Newydd.

Daeth Lewis Owen i sylw'r Morrisiaid ac fe fu Wiliam Morris yn gwneud ceisiadau am fwy o Feiblau ar ei ran a chafwyd 13 cais ganddo rhwng Ionawr 13, 1754 ac Awst yr un flwyddyn.[11] Fe gafodd Lewis Owen gymorth hefyd gan ŵr lleol arall, sef John Hughes, Rheithor Llandegfan a Biwmares. Mab John Hughes, Glan yr Afon, Llanallgo oedd ef a graddiodd yng Ngholeg yr Iesu, Rhydychen.[12] Roedd y cyswllt lleol hwn yn rheswm arall dros ddiddordeb y Morrisiaid yng ngweithgareddau Lewis Owen. Mewn llythyr at Richard, Ionawr 13, 1754 gofynnodd Wiliam am Feiblau i Lewis Owen:[13]

Os medrwch wneuthur cymwynas ir plwyfydd hynny lle bu ein hynnafiaid gynt yn bwhwman mewn tywyllwch dudew, ar lle mae llawer ou hepil byth mewn anwybodaeth, da fyddai, ie, gweithred enaid yn ddiamau.

Dengys y llythyrau hefyd nad oedd dylanwad o reidrwydd yn sicrhau llwyddiant pan orfu i Wiliam erfyn ar Richard eto ddeufis yn ddiweddarach (23/3/1754):[14]

Er mwyn Duw cofiwch am Allgo ac Eugrad.

Gwelir rhwystredigaeth Wiliam yn amlwg yn ei lythyr at Richard yn Hydref o'r un flwyddyn:[15]

Nid oes wybod par sut a fydd cael y llyfrau o Ddyfi. Rwyn deall mae yno 'raeth rhai y Mr Ellis, ac mae'n debyg yr holl rai oedd i ddyfod i Fôn. Mae'n fy mryd i sgrifennu i'r Dollfa yno i erchi arnynt hebrwng rhai nhad a Gallgo efo rhyw gwch i Fôn.

Ymddengys felly mai anhrefnus braidd oedd y system ddosbarthu a fodolai i wasanaethu clerigwyr ymroddgar fel Lewis Owen. Gellid mentro awgrymu bod y methiant hwnnw o bosib yn amharu ar lwyddiant ei waith yn y plwyf.

Yr ail wedd ar waith Lewis Owen yn ystod y cyfnod hwn oedd ei sêl yn y frwydr yn erbyn yr Anghydffurfwyr, gan gynnwys y Methodistiaid. Heb unrhyw amheuaeth roedd nifer yr Anghydffurfwyr yn cynyddu cyn 1745 ac roedd un gŵr a gwraig ym mhlwyf Llaneugrad yn Fethodistiaid yn 1749.[16] Roedd arloeswyr yr Anghydffurfwyr wedi cyrraedd Môn yn 1742, ac erbyn 1745 roedd Wiliam Morris yn pryderu bod Methodistiaid ym mhob man.[17] Erbyn 1748 roedd pum cymdeithas Methodist ar yr ynys a daeth nifer o fawrion y mudiad yng Nghymru i ymweld â Môn.[18] Eto nid oedd mwyafrif trigolion yr ynys yn Fethodistiaid yn ôl arolwg ym 1749, nac ym 1776 a hynny o bosibl oherwydd na ddaeth Methodistiaeth yn gymeriad Cymreig tan yr 1770au. Yn ystod traean olaf y ganrif roedd y Methodistiaid yn cynnal Cymanfa fisol ym Môn er na chyrhaeddodd Cenhadwyr Wesleaidd yr ynys tan 1800.[19] Yr hyn sy'n sicr yw bod gweithgaredd anghydffurfiol yn ei amryw agweddau ar dwf erbyn diwedd y ganrif. Ymddengys hefyd mai Lewis Owen oedd un o'r cyntaf i sylweddoli'r perygl i'r eglwys.

Cred Dafydd Wyn Wiliam mai Lewis Owen oedd yn gyfrifol am y traethawd a ysgrifennwyd yn 1750 ac a gyhoeddwyd yn 1752 ar ffurf *"Cyfeillgar Rhwng Gŵr O Eglwys Loegr, Ac Ymneillduwr Neu Un O'r Grefydd Newydd A Elwir Methodistiaid"* (er nad oedd enw awdur nac argraffnod). Rhoddodd Lewis Owen ei enw wrth draethawd arall, sef *Yr Angenrheidrwydd o ddyfod i'r Eglwys A'r iawn gyflawniad o'r Addoliad Sanctaidd yno, Gwedi Ei ddangos, a'i ddodi ar ddull Ymddiddanion Neu Ymresymmiadau cyfeillgar,* sef cyfieithiad o'r Saesneg ac wedi ei argraffu yn Amwythig yn 1753. Yr oedd y cyfieithiad hwn, fel y traethawd dienw, yn rhan o'r ymgyrch i hyrwyddo ac amddiffyn Eglwys Loegr mewn cyfnod anodd.[20] Roedd ei fwriad yn glir *"a 'Sgrifenwyd, ac a fwriadwyd er mwyn y rhai sydd yn absennol o'r Eglwys; Etto yn parhau ac yn sefyll ynghymmundeb Eglwys Loegr."* Mae'n ddigon posibl fod y teitl yn aralleiriad o'i Atebion ynglŷn â'r ddau Fethodist yn Llaneugrad yn 1749: '*very seldom attend ye Divine Service of their Parish Church though often admonished to ye same.*'[21] Tua 1747 cyhoeddwyd dwy gerdd ynghyd heb enw awdur wrthynt, sef '*Anogaeth yn erbyn Twŷll a Rhagrith y Methodisiaid...*' ac '*Englynion o Hanes y Sect newydd...a elwir Methodisiaid...*' Gan fod enw Lewis Owen wrth gopi o'r naw olaf o'r englynion (ac oherwydd ei fod yn fardd da) awgryma Dafydd Wyn Wiliam mai ef yw awdur y ddwy gerdd hefyd.[22]

Tystia Wiliam Morris i'w onestrwydd a'i allu nid yn unig fel canwr salmau ond fel canwr 'penillion' mewn Noson Lawen hefyd. Roedd Wiliam Bwcle y dyddiadurwr enwog o Brynddu, Llanfechell, yn feirniadol iawn o unrhyw bregethau a glywai ond un o'r rhai da prin hynny iddo glywed oedd un gan Lewis Owen ar 29 Awst 1737 ym Miwmares.[23]

Mae amrywiaeth gweithgareddau Lewis Owen, gan gynnwys ei waith fel dosbarthwr Beiblau, yn ei wneud yn aelod o garfan ddethol iawn, megis Thomas Ellis, Caergybi. Nodweddion y cylch hwn oedd eu bod yn wrth-Fethodistaidd ond yn ymddiddori'n fawr yn yr iaith Gymraeg a'i llenyddiaeth. Roedd enw Lewis Owen fel un o gefnogwyr yr ysgolion cylchynol yn ôl Welch Piety 1747-77 yn adlewyrchu ei ddiddordeb mewn addysg hefyd. Ac eithrio Lewis Owen, roedd y gwŷr da hyn i gyd yn raddedigion Coleg yr Iesu, Rhydychen.[24] Nid oedd y garfan yn un fawr ond oherwydd cysylltiadau'r aelodau hefo'r Morrisiaid gellir dadlau ei bod yn garfan ddethol iawn. Rhaid cofio bod Lewis Owen yn nabod y Morrisiaid yn bersonol. Mewn llythyr at Wiliam, Rhagfyr 14, 1753 cyfeiria Lewis Morris ato fel '*...my old friend Mr Lewis Owen, of Gallgo'* ac wrth gwyno am ei fethiant i gael Beiblau i'r plwyf datgan Wiliam wrth Richard (28/4/1754) '*Roedd arnaf gywilydd edrych yng nghwyned Mr Lew. Owain..*'

Gellir casglu o'r dystiolaeth uchod bod Lewis Owen yn offeiriad plwyf ymroddgar iawn ac amlwg ei ddiddordeb mewn addysg a llenyddiaeth. Yn hyn o beth roedd yn adlewyrchu'r clerigwyr hynny a oedd yn cynyddu bri'r dosbarth canol. Yr hyn sydd yr un mor amlwg yw'r ffaith bod ymddangosiad Methodistiaeth yn un rheswm dros weithredu cyhoeddus Lewis Owen.[25]

Methodistiaeth

Erbyn diwedd y ddeunawfed ganrif, roedd lleiafrif ymhlith rhengoedd canol cymdeithas Cymru, gan gynnwys ffermwyr a chrefftwyr llwyddiannus, yn ymuno â'r Methodistiaid ar waethaf ymdrechion Lewis Owen a'i fath. Ymddengys bod nifer ohonynt yn chwilio am grefydd llawer mwy personol na'r crefydd golectif a gynigid yn yr eglwys wladol. Dadleuir hefyd mai rheswm arall dros apêl Methodistiaeth i'r bobl hyn oedd ei bod yn cynnig statws a pharchusrwydd iddynt. Dylid cadw mewn cof, fodd bynnag, nad oedd Methodistiaeth wedi ei chyfyngu i'r rhengoedd llwyddiannus hyn. Yr hyn sy'n sicr yw bod Methodistiaeth yn datblygu ym mhlwyf Llanallgo fel ar weddill yr ynys. Er fe nodwyd, yn 1776,

> *'There are no Presbyterians Independents, Anabaptists, nor Quakers in this neighbourhood nor any talk of them.'*

Nodwyd yn ogystal:

> *'There are no proffes'd Methodists in the parish, but there are some that are so inclined.'*[26]

Roedd Lewis Owen wedi rhagweld y peryglon hyn.

Mae i Fethodistiaeth ym mhlwyf Llanallgo yn ystod y cyfnod hwn hanes diddorol yn yr ystyr ei fod yn rhan o ddatblygiadau ehangach oherwydd â cysylltiad â datblygiad Methodistiaeth yn nhref Lerpwl. Yn 1770 traddodwyd y bregeth Gymraeg gyntaf yn nhref Lerpwl gan *'Owen Thomas, neu Owen Thomas Rowland, fel y'i gelwid fynychaf'*, o Benrhos Llugwy.[27] Mae'n debyg y gorfodwyd ef i symud yno oherwydd yr erlid ar Fethodistiaid ym Môn tua 1768 neu 1769. Roedd yr Arglwydd Boston wedi rhybuddio nifer a ymunodd eisoes efo'r Methodistiaid i adael y 'pennau cryniaid' neu ddisgwyl cael eu hel o'u tyddynnod'.[28] Un arall a ddioddefodd yn ystod y cyfnod hwn ac a ffodd i Lerpwl oedd Hugh Evan, y cyfeiriwyd ato eisoes, sef mab Evan Dafydd, Ty'n Llan, Penrhosllugwy, a chrydd wrth ei alwedigaeth. Dwy ar bymtheg oedd Hugh Evan pan ymunodd hefo'r Methodistiaid hynny a arferai gyfarfod yn Ngherrig Llithir. Mae'n debyg, er nad oes dim tystiolaeth bendant o hyn, ei fod yn gwrando ar y bregeth Gymraeg gyntaf honno yn Lerpwl a'i fod ef a Owen Tomos Rolant wedi mynd yno hefo'i gilydd. Fodd bynnag, wedi i bethau dawelu ychydig symudodd Hugh Evan yn ôl i Fôn, ac i Dŷ Moel ym mhlwyf Llanallgo.

Er nad oedd llawer o Fethodistiaid Cymraeg yn Lerpwl, yn 1782 cynhaliwyd y gwasanaeth cyntaf ganddynt yn Pitt Street yn y dref honno. Dyma ddechreuad Methodistiaeth yn y dref. Dau o'r tri a gymerodd ran yn y *'cyfarfod gweddi cofiadwy hwn'* oedd dau longwr sef y Capten Owen William Morgan ac un o'i griw, Israel Matthew.[29] Yr oedd llong y ddau yn digwydd bod yn y porthladd ar y pryd. Y gred ar lafar gwlad oedd mai Owen Tomos Rolant ac Owen William Morgan oedd y ddau a âi allan i'r wlad ar y Sul i 'ymddiddan a chyd-weddïo' mewn caban chwarel.[30] Er bod awdur y gyfrol yn cwestiynu cywirdeb y traddodiad parthed ai'r ddau yma oeddynt, mae'n sicr bod y ddau:[31]

'yn arfer dyfod i'r dref yn lled fynych...yn ddynion gwir grefyddol, ac yn dra thebyg o deimlo pryder nid yn unig am eu crefydd bersonol, ond hefyd am amgylchiadau crefyddol eu cydgenedl yn y dref

Mae John Hughes Morris yn rhoi cryn dipyn o sylw i'r Capten Owen William Morgan.[32] Ymddengys na fu'n byw yn Lerpwl o gwbl ond byddai'n hwylio yno'n gyson gan aros weithiau am rai wythnosau. Bu ef o gymorth mawr wrth gychwyn yr Achos yn Lerpwl ac yn ystod y blynyddoedd cynnar wedi hynny ac fe dderbyniai groeso mawr yno bob amser. Arferai gymryd ei le fel blaenor pan fyddai ar ymweliad â'r dref.[33] Roedd o'n *'gymeriad cryf a dwfn grefyddol.'*[34]

Ond, roedd ganddo ran hefyd yn hanes dechrau'r Achos yn Llanallgo a hynny yn Y Gell lle, yn ôl yr awdur, yr arferai fyw ar un adeg. Nid oedd Y Gell yn bell o groesffordd Llanallgo lle'r arferai ieuenctid yr ardal gyfarfod. Gwahoddai ef hwy i'w dŷ i'w dysgu i ddarllen. Byddai'n mynd i dai ei gymdogion hefyd i'w dysgu i ddarllen ac i esbonio'r Ysgrythyrau iddynt. Yn ôl traddodiad llafar, ar ddechrau'r achos yn y Gell, ni fyddai neb ond y Capten yn cymryd rhan yn y cyfarfodydd. Ni fyddai'n digalonni. Byddai'n cychwyn y cyfarfod drwy ganu, darllen a gweddïo ac yna ar ôl canu emyn arall byddai'n gweddïo, emyn arall a gweddïo eto cyn diwedd y cyfarfod.

'Mewn rhai cyfarfodydd gweddïai ei hunan bedair gwaith, yn hytrach nag i'r gynulleidfa fyned allan heb gael gwasnaeth a ystyriai ef yn deilwng.'[35]

Ar ôl i Hugh Evan ddychwelyd o Lerpwl, bu ef a'r Capten Owen William Morgan, yn gweithredu fel swyddogion eglwysig yn y Waun-eurad a'r Gell-bach am lawer o flynyddoedd.[36] Tua 1787 symudodd yr achos o Waun-eurad i'r Capel yn Glasinfryn. *'Oddiyma y cododd, o leiaf, i raddau, yr eglwysi sydd yn awr yn ymgyfarfod yn Llanallgo, Tabernhacl, Pentraeth, Pen-y-garnedd a Llanddona'.*[37] Yn sicr gallai'r ddau ŵr yma ymfalchïo yn eu cyfraniad i ddatblygiad Methodistiaeth yn Lerpwl a chydag adeiladu Capel yn Llanallgo ar ddechrau'r ganrif newydd, yn eu cyfraniad yn lleol hefyd.

Ymddengys felly bod gweithgareddau crefyddol yn bwysig i drigolion plwyf Llanallgo, er bod hynny'n amlwg yn amrywiol ac yn dibynnu ar nifer o ffactorau. Yn sicr roedd i'r Eglwys Wladol le pwysig ym mywyd y plwyf ond yn llawn mor sicr oedd y datblygiad Methodistaidd o fewn ei ffiniau. Ar y llaw arall, yn wahanol i nifer o blwyfi ar hyd a lled y wlad, ni cheir tystiolaeth o unigolion hollol wrthwynebus i grefydd. Dylid cadw mewn cof hefyd fod ofergoeliaeth a dewiniaeth yn parhau yn bwysig iawn i drigolion cefn gwlad, ac roedd hynny'n wir am y rhai a fynychai wasanaethau Cristnogol hefyd. Eto, er nad oes unrhyw dystiolaeth bendant ar gael fod hyn yn wir ym mhlwyf Llanallgo, mae'n anodd credu, o gofio natur cymdeithas y cyfnod, bod plwyf Llanallgo yn eithriad.

Addysg

Ond beth am y ddarpariaeth yn y plwyf o ran addysg? Yr unig addysg a oedd ar gael i nifer fawr o dlodion y ddeunawfed ganrif oedd yr hyn a geid yn yr ysgolion elusennol.[38]

Sbardunwyd yr ysgolion hyn gan yr Anglicaniaid. Ceir sawl enghraifft ym Môn o ddyngarwch addysgol sef yr ysgolion gwaddoledig nad oeddynt ond yn gwasanaethu rhyw ddwsin o blwyfi. Yn ystod chwarter cyntaf y ddeunawfed ganrif, gwelwyd deffroad addysgol yn ogystal â chrefyddol yng Nghymru ac adlewyrchwyd hwn yng ngwaith yr SPCK. Fel y nodwyd eisoes, roedd Lewis Owen yn gysylltiedig â'r gymdeithas hon ac yn amlwg yr elfen addysgol grefyddol oedd y sbardun.

Ond, yr ysgolion cyntaf i wasanaethu plwyf Llanallgo, mae'n ymddangos, oedd yr Ysgolion Cylchynol. Sefydlwyd yr ysgol gyntaf ym Môn yn 1746 a bu'r ysgolion hyn yn weithgar am dros ddeg mlynedd ar hugain. O fewn blwyddyn sefydlwyd 11 o ysgolion ar yr ynys yn gwasanaethu 522 o sgolars.³⁹ Cymraeg oedd iaith yr ysgolion hynny a rhoddid cyfle i bawb ddysgu darllen yno. Serch hynny, roedd gwrthwynebiad lleol iddynt oherwydd fe'u sefydlwyd pan oedd Methodistiaeth hefyd yn tyfu yng nghanol yr ynys. Ni ddylid cwestiynu eu llwyddiant nac ychwaith cefnogaeth y clerigwyr. Pan ddaethant i ben yn 1777 crëwyd gwagle ym myd addysg ac ar y cyfan ni cheisiodd y clerigwyr lleol lenwi'r gwagle ac felly achubodd y Methodistiaid ar y cyfle yn ystod y degawdau tyngedfennol nesaf.

Yn Eglwys Llanallgo y cynhaliwyd yr ysgol gylchynol yn yr ardal a hynny yn 1751/52 efo 46 o ddisgyblion ac 1752/53 efo 30 o ddisgyblion. Lewis Owen yn amlwg oedd symbylydd y fenter ac ymhlith y rhestr o lythyrau, tystysgrifon a thystebau caiff Lewis Owen ei enwi ar Fehefin yr 20fed 1752, Ionawr y 6ed ac Ebrill y 12fed, 1753.⁴⁰ Heb unrhyw amheuaeth, roedd yr Ysgolion Cylchynol yn bwysig iawn. Roeddynt yn cynnig addysg addas ar gyfer y werin, yn sicrhau eu bod yn derbyn y Cymun unwaith y mis yn hytrach na dwywaith neu deirgwaith y flwyddyn, ac o ganlyniad i'w gwaith fe gynyddodd y galw am wybodaeth a hunan addysgu ymhlith rhengoedd isaf cymdeithas. Lawn cyn bwysiced, roeddynt yn arwain y ffordd ar gyfer yr ysgolion Sul a lledaeniad Methodistiaeth yn ddiweddarach a hefyd o gymorth i gadw'r Gymraeg yn fyw.⁴¹

Wrth gwrs, ni ddylid cyfyngu addysg i ysgolion ffurfiol a chofiwn fod Capten Owen Williams yn dysgu ieuenctid Llanallgo i ddarllen yn ei gartref ac yn dysgu'i gymdogion hefyd gan esbonio'r Ysgrythyrau iddynt yn ogystal. Byddai rhai clerigwyr yn ychwanegu at eu hincwm drwy ddysgu, ond fel arfer *'to keep a school in the eighteenth century was...in itself a sign of incapacity or poverty or both.'*⁴²

Erbyn 1776, nid oedd ysgol gyhoeddus nac elusennol yn y plwyf, *'nor any where here abouts'* ond erbyn 1788 roedd dwy ysgol gyhoeddus ar yr ynys ac un ohonynt ym mhlwyf Llanallgo ei hun a nodwyd:

*'There is a public School kept in the Parish since May 1786; No. of Scholars about 60; the poorer ?sort instructed ?gratis by the Curate & his Assistant'*⁴³

Mae'n ddigon posibl mai presenoldeb yr ysgol gylchynol yn y plwyf a osododd y sail ar gyfer y diddordeb diweddarach hwn mewn addysg yn y plwyf. Mae'n fwy tebygol, fodd bynnag, mai parodrwydd y ciwrad, John Richards, i weithredu fel athro oedd yn gyfrifol, yn arbennig o gofio ei fod yn gwneud y gwaith am ddim. Yn 1788 nodwyd ei fod ef wedi bod yn byw yn y plwyf ac na fu'n absennol o'r plwyf ers Chwefror 1785. Yn ddiddorol iawn, roedd yr unig ysgol Anglicanaidd ar yr ynys yn 1801, sef yr ysgol gyhoeddus a agorwyd yn Llannerch-y-medd yn 1796, yn nwylo'r un Parch. John Richards, cyn giwrad Llanallgo. Mewn hysbyseb yn y *North Wales Gazette* (27/6/1816) nodwyd ei fod wedi cadw ysgol am 35 o flynyddoedd gan gynnwys ysgol a agorwyd ganddo yn flaenorol yn Llanallgo.[44] Roedd ef yn un o'r cymeriadau prin hynny, clerigwr yn cynnal ysgol ac yn cael ei ganmol am y gwaith gan y gweinidogion anghydffurfiol. Felly ymddengys mai ar yr union adeg pan oedd y Methodistiaid Calfinaidd yn ennill tir ar yr ynys, mai plwyf Llanallgo oedd un o'r llefydd prin hynny a oedd yn ymateb i'r her ym myd addysg. Gellir dadlau fodd bynnag bod ymadawiad John Richards o'r plwyf – a methiant yr eglwys i fanteisio ar ei waith ef yn Llanallgo – wedi agor y drws led y pen i'r Methodistiaid oherwydd erbyn dechrau'r ganrif newydd, hwy oedd yr unig rai i gynnig addysg yn y plwyf, a hynny yn eu hysgol Sul.

Sefydlwyd yr Ysgol Sul gyntaf ym Môn yn Llanfwrog yn 1786 ac erbyn 1798 roedd ugain o Ysgolion Sul ar draws yr ynys. Er mai eu bwriad oedd llenwi'r bwlch wedi diflaniad ysgolion Griffith Jones, roeddynt i raddau helaeth iawn yn gyfrifol hefyd am lwyddiant Methodistiaeth. Fe ddenodd yr ysgolion hynny gannoedd i rengoedd y Methodistiaid Calfinaidd. Er nad oes llawer o gyfeiriadau at ysgolion y Methodistiaid cyn 1801 erbyn y flwyddyn honno roedd y Methodistiaid yn cynnal ysgol wirfoddol yn eglwys blwyf Llanallgo:[45]

> 'There is a voluntary Sunday school held in the Church by the Methodists (Granted by the late Rector Mr Mealy.'

Fel y nodwyd eisoes, erbyn y cyfnod hwn nid oedd y clerigwyr yn gwneud ymdrech i sefydlu a chynnal eu hysgolion eu hunain – roedd y Parchedig John Richards yn eithriad amlwg. Er bod gan y Methodistiaid ysgol wirfoddol yn Llanallgo nid oedd gan yr eglwys ei hun unrhyw fath o ysgol yno. Ar y cyfan, fodd bynnag, erbyn dechrau'r bedwaredd ganrif ar bymtheg ganrif nid oedd yr ysgolion Anglicanaidd mewn sefyllfa i allu adennill y tir a gollwyd i'r Anghydffurfwyr. Yn Llanallgo, er enghraifft, ar ôl adeiladu eu capel symudodd y Methodistiaid eu hysgol Sul o eglwys y plwyf i'r capel newydd, ac ni ddychwelwyd.[46] Erbyn hyn roedd cymdeithas y cyfnod yn polareiddio ar sail eglwys-capel.

Mewn cyfnod pan oedd addysg a chrefydd ynghlwm â'i gilydd, mae haneswyr yn gweld cysylltiad amlwg rhwng datblygiad addysg a thwf Methodistiaeth. Ond tybed pa mor llwyddiannus oedd yr amryw ysgolion i sicrhau bod y boblogaeth yn llythrennog? Yn sicr byddai gwaith yr ysgolion cylchynol, sefydlu ysgol gyhoeddus ac yna ysgol Sul yn y plwyf yn awgrymu'n gryf bod nifer helaeth o oedolion a phlant yn gallu darllen yr Ysgrythurau a llenyddiaeth grefyddol erbyn diwedd y ganrif. Er nad oes tystiolaeth bendant o hynny ym mhlwyf Llanallgo mae'n bosibl bod nifer fechan iawn o'r trigolion ymhlith y rhai a brynai "Welsh readings" am 6 cheiniog yr un, papur ac inc, Beiblau a'r Testament Newydd am ddau swllt a chwech o Hen Siop ym Mhentraeth.[47] Ar y llaw arall, fe fyddai rhywun yn tybio bod ewyllysiau a phareg, a'r angen i lofnodi fel tystion neu wardeiniaid eglwys, yn rhoi darlun gwir i ni o lythrennedd ymhlith dynion y plwyf o leiaf. Nid dyna'r gwirionedd fodd bynnag. Mae'n ddigon posibl bod rhywun yn gallu ysgrifennu ei enw ond ddim yn gallu ysgrifennu na darllen mwy na hynny tra bod eraill yn methu ysgrifennu o gwbl ond yn gallu darllen.[48] Ceir anghysondeb o fewn dogfennau hefyd – yn achos sawl un o wardeiniaid Llanallgo, er enghraifft, gwelir hwy yn llofnodi mewn un lle ond yn gosod eu marc rhai blynyddoedd yn ddiweddarach! Er mai bratiog ydy'r dystiolaeth, ymddengys bod llai o ddynion a merched Cymru yn gallu ysgrifennu o'i gymharu â'u cyfoedion yn Lloegr.[49] Drwy gyfeirio at arwyddo tystysgrifau priodi mae David Evans yn dangos bod dros 54% o ddynion de-orllewin Cymru yn arwyddo gyda chroes o'i gymharu â 40% yn rhai o blwyfi Lloegr tra bod 77% ferched yr un ardal yn arwyddo gyda chroes o'i gymharu â 60% yn Lloegr. Yn ôl cofrestrau priodasau plwyf Llanallgo am y cyfnod 1754-1787 arwyddodd 9 allan o 12 dyn o blwyf Llanallgo gyda chroes gyda 21 allan o 30 o ferched Llanallgo yn arwyddo yn yr un modd, sef 75% a 70%.[50] Ar yr olwg gyntaf felly ymddengys mai ychydig o ddylanwad a gafodd datblygiadau ym myd addysg yn y fro – neu fod y sefyllfa yma yn egluro'r angen am ysgol gyhoeddus yn y fro. Ar y llaw arall, os defnyddir llofnodion wardeiniaid plwyf Llanallgo yn amryw ddogfennau eglwysig cyfnod yr astudiaeth hon, dynion oll yn naturiol, yna 8 o'r 29 a arwyddodd gyda chroes, sef 27%. Pe ychwanegid y pump lle mae ansicrwydd os oeddynt yn gallu ysgrifennu eu henwau ai peidio, yna mae'r cyfanswm yn parhau o dan 45%. Mae'n ddigon posibl wrth gwrs mai ffigyrau amrwd sy'n gyfrifol am y ffigwr isel o 27% ym mhlwyf Llanallgo. Ar y llaw arall, gellir awgrymu mai statws cymdeithasol y dynion a wasanaethai oedd yn gyfrifol. Mae'n anodd cyrraedd unrhyw gasgliadau sicr felly, ynglŷn ag effaith addysg ar allu'r bobl i ddarllen ac i ysgrifennu.

Heb unrhyw amheuaeth fe welodd ail hanner y ddeunawfed ganrif ddatblygiadau pwysig o ran crefydd ac addysg ym mhlwyf Llanallgo. Bu cysylltiad amlwg rhwng y ddau faes a llawn bwysiced oedd y cyfraniad a wnaed mewn cymuned ddiarffordd a thlawd gan unigolion dylanwadol.

Robin Evans, 'Bwhwman mewn tywyllwch dudew:
crefydd ac addysg ym mhlwyf Llanallgo yn ystod ail hanner y ddeunawfed ganrif',
Trafodion Cymdeithas Hynafiaethwyr a Naturiaethwyr Môn (2003), 35-47.

---

1   David W. Howell, *The Rural Poor in Eighteenth Century Wales* (Caerdydd, 2000), 149.

2   John Davies, *Hanes Cymru* (Llundain, 1990), 284.

3   David W. Howell, op.cit.

4   Am hanes datblygiad Methodistiaeth yn ystod y cyfnod hwn gweler John Davies, op.cit. 296-301 ac 327-330.

5   Ll[yfrgell] G[enedlaethol] C[ymru] B/QA/6 (Adroddiadau Gofwy 1776, Llanallgo a Llaneugrad); B/QA/9 (1788, Llanallgo a Llaneugrad); B/QA/12 (Gofwy'r Wardeiniaid 1788, Llanallgo); B/QA/14 (1801, Llanllgo a Llaneugrad).

6   R.M. a G.A. Benwell, 'Interpreting the Parish Registers and Bishops' Transcripts for Anglesey and Llyn', Trafodion Cymdeithas Hynafiaethwyr a Naturiaethwyr Môn 1975, 85.

7   G. Nesta Evans, *Social Life in Mid-Eighteenth Century Anglesey* (Caerdydd, 1936), 86-87.

8   J.E. Griffith, 'A list of the clergy of Anglesey', *ante*, 1931, 166.

9   Hugh Owen, 'Gruffydd Jones' Circulating Schools in Anglesey', *ante*, 1936, 95.

10   H. Pierce Jones, 'An S.P.C.K. activity in Eighteenth Century Anglesey', *ante*, 1963, 28.

11   Ibid., 29.

12   Ibid., 39.

[13] J.H. Davies, *The Morris Letters* i (1907), 272.

[14] Ibid., 284.

[15] Ibid., 315.

[16] Hugh Owen, 'The Morrises and the Methodists of Anglesey in the Eighteenth Century', ante, 1942, 30; William Griffith, *Methodistiaeth Fore Môn* 1740-1751 (Caernarfon, 1955), 96.

[17] Helen Ramage, *Portraits of an Island: eighteenth-century Anglesey* (Llangefni, 1987), 163.

[18] Ibid., 165.

[19] Ibid., 171-180.

[20] Dafydd Wyn Wiliam, *Wiliam Prichard Cnwchdernog* (Llangefni, 1992), 78-80.

[21] Hugh Owen, 'Morrises and Methodists of Anglesey', 30.

[22] Dafydd Wyn Wiliam, op.cit., 80.

[23] Dafydd Wyn Wiliam, *Wiliam Prichard Cnwchdernog*, 10.

[24] H Pierce Jones, op.cit., 40-41.

[25] *Morris Letters*, i, 267, 286.

[26] LLGC, B/QA/6 (Adroddiad Gofwy 1776: Llanallgo a Llaneugrad).

[27] John Hughes, *Methodistiaeth Cymru* (Wrecsam, 1856), i, 113.

[28] John Hughes Morris, *Hanes Methodistiaeth Liverpool* (Lerpwl, 1929), i, 15-20.

[29] Ibid., 22.

[30] Ibid., 21, 23.

[31] Ibid., 23.

[32] Ibid., 28-31.

[33] Ibid., 54.

[34] Ibid., 29.

[35] Ibid.

[36] *Methodistiaeth Cymru* , iii, 402.

[37] Ibid., ii, 567.

[38] David A. Pretty, *Two Centuries of Anglesey Schools 1700-1902* (Llangefni, 1977), 31-34.

[39] Ibid., 34.

[40] Owen, 'Gruffydd Jones' Circulating Schools in Anglesey'.

[41] Ibid., 108.

[42] Evans, *Social Life in Mid-Eighteenth Century Anglesey*, 94.

[43] LLGC, B/QA/6 (Adroddiadau Gofwy 1776, Llanallgo a Llaneugrad); David A. Pretty, op.cit., 39; LLGC, B/QA/9 (Adroddiadau Gofwy 1788, Llanallgo).

[44] David A. Pretty, op.cit., 45.

[45] LLGC, B/QA/14 (Adroddiad Gofwy 1801, Llanallgo a Llaneugrad).

[46] David A. Pretty, op.cit., 46.

[47] J.B. Cowell, 'Anglesey Shops and Shopkeepers', ante, 1984, 59.

[48] R.M. a G.A. Benwell, op.cit., 83.

[49] David W. Howell, op.cit., 138.

[50] Archifdy Môn, Llangefni, WPE/55/10.

'... A Parcel Of Poor Fishermen':
profiadau morwrol cymuned wledig, arfordirol 1750-1800

Robin Evans

Yn ôl cyfrifiad 1801, 196 oedd poblogaeth plwyf Llanallgo. Fel yn achos nifer o gymunedau, arfordirol, gwledig – amaethyddiaeth oedd asgwrn cefn y gymuned gyda'r môr, drwy gyfrwng pysgota yn bennaf, yn cyfrannu'n sylweddol hefyd at gynhaliaeth y gymuned. Yn ystod y bedwaredd ganrif ar bymtheg, y prif ddatblygiad o fewn y plwyf fyddai twf pentref Moelfre, gyda chymaint â 75% o'r boblogaeth wrywaidd ynghlwm wrth weithgareddau morwrol (Evans, 1994). Bwriad yr erthygl hon, drwy astudio'r cyfnod 1750-1800, yw asesu i ba raddau yr oedd Llanallgo yn gymuned forwrol cyn datblygiadau'r bedwaredd ganrif ar bymtheg ac i astudio natur a graddau'r gweithgaredd morwrol hwnnw.

Cymuned forwrol?

Mae cyfrifiadau'r bedwaredd ganrif ar bymtheg yn ffynhonnell amhrisiadwy i ni wrth asesu i ba raddau y dibynnai'r plwyf ar y môr am ei fywoliaeth. Ond prinder tystiolaeth sy'n ei gwneud hi'n anos i'r hanesydd sydd am astudio galwedigaethau trigolion plwyf diarffordd fel Llanallgo yn y ddeunawfed ganrif. Ceir nifer o broblemau wrth geisio darganfod beth oedd galwedigaethau trigolion y plwyf. Y brif ffynhonnell yw cofnodion y plwyf ond mae'r wybodaeth a gofnodir yn amrywio, gyda dyfodiad offeiriad plwyf newydd er enghraifft, ac felly ni chofnodir galwedigaethau yn rheolaidd. Yn ogystal â hyn mae'r dull Cymreig o roi enw'r teulu, a hynny mewn cyfnod pan roedd y dull Seisnig o enwi pobl hefyd ar gynnydd, yn ei gwneud hi'n anodd i ni wybod, er enghraifft, os oedd Owen Dafydd, Owen David ac Owen Davies yn un person neu fwy nag un. Hefyd roedd nifer o enwau Cymraeg yn gyffredin iawn ac felly mae'n bosibl bod mwy nag un Owen Dafydd, Owen David ac Owen Davies! Yn ychwanegol at hyn gallai gair a ddefnyddid i ddisgrifio galwedigaeth fod efo sawl ystyr – beth yn union a olygir wrth 'labrwr', er enghraifft? Wrth groes-gyfeirio rhwng ffynonellau, gwelir ambell unigolyn yn cael ei gofnodi'n 'tenant' mewn un cofnod, 'labrwr' yn un arall ac 'iwmon' mewn trydedd ffynhonnell. Dylid cadw mewn cof hefyd un gwendid enfawr yn y dystiolaeth sydd ar gael, sef y diffyg cyfeiriad at alwedigaethau merched!

Er mwyn sicrhau'r darlun cywiraf o batrwm galwedigaethau trigolion plwyf Llanallgo rwyf wedi manteisio ar bob ffynhonnell sy'n cyfeirio at unigolion yn y plwyf, gyda chofnodion yr eglwys, treth y tir, ewyllysiau a chofrestrau llongau Biwmares y rhai pwysicaf. Drwy bori'n fanwl drwy'r holl dystiolaeth gallwn adnabod 84 o oedolion a oedd i sicrwydd yn drigolion y plwyf rhywbryd yn ystod y blynyddoedd 1750-1800 a lle mae rhyw fath o gyfeiriad at alwedigaeth yn bod. O'r 84 unigolyn, yr unig gyfeiriad at 12 ohonynt yw yng nghofnodion treth y tir. Er mae'n debygol iawn mai'r tir oedd galwedigaeth mwyafrif llethol y rhain, rwyf am eu hanwybyddu yn yr astudiaeth hon sy'n ein gadael gyda 72 o unigolion. Er mor gyfyng y sampl, ac o'r herwydd er mor amrwd yr astudiaeth, credaf fod yma le i ni weld patrwm eithaf clir o alwedigaethau trigolion plwyf Llanallgo.

O'r 72 unigolyn gwelir bod 46 wedi eu cofnodi efo un alwedigaeth yn unig. Yn ddigon naturiol nid yw hynny'n golygu eu bod wedi cyfyngu eu gwaith i un maes yn unig, er bod hynny'n debygol yn achos sawl un, ond mae'n rhoi man cychwyn clir i'n hastudiaeth. Dyma'r ffigyrau ar gyfer y rhai sydd efo un alwedigaeth yn unig a hynny ar draws y plwyf cyfan:

bonheddwyr:	2
iwmyn:	2
offeiriaid plwyf	3
crefftwyr	9
amaethwyr	4
llongwyr	4
pysgotwyr	5
labrwyr	16
tlodion	1

Gwelwn yn syth rai gwendidau'r math yma o astudiaeth. Yn y lle cyntaf, nodwyd tri offeiriad plwyf ond un yn unig oedd yn gwasanaethu'r plwyf ar unrhyw adeg ac, yn ail, un teulu o fonheddwyr oedd yn y plwyf yn ystod y cyfnod. Yn yr un modd, cyfeirir at un tlotyn yn unig – er bod hynny'n amlwg yn ffigwr gamarweiniol ac er bod cofnodion yr eglwys yn cyfeirio at gynnig cymorth i dlodion y plwyf. Mae'n debyg mai'r rheswm dros gyfeirio at Jane Humphrey, a fu farw yn 1755, oedd y ffaith ei bod yn 93 mlwydd oed. Serch hyn i gyd gellir gwneud rhai casgliadau amlwg.

Yn y lle cyntaf, roedd prinder y dosbarth uchaf a'r dosbarth proffesiynol yn amlwg ac yn adlewyrchu, mae'n siŵr, natur wledig, ddiarffordd y plwyf a'i boblogaeth isel. Mae nifer y bonheddwyr, iwmyn a'r amaethwyr yn dangos yn glir mai ardal amaethyddol oedd Llanallgo ac mae nifer y labrwyr yn cadarnhau hynny – er dylid cofio y gallai un a drigai yn y plwyf fod yn gweithio mewn plwyf arall. Er bod i'r plwyf ei grefftwyr – tri chrydd, gwehydd, dau felinydd, teiliwr, dau saer coed/troliau – mae absenoldeb crefftwyr eraill – gofaint er enghraifft – yn awgrymu nad oedd y plwyf ynddo'i hun yn blwyf hunangynhaliol a bod ei grefftwyr yn gwasanaethu ardal ehangach tra bod trigolion y plwyf hwythau'n dibynnu ar grefftwyr ardal ehangach am rai gwasanaethau. Mae'r ffaith bod naw allan o'r 46 yn gwneud eu bywoliaeth o'r môr, naill ai fel llongwyr neu drwy bysgota, yn dangos bod y sylfaen i gysylltiadau morwrol y fro yn y ganrif a hanner a ddilynodd, yn bod hefyd yn y ddeunawfed ganrif.

A oedd gwahaniaeth rhwng galwedigaethau'r rhai a drigai ym Moelfre ei hun o'i gymharu â gweddill y plwyf? Am amryw o resymau (crybwyllwyd y mwyafrif ohonynt ar ddechrau'r ysgrif hon) mae'n anodd cael darlun clir o bwy yn union a drigai ym Moelfre. Problem ychwanegol yw gwybod maint y pentref, er ei bod yn amlwg bod 'Moelfre' yn cyfeirio at ardal a oedd yn ehangach nac unrhyw bentref ffurfiol. Yr hyn yr wyf wedi ceisio ei wneud yma, felly, yw dewis o blith y 46 unigolyn y rhai hynny oedd

yn bendant yn dod o Foelfre, beth bynnag oedd ffiniau'r fro/dreflan honno ar y pryd.
Mae'r canlyniadau'n ddiddorol:

crefftwyr	3
llongwyr	1
pysgotwyr	5
labrwyr	5

Yn y lle cyntaf gwelir mai ychydig llai na thraean y 46 oedd yn trigo ym Moelfre, felly nid oedd y pentref yn tra-arglwyddiaethu dros y plwyf eto. Roedd rhyw draean y labrwyr ym Moelfre hefyd sy'n awgrymu nad oedd y pentref wedi cefnu ar y tir yn gyfangwbl. Er mai un llongwr yn unig oedd o Foelfre, mae natur cofnodion morwrol y cyfnod yn golygu yn aml mai'r plwyf yn unig a enwid. Fodd bynnag, mae'n debyg mai'r ffigwr arwyddocaol yw'r ffaith bod pob un o'r trigolion a gofnodwyd fel pysgotwyr yn unig yn byw ym Moelfre. Cawn drafod natur a graddau diwydiant pysgota'r fro yn y man.

Beth am y chwe unigolyn ar hugain sy'n weddill felly, sef y rhai a oedd wedi eu cofnodi efo dwy swydd ar un ffynhonnell – nid o reidrwydd yr un pryd – neu wedi eu cofnodi efo swyddi gwahanol mewn ffynonellau gwahanol? Gallasai hynny fod oherwydd bod swydd unigolyn wedi newid wrth i'r blynyddoedd fynd rhagddynt – oherwydd prynu tir neu drwy raid oherwydd henaint, er enghraifft. Mae'n llawer mwy tebygol fodd bynnag fod gan yr unigolion hynny fwy nag un swydd er mwyn dal dau ben llinyn ynghyd, yn arbennig o gofio natur amaethyddol/forwrol y fro. Felly, ymhlith y chwech ar hugain, mae dau ar hugain ohonynt yn gyfuniad o, ar y naill law, pysgotwr ac/neu longwr ac, ar y llaw arall, un neu fwy o blith y canlynol, sef tenant, iwmon, ffermwr, labrwr. Yr unig eithriad i'r patrwm uchod yw Owen Hughes, Trefgordd Nant Bychan a oedd yn gyfuniad o bysgotwr, tenant a masnachwr ŷd *(corn factor)*. Mae'r dystiolaeth uchod yn dangos yn glir natur amaethyddol/forwrol y plwyf ac yn dangos bod nifer fawr yn llithro rhwng y naill faes a'r llall am resymau, fe dybir, a allai amrywio o gynhaeaf gwael ar y tir i dymor pysgota da ar y môr.

O'r ddau ar hugain, diddorol yw nodi bod dau ar bymtheg ohonynt yn bysgotwyr, a hynny ar draws y plwyf tra bod ugain yn ymwneud ag amaethyddiaeth. Dim ond dau unigolyn y cyfeiriwyd atynt fel pysgotwyr a llongwyr ac roedd y ddau ohonynt hwy hefyd yn amaethwyr. Yr hyn sy'n anoddach i'w fesur yw i ba raddau yr oedd gweithgaredd morwrol, pysgota'n arbennig, yn gefn i waith amaethyddol yntau a oedd amaethyddiaeth neu waith labro yn gefn i bysgota – neu ai cymysgedd o'r ddau oedd y gwirionedd? Mae'n fwy na thebygol nad oedd trigolion y fro yn gweld gwahaniaeth – roedd tir a môr, ill dau, yn allweddol i'w bywoliaeth.

Roedd y pedwar a oedd yn weddill fel a ganlyn:

labrwr a mwynwr
labrwr a ?*fiddler*
hwsmon a labrwr
crydd a llongwr

Beth oedd y sefyllfa ym Moelfre? Roedd naw o'r chwech ar hugain yn trigo ym 'Moelfre', eto rhyw draean o'r cyfanswm. O'r naw, roedd pump yn pysgota ac roedd tri yn llongwyr – ond roedd wyth ohonynt yn dibynnu i ryw raddau ar y tir. Felly, un yn unig nad oedd yn dibynnu ar y môr, sef y labrwr/mwynwr, ac un yn unig oedd ddim yn dibynnu ar y tir yn uniongyrchol, sef crydd/llongwr. Treflan neu fro 'amaethyddol-forwrol' oedd Moelfre felly.

Er diffygion y dystiolaeth a chyn lleied ein sampl, mae rhai casgliadau amlwg i'w gweld. Yn syml, plwyf amaethyddol oedd plwyf Llanallgo ond plwyf a ddibynnai i raddau helaeth iawn ar y môr. Ymddengys bod y môr yn gallu cynnig bywoliaeth ynddo'i hun – a hynny o bosibl hyd yn oed fel gyrfa yn achos y rhai a nodwyd fel llongwyr. Ymddengys bod tebygrwydd yma rhwng Moelfre a phentrefi'r Iseldiroedd yn yr ail ganrif ar bymtheg pan roedd bron i hanner y boblogaeth wrywaidd ynghlwm wrth y môr gyda llongau yn rhan naturiol o fywyd beunyddiol (van Royen, 1995). Fel yn achos Nefyn, yn Llŷn, mae'n bosibl bod y dynion yn bysgotwyr yn yr haf ond eu bod yn gweithio ar y tir, fel crefftwyr neu ar longau a fasnachai efo Lerpwl ym misoedd y gaeaf (Thomas, 1952). Yr hyn sydd yn sicr yw nad oedd trigolion Moelfre, tra wynebent y môr yn eu hymdrechion beunyddiol i oroesi, wedi cefnu ar y tir yn gyfangwbl. Yn amlwg roedd y plwyf yn dlawd ac roedd tir a môr yn allweddol i'r plwyfolion, lle bynnag y trigent o fewn plwyf.

Pysgota

Roedd pysgota'n allweddol i fywoliaeth trigolion Llanallgo ac yn hyn o beth roedd y fro yn debyg iawn i nifer fawr o gymunedau cyffelyb yng Nghymru ac ar draws Ewrop. Gan fod pysgota yn rhywbeth tymhorol, ychydig o dystiolaeth sydd felly o natur a maint y pysgota hyd yn oed pan werthwyd pysgod yn lleol ond cawn dystiolaeth ar Ynys Môn o benwaig yn cael eu derbyn fel degwm (Evans, 1953). Mae'n debygol bod pysgota yn draddodiadol yn bwysig iawn i drigolion y fro o amgylch Moelfre. Ym mhlwyf Penrhoslligwy, rhwng Moelfre a Thraeth Llugwy, cawn gyfeiriad at Borthcorwg. Cwch wedi'i wneud o grwyn oedd corwg ac mae Bedwyr Lewis Jones yn awgrymu eu bod yn debyg i'r *curach* sy'n cael eu defnyddio yng ngorllewin Iwerddon heddiw, sef corygau rhwyfo, megis cychod o grwyn ar ffrâm wiail tua 13 troedfedd o hyd. Mae'n ymddangos felly bod y corygau hyn yn cael eu defnyddio rywdro ar arfordir Môn ond pa bryd? Er nad yw'r Morrisiaid yn sôn am bysgota gan ddefnyddio corwg, credai Bedwyr Lewis Jones ei bod yn bosibl iawn fod pysgota mewn corwg yn digwydd oddi ar y glannau yn ystod y cyfnod hwn.

O ganlyniad i amryw ddeddfau seneddol yn ystod hanner cyntaf y ddeunawfed ganrif, cafwyd cynnydd sylweddol mewn pysgota penwaig ac mewn rhai ardaloedd daeth pysgota penwaig yn ddiwydiant (Jenkins, 1991). Roedd yn bosibl dal llaweroedd ohonynt, a'u cadw, drwy ddulliau traddodiadol. Y canlyniad oedd bod mwyafrif y penwaig a ddaliwyd yn cael eu gwerthu'n fasnachol (Northway, 1994). Roedd pysgota penwaig yn bwysig iawn yng ngogledd-orllewin Cymru ac fe wyddwn fod penwaig wedi eu hanfon i Lerpwl, Caer a Dulyn. Ond ni ellid dibynnu ar benwaig – cafwyd tymhorau da yn 1756, 1757, 1758, 1760, 1761, 1765 ond prinder yn 1751, 1764 ac o 1769 ymlaen (Thomas, 1952).

Mae dibyniaeth y plwyf ar bysgota yn cael ei gadarnhau gan John Williams, rheithor plwyfi Llanallgo a Llaneugrad, a gofnododd yn 1776: *'The Parishioners are chiefly a parcel of poor fishermen'* (LlGC B/QA/6). Ond beth oedd maint y pysgota hwnnw? Mae cyfeiriadau'r Morrisiaid at bysgota Moelfre yn awgrymu bod i Foelfre ddiwydiant pysgota penwaig yn y cyfnod hwn. Yn un o'i lythyrau i'w frawd Richard (21/10/1742) nododd Wiliam *'We have had the best fishery in Holyhead this year that has been this fifteen or eighteen years; not so good at Moelfra'* (Davies, 1907). Yn ei *Plans of Harbours, Bays and Roads in St George's and the Bristol Channels*, 1748 (2-7) nododd Lewis Morris bod penwaig *'in plenty'* yn Nhraeth Coch tra, i'r gogledd o Foelfre nododd bod Dulas yn lle prysur oherwydd ŷd, ymenyn a phenwaig eto (Eames, 1973). Aeth Lewis Morris cyn belled ag awgrymu bod *'Moelfra & Red Wharf famous for Hering fishery'* (Owen, 1951).

Yn anffodus ni wyddys maint y diwydiant nac ymhle yr oedd pysgod Moelfre yn 'enwog'. Yn Nefyn, yn Llŷn, fe wyddwn fod y penwaig yn cael eu halltu'n lleol gyda'r halen yn cael ei gadw yn y 'strysau' (Cymraeg – storysau, Saesneg – *storehouses*) (Thomas, 1952). Ym Moelfre yn 1788, fe wyddwn i William David, iwmon, o Dyddyn Gwynt, ym mhlwyf Penrhosllugwy, rentu darn o dir a elwid yn 'Llain y storws, Yn glan y mor at Moelfra' (PCB 33808). Mae'r ffaith bod storws ar y traeth ym Moelfre, neu o leiaf yn agos at lan y môr, yn awgrymu'n gryf iawn bod patrwm tebyg i Nefyn i'w gael ym Moelfre. Yn sicr, hyd at ganol yr ugeinfed ganrif, bu penwaig wedi'u halltu'n cael eu cadw mewn nifer o storysau Moelfre at ddefnydd personol ac mae'n ddigon posibl felly bod penwaig yn cael ei halltu'n lleol yn y ddeunawfed ganrif cyn cael eu rhoi ar long i'w cludo i ffwrdd.

Yn ogystal â physgota penwaig, roedd pysgota penfras gyda bachau a leiniau a threillio hefyd yn boblogaidd ar hyd yr arfordir. Mae'n debyg bod y tri math yma o bysgota wedi ehangu yn ystod ail hanner y ddeunawfed ganrif (Northway, 1994). Dengys 'siart Lewis Morris' ar gyfer arfordir dwyreiniol Môn fod banc penfras a phenwaig ger y pentref. Aeth ymlaen i ddatgan *'Here is plenty of Fish of Most kinds and Famous for Oysters'* (WM/1905/7). Byddai penwaig, penfras a llymeirch yn rhan bwysig o fywyd y gymuned am ganrif a hanner eto (Evans, 1995).

Cawn dystiolaeth o batrwm perchnogaeth cychod pysgota, patrwm a oedd i barhau tan ganol yr ugeinfed ganrif. Roedd Owen Thomas, Nant Bychan yn iwmon ac yn bysgotwr. Bu farw 4 Mehefin, 1793 a bu farw ei wraig Margaret Jones, 25 Mehefin, 1793. Ymhlith eu heiddo roedd un chwarter o gwch pysgota a rhwydi gwerth £5 (LlGC B/1794/13i). Mae hyn yn sicr yn cydredeg â'r drefn ar ddiwedd y bedwaredd ganrif ar bymtheg gyda phedwar o ddynion yn buddsoddi mewn cwch pysgota. Roedd y patrwm yma'n wahanol i'r drefn yn Nefyn lle byddai cychod pysgota'n cael eu rhannu rhwng saith o ddynion (Thomas, 1952).

Yn debyg i Owen Thomas roedd Edward Williams, Ty'n Llan, hefyd yn iwmon a physgotwr ond roedd hefyd yn llongwr. Ymhlith ei eiddo ef a'i wraig Anne Lewis, 26 Chwefror, 1770 roedd:

> *'6 nets at 7s per net*   £2 2s
> *5 anchors at 4s per*   £1
> *the half of the disbot*   £2 2s
> *the old sloop*   £20' (LLGC B/1770/19)

Mae'r cyfeiriad at yr hen slŵp yn dangos yn glir nad pysgota'n lleol yn unig oedd trigolion Moelfre a Llanallgo. Roeddent hefyd yn llongwyr ac yn fuddsoddwyr mewn llongau.

Masnach

Gwelodd ail hanner y ddeunawfed ganrif gychwyn y Chwyldro Diwydiannol yng Nghymru a Lloegr. Un o ganlyniadau hyn oedd cynnydd sylweddol yn y fasnach forwrol ar ddiwedd y ganrif. Roedd mwyafrif llethol llongau gogledd Cymru yn masnachu ar hyd y glannau, sef yr ardal rhwng Caernarfon, Glannau Dyfrdwy, Afon Lerpwl ac Iwerddon ar y naill law a rhwng Bae Ceredigion, Abertawe a Bryste ar y llall. Roeddent hefyd yn hwylio'r afonydd, megis cludo grawn i Ruddlan ar afon Clwyd. Byddai mwyafrif llongwyr Môn yn adnabod porthladdoedd Ynys Manaw, Dulyn, Caer, Lerpwl a Whitehaven yn dda gan mai rhain oedd prif ganolfannau masnachu llongau ar hyd y glannau. Yn naturiol, nid oedd mordeithiau llongau'r gogledd wedi'u cyfyngu i'r mannau uchod ond yn sicr yr oedd digon o waith iddynt yn hwylio rhwng gogledd-orllewin Lloegr, gogledd Cymru a dwyrain Iwerddon.

Un canlyniad i'r cynnydd ym mhrysurdeb masnach gogledd Cymru oedd datblygiad porthladdoedd yn ystod y cyfnod hwn, megis Abermaw a Chaergybi. Wrth i rai o'r hen borthladdoedd ddatblygu i ymdopi efo'r cynnydd yn y fasnach forwrol, sefydlwyd rhai porthladdoedd cwbl newydd gan gynnwys Porth Amlwch, yn sgil datblygu diwydiant copr Mynydd Parys. Ond y porthladd a ddatblygodd fwyaf yn ystod y cyfnod hwn, ac a effeithiodd fwyaf ar ddatblygiad masnach forwrol gogledd Cymru oedd Lerpwl. Yn nghanol y ddeunawfed ganrif roedd Lerpwl yn un o gilfachau Caer, ond, erbyn diwedd y ganrif, Lerpwl oedd canolfan fasnachol gogledd-orllewin Lloegr (Hawkes, 1987). Rhwng 1785 ac 1810 gwelwyd cynnydd sylweddol ym mhrysurdeb porthladd Lerpwl, oherwydd mewnforio tybaco a siwgwr ac allforio halen a glo ac, wrth gwrs, prysurdeb y llongau caethweision (Eames, 1973). O ganlyniad, roedd mwy a mwy o longau yn hwylio heibio Môn a chynyddodd prysurdeb masnach yr ynys hefyd.

Cafodd y Chwyldro Diwydiannol, gyda datblygiad trefi a phorthladdoedd fel Lerpwl a'u datblygiad masnachol, effaith uniongyrchol ar gefn gwlad Môn. Yn ystod ail hanner y ddeunawfed ganrif cafwyd cynnydd yn y galw am gynnyrch amaethyddol, er bod maint y fasnach yn ddigon naturiol yn amrywio o dymor i dymor. Roedd yr ardal o amgylch Llanallgo yn allforio ceirch a barlys a nododd Lewis Morris bod Dulas yn lle prysur oherwydd ŷd ac ymenyn. Roedd Traeth Coch yn adnabyddus am ei dywod a oedd yn arbennig o werthfawr i'w ddefnyddio fel gwrtaith. Mae'n amlwg i rai o drigolion y plwyf chwarae rhan yn y fasnach hon achos yn 1781 nodwyd i William Evans o Foelfre brynu bŵm a bod *'the said piece of timber is made into a mast for a small sand boat...'* (Papurau Poole).

Roedd Traeth Coch hefyd yn bwysig am ei chwareli. Roedd galw am gerrig ar gyfer adeiladu oherwydd twf trefi a dinasoedd Lloegr yn ystod y cyfnod 1760-1820. Rhoddodd y rhyfeloedd yn erbyn Napoleon hwb i'r chwareli lleol wrth i farmor Môn, yn hytrach na charreg o dramor, gael ei ddefnyddio ar gyfer llefydd tân. Gallwn amgyffred y prysurdeb amlwg yn y fro oherwydd nododd Thomas Pennant fod marmor Castell Mawr *'carried to distant parts in coasting vessels, which lie in a small channel near the rock, and by their numbers frequently enliven the view'* (Rhys, 1883). Yn ei sgil roedd cyfle i drigolion plwyfi fel Llanallgo fanteisio ar hyn, fel y dywedodd Samuel Lewis *'The great range of limestone strata, which stretches from Flintshire ... terminates at Moelvre ... where are extensive quarries of clouded, or variegated marble ... Great quantities of this marble, ... [are] ... shipped off to various parts of Great Britain'* (Lewis, 1833). Cefnogir y darlun hwn gan Lewis Morris a ddywedodd am Foelfre *'Vessels from Liverpool & Chester water come here to load Limestones'*.

Roedd llongau bychain yr arfordir yn mewnforio amryw o nwyddau, megis dodrefn, offer, coed, Beiblau, glo. Yn sicr roedd mewnforio coed yn bwysig yn hanes Môn yn ystod y cyfnod hwn gan fod prinder coed yn rhwystr mawr i wella ffermio. Defnyddiodd Aled Eames enghraifft y *Pennant*, un o longau Owen Williams o blwyf Llanallgo, i ddangos y math o waith yr oedd y llongau hyn ynghlwm ag ef. Bu'n cludo dros 13,000 tunnell o lechi a deg tunnell o wymon i Lerpwl gan ddychwelyd gyda choed, blawd, nwyddau siopau groser a glo. Gwyddem fod Hen Siop, ym mhlwyf Pentraeth, yn cael y rhan fwyaf o'i nwyddau gan gyfranwerthwyr mawr Lerpwl ac roeddynt yn cael eu cludo ar longau i Borthllongdy yn Nhraeth Coch. Roedd rhai o'r llongau yr oedd trigolion Moelfre a Llanallgo wedi buddsoddi ynddynt yn rhan o'r fasnach hon, megis y *Betty and Peggy* a'r *Pennant*.

Erbyn yr 1780au roedd tunelledd a nifer y llongau oddi ar arfordir Môn wedi cynyddu ond nid y prysurdeb a ddisgrifiwyd uchod yn unig oedd yn gyfrifol am hynny. Dau ddatblygiad pwysig arall oedd cludo copr ac, fel yn achos y Pennant uchod, llechi. Roedd y prysurdeb hwnnw i'w weld oddi ar arfordir Môn a hynny am ddau reswm. Yn gyntaf, datblygodd Richard Pennant y chwareli yn ei feddiant a sefydlu Porth Penrhyn. Cludwyd llechi i lefydd mor amrywiol â Ballyshannon yn yr Iwerddon, Dumfries yn yr Alban a Hull a Portsmouth yn Lloegr. Er i'r rhyfeloedd yn erbyn y wladwriaeth Ffrengig olygu gostyngiad yn y fasnach â Llundain oherwydd y peryglon cynyddol, a chost uchel yswiriant, ni chafwyd gostyngiad yn y fasnach â Sir Gaerhirfyn (Thomas, 1952). Yr ail reswm dros y prysurdeb oddi ar arfordir y gogledd-orllewin oedd gwaith Thomas Williams, gyda datblygiad Mynydd Parys yn brif ganolfan copr y byd. Erbyn 1770 roedd dros ugain o longau yn allforio mwyn copr o Fynydd Parys. Yn sgil yr angen i gludo llechi a mwyn copr, datblygodd y diwydiant adeiladu llongau yn Amlwch ac ym Mangor. Mae'n siŵr bod nifer o longau a oedd efo cysylltiad efo plwyf Llanallgo wedi chwarae rhan yn y fasnach gopr o Amlwch gan gynnwys, o bosib, y *Jane* a'r *Mayflower* yn 1786 a'r *Catherine* yn 1787. Yn sicr roedd y *Pennant* ynghlwm â'r fasnach hon yn 1793. Mewn llythyr dyddiedig Mai 3ydd, 1797, nododd Robert Thomas, glanfàwr (*wharfinger*) ym Mhorth Penrhyn ac un a fuddsoddodd yn y *Jane* efo Owen Williams, Llanallgo ac a fyddai yn berchennog llongau pwysig yn hanes Bangor:

'The Jane *has sailed for Dublin hope that she will be back in a short time for another cargo.'* (Elis-Williams, 1988).

Ymddengys felly bod digon o gyfleoedd i drigolion arfordir gogledd Cymru i droi i gyfeiriad y môr naill ai am waith neu fel buddsoddiad mewn llongau neu'r fasnach forwrol, neu'r ddau.

Perchnogion llongau

Nodwyd yn barod bod tystiolaeth o longwyr yn perthyn i Foelfre ond cawn hefyd dystiolaeth o drigolion y plwyf yn buddsoddi mewn llongau a hynny yng nghofrestrau swyddogol llongau (Cofrestrau Llongau Biwmares). Ar ôl 1786, roedd yn ofynnol cofrestru pob llong hwyliau. Mae'r cofrestrau hyn, cyn 1824, yn cynnig gwybodaeth amrywiol i ni am y llongau gan gynnwys ble a phryd yr adeiladwyd hwy a phwy oedd eu perchnogion. Cyn 1824 mae'r cofrestrau yn nodi pwy oedd y perchnogion, neu'r buddsoddwyr, yng nghyd-destun y llongau, eu cyfeiriad a'u galwedigaeth. Rhennid llong yn 64 rhan, neu gyfranddaliadau, ond nid yw'r cofrestrau cynnar yn datgelu nifer cyfranddaliadau pob buddsoddwr. Roedd dau fath o berchnogion: perchennog-danysgrifiwr *(subscribing owner)* a oedd fel arfer yn arwyddo'r gofrestr a'r datganiad swyddogol ond nad oedd o reidrwydd yn dal y nifer fwyaf o gyfranddaliadau. Y grŵp arall oedd y perchnogion cyffredin *(non-subscribing owners).* Er bod rhai unigolion yn berchen ar long gyfan eu hunain, y duedd oedd i nifer o unigolion fuddsoddi yn yr un llong a bod nifer, yn berchnogion-tanysgrifwyr ac yn berchnogion cyffredin, gyda chyfranddaliadau mewn sawl llong. Byddai adeiladwyr y llongau yn aml yn buddsoddi ynddynt hefyd, gan gadw hyd at chwarter y cyfranddaliadau mewn rhai achosion. Yn amlwg, roedd nifer y taliadau i'r buddsoddwyr yn dibynnu ar faint yr elw ac ar nifer y cyfranddaliadau personol. Yn naturiol, roedd pobl yn gwerthu eu cyfranddaliadau ac fe nodir hynny weithiau, ond rai blynyddoedd yn ddiweddarach.

Aelodau o'r dosbarth canol, lleol, newydd oedd nifer fawr o'r cyfranddalwyr yn llongau gogledd-orllewin Cymru ddiwedd y ddeunawfed ganrif a'r bedwaredd ganrif ar bymtheg. Ymhlith galwedigaethau'r rhain roedd masnachwyr, perchnogion siopau, capteiniaid, adeiladwyr llongau, seiri llongau a ffermwyr. Roedd gan y rhydd-ddeiliaid llai a'r ffermwyr-denantiaid cefnog ddiddordeb mawr yn y busnes llongau hefyd. Roedd eu tynged ariannol hwy yn nwylo'r landlordiaid ac, felly, fe wnâi fwy o synnwyr iddynt fuddsoddi mewn llongau nac yn y tir. Fe geir ambell gyfeiriad at labrwyr a gweision yn mentro i fuddsoddi ond prin iawn yw nifer y pendefigion a'r bonedd – a hynny o bosib oherwydd mai 'mere trade' oedd y fasnach longau iddynt hwy (Lloyd, 1991). Wrth gwrs, mae'n bosibl nad oeddent yn buddsoddi mewn llongau oherwydd bod y rhan fwyaf o'r dosbarth canol brodorol yn Anghydffurfwyr ar ddechrau'r bedwaredd ganrif ar bymtheg. Efallai nad oeddent yn gweld unrhyw reswm dros fuddsoddi mewn unrhyw beth heblaw am y tir. Ar y llaw arall nid mater hawdd yw darganfod beth yn union oedd galwedigaeth pob cyfranddaliwr. Roedd 'ffermwr' yn gallu amrywio rhwng tyddynwr tlawd neu amaethwr cefnog. Mae'r cofrestrau hefyd yn cyfeirio at 'mariner' – ond fel y nodwyd eisoes, capteiniaid ac nid llongwr cyffredin oedd ystyr hynny. Gallai masnachwyr hefyd olygu mewnforwyr ac allforwyr ar y naill law, neu berchennog siop ar y llall.

Mae'r Cofrestrau'n dangos wrthym fod buddsoddwyr o Lanallgo yn sicr wedi buddsoddi mewn deng llong yn ystod y cyfnod hwn, er y gellir awgrymu gyda chryn sicrwydd fod y niferoedd yn (sylweddol?) uwch. Y buddsoddwyr hynny, gan gynnwys eu cyfeiriad a'u galwedigaeth a nifer y llongau yr oeddynt yn buddsoddi ynddynt, oedd:

Owen Williams, Gell, Capten, 6
Evan Prichard, Llanallgo, Capten, 1
Owen Davies, Llanallgo, Capten, 2
Robert Owen, Llanallgo, Capten, 1
William Davies, Llanallgo, ffermwr, 1

Yn ôl y Cofrestrau roedd cyfanswm o 25 o fuddsoddwyr (gan gynnwys y pump a enwyd uchod) yn deng llong 'Llanallgo' y cyfnod hwn a gellir eu rhannu fel a ganlyn:

Llongwyr	–	11 [44%]
Ffermwyr	–	8 [32%]
Perchennog Siop	–	1 [4%]
Gweddwon	–	2 [8%]
Anhysbys	–	3 [12%]

Yn ei glasur *Ships and Seamen of Anglesey* dadansoddodd Aled Eames alwedigaethau perchnogion y llongau hynny a gofrestrwyd ym Miwmares yn 1786 ac a oedd efo cysylltiadau amlwg â Môn. Mae'r bras ganrannau fel a ganlyn, gyda chanran y rhai a fuddsoddodd yn llongau Llanallgo wedi eu nodi er cymhariaeth:

	Môn 1786	Llanallgo 1750-1800
Masnachwyr	58%	0
Llongwyr	30%	44%
Ffermwyr	5%	32%
Gwŷr Busnes a Masnachwyr	5%	4%
Proffesiynol/Gweddwon/		
Hen Wragedd	2%	8%
Anhysbys	0	12%

Cyfeiriodd Aled Eames hefyd at astudiaeth gan Craig a Jarvis o Gofrestrau Lerpwl ac at astudiaeth C.H. Ward-Jackson o Gofrestrau Fowey. Mae cymhariaeth syml o alwedigaethau perchnogion llongau fel a ganlyn (Eames, 1973):

Yn Lerpwl yn 1786 ac 1804-05:

80% yn fasnachwyr
12% o gefndir morwrol (llongwyr yn bennaf)

Yn Whitehaven yn ystod yr un cyfnod:

40% o gefndir a diddordeb morwrol eang

30% o gefndir busnes a masnach eang

30% yn wŷr proffesiynol, iwmyn, gweddwon a hen wragedd

Yn Fowey ar droad y ddeunawfed ganrif:

33% yn llongwyr

33% yn derbyn eu hincwm o'r môr

33 % amrywiol cyffredinol.

Yn achos llongau Llanallgo, yr hyn sydd yn syndod, o ystyried fod pedwar ar bymtheg o'r buddsoddwyr yn dod o du allan i'r plwyf, yw prinder ymddangosiadol masnachwyr, gwŷr busnes a phroffesiynol a'r canran uchel o amaethwyr. Dylid pwysleisio fodd bynnag fod y rhai o Lanallgo a fuddsoddodd mewn llongau yn naill ai ffermwyr, llongwyr neu gymysgedd o'r ddau.

O ble ddaeth y buddsoddwyr?

Mae dosbarthiad daearyddol y rhai a fuddsoddodd hefyd yn ddiddorol. Dau fuddsoddwr o blwyf Penrhosllugwy oedd yr unig rai o blwyfi cymdogol Llanallgo. Roedd mwyafrif llethol y buddsoddwyr yn dod o blwyfi arfordir Môn, yn ymestyn o Lanfachraeth yn y gorllewin drwy'r gogledd, gan gynnwys Amlwch, hyd at Lantysilio yn ne'r ynys. Ymddengys felly fod cefnogaeth i ddadl y Dr Lewis Lloyd, yn ei astudiaeth o berchnogion llongau Pwllheli, sef bod buddsoddi mewn llongau yn adlewyrchu'r cydweithio cyffredinol rhwng plwyfi'r ardal. Roedd nifer o gyfranddalwyr llongau gogledd Cymru yn byw mewn porthladdoedd yn Lloegr ac Iwerddon a nifer ohonynt yn Gymry neu'n gysylltiedig â'r môr. Ond, er y cysylltiadau amlwg rhwng Môn a Lerpwl dim ond dau fuddsoddwr oedd o'r porthladd hwnnw a fuddsoddodd yn llongau Llanallgo, ac roedd gan y ddau ohonynt hwy enwau Cymreig. Un arall yn unig a oedd o du allan i Fôn, sef o Fangor. Mae hyn yn gwrth-ddweud barn Aled Eames nad oedd y bobl leol yn amlwg ym mherchnogaeth llongau tan y 1830au o'i gymharu â 1786 pan oedd estroniaid yn fwy blaengar.

Roedd pedair o'r deng llong yn gyfangwbl yn nwylo buddsoddwyr o Lanallgo. Beth am y gweddill? Mewn rhai achosion gellir gweld patrwm daearyddol lleol amlwg. Yn achos y *Mayflower*, er enghraifft, roedd tri o'r pedwar buddsoddwr yn dod o blwyfi cymdogol yng ngogledd-ddwyrain yr ynys gyda'r pedwerydd buddsoddwr o Lanallgo. Y buddsoddwr hwnnw oedd Owen Williams, buddsoddwr heb ei ail yn ystod y cyfnod hwn. Beth sy'n esbonio'r cysylltiad rhwng buddsoddwyr y *Pennant*, er iddynt ddod o blwyfi eang yn ddaearyddol?

Owen Williams, Llanallgo, llongwr

Shadrach Williams, Llanrhwydrys, ffermwr

William Morgan, Llantysilio, llongwr

Owen Williams, Llechcynfarwy, ffermwr

Y cychod yn y pwll wrth edrych o dalcen tai Penrallt.

Hen bysgotwyr a'u cychod ar y gro.

Ymwelwyr ffasiynol ar gwch pysgota.

Yr adeilad ar y dde oedd gweithdy'r teiliwr.

Hengorlan tua 1920.

Edrych i lawr Pen Stryd – stabl Siarli sydd ar y chwith.

Tai Penrhos, tai modern diwedd y bedwaredd ganrif ar bymtheg.

Prysurdeb y regatta yn y bae.

*Adwaenid y cwt pellaf ar y dde fel 'Wembley' gan iddo gael ei godi
yr un flwyddyn â'r stadiwm enwog.*

*Un o'r newidiadau yng ngwasanaethau achub bywydau
wrth i'r ugeinfed ganrif fynd rhagddi.*

Rhaeadr Moelfre a arferai yrru olwyn y ffatri wlân.

Betty Pips (Elizabeth Hughes) a arferai deithio milltiroedd yn cludo telegramau o Swyddfa'r Post i gartrefi morwyr.

Ynys Moelfre, Swnt a Phorth yr Ynys.

Wal newydd uwch ben y traeth a moduron yn y maes parcio
– arwyddion o newid yn y pentref.

Tai Bryn Goleu yn edrych i lawr Pen Stryd. Roedd tai rhai capteiniaid efo polyn baner i
chwifio Jac yr Undeb ar achlysuron arbennig.

Sgwrs rhwng tir a môr a'r hen a'r ifanc, ar y creigiau rhwng traeth Moelfre a Phorth Neigwl.

Twristiaeth yn y 1960au.

Llong y Peilot wedi iddi dderbyn peilotiaid o Borth Neigwl.

Cychod pysgota bach a mawr a'r offer pysgota ar draeth cymuned bysgota Gymreig.

Dechreuodd sawl morwr o Foelfre eu gyrfa forwrol drwy hwylio fel bachgen ifanc ar longau a ddeuai i'r traeth.

Yr hen a'r ifanc yn 'yarnio' ar y gro.

*Arferid cadw ieir a moch yn y cytiau ar y gro ac arferai'r hen longwyr eistedd
y tu ôl iddynt i 'yarnio'.*

*Edrych dros Bonc Singrig Isaf. Yr adeilad ar y chwith yw'r hen ffatri gyda'r iard lo
tu draw i'r cwch.*

Y cei yn ein hatgoffa mai porthladd oedd Moelfre.

Edrych i fyny Pen Stryd. Mae'n debygol mai'r bythynod ar y chwith oedd rhai o dai hynaf y pentref,

Ceffyl a throl (glo mae'n debyg) yn dod i lawr Pen Stryd o gyfeiriad Capel Carmel.

Hen bysgotwr yn trwsio rhwyd. O dan yr allt bu ogof ar un adeg lle'r arferai merched drwsio rhwydi.

Moelfre yn dechrau ehangu – tai cyngor Ffordd Eleth a Ffordd Llugwy
a byngalos modern Maes Hyfryd.

Pwmp dŵr wedi disodli'r hen ffynnon o flaen tafarn Tan y Fron.

Bae Moelfre yn llawn llongau, o gyfeiriad Porth yr Aber.

Llong hwyliau yn cyrraedd y bae. Roedd yr adeilad ar ben yr allt sydd a'i dalcen yn ein wynebu yn storws ac yn lladd-dy'r cigydd.

Hen ddynion yn Swnt ac yn y pellter y newid yn llongau'r bedwaredd ganrif ar bymtheg.

Hen siop Penrhyn Castle, yn awr yn Peddlar's Pack yn oes y twristiaid.

Un ateb amlwg yn yr achos hwn yw bod Owen Williams, Llanallgo, hefyd yn gyd-berchen ar y *Mayflower* efo Shadrach Williams (ond y tro hwn efo John Hughes o Lanfairynghornwy, ffermwr, a Robert Hughes, Llanfechell, ffermwr). Yn ôl Lewis Lloyd roedd rhai o'r llongau – y slwpiau llai – yn nwylo un perchennog ond roedd y mwyafrif yn nwylo pobl oedd wedi'u cysylltu trwy waed, priodas, crefydd, neu am eu bod yn gymdogion. Yn sicr mae'r enghraifft uchod yn adlewyrchu casgliadau'r Dr Lloyd fod perchnogaeth llongau yn y Gymru wledig yn *'kind of co-operative, small scale and almost communal capitalism'* (Lloyd, 1991).

Dwy ddynes yn unig sydd ymhlith y buddsoddwyr ac, yn ôl y disgwyl, gweddwon oeddynt. Yn sicr yn y Gymru wledig, byd dynion oedd byd perchnogaeth llongau bron yn gyfangwbl yn ystod y blynyddoedd hyn. O'r 23 buddsoddwr o ddynion, un yn unig oedd ddim yn cael ei ddisgrifio gan y cofrestrau fel ffermwr neu longwr, sef Henry Morgan, perchennog siop o Lantysilio.

Amaethwyr a llongwyr: pwy oedd â'r llaw uchaf?

Os mai llongwyr ac amaethwyr oedd bron iawn pob un o'r buddsoddwyr felly, pwy oedd gryfaf yn y bartneriaeth? Mewn achos dwy o'r deng llong, llongwyr yn unig oedd yn buddsoddi ynddynt sef y *Catherine*, 10 tunnell, a'r *Peggy*, 6 tunnell. Yn achos y *Lovely Peggy*, 29 tunnell, nodwyd y ddau longwr ond ni nodwyd galwedigaeth y tri buddsoddwr arall – er eu bod yn annhebygol o fod yn ffermwyr gan fod dau o Lerpwl a'r llall o Amlwch. Mae pob un o'r chwe llong sy'n weddill felly gyda llongwyr ac amaethwyr yn fuddsoddwyr ar y cyd. Ymddengys felly bod cydweithredu rhwng llongwyr a phobl y tir yn angenrheidiol os am fentro'n llwyddiannus ym myd llongau. Beth bynnag oedd y cysylltiad rhwng y buddsoddwyr unigol, nid oedd y buddsoddwr o longwr angen y buddsoddwr o blith pobl y tir bob tro, ond ymddengys yn gwbl angenrheidiol i bobl y tir gael cefnogaeth y buddsoddwr o longwr. Eto, mae'n anodd dadansoddi pwy oedd gryfaf yn y bartneriaeth ac mae'n ddigon posibl mai gor-gyffredinoli byddai awgrymu bod llongwyr angen pobl y tir am eu cyfalaf a bod yr amaethwyr angen y llongwyr am eu gallu morwrol ac, o bosibl, eu cysylltiadau yn y diwydiant llongau. Ar y llaw arall, mae'n bosibl fod nifer o'r rhai o gofnodwyd fel 'llongwr' neu 'amaethwr' ar y gofrestr yn llithro rhwng y naill alwedigaeth a'r llall yn ddidrafferth. Roedd William Davies, er enghraifft, yn ffermwr o fuddsoddwr yn y *Nancy*, 11 tunnell, efo Owen Davies, llongwr, y ddau o'r plwyf. Ond fe wyddwn o ffynonellau eraill fod William Davies hefyd yn llongwr ond ni wyddys pa mor unigryw oedd ei brofiad ef.

Gwelir o'r uchod fod y môr yn gyfle euraid i'r rhai oedd yn barod i fentro. Yn gyffredinol ymddengys mai troi at y môr fyddai'r rhai oedd am wella eu statws neu sicrhau gyrfa i'w meibion. Roedd llongwyr, a chredaf yma mai sôn yr ydym am longwyr o fuddsoddwyr a oedd fel arfer yn gapteiniaid, yn ôl G. Nesta Evans yn ddosbarth canol ac ni ddylid eu hanwybyddu *'even though by the nature of their occupation they affect the prosperity of their native districts only when they have left a family behind them'* (Evans, 1936). Ychwanega *'There can have been few enterprising families in Anglesey at this time who did not send at least one son to seek his fortune at sea.'* Gwelwyd eisoes y cysylltiad amlwg rhwng masnach a'r môr ac yn sicr roedd y masnachwr cyfoethog yn mynd ati i fuddsoddi mewn llongau (Cowell, 1984).

Tybed os mai fel hyn y dechreuodd Capten Owen William Morgan (Owen Williams) fagu diddordeb yn y môr? Ymddengys iddo fod yn cadw siop fechan yn Nant Bychan (neu Nant Brychan) 'yn wynebu Bae Moelfre.' Roedd y siop yng nghanol caeau heb briffordd yn nes na hanner milltir iddi. Roedd yn prynu nwyddau yn Lerpwl a bu'n cludo llwythi o lo i'w iard yn Traeth Bychan. Ai hon felly oedd yr unig siop yn y plwyf ar ddiwedd y ddeunawfed ganrif?

Yr hyn sy'n sicr wrth edrych ar fuddsoddwyr o Lanallgo yw bod enw Owen Williams yn amlwg. Wrth geisio olrhain gyrfa Owen Williams, cawn ddarlun manylach o fywyd llongwr/buddsoddwr. Roedd ganddo gysylltiad â thair llong yn ôl cofrestrau 1786. Roedd yn un o ddau berchennog-danysgrifiwr y *Betty & Peggy* ond mae'n ymddangos iddo werthu ei gyfranddaliadau erbyn 1795. Serch hynny, yn 1798, roedd yn ôl ar ei chofrestr y tro hwn fel perchennog cyffredin a'i fod yn un o ddau a werthodd gyfranddaliadau i Thomas Hughes, Llandegfan yn 1812. Roedd Owen Williams hefyd yn un o dri pherchennog-danysgrifiwr y *Mayflower* yn 1786 ac yn un o'r pedwar a nodwyd fel perchennog-danysgrifiwr y flwyddyn ganlynol. Ef oedd unig berchennog y smac *Peggy* ac felly ef, mae'n debyg, oedd yn gyfrifol am ei hadeiladu yn lleol, yn Nhraeth Coch yn 1791. Ymddengys na fu'n gapten ar y llongau uchod ond yn sicr ef oedd capten, ac yn un o ddau berchennog-danysgrifiwr, y *Pennant*. Erbyn 1799 ef oedd ei hunig berchennog-danysgrifiwr a bu'n gapten arni wedi hynny yn 1803 ac 1815 a bu'n un o gyfranddalwyr y *Pennant* tan o leiaf 1830. Cynyddu wnaeth nifer y llongau yr oedd Owen Williams yn buddsoddi ynddynt yn y blynyddoedd hyn. Roedd yn berchennog-danysgrifiwr yn y *Providence* rhwng 1793 ac 1800 a'r *Jane*, 50 tunnell, yn 1797.

Parhaodd y patrwm hwn yn y ganrif olynol. Roedd yn berchennog-danysgrifiwr yn y *Sisters* yn 1801, *Lydia* yn 1803, *Mary* rhwng 1805 a'i cholli yn 1810, *Ellinor* rhwng 1806 a'i cholli hithau yn 1816 a'r *Amelia* yn 1804 a'i cholli hithau hefyd. Mae'n bosib mai'r un Owen Williams oedd capten y *Grace* yn 1804. Ymddengys bod Owen Williams yn sicr wedi buddsoddi mewn o leiaf 11 o longau yn ystod y cyfnod 1786-1820, ar wahân i'r llongau y bu'n gapten arnynt. Ni ddaeth ei ddiddordeb mewn llongau i ben yn 1820 ac yn 1826 roedd ef yn dal cyfranddaliadau yn y *Conway Castle* (adeiladwyd yng Nghonwy yn 1803). Mae nifer y llongau y bu Owen Williams yn buddsoddi ynddynt yn dangos bod elfen o fentro yn perthyn i drigolion cefn gwlad a bod posibilrwydd i unigolyn wneud bywoliaeth o'r mentro hwnnw. Ar yr un pryd mae'r ffaith bod tair o'r un ar ddeg wedi'u colli hefyd yn dangos y perygl wrth fuddsoddi. Adlewyrcha gyrfa Owen Williams brofiadau sawl un o'r cyfnod a fuddsoddodd ym myd llongau. Ond er yr holl dystiolaeth am weithgaredd Owen Williams, nid yw'r dystiolaeth honno'n profi i ba raddau yr oedd ef ei hun yn arwain y gweithgaredd hwnnw. Gellid dadlau mai cael ei dynnu at grŵp o fuddsoddwyr yr oedd ef neu'n cael ei orfodi i fentro gydag un grŵp wedi methiant gyda grŵp arall. Oherwydd niferoedd y llongau y bu ef yn ymwneud â hwy, a hynny dros gyfnod maith, mae lle i gredu fod Owen Williams yn fuddsoddwr naturiol a mentrus.

Llongau a chost buddsoddi

Beth am y llongau hynny? Roedd pob un ond un o'r llongau hynny y buddsoddwyd ynddynt yn slwpiau, a naw ohonynt yn 30 tunnell neu lai. Roedd y fwyaf ohonynt, *Jane*, yn 50 tunnell. Y lleiaf o'r llongau i gyd, fodd bynnag, oedd y smac *Peggy*, 6 tunnell. Ond nid llongau a adeiladwyd yn lleol oedd y mwyafrif llethol ohonynt. Nid yw hynny'n syndod achos rhwng 1786 ac 1825, 29 o longau yn unig a adeiladwyd ym Môn ac o'r rheiny dwy yn unig a adeiladwyd yn Amlwch. Felly nid oedd traddodiad o adeiladu llongau ym Mhorth Amlwch ei hun. Adeiladwyd llongau Llanallgo mewn mannau amrywiol, dwy yng Nghonwy ac un yr un yn Nefyn, Rhuddlan, Aberystwyth, Abermaw, Abererch, Aberteifi, Lerpwl a Thraeth Coch. Y smac, *Peggy*, oedd yr unig long a adeiladwyd ym Môn a hynny yn lleol yn Nhraeth Coch yn y flwyddyn 1791. Ond dylid nodi hefyd bod *Nancy*, slŵp 11 tunnell a adeiladwyd yn Lerpwl yn 178?9, wedi ei hailadeiladu ym Moelfre, er nad yw'r dyddiad ar gael. Ni ellir bod yn sicr beth a olygir wrth 'ailadeiladu' ond efallai y gellid dadlau mai hon oedd yr unig long i'w 'hadeiladu' ym Moelfre.

Faint o arian fyddai angen ei fuddsoddi? Yn ei astudiaeth ef o adeiladu llongau de-orllewin Cymru mae M.D. Matthews yn dangos bod cost adeiladu llong yn y fro honno tua £6-8 y dunnell yn 1750 ac wedi codi i £10 y dunnell erbyn diwedd y ganrif. Mae ymchwil Dr Lewis Lloyd i hanes y slŵp *Unity* a gwaith Owain T. P. Roberts i hanes y slŵp *Darling* yn ategu hyn. Adeiladwyd yr *Unity*, 78 tunnell, yn 1785 a'i gwerth oedd £706 neu £9.1 swllt y dunnell (sef ychydig dros £11 y cyfran). Amcangyfrifodd Owain T. P. Williams bod y slŵp *Darling*, 40 tunnell, (a adeiladwyd rhyw bedair blynedd cyn yr *Unity* yn 1781) felly wedi costio tua £362 sef £9.1 swllt y dunnell (£5.13 swllt y gyfran).

Yn ei astudiaeth o longau Pwllheli gwelai'r Dr Lewis Lloyd bod slwpiau, sgwneriaid a smaciau yn nwylo nifer o gyfranddalwyr fel y gallai unigolyn fuddsoddi, dyweder, £10 am un cyfranddaliad. Ond tref a phorthladd oedd Pwllheli, gwahanol iawn i blwyf gwledig yr arfordir fel plwyf Llanallgo. Fel y cyfeiriwyd eisoes, roedd buddsoddi mewn llongau yn fenter fawr a dyna pam yr oedd nifer yn rhannu'r baich mewn un llong ac yn buddsoddi mewn nifer o longau. Byddai buddsoddiad o £10 ar ddechrau'r bedwaredd ganrif ar bymtheg yn fwy nag y byddai gwas fferm yn ei ennill mewn blwyddyn. Buddsoddi gyda'r bwriad o wneud elw oedd y bobl hyn i gyd ac o gofio'r peryglon a wynebai llongau bach wrth hwylio'r glannau, yna gŵr annoeth fyddai'n buddsoddi mewn un llong yn unig. Rhaid cofio, fodd bynnag, bod rhaid i bawb ddechrau yn rhywle ac mae'n debygol bod sawl un wedi cychwyn drwy fuddsoddi mewn un llong.

Dan yr amgylchiadau hyn, felly, sut gallai trigolion plwyf tlawd fel Llanallgo fuddsoddi mewn llongau a beth mae hyn ei ddatgelu wrthym am y buddsoddwyr? Yn y lle cyntaf, rhaid cofio bod pob un ond un o'r llongau y buddsoddodd trigolion Llanallgo ynddynt yn slwpiau (ac un smac) llai na tri deg tunnell. Ni fyddai angen cyfalaf sylweddol i fuddsoddi mewn llong mor fychan. Tair llong yn unig oedd yn llwyr yn nwylo trigolion y plwyf. Evan Prichard oedd unig berchennog y *Catherine*, 10 tunnell, Owen Williams oedd unig berchennog y smac *Peggy*, 6 tunnell tra bod y *Nancy*, 11 tunnell, yn nwylo Owen Davies, llongwr, a William Davies, ffermwr. Mae'n amlwg, fodd bynnag, bod rhaid i longwyr neu fuddsoddwyr o blwyf Llanallgo edrych y tu hwnt i'r plwyf os am sicrhau llwyddiant mewn menter fwy. Felly roedd pob un llong rhwng 20 a 30 tunnell efo rhwng pedwar a phum buddsoddwr. Yn annisgwyl felly yw'r ffaith bod y *Jane*, 50 tunnell, yn nwylo dau yn unig yn ôl y Gofrestr, er mai Owen Williams, buddsoddwr mentrus o'r plwyf, oedd un ohonynt. Yn anffodus felly, nid oes tystiolaeth o faint o gyfranddaliadau yr oedd gan bob un o fuddsoddwyr Llanallgo yn y llongau, felly mae'n ddigon posibl eu bod efo lleiafswm o gyfranddaliadau yn y llongau. Rhaid derbyn, fodd bynnag, bod pob buddsoddiad yn allweddol i lwyddiant neu fethiant grŵp o gyfranddalwyr.

Cawn ryw awgrym o sut y gallai rhai o drigolion y plwyf fuddsoddi o gyfeiriad ychydig yn annisgwyl. Nodwyd uchod bod y *Jane* 50 tunnell yn nwylo Owen Williams, Llanallgo a William Jones, Bangor. Ond roedd perchennog arall nas enwyd ar y Gofrestr, sef Robert Thomas. Fel y nodwyd eisoes daeth ef, maes o law, yn un o berchnogion llongau amlwg yn hanes cynnar Bangor. Awgryma M. Elis-Williams ddau reswm posib pam nad oedd ei enw ef ar y Gofrestr yn 1797. Yn y lle cyntaf roedd bwlch amser yn digwydd rhwng yr amser pan brynwyd rhan o long a'i gofnodi ar y Cofrestr ac, yn ail, mae'n bosibl ei fod yn awyddus i gadw ei berchnogaeth yn gyfrinach am y rheswm syml ei fod yn lanfàwr ym Mhorth Penrhyn ac nid oedd am i neb ei gyhuddo o roi ffafriaeth i'r *Jane*. Yr hyn sydd o ddiddordeb i ni yma yw ei sylwadau ar ei fuddsoddiad a'r elw posibl yn ei lythyr i'w wraig Susanna (Mawrth 1797):

> '*Dear Love*, … *Last Friday I have paid £40 for a Quarter of a vessel which perhaps will be (aneglur) in a short time. She is called the Jane of Beaumaris 50 tons burthen. We may have £100 profit on her but think to get more. She may earn what she cost in a short time. Please keep it to yourself I have not sed one word to any one in this world about the Vessel but to the other owners You are the first that I mensioned about the matter. She is verry safe as presant. We mean to get her to be Irish Trader.*'

Adeiladwyd y *Jane* yn 1787. Os cymerwn fod y gost o'i hadeiladu yn debyg i achos yr *Unity* a'r *Darling* yna costiodd £9 y dunnell, sef cyfanswm o £450 (sef ychydig dros £7 y gyfran). Os oedd Robert Thomas wedi talu £40 am chwarter y llong golygai hynny bod ei gwerth tua £160 (sef £3. 2swllt y dunnell neu £2.10 swllt y gyfran). Awgryma M.D. Matthews mai'r llongau hynny a oedd yn costio'r lleiaf oedd y rhai a oedd '*considerably depreciated by use.*' Os felly ai teg fyddai awgrymu bod buddsoddwyr fel Owen Williams yn chwilio am 'fargeinion' yn y gobaith o wneud elw sylweddol ac, neu, sydyn. Gan nad oedd hanes o adeiladu llongau ar raddfa sylweddol ar yr ynys oni fyddai'n fwy tebygol i fuddsoddwyr chwilio am longau i fuddsoddi ynddynt yn hytrach nac adeiladu o'r newydd. Roedd hap a damwain yn rhan annatod o'r busnes wrth gwrs, wedi'r cyfan fe suddodd y *Jane* yn 1800 ac ni wyddys os llwyddodd y buddsoddwyr i wneud yr elw yr oeddynt yn gobeithio ei gael.

Y Capten a'i griw

Fel y nodwyd eisoes mae'r gair 'llongwr' ar y gofrestr fel arfer yn cyfeirio at gapten llong oedd yn buddsoddi yn y llong honno ond nad oedd o reidrwydd yn gapten arni. Mae'r cofrestrau hefyd yn nodi capten y llong, er bod anghysondebau yma. Byddai capteiniaid, nad oeddynt yn gyfranddalwyr, ar gyflog o ryw fath. Mae'n debyg mai bod yn gapten ar slŵp fechan oedd y cyfle cyntaf i ddyn fod yn gapten llongau mwy. Mae'n ddigon posib y byddai'n well gan unigolyn fod yn berchen ar ei long ei hun, waeth pa mor fychan. Ar y llaw arall, mae'n bosibl bod buddsoddi mewn llong fechan yn gam cyntaf i gapten a oedd am fod yn berchen ar ei long ei hun rhyw ddydd.

Disgrifiodd David Thomas fywyd capten llong ym Mhen Llŷn fel a ganlyn: byddai'n berchen ar ei long ei hun a byddai'n gwneud ei fywoliaeth o'r llong honno; fe'i ganwyd a'i magwyd mewn ardal wledig, ymhell o bobman ac eithrio drwy gyfrwng y llongau a hwyliai heibio; byddai wedi sicrhau profiad ar un o'r llongau hynny a byddai'n gyfarwydd â phrysurdeb Lerpwl; byddai'n hwylio'n ôl ac ymlaen rhwng Lerpwl a'i fro a byddai'n dychwelyd adref efo'r newyddion diweddaraf (Thomas, 1952). Yn sicr mae'r pellter rhwng Llanallgo a Lerpwl, a'r cyfeiriad cynharach at y Capten Owen Williams yn awgrymu mai dyma hefyd oedd patrwm capten llong o Foelfre.

Gan fod y cofrestrau hefyd yn nodi enwau'r capteiniaid, mae'n bosib awgrymu fod nifer o'r capteiniaid lleol yn cydweithio â'i gilydd wrth fuddsoddi mewn llongau ac yn gweithio fel capteiniaid ar longau'i gilydd. Gwelir rhai enwau yn codi'n aml. Ond mae angen gofal fodd bynnag gan fod enwau Cymraeg mor gyffredin ac nid oedd y cofrestrau yn nodi cyfeiriadau yn fanwl sy'n ei gwneud yn anodd i ni brofi cysylltiadau. Ar y llaw arall, fe wyddwn mai un o deuluoedd amlwg Moelfre am y ganrif a hanner olynol oedd y Matthewiaid. Bu Israel Matthew yn gwasanaethu ar y *Pennant*, ac ymsefydlodd ym Mhontrhydybont ar Ynys Cybi. Gan fod rhai o'r teulu wedi ymsefydlu ym Moelfre mae'n ddigon posibl mai fel hyn y daeth i gysylltiad â'r Capten Owen Williams (Morris, 1929). Yn sicr yn yr Iseldiroedd, yn nghyd-destun llongau masnach, roedd cysylltiadau teuluol a daearyddol yn allweddol o safbwynt cyflenwi uwch swyddogion (van Royen, 1995).

Rhaid cadw mewn cof bod y dynion hyn yn buddsoddi eu harian a'u bywydau yn y llongau hynny. Fel yn yr Iseldiroedd, roedd gan y dynion hyn wybodaeth fanwl o foroedd yr arfordir, y teidiau a'r peryglon o gyfeiriad gwynt a môr. Roedd eu gwybodaeth leol yn hollol angenrheidiol os oedd unrhyw fenter am lwyddo. Yn sicr un o arwyddion capten llwyddiannus oedd ei fod yn benderfynol o wneud elw.

Efallai nad oedd y capten gartref yn aml, oherwydd natur ei alwedigaeth a'i gyfrifoldebau, ond nid oedd hynny'n golygu na allai chwarae rhan flaenllaw yn y gymdeithas leol. Bu gweithgaredd Owen Williams yn sefydlu Methodistiaeth yn Lerpwl yn tystio i'w weithgaredd, os nad ei arweiniad, o fewn y gymdeithas. Mae'n debygol felly bod i'r capteiniaid statws weddol barchus o fewn eu cymdeithas. Unwaith yn rhagor, fel yn yr Iseldiroedd, mae'n debygol fod hierarchaeth gymdeithasol yn golygu bod yna rwystrau amlwg, ond heb fod yn anorchfygol, i'w hatal rhag dringo'r ysgol gymdeithasol.

Ychydig iawn a wyddwn am fywyd ar fwrdd y llong o ddydd i ddydd. Criw o ddau neu dri oedd yr arfer ar y slwpiau hyn. Byddai'r criw yn treulio llawer o'u hamser yn llwytho ac yn dadlwytho, yn arbennig yn achos mordeithiau byr. Roedd y gwaith yn galed, anghysurus, gwlyb a pheryglus, yn arbennig mewn cyfnod o ryfel ac wrth hwylio'n bell o ogledd Cymru. Ond fel arfer roedd y criw eisoes yn adnabod ei gilydd ac roedd amser i fynd i'r lan. Roedd y bwyd yn dderbyniol ar y cyfan, yn arbennig ar fordeithiau byr pan roedd y bwyd yn ffres (neu'n fwy ffres nac arfer). Mae'n ddigon posibl bod bechgyn ond yn ennill y profiad angenrheidiol cyn symud ymlaen i longau mwy. Byddai llawer o'r hen longwyr yn dysgu'r rhai ieuengaf yn arbennig yng nghyddestun darllen, cyfrifo a mordwyo. Golygai hyn fod cyfle da i hogyn ennill dyrchafiad, yn arbennig oherwydd profiad morwrol ymarferol. Ar y llaw arall, roedd perthynas dda gyda'r capten ac/neu'r perchennog yn bwysig, er bod cysylltiadau teuluol yn well fyth (van Royen, 1995).

Mae'n anodd barnu i ba raddau roedd y capten a'i griw yn benodol, a'r plwyf yn gyffredinol, yn llythrennog ac felly'n anos barnu i ba raddau y cyfrannodd gweithgaredd morwrol i lythrennedd ac i'r gwrthwyneb. Fe wyddwn fod yr Ysgolion Cylchynol, yr ysgolion chwyldroadol hynny a oedd yn eithriadol i Gymru, wedi eu cynnal yn y plwyf yn 1751/52 gyda 46 o ddisgyblion ac yn 1752/53 efo 30 disgybl. Un o ddatblygiadau diweddaraf y plwyf oedd i Lanallgo fod yn un o ddau blwyf yr ynys yn 1788 oedd efo ysgol gyhoeddus ac roedd gan y plwyf ysgol Sul, yn nwylo'r Methodistiaid, erbyn diwedd y ganrif. Bu'r Capten Owen Williams yn arwain ieuenctid lleol i'w gartref ac yno byddai'n eu dysgu i ddarllen ac i astudio'r Ysgrythurau (Morris, 1929). Roedd ei ddiddordeb ef mewn addysg, mae'n ymddangos, yn cefnogi'r farn fod y llongwyr hŷn yn dysgu anghenion y morwr i'r ieuenctid. Mae'n debygol hefyd fod morwyr yn llawer mwy llythrennog *'particularly in those villages where a large seafaring community could be expected'* (van Royen, 1995). Mae'n anodd iawn asesu lefel llythrennedd yn y plwyf ac yn amhosibl penderfynu os oedd gweithgaredd morwrol yn cyfrannu at ddatblygiad llythrennedd ynteu ai'r gallu i ddarllen ac ysgrifennu rhoddodd y cyfle i rai dilyn gyrfa forwrol.

Colledion

Mae'r cofrestrau yn rhoi gwybod i ni beth oedd tynged y llongau hynny, y newid dwylo a'r colli. Wrth gwrs roedd nifer o'r buddsoddwyr i barhau i fuddsoddi mewn llongau megis y *Pennant* i'r ganrif nesaf ac, yn llawn mor amlwg, gwerthodd nifer o fuddsoddwyr eu cyfranddaliadau. Mae colli'r *Jane* yn ein hatgoffa o beryglon hwylio'r glannau. Roedd arfordir Môn, a gogledd Cymru mewn gwirionedd, yn beryglus iawn. Gyda'r cynnydd yn nifer y llongau a hwyliai i mewn ac allan o Lerpwl, roedd yn amlwg bod angen cymryd camau i sicrhau eu bod yn hwylio'n ddiogel oddi ar arfordir y gogledd. Ychydig o gymorth oedd ar gael ar y tir fodd bynnag, er i Ynysoedd y Moelrhoniaid dderbyn goleudy yn 1724 (Eames, 1973). O ganlyniad *'the voyages from Amlwch to Swansea and Liverpool in the winter months took a heavy toll'* (Eames, 1973). Yn 1801, nododd William Morris fod y banciau tywod symudol rhwng West Hoyle a Burbo yn ei gwneud hi'n anodd i unrhyw un heblaw am y peilotiaid mwyaf profiadol i hwylio i mewn ac allan o Lerpwl. Nid yw'n syndod felly i un o longau Llanallgo, y *Lovely Peggy* suddo rhwng West Hoyle ac East Hoyle ar Fawrth 20fed, 1793 gan golli'r criw i gyd (Jones, 1973).

Byddai rhyfel yn codi bygythiad o ymosodiad o gyfeiriad y môr gan y gelyn neu gan fôr-ladron ac mae blynyddoedd yr astudiaeth hon yn cynnwys Rhyfel America 1776-83 a chyfnod y rhyfeloedd rhwng y wladwriaeth Brydeinig a Napoleon. Ond nid oedd yr un o longau Llanallgo wedi dioddef tynged nifer o longau eraill y gofrestr, sef cael ei dal a'i suddo gan wŷr preifat o America neu gan longau'r wladwriaeth Ffrengig. Nid llongau'r glannau yn unig a wynebai beryglon ac roedd bygythiad real i drigolion y glannau. Mae traddodiad llafar Moelfre yn cyfeirio at ddwy wraig a gafodd eu herwgipio gan un o longau Ffrainc. Er nad oes dim tystiolaeth bendant i brofi hyn, nid oedd y math yma o ddigwyddiad yn anghyffredin i drigolion yr arfordir. Ar y llaw arall roedd pob llongwr, a thrigolion yr arfordir, yn gwynebu bygythiad o du'r llywodraeth yn Llundain a hynny drwy gyfrwng y près, sef cipio a gorfodi pobl i ymuno â'r Llynges. Roedd lluoedd y wladwriaeth Brydeinig hefyd yn ymosod ar a chipio llongau'r gelyn ond nid oedd yr un o longau Llanallgo ymhlith y rhai a gipiwyd yn y fath fodd. Ond er bod peryglon rhyfel yn rhai amlwg, roedd y cyfle i fuddsoddwyr wneud elw yn sylweddol oherwydd bod taliadau cludo'n uchel iawn.

Smyglo

Nid oedd smyglo yn broblem newydd ar arfordir unrhyw wlad. Yn wir, ystyrid ef yn weithred gyfreithlon ac yn rhan o'u traddodiad gan gymunedau morwrol. Dadleuir hefyd ei fod yn un *'of the traditions of resistance carried on by the poor, to the law and institutions of their rulers'* (Winslow, 1975). Cafwyd cynnydd sylweddol mewn smyglo yn y ddeunawfed ganrif a hynny oherwydd y tollau uchel ar gymaint o nwyddau, ac roedd hynny'n cynnwys nwyddau angenrheidiol y werin bobl, fel glo a halen. Yr oedd angen tollau o'r fath i dalu am y rhyfel yn erbyn y wladwriaeth Ffrengig ac oherwydd bod yr uchelwyr yn amharod i dalu trethi uwch. Yr hyn sy'n sicr yw bod smyglo yn gyffredin iawn ym mhob rhan o'r ynys. Yn aml iawn, nid erlynid y rhai oedd wrthi yn smyglo oherwydd eu bod mor dlawd, ac roedd yn amhosibl dal y cyfoethogion a fanteisiai ar y smyglo. Erbyn canol y ddeunawfed ganrif, roedd smyglo wedi cyrraedd ei uchafbwynt. Cyn 1765 roedd Ynys Manaw yn annibynnol ar Loegr ac felly nid oedd yn disgyn dan gyfraith na thollau Lloegr. O'r herwydd roedd yn ganolfan berffaith ar gyfer cadw nwyddau fel rym, tybaco a gin. Roedd Ynys Môn ac arfordir gogledd Cymru felly'n berffaith ar gyfer cludo nwyddau i'r tir mawr. Yn wir credid bod nifer o longau Gwyddelig a hwyliai rhwng y ddwy ynys yn gwneud dim ond smyglo. I'r smyglo fod yn llwyddiannus, gan gynnwys osgoi'r awdurdodau, rhaid oedd cael cydweithrediad effeithiol y gymuned leol. Wedi i Ynys Manaw ddod i ddwylo'r goron, distawodd smyglo o'r cyfeiriad yna ond roedd smyglwyr o Iwerddon yn parhau'n broblem, yn arbennig oherwydd eu cysylltiad â smyglwyr Ffrainc, ond nid oedd smyglo erbyn hynny cymaint o drafferth ag y bu. Y Gwyddelod oedd yn tra-arglwyddiaethu yn y maes hwn efo'u llongau pwrpasol, ond ffolineb fyddai awgrymu nad oedd gwŷr Môn yn chwarae rhan amlwg. Roedd temtasiwn fawr, er enghraifft, i gapten a hwyliai i Ddulyn yn cludo llechi i ddychwelyd gyda balast o sebon, halen neu ganhwyllau wedi'u cuddio oddi fewn (Thomas, 1952).

Cyfeiriai Aled Eames at *'the poverty which made smuggling attractive'* ac roedd hynny'n cynnwys y caledi cyffredinol a wynebai rhengoedd isaf y gymdeithas, ansicrwydd y tymor pysgota, effaith y trethi uchel ar bawb, yn arbennig prisiau glo, a halen, dau o anghenion bywyd (Thomas, 1952). Fe welwyd eisoes fod yr amodau cymdeithasol hynny'n sicr yn bod yn ardal Moelfre. Yn ogystal â hyn roedd yr arfordir i'r gogledd a'r de o'r plwyf, gyda'i thraethau a chilfachau bychain, yn ddelfrydol ar gyfer y math yma o weithredu. Er nad oes tystiolaeth bendant o smyglo ym Moelfre yn ystod cyfnod yr astudiaeth hon, ymddengys bod ardal Moelfre yn enwog am smyglo (GAG). Yn 1765, wrth gyfeirio at Draeth Bychan, nododd yr awdurdodau bod y swyddog lleol efo *'three creeks in his district that several small vessels frequent'* – sefyllfa berffaith ar gyfer smyglo. Mae rheswm arall dros gredu bod rhai o drigolion y fro yn gysylltiedig â smyglo. Yn ôl Aled Eames eto, ymddengys bod y smyglwyr doeth yn osgoi glanio nwyddau yn llefydd fel Biwmares a Bangor gan symud i gyfeiriad llefydd fel Moelfre ac Amlwch.

Cawn dystiolaeth bendant o smyglo yn y fro yn ystod y cyfnod dan sylw. Yn 1764 cyhuddwyd David Saice – capten a rhan-berchennnog y *Windsor* o Aberystwyth a oedd yn cludo carreg galch o Draeth Coch i Lerpwl – o geisio smyglo te. Roedd yr awdurdodau yn ymwybodol o'r problemau ar arfordir Môn. Roedd galw am gychwyr i wasanaethu yn y fro achos fod llongau o India'r Gorllewin *'frequently Anchor in the Bay'* ar eu ffordd i Lerpwl *'and in consequence thereof Boats go from the Neighbouring shores to them in order to take with them back Spirituous Liquors and other Goods which they clandestinely run'* (PCB 12200,151).

Llongddrylliadau

'Anglesey's northern shore presents the mariner with a baffling combination of havens and hazards. The former, all with good shelters from the prevailing westerly winds, include Cemlyn Bay, Cemaes Bay, Bull Bay, Amlwch Port and Moelfre Road. The hazards range from cruel cliffs ... to rocky outcrops ...' (Jones, 1973). Roedd llawer o longddrylliadau yn y ganrif ac un agwedd bwysig ar hyn i'r cymunedau morwrol oedd y cyfleoedd a godai i gymryd nwyddau oddi ar fwrdd y llongau hyn. Roedd agweddau tuag at gymryd nwyddau oddi ar long a ddrylliwyd yn debyg i'r agwedd tuag at smyglo, sef ei fod yn gyfreithlon ac yn rhan o draddodiad. Yn sicr, nid oedd neb yn ystyried manteisio ar longddrylliad fel trosedd foesol. Nid mater o gymryd y cargo yn unig oedd hi – mewn rhai achosion byddai pob rhan o'r llong yn cael ei gymryd at ryw ddefnydd neu'i gilydd. Efallai mai dyma oedd yr achos yn 1779 pan nododd yr awdurdodau: *'There came on Shore at Red Wharf several Pieces of Masts and Yards to the amount of about 5l.'* [£5] (Papurau Poole).

Unwaith eto, er nad oes tystiolaeth bendant ym Moelfre ei hun yn ystod y cyfnod hwn, yn sicr ceir digon o enghreifftiau ar yr ynys o drigolion lleol yn manteisio ar longddrylliadau. Wrth gwrs, gyda'r arfordir mor beryglus o amgylch Moelfre, nid oedd angen mynd ati'n fwriadol i ddryllio llongau – er mae'n debyg na ddylid diystyru'r posibilrwydd o hyn yn gyfangwbl. Yr hyn sydd yn sicr yw bod trigolion cymunedau fel Moelfre yn manteisio nid yn unig ar longddrylliadau ond ar unrhyw beth a ddeuai i'r lan. Byddai hel drec môr, beth bynnag ei faint a'i natur, yn rhan bwysig o fywyd y gymuned hyd yn oed yn yr ugeinfed ganrif, a gallai fod o werth ariannol. Roedd yr awdurdodau yn ymwybodol o hyn: *'... On the 11th Inst the* Bella Charles Reily *from Liverpool bound to Dublin ... was in a Storm drove on a Rock at Red Wharfe five miles from*

hence by which means a hole is made in the Vessels bottom, and is fear'd all the Sugars are
lost the rest of the Cargo we hope will be Sav'd we have sent two Officers & Six Tidesmen to
their Assistance' (PCB, 12200,97).

Yn sicr bu trigolion Llanallgo yn manteisio ar eu safle daearyddol ar arfordir Môn.
Dylid cadw mewn cof, fodd bynnag, eu bod hwy yn eu tro yn agored i'r elfennau yn eu
brwydr feunyddiol i fyw.

Casgliad

Roedd plwyf Llanallgo yn blwyf amaethyddol a morwrol. Yn union fel yn yr Iseldiroedd
yn yr ail ganrif ar bymtheg mae'n deg dweud bod *'social, economic and cultural life on*
local and regional levels was strongly affected by maritime activities' (van Royen, 1995). Yn
wir mae'n debygol bod hi'n iawn i ni ddweud fod pysgota yn arbennig yn rhan hanfodol
o ymdrech y bobl i ddal dau ben llinyn ynghyd, yn wyneb y tlodi a wynebai'r trigolion
yn ddyddiol. Mae'n amlwg fod gweithgaredd morwrol yn ymestyn y tu hwnt i bysgota,
gan gynnig cyfleoedd i'r trigolion ddiogelu eu hunain yn economaidd, a hyd yn oed i
godi yn y byd. Fel yn yr Iseldiroedd eto mae'n bosibl, er y cyflogau isel, *'as long as*
shipping was the main occupation in certain villages, living standards seem to have been
more or less guaranteed' (van Royen, 1995). Lle'r oedd Moelfre a gweddill y plwyf dan
sylw yn sicr dyma fyddai'r gwir wrth i'r bedwaredd ganrif ar bymtheg fynd rhagddi. Yn
ystod ail hanner y ddeunawfed ganrif roedd gweithgaredd morwrol yn rhan hanfodol o
fywyd a chynhaliaeth y gymuned. Yn llawn mor sicr, roedd gweithgaredd rhai unigolion
yn dangos y ffordd i fyd lle byddai pob agwedd ar fywyd y gymuned yn cael ei
ddominyddu gan y môr.

Cyfeiriadau

Bartley, D.A.: 'Clwyd, Foryd or Port River of Rhuddlan: A century of shipbuilding on
the river Clwyd', *Cymru a'r Môr/Maritime Wales* 15, 1992, Gwasanaeth Archifau
Gwynedd. Y *Betty & Peggy* oedd yr ail long i'w hadeiladu yno wedi cychwyn cadw
cofnodion – yn 1773 (ond yn ôl Cofrestrau Biwmares fe'i hadeiladwyd yn 1783)
Cowell, J.B.: 'Anglesey Shops and Shopkeepers', *Trafodion Cymdeithas Hynafiaethwyr
a Naturiaethwyr Môn*, 1984
Craig & Jarvis, *Liverpool Registry of Merchant Ships*, Manceinion 1967
Davies, J.H. (gol.): *The Morris Letters*, Cyfrol I, Aberystwyth 1907.
Dodd, A.H.: *The Industrial Revolution in North Wales*, Caerdydd 1951
Eames, A.: *Ships and Seamen of Anglesey*, Llangefni 1973
Elis-Williams, M.: *Bangor – Port of Beaumaris*, Caernarfon 1988
Evans, G.N.: *Religion and Politics in Mid-Eighteenth Century Anglesey*, Caerdydd 1953
Evans, G.N.: *Social Life in Mid-Eighteenth Century Anglesey*, Caerdydd 1936
Evans, R.: 'Pysgotwyr Moelfre: Y Traddodiad Llafar', *Trafodion Cymdeithas
Hynafiaethwyr a Naturiaethwyr Môn*, 1995
Evans, R.: 'Traddodiad Morwrol Moelfre', *Cymru a'r Môr/Maritime Wales* 16, 1994
Papurau Poole: Poole Papers of the Receiver General of Wrecks in North Wales and

Pembrokeshire. X/POOLE/1691 Gwasanaeth Archifau Gwynedd

GAG Trosedd a Chosb: Yr Agwedd Gymreig: Trosedd a'r Môr, Yr Ochr Forwrol, Gwasanaeth Archifau ac Amgueddfeydd Gwynedd, 1987

Cofrestrau Llongau Biwmares XSR1 (1786-1818), XSR2 (1818-1823), Gwasanaeth Archifau Gwynedd

Hawkes, G.I.: 'Shipping on the Dee:The Rise and Decline of the Creeks of the Port of Chester in the Nineteenth Century', *Cymru a'r Môr/Maritime Wales* 11, 1987, Gwasanaeth Archifau Gwynedd

Hope, B.D.: *A Curious Place: The Industrial History of Amlwch* [1550-1750], Wrecsam 1994

Howell, D.W.: *The Rural Poor in Eighteenth Century Wales*, Caerdydd 2000

Jenkins, J.G.: *The Inshore Fishermen of Wales*, Caerdydd 1991

Jones, B.L.: 'Pedwar Porthcorwg', *Trafodion Cymdeithas Hynafiaethwyr a Naturiaethwyr Môn*, Llangefni 1986

Jones, I.W.: *Shipwrecks of North Wales*, Newton Abbot 1973

Lewis, S.A.: *Topographical Dictionary of Wales*, Llundain 1833

Lloyd, L.: *Pwllheli: The Port and Mart of Llŷn* Caernarfon 1991

Lloyd, L.: *The Unity of Barmouth*, Caernarfon 1977

LLGC B/QA/6, LLGC Adroddiadau Gofwy, Llyfrgell Genedlaethol Cymru, Aberystwyth.

LLGC b/1770/19 & b/1794/13/i. Llyfrgell Genedlaethol Cymru, Aberystwyth.

Matthews, M.D.: 'Mercantile Shipbuilding Activity in South-West Wales, 1740-1829, *Cylchgrawn Hanes Cymru* 19, Rhif 3, 1999

Morgan, G.: 'Aberystwyth Herring Tithes and Boat-Names in 1730', *Cymru a'r Môr/Maritime Wales* 14, 1991, Gwasanaeth Archifau Gwynedd

Morris, J.H.: *Hanes Methodistiaeth Liverpool* Cyfrol 1, Lerpwl 1929

Northway, A.: 'The Devon Fishing Industry in the Eighteenth and Nineteenth Centuries', *The New Maritime History of Devon* Cyfrol II, Llundain 1994

Owen, H.: 'The Life and Works of Lewis Morris (1701-1765)', *Trafodion Cymdeithas Hynafiaethwyr a Naturiaethwyr Môn*, Llangefni 1951

PCB Bangor Mss 33808 Bangor Mss 12200, 151 Bangor Mss 12200, 97 Prifysgol Cymru, Bangor.

Ramage, H.: *Portraits of an Island: Eighteenth Century Anglesey*, Llangefni 1987

Rhys, J. (gol.): *Pennant's Tours in Wales*, Cyfrol III, Caernarfon 1883

Roberts, O.T.P.: 'The sloop Darling of Beaumaris, 1781 to 1893', *Cymru a'r Môr/Maritime Wales* 7, 1983, Gwasanaeth Archifau Gwynedd

Thomas, D.: *Hen Longau Sir Gaernarfon*, Caernarfon 1952

Van Royen, P.C.: 'Seamen and the Merchant Service, 1650-1830' yn *The Heyday of Sail: The Merchant Sailing Ship 1650-1830*, gol. R Gardiner, Llundain 1995

Winslow, C.: 'Sussex smugglers' yn D. Hay, P. Linebaugh ac E. P. Thompson (ed.), *Albion's Fatal Tree*, Llundain 1975

WM/1905/7 Cambria's Coasting Pilot Volume1 Lewis Morris [c. 1737-38] Chart the North side of the Island of Anglesey from Kemlyn [Cemlyn] to Elianus Point to Priestholme Island, Gwasanaeth Archifau Ynys Môn

Rwy'n ddiolchgar iawn i Mr Owain TP Roberts am ddarllen drafft o'r erthygl hon ac am ei sylwadau gwerthfawr. Mae cyfrifoldeb dros unrhyw gamgymeriadau yn disgyn ar fy ysgwyddau i.

Cyfieithiad o erthygl Saesneg:
Robin Evans, '...Parcel of Poor Fishermen:
a Rural, Coastal Community's Maritime Experiences, 1750-1800'
Cymru a'r Môr/Maritime Wales, 23 (2002), 71-90

Yr Earl of Lathom – *hwyliodd y Capten Henry Roberts a'i wraig Elizabeth arni
ar eu mis mêl yn 1914.*

Tu mewn i Ann's Pantry

HWYLIO'R GLANNAU

Aled Eames

Geiriau Aled yw'r gorwelion – o hyd,
Ein helm ar yr eigion,
Ein llyw doeth ym mhwll y don
A gwên ein hwyliau gwynion.

Myrddin ap Dafydd

Ers 2005 cynhelir Darlith Goffa Aled Eames yn y pentref i goffau ei gyfraniad i hanes morwrol drwy gyfrwng darlith gan hanesydd morwrol o'r radd flaenaf, gyda fersiwn ddwyieithog o'r ddarlith yn cael ei chyhoeddi. Y ddarlith agoriadol oedd *Llafurwyr y Môr* a draddodwyd gan Dr David Jenkins, Uwch-Guradur Amgueddfa Genedlaethol y Glannau. Gwahoddwyd y Prifardd Myrddin ap Dafydd i lunio'r englyn uchod, a gyhoeddwyd gyda'r ddarlith agoriadol, fel gwerthfawrogiad y genedl o gyfraniad Aled Eames i hanes Cymru.

Agweddau ar fuddsoddi mewn llongau mewn cymuned wledig, arfordirol: plwyf Llanallgo a phentref Moelfre yn ystod hanner cyntaf y bedwaredd ganrif ar bymtheg.

Robin Evans

Cefndir

Roedd hanner cyntaf y bedwaredd ganrif ar bymtheg yn gyfnod o weithgarwch mawr ym Môn. Oherwydd y 'chwyldro diwydiannol' ar y naill law, a'r Deddfau Uno rhwng Llundain a Dulyn ar y llall, cafwyd bwrlwm mawr oddi ar arfordir yr ynys. Dechreuodd tref Amlwch, efo'i chysylltiad amlwg â'r diwydiant copr, ddatblygu fel canolfan adeiladu llongau. Dewiswyd Caergybi yn borthladd cyswllt efo'r Iwerddon ac arweiniodd hynny, yn ei dro, at wella'r cysylltiadau rhwng Môn a'r tir mawr ac adeiladu pont enwog Thomas Telford. Er mai amaethyddiaeth oedd prif ddiwydiant yr ynys, roedd y galw am garreg yr ynys, ar gyfer adeiladu yng ngogledd orllewin Lloegr yn bennaf, ac allforio llechi o Sir Gaernarfon, yn golygu bod galw am longau yn lleol ar raddfa nas gwelwyd ei thebyg o'r blaen (Dodd: 1951, Eames: 1973, Williams: 1927).

Mae plwyf Llanallgo wedi ei leoli rhyw hanner ffordd ar hyd arfordir dwyreiniol Môn. Roedd 196 o bobl yn byw yn y plwyf yn ôl cyfrifiad 1801, gyda phentrefan Moelfre yn glynu wrth yr arfordir. Roedd y fro yn dlawd iawn, yn wledig, ac oherwydd ei lleoliad ar yr arfordir, dibynnai ei thrigolion ar y tir a'r môr am eu bywoliaeth. Cafwyd datblygiad pwysig yn hanes y plwyf rhwng 1811 ac 1821 wrth i'r boblogaeth bron a dyblu, o 207 i 392 o bobl. Canlyniad datblygu chwareli yn y fro, mae'n debyg, oedd yn bennaf gyfrifol am hyn. Golygai'r prysurdeb lleol hwn gyfleoedd i amryw drigolion y fro fuddsoddi mewn 28 o longau yn ystod y cyfnod 1800-1850 (GAG, XSR1-8).[1]

Yn yr erthygl hon rwy'n bwriadu trafod natur a maint buddsoddi mewn llongau yn y plwyf, y berthynas efo buddsoddwyr o du allan i ffiniau'r plwyf ac, lle bo'n briodol, asesu i ba raddau roedd pentref Moelfre yn bentref morwrol ar wahân.

Llanallgo a Moelfre: cymunedau morwrol, pysgota neu amaethyddol?

Drwy gymharu cofnodion Eglwysig y cyfnod 1811-1820 a chyfrifiad 1841 cawn ddarlun syml o batrymau gwaith o fewn y plwyf (Archifdy Môn). Fel y dengys y ffigyrau yn Ffigwr 3-7 dibynnai trigolion y plwyf ar amaethyddiaeth i raddau helaeth iawn ond roedd gweithgaredd morwrol yn rhan bwysig o'r economi lleol, ac mae canran y pysgotwyr a'r llongwyr yn ystod y cyfnod hwn yn adlewyrchu hynny. Mae'r cyfeiriadau at chwarelwyr yng nghyfrifiad 1841 yn adlewyrchu'r traddodiad llafar bod pentref Moelfre wedi tyfu o ganlyniad i'r cloddio dwys am garreg a ddigwyddodd yn lleol yn ystod y cyfnod hwn. Ar y llaw arall, mae presenoldeb pysgotwyr/llafurwyr yn cadarnhau'r hyn oedd yn wir am yr hanner canrif flaenorol, sef bod nifer fawr o'r trigolion lleol, beth bynnag y mae'r dogfennau swyddogol yn eu dangos, ynghlwm â sawl galwedigaeth yn rhan amser. Felly, er enghraifft, pan fu farw Robert Owen yn 1822 gadawodd yn ei ewyllys *'one fourth of a fishing boat', 'fishing nets', 'sailor bed'* a £5 9s 8c, sef *'3 months wages at sea'* (LlGC, B/1822/8/1).

A oedd Moelfre yn gymuned ar wahân o ran galwedigaethau? Yn ystod 1811-1820 trigai mwyafrif y llafurwyr y tu allan i'r pentref tra bod yr holl bysgotwyr yn byw yn y pentref ei hun. Ar y llaw arall, llafurwyr oedd y brif alwedigaeth ym Moelfre sy'n awgrymu'n gryf bod amaethyddiaeth yn rhan allweddol o fywydau'r pentrefwyr. Yn arwyddocaol roedd mwyafrif y rhai a gofnodwyd fel llongwyr yn byw y tu allan i Foelfre sydd efallai'n adlewyrchu barn Basil Greenhill bod buddsoddi mewn llongau yn rhan o draddodiad lleol, ac yn sicr roedd nifer o'r rhai a fuddsoddodd mewn llongau yn y ddeunawfed ganrif yn lleol ynghlwm ag amaethyddiaeth mewn rhyw ffordd neu'i gilydd (Evans, 1994). Eto, erbyn 1841 nid oedd yr un llongwr wedi ei gofrestru yn y plwyf y tu allan i bentref Moelfre ei hun. Parhâi llafurwyr i fod yn brif garfan gwaith o fewn y pentref ond roedd presenoldeb chwarelwyr yn adlewyrchu'r cynnydd yn y maes hwn ar hyd yr arfordir. Roedd y math yma o weithgaredd, wedi'i gymysgu â thraddodiad morwrol a physgota'r gymuned, yn hanfodol os am fuddsoddi mewn llongau.

Masnach

Yn ystod y ddeunawfed ganrif roedd y môr yn gyswllt allweddol rhwng y plwyf a'r byd mawr ac felly nid yw'n syndod bod rhai o drigolion y fro wedi buddsoddi mewn llongau. Roedd y llongau yn cludo nwyddau lleol, cynnyrch amaethyddol er enghraifft, ac yn chwarae rhan mewn masnach ranbarthol, gyda chludo llechi a chopr yn brif enghreifftiau.

Gwelwyd datblygiad newydd ar ddechrau'r bedwaredd ganrif ar bymtheg yn lleol, sef gweithio chwareli cerrig ar raddfa fawr.

> *'The great range of limestone strata, which stretches from Flintshire ... terminates at Moelvre ... where are extensive quarries of clouded, or variegated marble ... Great quantities of this marble, ... [are] ... shipped off to various parts of Great Britain.'* (Lewis, 1833).

Yn ystod y rhyfel yn erbyn y wladwriaeth Ffrengig daeth marmor Môn yn ffasiynol iawn ar gyfer gwneud llefydd tân a chyflwynwyd cynigion ar gyfer cludo 12,000 tunnell o gerrig mawrion o Draeth Coch, ychydig i'r de o Foelfre, ar gyfer adeiladu harbwr Caergybi yn 1811. Roedd galw am garreg galch ar gyfer amaethyddiaeth ac adeiladu ac roedd nifer o odynau calch ym mhob rhan o'r fro. Cyflogai'r chwareli cerrig lleol nifer o bobl yn ystod yr 1820au a'r 1830au ac roedd slwpiau a smaciau yn brysur yn cludo cerrig i Lerpwl, oedd yn prysur ddatblygu, a thywod ar gyfer adeiladu ac amaethyddiaeth. Parhaodd y gweithgaredd amrywiol hwn drwy gydol hanner cyntaf y ganrif gyda llong leol, *Cymraes*, yn suddo wrth gludo cerrig o Foelfre ar gyfer adeiladu Pont Britannia yn Awst 1847 (er iddi gael ei chodi yn 1848) (Eames, 1973).

Heb unrhyw amheuaeth roedd y gweithgaredd lleol hwn yn y chwareli yn hybu buddsoddi mewn llongau yn lleol. Mae hyn yn adlewyrchu barn Greenhill bod buddsoddi mewn llongau yng nghefn gwlad yn cael ei adlewyrchu mewn cymunedau lle'r oedd amaethyddiaeth a chwareli bychain yn amlwg (Greenhill, 1977). Bu i blwyf gwledig bychain Llanallgo, gyda phoblogaeth o 392 yn 1821, fuddsoddi mewn 28 o longau yn ystod y cyfnod hwn – ac yn sicr gallwn ddadlau bod y buddsoddiad hwn yn sylweddol o'i gymharu â Wigtown, porthladd yn Galloway yn yr Alban a oedd efo poblogaeth o 1475 yn 1801, ond a oedd efo deg llong yn unig yn perthyn iddo yn y cyfnod 1780-1817 (Hill, 2002).[2]

Mathau o longau (gweler Tabl 1)

Gallwn rannu'r 28 llong a gofnodwyd fel a ganlyn:

Galiot	2
Sgwner	1
Snow	2
Smac	3
Slŵp	20

Yn amlwg slwpiau sy'n dominyddu ond nid yw hynny'n syndod o gofio mai hwy oedd llongau mwyaf cyffredin arfordir Cymru. Felly, er enghraifft, slwpiau yn unig a adeiladwyd yn Aber-porth yng Ngheredigion rhwng 1820 ac 1840 ac fel y dywed Carol Hill *'the simple rig and low operating costs of sloops made them invaluable in coastal waters, where speed and manoeuvrability were critical'* (Jenkins, 1982; Hill, 2002). Ond tra bod 39% o'r llongau a adeiladwyd ym mhorthladdoedd Galloway yn slwpiau, roedd dros 66% o longau Llanallgo a Moelfre yn y categori hwn. Roedd y slwpiau lleol yn yr astudiaeth hon yn 30 tunnell ar gyfartaledd. Roeddynt felly'n llawer llai na llongau bychain arfordir y Ffindir, 50 tunnell ar gyfartaledd, ond yn debycach i slwpiau a sgwneri Dumfries, Kikcudbright a Wigtown oedd yn 30-40 tunnell ar gyfartaledd (Kaukiainen, 1993; Hill, 2002)

Fel y gwelwn yn y man, roedd wyth llong yn 'perthyn' i Lanallgo ac roedd pump o'r rhain yn slwpiau o lai na 24 tunnell a'r gweddill oedd y tair smac yn ein hastudiaeth: *Glynrhonwy* (55 tunnell), *Stanley* (34 tunnell) ac *Industry* (23 tunnell). Roedd y smaciau ychydig yn fwy sy'n cefnogi'r traddodiad llafar a bwysleisiai fod smaciau lleol, yng nghanol y bedwaredd ganrif ar bymtheg, yn cludo cerrig i fannau fel Lerpwl wrth weithredu fel cychod pysgota hefyd. Erbyn y 1830au a'r 1840au felly roedd buddsoddwyr lleol yn amlwg yn rhoi eu ffydd mewn llongau a oedd ynghlwm â masnach y gellid dibynnu arni, yn eu tyb hwy.

Beth oedd oed y llongau? Ymddengys i fuddsoddwyr Llanallgo roi eu cyfalaf mewn llongau gweddol newydd gan mai rhyw ddeng mlydd oed oedd y llongau hyn ar gyfartaledd. Roedd unarddeg o'r cyfanswm yn llongau newydd: buddsoddwyd mewn pump rhwng 1800 ac 1810, un yn 1813, tair yn y 1820au a dwy yn y 1830au. Mae'n ddigon posibl, yn debyg i'r sefyllfa yn Galloway, bod buddsoddi mewn llongau newydd yn digwydd oherwydd bod iddynt gostau yswiriant ac adnewyddu is. Mae'r ffaith bod cymaint o'r llongau yn newydd yn awgrymu hyder mawr yn yr economi lleol a

Edrych i fyny Pen Stryd ar ddechrau'r ugeinfed ganrif.

Hen oes pysgotwyr y pentref wedi darfod a thwristiaid yn pysgota ym Mhorth yr Ynys.

Moderneiddio'r traeth – y pwll wedi diflannu a'r ogof o dan yr allt wedi ei llenwi.

Moelfre o'r awyr cyn ehangu'r pentref ond wedi i dai cyngor Ffordd Eleth gael eu hadeiladu.

Un o achlysuron pwysicaf y pentref, diwrnod y bad achub.

Traeth Moelfre o'r awyr, tua 1950.

Criw'r Earl Cairns *tua 1914: ch. i'r dde: Cpt. William Lewis, ?Hugh Thomas (mêt), Thomas Parry (AB, Penlon), Lewis Roberts (bachgen, Tŷ Bricks).*

Prysurdeb traeth Moelfre a'r diwydiant twristiaeth yn ei hanterth yn y 1960au a'r 1970au.

Cerddorfa Kitty Owen o flaen Aelwyd Isaf yn 1926 ch-dd cefn:Kitty Evans, Nel Jones,
Olwen Hughes, Jennie Murley Francis, Annie Bloom Roberts; ch-dd blaen: Kitty Lewis,
Nansi Jones, Kitty Owen, Winnie Jones, Maggie Owen.

Prysurdeb traeth Moelfre a'r gro yn llawn cychod a phobl – ond yr hen gychod pysgota
penwaig wedi diflannu.

Y traeth tua 1980 a'r difrod a wnaed wedi i'r afon ddilyn ei hen lwybr.

Tywydd stormus Moelfre!

Ann's Pantry

Tu mewn i Ann's Pantry.

*Edrych i gyfeiriad Tan y Bryn a'r ffordd i Lanallgo o 18 Ffordd Llugwy cyn adeiladu'r
tai cyngor newydd yn y 1960au cynnar.*

Tynnu cwch heibio Glandon.

Y Marianne, *un o longau Thomas Hughes, Cocyn Newydd, tua 1839.*

Y William Henry, *un o longau Henry Hughes, Trem Don.*

Bob Roberts (Deanfield) *wrth un o orchwylion pwysig y llongwr, megis paentio.*

John Lewis a'i chwaer Betty yn paratoi
cynfas ar gyfer hwyl, y tu allan i Fwthyn y
Swnt – efallai tua'r 1930au.

Capten Ben Roberts ar yr Anglian Earl
yn 2008, a thraddodiad morwrol
Moelfre yn parhau.

Y llongwr Bob Owens – 'Bob Boldon' neu 'Bob Cross' – ar fwrdd yr S.S. Zelo yn 1939.

Disgyblion ysgol newydd Llanallgo yn 1909.

Llun cynnar iawn o Foelfre.

Lansio'r bad achub Charles and Eliza Laura *yn Awst 1927.*

Y Charles and Eliza Laura *ar y slip rhywbryd yn y 1920au.*

Yr hen ffatri yn ei gogoniant, rhywbryd cyn 1919.

Trip Ysgol Sul i Draeth Llugwy, 1921 ch-dde: Owen H. Hughes, Owen E. Owens, John M. Owen, Phylis Evans, Mona D. Jones, Olwen Rowlands, Mary Jones, Eluned Jones a Miss Matilda Williams.

Hwyl y regatta a'r torfeydd ar Bonc Singrig.

Prysurdeb porthladd gwledig.

*John Matthews Owen efo criw o Norwy ar long pysgota morfilod
yn yr Antarctic yn 1937-38.*

Yr Hindlea *mewn trafferthion, 1959.*

Criw yr Offer Achub Bywydau – yr Aparatus – *yn ymarfer yn Porth yr Aber.*

John Matthews Penrallt, Richard Evans ?Morawelon a William Jones ar y traeth
– sylwch ar y peiriant sydd ar gwch erbyn hyn.

Capten Robert Owen Evans ('Bob Teras') yn taflu rhaff oddi ar fwrdd y Singularity yn naill ai 1952 neu 1961.

Capten William Roberts ('Yncl Bila') ar ei gwch pysgota City of Birmingham efo Leonard Francis.

Capten William John Hughes – un o ychydig ddynion Moelfre i wasanaethu yn y Llynges a'r Llynges Fasnachol.

rhanbarthol ar y pryd. Roedd degawd cyntaf y ganrif newydd yn gyfnod o brysurdeb economaidd ar yr ynys gyda llawer o waith i'r chwareli lleol o'r 1820au ymlaen.

Ar y llaw arall, adeiladwyd naw o'r 28 o longau yn y cyfnod cyn 1800 gyda dau yn goroesi i'r 1820au. Y llongau cynnar hyn a berthynai i Lanallgo oedd y lleiaf a'r hynaf o'n hastudiaeth – y ddwy slŵp *Grace* 24 tunnell ac yn 32 mlwydd oed a'r *Jane* oedd yn 23 tunnell ac yn 34 oed pan gofrestrwyd hi gyntaf efo buddsoddwyr o Lanallgo (ac yn dal i hwylio hyd at 1816). Ar y llaw arall dim ond dwy o'r wyth o 'longau Llanallgo' oedd yn newydd – smac 34 tunnell a slŵp 18 tunnell (a lansiwyd yn 1829 ac 1836).

'Llongau Llanallgo' neu 'llongau Moelfre'?

Bu i ddau ar hugain o drigolion plwyf Llanallgo fuddsoddi mewn llongau yn ystod hanner cyntaf y bedwaredd ganrif ar bymtheg. Yn amlwg gellir cyfeirio at y llongau hynny a oedd yn gyfan gwbl yn nwylo buddsoddwyr o Lanallgo fel llongau lleol ac mae hynny'n wir hefyd am y llongau hynny lle'r oedd mwyafrif helaeth y buddsoddwyr o Lanallgo: cyfanswm o wyth o longau. Yn ychwanegol at hyn roedd wyth llong arall yn perthyn i Lanallgo a phlwyfi cyfagos neu lle'r oedd buddsoddwyr o Lanallgo yn nifer arwyddocaol o gyfanswm y buddsoddwyr. Mae'n bosibl bod y llongau hyn hefyd yn 'perthyn' i Lanallgo. Roedd gan y plwyf hefyd ddau fuddsoddwr amlwg, sef Edward Williams a'r Capten Owen Williams a oedd yn buddsoddi yn eang, gan gynnwys llongau nad oedd ag unrhyw gysylltiad efo'r plwyf, ac eithrio eu buddsoddiad hwy. Oedd y llongau hyn hefyd yn 'perthyn' i Lanallgo? Beth bynnag ein barn, ar y cyfan gallwn ddatgan fod gan y plwyf draddodiad o fuddsoddi mewn llongau, a hynny er nad oedd gan y plwyf unrhyw draddodiad o adeiladu llongau.

Gan fod y Cofrestrau Llongau fel arfer yn cyfeirio at blwyf Llanallgo yn unig wrth nodi cyfeiriadau buddsoddwyr, mae'n anodd gweld sawl un o'r wyth llong a 'berthynai' i'r plwyf oedd yn nwylo buddsoddwyr o Foelfre. Ar y cyfan ymddengys bod buddsoddwyr yn dod o bob rhan o'r plwyf. Yn ddiddorol, fodd bynnag, roedd pump o'r wyth llong yn dod o'r 1830au a'r 1840au ac, o'r chwe buddsoddwr lleol yn y llongau hyn, roedd pedwar yn sicr o bentref Moelfre ei hun. Felly, yr argraff a geir yw bod Moelfre, o ran buddsoddi mewn llongau, wedi dechrau datblygu'n gymuned ar wahân i weddill y plwyf wrth i'r ganrif fynd rhagddi.

Ble yr adeiladwyd y llongau?

Yn debyg i dde Ceredigion a Dumfries a Galloway yn yr Alban, nid yw'n syndod darganfod bod mwyafrif y llongau a weithiai yng ngogledd orllewin Cymru hefyd wedi eu hadeiladu yn lleol.

Adeiladwyd y llongau yn ein hastudiaeth ni mewn amryw ganolfannau:

Môn:

un yr un yn Amlwch, Traeth Coch a Chaergybi   3

Sir Gaernarfon:

Caernarfon	7
Pwllheli	4
ac un yr un yn Nefyn, Bangor ac ?.	3

Rhannau eraill o Gymru:

Conwy	6
un yr un yn Rhuddlan ac Aberteifi	2

Lloegr:

Caer	2
Lerpwl	1

Adeiladwyd mwyafrif llethol y llongau ar yr arfordir rhwng Nefyn yn y gorllewin a Lerpwl yn y dwyrain. Yr unig eithriadau oedd pedair llong a adeiladwyd ym Mhwllheli ac un yn Aberteifi yng Ngheredigion. Adlewyrchai hyn batrwm masnach y rhanbarth a'r amrywiaeth o ganolfannau adeiladu llongau ar hyd yr arfordir hwn; gan amrywio rhwng canolfannau arbenigol fel Pwllheli ar y naill law a phorthladdoedd allforio llechi a oedd hefyd yn adeiladu llongau, megis Caernarfon, ar y llall (Lloyd, 1989). Roedd canolfannau adeiladu newydd hefyd yn datblygu yn ystod y cyfnod hwn, gan gynnwys Bangor ac Amlwch (Elis-Williams, 1988; Hope, 1994).

Mae'r ffaith bod llongau Llanallgo wedi eu hadeiladu mewn ardal ddaearyddol eang yn adlewyrchu'r ffaith nad oedd gan Fôn draddodiad o adeiladu llongau – 29 o longau yn unig a adeiladwyd ar yr ynys rhwng 1786 ac 1825 er enghraifft (Thomas, 1932). Er i rai llongau gael eu hadeiladu ar draethau neu mewn cilfachau i'r gogledd a'r de o Foelfre, ymddengys nad oedd gan y fro'r cyfalaf na'r adnoddau i adeiladu llongau ar raddfa fawr. Roedd adeiladu llongau yn y fro o amgylch Llanallgo yn beth prin iawn felly – yr unig enghraifft o'r astudiaeth hon oedd y *Lady Robert Williams* a adeiladwyd yn Nhraeth Coch yn 1821. Unwaith yn rhagor mae profiadau'r fro yn debyg i rai o borthladdoedd yr Alban. Yn Stranraer, er enghraifft, ychydig o longau a adeiladwyd yn lleol.

Ar y llaw arall, roedd y ffaith bod cymaint o ganolfannau adeiladu llongau ar hyd arfordir gogledd Cymru yn golygu bod cyfleoedd mawr i fuddsoddwyr profiadol a buddsoddwyr newydd fuddsoddi mewn hen longau, mater allweddol i drigolion cymunedau bychain, gwledig, diarffordd a thlawd yr arfordir.

Buddsoddwyr

Gan fod Llanallgo yn blwyf gwledig ar yr arfordir, a Môn yn gymuned amaethyddol, byddwn yn disgwyl amaethwyr i fod yn brif fuddsoddwyr yn llongau Llanallgo. Mae'r ffigyrau'n arwyddocaol.

Ffigwr 1

Buddsoddwyr mewn llongau oedd efo cysylltiadau â Llanallgo yn ôl grwpiau galwedigaethol

Galwedigaeth	Buddsoddwyr o du allan i Lanallgo	Holl fuddsoddwyr (gan gynnwys rhai Llanallgo)
Amaethwyr	28%	26%
Llongwyr	22%	29%
Masnachwyr	22%	20%
Gwŷr Busnes a Chrefftwyr	8%	6%
Proffesiynol	1.5%	1.5%
Gweddwon/hen wragedd	10%	10%
'Bonheddwyr'	8%	7%
Llafurwyr	.5%	.5%

Ffynhonnell: Gwasanaeth Archifau Gwynedd,
'Cofrestrau Llongau Biwmares XSR1-8'

Er bod angen i ni fod yn ofalus wrth drafod termau megis 'amaethwyr' a 'masnachwyr' a chadw mewn cof nad yw'r cofrestrau yn nodi os oedd buddsoddwr efo mwy nag un alwedigaeth, nid yw'n syndod mai amaethwyr, llongwyr a masnachwyr yw'r galwedigaethau sy'n dominyddu. Yn arwyddocaol, ychwanegu buddsoddwyr Llanallgo sy'n sicrhau mai llongwyr oedd y brif garfan ymhlith holl fuddsoddwyr y llongau yn ein hastudiaeth.

Drwy gymharu cyfanswm ffigyrau Llanallgo gyda buddsoddwyr yn holl longau Môn o ddetholiad Aled Eames o'r flwyddyn 1836 yna sylwn ar y patrwm canlynol:

Ffigwr 2

Cymharu buddsoddwyr mewn llongau oedd efo cysylltiadau efo Llanallgo (1800-1850) â buddsoddwyr yn holl longau Môn (1836) yn ôl grwpiau galwedigaethol

Galwedigaeth	Holl fuddsoddwyr Llanallgo	Buddsoddwyr Môn
Amaethwyr	26%	20%
Llongwyr	29%	22%
Masnachwyr	20%	14%
Gwŷr Busnes a Chrefftwyr	6%	18%
Proffesiynol	1..5%	5%
Gweddwon/hen wragedd	10%	5%
'Bonheddwyr'	7%	18%
Llafurwyr	.5%	0

Ffynhonnell: Gwasanaeth Archifau Gwynedd, 'Cofrestrau Llongau Biwmares XSR1-8' ac Aled Eames, *Ships and Seamen of Anglesey* (Llangefni, 1973), 546

Tra bod ffigyrau Aled Eames yn cynnwys anghysondeb, mae'n deg dweud bod ffigyrau Llanallgo yn adlewyrchu'r darlun ehangach gan fod llongwyr ar hyd a lled yr ynys yn fuddsoddwyr sylweddol ac yn gyd-fuddsoddwyr efo amaethwyr a'r dosbarth masnach/busnes/crefftwyr.

Roedd y sefyllfa yn debyg i hanes Dumfries yn ystod 1824-1850 gyda masnachwyr a llongwyr yn dominyddu ar 20% a 24%, ond yno, er bod y porthladd yn gwasanaethu ardal wledig, dim ond 7% o'r buddsoddwyr oedd yn amaethwyr. Ond rhaid cadw mewn cof fod Dumfries yn borthladd sylweddol ac felly'n gallu denu buddsoddwyr mewn llongau o gefndir cymdeithasol mwy eang.

Gallwn adnabod 25 o wahanol alwedigaethau ymhlith y buddsoddwyr yn llongau Llanallgo. Mae hyn yn cymharu gyda 63 yn Dumfries, 42 yn Kirkcudbright, 46 yn Wigtown a 38 yn Stranraer. Ond tra bod buddsoddwyr efo cysylltiadau morwrol yn dominyddu'r sampl o'r Alban, nid dyma'r achos lle'r oedd Llanallgo dan sylw. Ac eithrio llongwyr eu hunain dim ond chwe buddsoddwr oedd o gymunedau morwrol, pob un ohonynt o borthladdoedd fel Lerpwl a Chaernarfon a dim un ohonynt o Fôn. Felly hefyd gallwn adnabod 12 masnachwr yn ein sampl ni, ond dim ond un oedd o gymuned wledig Môn. O'r gweddill roedd tri'r un yn dod o Lerpwl ac Amlwch a'r gweddill yn dod o amryw drefi gogledd Cymru.

Buddsoddwyr Llanallgo a Moelfre

Roedd 22 o fuddsoddwyr ein sampl o blwyf Llanallgo ei hun. O'r rhain roedd tri yn amaethwyr (un ohonynt yn fragwr yn ogystal) a dwy yn ferched. Llongwyr oedd y 17 oedd yn weddill.

Gan mai tri yn unig oedd yn amaethwyr, ymddengys nad oedd Llanallgo wledig yn buddsoddi mewn llongau. Er na ddylid ystyried merched yn fuddsoddwyr pasif, lleiafrif bychain iawn oedd yn buddsoddi mewn ardaloedd fel Llanallgo. Mae angen ymchwil pellach i fywyd a ról merched o fewn y cymunedau morwrol, gan gynnwys merched o fuddsoddwyr (Evans, *Cof Cenedl*).

Ond, fel yr awgrymwyd eisoes, roedd dau fuddsoddwr lleol yn amlwg o ran nifer y llongau a fuddsoddwyd ynddynt. Disgrifiwyd Edward Williams, Glanrafon, fel amaethwr, bonheddwr a bragwr – ond nid fel perchennog llongau – ond rhwng 1800 a'i farwolaeth yn 1833 buddsoddodd mewn cyfanswm o saith o longau. Mae'n bosibl i'w ddiddordeb godi o'r awydd i wneud elw yn unig, ond gan ei fod yn ffermwr sylweddol ac yn fragwr gyda diddordeb yn y *Bangor Brewery*, mae'n bosibl ei fod yn buddsoddi mewn llongau a oedd yn cludo ei nwyddau ef ei hun (LlGC, B/1831/18/W).

Y buddsoddwr amlwg arall oedd y Capten Owen Williams. Yn ystod y cyfnod hwn buddsoddodd mewn cyfanswm o 11 o longau ond roedd ef hefyd wedi bod yn fuddsoddwr sylweddol yn ystod y ganrif flaenorol. Bu farw yn 1832 yn 95 mlwydd oed ac ar un adeg bu'n berchen ar siop a gwaith glo yn y fro a bu'n masnachu'n gyson rhwng Llanallgo a Lerpwl a bu'n un o sylfaenwyr Ymneilltuaeth yno (Morris, 1929). Ond daeth ei fri yn sgil y ffaith ei fod yn gapten llong ac yn fuddsoddwr mewn llongau ac mae'n enghraifft leol o rywun a oedd, mae'n debyg, yn canolbwyntio'n gyfan gwbl ar fuddsoddi mewn llongau er mwyn diogelu ei hun yn ariannol yn ei henaint.

Bu Edward Williams a'r Capten Owen Williams yn dominyddu buddsoddi mewn llongau yn lleol yn ystod deng mlynedd ar hugain cyntaf y ganrif. Rhyngddynt buddsoddwyd mewn saith allan o unarddeg llong newydd y cyfnod ac fe fuddsoddodd y ddau mewn tair llong ar y cyd. Tueddent i fuddsoddi mewn llongau mawr – roedd pob un ond un o'r llongau y buddsoddodd Edward Williams ynddynt dros 30 tunnell.

Beth am weddill y llongwyr? Buddsoddodd deuddeg ohonynt mewn un llong yn unig tra buddsoddodd pedwar ohonynt mewn dwy long. Os mai llongwyr yn unig yr oeddynt yna mae'n debygol mai'r llong yr oeddynt yn gapten arni ac/neu'n hwylio arni oedd eu hunig fuddsoddiad. Buddsoddi mewn llong oedd eu cyfle i wella eu statws cymdeithasol, hyd yn oed os oedd y dyrchafiad hwnnw wedi ei gyfyngu i'w cymdeithas leol. Mae'n bosibl cymharu efo'r Alban eto: ychydig o fuddsoddwyr Stranraer oedd efo cyfranddaliadau mewn mwy na dwy long, tra yn Kirkcudbright a Stranraer, o'r 1830au, daeth canran sylweddol o'r buddsoddi mewn llongau o gyfeiriad capteiniaid yn hwylio eu llongau eu hunain. Mae'r ffaith bod y garfan yma hefyd yn dominyddu yn Llanallgo yn adlewyrchu'r graddau yr oedd gweithgaredd morwrol yn allweddol i'r economi lleol, gydag Edward Williams a'r Capten Owen Williams yn profi potensial y math yma o fuddsoddi.

Dosbarthiad daearyddol

Bu i gyfanswm o 152 o unigolion fuddsoddi yn y 28 llong yn yr astudiaeth hon, ac roedd 22 ohonynt o blwyf Llanallgo. Mae'r dosbarthiad daearyddol yn ddiddorol. Roedd 18% o'r cyfanswm yn dod o du allan i'r ynys. Daeth 11 ohonynt o Lerpwl, oedd yn adlewyrchu pwysigrwydd y porthladd hwnnw a'i gysylltiadau cryf efo gogledd Cymru, ac roedd pedwar ar ddeg o Sir Gaernarfon. Roedd mwyafrif llethol y buddsoddwyr felly o Fôn sydd yn wrth ddweud Aled Eames a ddadleuai fod buddsoddi mewn llongau cyn yr 1830au yn nwylo pobl o du allan i'r ynys ar y cyfan.

O ran y buddsoddwyr o Fôn, roedd 34% yn dod o'r fro o amgylch plwyf Llanallgo. Ardaloedd eraill a oedd efo casgliad o fuddsoddwyr oedd cornel gogledd gorllewinol yr ynys a de ddwyrain yr ynys. Yn debyg i'r cyfnod 1750-1800 nid oedd yr un buddsoddwr o dde orllewin Môn. Y tu allan i blwyf Llanallgo, tref Amlwch oedd efo'r nifer uchaf o fuddsoddwyr gyda chyfanswm o 13. Yn amlwg felly roedd buddsoddi mewn llongau yn clymu amryw bentrefi a threfi'r glannau wrth ei gilydd, yn debyg iawn i dde ddwyrain Sweden lle brofodd pentref Pukavik gysylltiadau cryfion efo pentrefi llongau de-ddwyrain Scania (Nilsson, 1972).

Roedd 86% o'r rhai a fuddsoddodd mewn llongau yn Dumfriesshire yn byw yn y sir honno. Yn achos llongau Llanallgo, roedd 82% o'r holl fuddsoddwyr yn dod o Fôn. O'r 86% o fuddsoddwyr a oedd yn byw yn Dumfriesshire roedd 38% yn byw ym mhlwyf Dumfries, a oedd yn cynnwys y porthladd. O'r 82% o fuddsoddwyr o Fôn, roedd 18% yn dod o blwyf Llanallgo gyda 49% yn dod o Lanallgo a'r fro gyfagos. Yn Dumfriesshire roedd 43% o'r cyfanswm yn dod o blwyfi'r arfordir ond yn achos ein hastudiaeth ni roedd 85% o'r buddsoddwyr yn dod o blwyfi'r arfordir. Mae barn Carol Hill fod *'residential proximity to the sea in terms of investment practice'* yn allweddol wrth fuddsoddi mewn llongau yn amlwg iawn yn ein hastudiaeth ni.

Ar y cyfan tueddai'r dystiolaeth i gefnogi barn Dr Lewis Lloyd, yn ei astudiaeth ef o berchnogion llongau Pwllheli, bod buddsoddi mewn llongau yn ymdrech cydweithredol rhwng plwyfi unrhyw ranbarth arbennig (Lloyd, 1991).

Y berthynas rhwng buddsoddwyr

Awgrymai Lewis Lloyd fod mwyafrif llongau Pwllheli yn nwylo buddsoddwyr oedd wedi eu cysylltu drwy waed, briodas, grefydd neu oherwydd eu bod yn gymdogion. Gallwn gyrraedd casgliadau tebyg yma.

Nid yw'n syndod fod plwyfi o amgylch Llanallgo yn cynnig cymaint o fuddsoddwyr yn llongau Llanallgo ac, yn ddigon naturiol, gallwn ddisgwyl y byddai llongwyr lleol mewn cysylltiad efo ardaloedd eraill oherwydd eu gweithgaredd morwrol. Mae'n ddigon posibl bod synnwyr busnes yn gyfrifol am y cysylltiad rhwng rhai buddsoddwyr, fel y cyd-fuddsoddi yn achos Edward Williams a'r Capten Owen Williams. Roedd cysylltiadau teuluol hefyd yn bwysig. Mae'r cyfenw 'Matthews' yn ymddangos yn gyson yn ein hastudiaeth ac yn cysylltu Llanallgo â Rhoscolyn yng ngorllewin Môn, ar y naill law, a Lerpwl yn y dwyrain ar y llall.[3] Felly hefyd gwelwn fod y bonheddwr Thomas Williams o Draeth Coch yn buddsoddi mewn dwy o longau'r astudiaeth hon, ac roedd ef yn fab i Edward Williams, a bu i'r ddau fuddsoddi yn y *Cornist* yn 1826. Mae angen astudiaeth bellach i'r math yma o gysylltiadau.

Beth am y berthynas rhwng llongwyr a buddsoddwyr eraill? A oedd llongwyr, efo'u dealltwriaeth forwrol, yn chwilio am fuddsoddwyr oedd efo'r cyfalaf i gefnogi eu menter forwrol? Gallai hyn esbonio buddsoddiad Edward Williams yn y *Siberia* (16 tunnell), llong fechan iddo ef, ond yn allweddol i Richard Hughes y llongwr lleol a fuddsoddodd ynddi. Ar y llaw arall, gallai fod y tri pherchennog siop o Langefni, yng nghanol yr ynys, fod wedi mynd at Richard Evans o Lanallgo oherwydd ei wybodaeth ef o'r môr. Mae'r math yma o gwestiynau yn arwain at gwestiwn pwysig arall, er nad wyf am ymdrechu i'w ateb yma, sef pwy oedd y gryfaf yn y berthynas – dynion y tir a fuddsoddodd mewn llongau neu'r llongwyr a fuddsoddodd eu harian a'u bywydau?

Collwyd cyfanswm o naw o longau yn ystod y cyfnod hwn – nid oedd gan y môr unrhyw barch at oed na maint llong. Collwyd y *Lady Robert Williams*, a adeiladwyd yn lleol, ger Wick yn yr Alban. Er nad oes dyddiad pendant i'r suddo, mae'n debygol iddi gael ei cholli o fewn blwyddyn i'w hadeiladu yn 1821. Byddai dynion fel Edward Williams yn buddsoddi mewn llawer o longau ac felly hefyd llongwyr profiadol fel y Capten Owen Williams. Ar y llaw arall, nid oedd y manteision hynny gan y llongwyr a oedd wedi buddsoddi popeth yn yr un llong a oedd yn fywoliaeth iddynt. Felly, er enghraifft, bu'r brodyr Evans, dau longwr a oedd yn gydberchnogion y smac *Stanley* yn 1836 (ar y cyd efo dau amaethwr o blwyf pell) weld colli'r llong yn 1837. Y flwyddyn ganlynol buddsoddodd y ddau mewn smac arall, yr *Industry*, ar eu pen eu hunain y tro hwn.

Bu llongwyr yn fuddsoddwyr ym mhob un o'r llongau dan astudiaeth yma, ond roedd rheswm da dros hynny – fel arfer byddai capteiniaid llongau yn fuddsoddwyr eu hunain. Roedd 13 o'r llongau – allan o gyfanswm o 28 – yn cynnwys llongwyr o Lanallgo fel yr unig fuddsoddwyr o longwyr yn y llongau hynny. Roedd wyth o'r llongau hynny yn perthyn i Lanallgo ac roedd llongwyr o'r plwyf yr unig fuddsoddwyr ym mhedair ohonynt ac yn fuddsoddwyr sylweddol o'r gweddill. O'r pum llong oedd yn weddill, llongwyr o Lanallgo oedd yr unig longwyr i fuddsoddi mewn llong o'r fro gyfagos ac mewn tair llong o bellach i ffwrdd. Byddai llongwyr o blwyf Llanallgo felly yn buddsoddi mewn llongau ble bynnag y byddai'r cyfle yn codi ac roeddynt hefyd yn ddolen gyswllt pwysig rhwng y buddsoddwyr o'r tir a'r llongau yr oeddynt yn buddsoddi ynddynt.

Casgliad

Llongau oedd yr allwedd i fywyd economaidd y gymuned leol yn ystod y cyfnod hwn ac roedd buddsoddi mewn llongau yn rhan bwysig o brofiadau morwrol y plwyf. Gallai trigolion plwyf bychan fuddsoddi mewn llongau ond fel arfer roedd y math yma o fuddsoddi yn galw am gydweithio gyda buddsoddwyr o bell ac agos. Mae'n deg dweud bod pentref Moelfre yn datblygu cymeriad morwrol wrth i'r ganrif fynd rhagddi ac roedd buddsoddi mewn llongau yn dechrau dod yn llawer mwy amlwg. Credai Basil Greenhill fod y môr yn llwybr agored i ffyniant. Hefyd, iddo ef, *'shares in vessels gave the inhabitants of the small shipowning communities opportunities the rural labourer, craftsmen and the fishermen could never have.'* Efallai bod hyn yn ddarlun rhy syml – fel mae ewyllys Robert Owens yn dangos, byddai unigolion yn troi eu dwylo at unrhyw gyfleoedd beth bynnag yr alwedigaeth. Efallai mai tecach fyddai awgrymu fod y cynnydd yn y galw am longau yn lleol, a'r cyfle i fuddsoddi ynddynt, yn rhoi'r cyfle i rai o drigolion cymuned arfordirol dlawd wella eu statws, cyfle nad oedd ar gael i drigolion cefn gwlad. Efallai nad yw'n bosibl i ni ddweud fod plwyf Llanallgo yn blwyf morwrol a oedd yn berchen ar longau ar raddfa fawr yn ystod y cyfnod hwn, ond roedd perchnogaeth o longau yn rhan bwysig o fywydau'r plwyfolion ac, yn achos Moelfre yn arbennig, yn gynyddol bwysig o ran cynnig cyfle i ddal dau ben llinyn ynghyd ac, mewn rhai achosion, cyfle i wella eu byd yn sylweddol.

Ffynonellau

Archifdy Môn, 'Cyfrifiad Plwyf Llanallgo, 1841', 'Cofrestrau Llanallgo a Llaneugrad' WPE/55/1

Eames, A.: *Ships and Seamen of Anglesey,* Llangefni 1973

Elis-Williams, M.: *Bangor – Port of Beaumaris,* Caernarfon 1988

Evans, R.: '... A parcel of poor fishermen: a rural, coastal community's maritime experiences, 1750-1800', *Cymru a'r Môr/Maritime Wales,* No.16, 1994 Gwasanaeth Archifau Gwynedd

Evans, R.: "Yn Fam ac yn Dad': Hanes Merched yn y Gymuned Forwrol ca. 1800-1950,' *Cof Cenedl* XIII, Aberystwyth, 2002

Greenhill, B.: *Aspects of Late Nineteenth Century rural shipowning in southwestern Britain,* Maritime History Group Proceedings of the Conference of the Atlantic Canada Shipping Project March 31-April 2, 1977

Gwasanaeth Archifau Gwynedd, 'Cofrestrau Llongau Biwmares XSR1-8'

Hill, C.: 'Resources and Infrastructures in the Maritime Economy of Southwest Scotland,' yn G.Boyce a R.Gorski (gol.), *Resources and Infrastructures in the Maritime Economy, 1500-2000,* St John's, 2002

Jenkins, J.G.: *Maritime Heritage: the Ships and Seamen of Southern Ceredigion* Llandysul, 1982

Hope, B.A.: *Curious Place: The Industrial History of Amlwch (1550-1950),* Wrecsam, 1994

Kaukiainen, Y.: *A History of Finnish Shipping,* Llundain, 1993

Lewis S.A.: *Topographical Dictionary of Wales,* Llundain 1833

Lloyd, L,: *Pwllheli: The Port and Mart of Llŷn,* Caernarfon, 1991

Lloyd, L.: *The Port of Caernarfon, 1793-1900,* Caernarfon, 1989

Llyfrgell Genedlaethol Cymru, Profion Ewyllys, B/1822/8/I; B/1831/18/W

Morris, J.H.: *Hanes Methodistiaeth Liverpool,* Cyfrol 1, Lerpwl 1929

Nilsson, N.: 'Shipyards and Ship-Building at a Wharf in Southern Sweden,' 267, yn O. Hasslöf, H. Henningsen, A.E. Christiensen Jr (gol.), *Ships and Shipyards, Sailors and Fishermen*, Copenhagen, 1972

Thomas, D.: 'Anglesey Shipbuilding down to 1840', *Trafodion Cymdeithas Hynafiaethwyr Môn*, 1932

Williams, E.A.: *Hanes Môn yn y Bedwaredd Ganrif ar Bymtheg*, Amlwch, 1927

[1]   Mae'n bosibl bod nifer y llongau oedd â chysylltiadau efo Llanallgo yn (sylweddol?) uwch oherwydd, wedi 1837, nid oedd rhaid cofrestru llongau dan 15 tunnell. Mae'n debygol bod llongau bychain yn nwylo buddsoddwyr lleol; yn 1795 roedd y Capten Owen Williams yn berchen ar y smac 6 tunnell *Peggy* er enghraifft.

[2]   Er bod astudiaeth Hill o Dumfries a Galloway yn cwmpasu ardal o 2828 milltir sgwar a 300 milltir o arfordir, mae'n bosibl gwneud rhai cymariaethau dilys efo plwyf Llanallgo. Y llongau a berthynai i Wigtown oedd y rhai a adeiladwyd ac/neu a gofrestrwyd yno, tra bod y llongau yn yr astudiaeth hon yn cyfeirio at yr holl longau y mae tystiolaeth bod trigolion Llanallgo wedi buddsoddi ynddynt.

[3]   Rwy'n ddiolchgar i'r diweddar R.R. Williams, Cymdeithas Hanes Teuluol Gwynedd, am wybodaeth am hanes teulu Matthews yng ngogledd-orllewin Môn. Yn Moelfre cyfeirir at y teulu fel 'y Mathewiaid' ac mae'n weddol sicr fod y Mathewiaid y cyfeirir atynt yma yn perthyn i'w gilydd.

Robin Evans: 'Agweddau ar Fuddsoddi mewn Llongau mewn Cymuned Wledig, Arfordirol: Plwyf Llanallgo a Phentref Moelfre yn ystod Hanner Cyntaf y Bedwaredd Ganrif ar Bymtheg', *Cymru a'r Môr/Maritime Wales*, 27 (2006), 39-54

Ffigwr 3: Cymharu grwpiau galwedigaethol plwyf Llanallgo, 1811-20 ac 1840

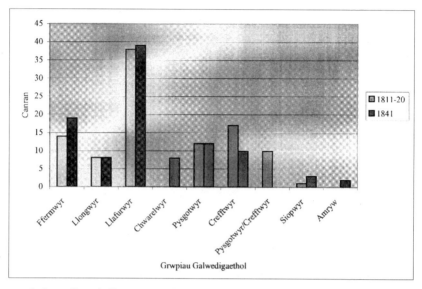

Ffynhonnell: Archifdy Môn, 'Cyfrifiad Plwyf Llanallgo, 1841', 'Cofrestrau'r Plwyf, Llanallgo a Llaneugrad' WPE/55/1

Ffigwr 4: Cymharu grwpiau galwedigaethol Moelfre a Llanallgo wledig 1811-20

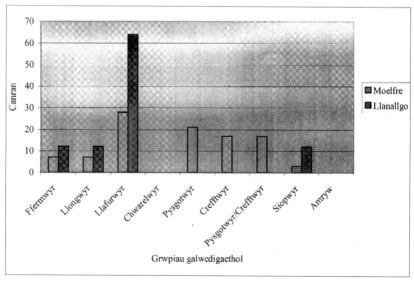

Ffynhonnell: Archifdy Môn, 'Cofrestrau'r Plwyf, Llanallgo a Llaneugrad' WPE/55/1

Ffigwr 5: Cymharu grwpiau galwedigaethol Moelfre a Llanallgo wledig 1841

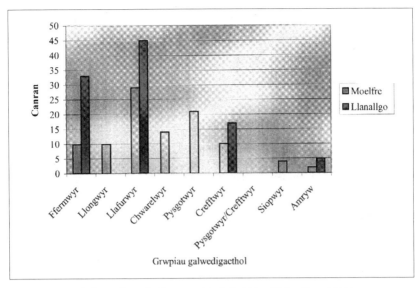

Ffynhonnell: Archifdy Môn, 'Cyfrifiad Plwyf Llanallgo, 1841'

Ffigwr 6: Cymharu grwpiau galwedigaethol Moelfre 1811-20 ac 1841

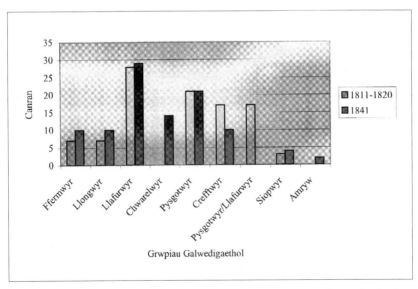

Ffynhonnell: Archifdy Môn, 'Cyfrifiad Plwyf Llanallgo, 1841', 'Cofrestrau'r Plwyf, Llanallgo a Llaneugrad' WPE/55/1

Ffigwr 7: Cymharu grwpiau galwedigaethol Llanallgo wledig 1811-20 ac 1841

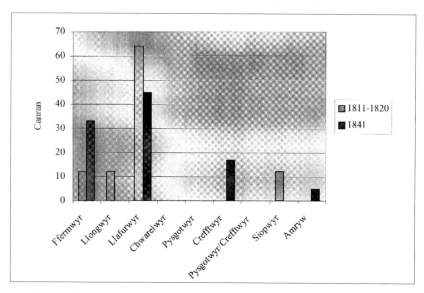

Ffynhonnell: Archifdy Môn, 'Cyfrifiad Plwyf Llanallgo, 1841', 'Cofrestrau'r Plwyf, Llanallgo a Llaneugrad' WPE/55/1

Tabl 1: Y llongau y buddsoddodd trigolion plwyf Llanallgo ynddynt rhwng 1800-1850

Enw'r Llong	Man adeiladu	Blwyddyn	Tunnelli	Rig
Amelia	Caernarfon	1804	32	Slŵp
Betty & Peggy	Rhuddlan	1783	28	Slŵp
Conway Castle	Conwy	1803	52	Slŵp
Cornist	Caer	1811	46	Galiot
Cymraes	Amlwch	1836	18	Slŵp
Diligence	Conwy	1801	27	Slŵp
Elizabeth & Jane	Caernarfon	1813	56	Slŵp
Ellinor	Caernarfon	1805	36	Slŵp
Glynrhonwy	Caernarfon	1828	55	Smac
Grace	? Sir Gaernarfon	1770	24	Sloop
Industry	Caer	1823	23	Smac
Jane	Pwllheli	1770	23S	Slŵp
Lady Robert Williams	Traeth Coch	1821	167	Snow
Lively	Pwllheli	1778	24	Slŵp
Lydia	Caernarfon	1803	39	Slŵp
Mackerel	Pwllheli	1789	26	Slŵp
Maria & Elizabeth	Bangor	1839	103	Sgwner
Mary	Pwllheli	1805	59	Slŵp
Mayflower	Aberteifi	1774	23	Slŵp
Pennant	Conwy	1775	30	Slŵp
Providence	Conwy	1793	43	Slŵp
Rachel	Caernarfon	1804	18	Slŵp
Sarah	Lerpwl	1818	60	Slŵp
Siberia	Conwy	1802	16	Slŵp
Sisters	Nefyn	1788	27	Slŵp
Stanley	Conwy	1805	71	Galiot
Stanley	Caergybi	1829	34	Smac
Richard William	Caernarfon	1821	103	Snow

Ffynhonnell: Gwasanaeth Archifau Gwynedd, 'Cofrestrau Llongau Biwmares XSR1-8'

Capten Henry Roberts, Moelfre

Aled Eames

Rhai blynyddoedd yn ôl bellach cefais y fraint o gyfarfod y diweddar Gapten Henry Roberts, Moelfre,[1] gŵr byr, siriol, a'i lygaid direidus yn llawn chwerthin wrth drafod ambell i ddigwyddiad ar y môr, ac yna'n cofio gyda thristwch gymaint o hogia Moelfre roedd ef yn eu hadnabod mor dda oedd wedi colli eu bywydau ar y môr. Un o deulu morwrol, megis pawb arall ym Moelfre yn yr hen ddyddiau, oedd Henry Roberts. Mab i Gapten Roberts y *Mary Stewart*[2] ydoedd; fe fu farw Capten Roberts ar ei long, y *Mary Stewart*, yn yr Afon Clyde yn yr Alban pan oedd ei fab hynaf yn bymtheg oed a Henry yn naw mlwydd oed. Doedd dim i'w wneud ond i'r mab hynaf fynd ar unwaith i'r *Mary Stewart* a'r Capten Thomas Parry, brodor arall o Foelfre, gydag ef fel 'sailing master' am fod y llanc yn rhy ifanc i gymryd lle ei dad. Fe fu Capten Parry gyda'r llong, a brawd Henry Roberts yn dysgu'i grefft fel meistr-forwr, ond ymhen ychydig o flynyddoedd ar ôl hyn collwyd llong y teulu mewn corwynt ger Carrickfergus ar greigiau creulon ar noson wyllt; achubwyd y criw gan fad-achub, ond yn ôl Henry Roberts roedd colli'r *Mary Stewart* yn brofedigaeth chwerw i'r teulu, yn gysylltiedig â holl ymdrechion cynnar eu tad, ac er ei fod ef ei hun yn rhy ifanc i fod yn aelod o'i chriw, roedd yn amlwg fod Henry Roberts yn cofio'r achlysur fel petai ond ychydig o flynyddoedd yn ôl ac nid yn 1898.

Dechreuodd Henry Roberts ei yrfa ef ei hun fel hogyn yn gweithio yn y giali ar y *Dinas*, smac fechan yn llwytho cerrig o Draeth Bychan, Môn. Mae olion yr hen chwareli cerrig yn dal hyd heddiw fel anialdir, ond ar ddechrau'r ganrif roedd ugeiniau o ddynion a bechgyn yn gweithio yno o fore hyd nos a llongau bychain fel y *Dinas* yn llwytho'r cerrig o'r troliau ar y traeth ac yn gadael yn eu tro ar benllanw. Dyna sut y disgrifiodd Henry Roberts waith y *Dinas*, – 'cario cerrig o Draeth Bychan i Gonwy neu'r Felinheli, neu Gaergybi, ac yna cymryd defnyddiau i'r adeiladwyr tai ar hyd y glannau `ma – llechi, coed, brics, *'general cargo'* i'r contractors. Fel arfer, roeddan ni'n llwytho gyda llechi yn y Felinheli ac yna cael gweddill y llwyth o'r cei ym Mhorth Penrhyn, sment, a choed, o stordai teulu'r Penrhyn, ac yna hwylio am Benllech neu Foelfre, neu Draeth Bychan, neu Amlwch; roeddan ni'n dadlwytho fel arfer ar y traethau agored am fod yna ddigon o ofyn am ddefnyddiau i adeiladu tai tua'r adeg yna.' Ar ôl dwy flynedd ar y *Dinas* fe brynodd tad-yng-nghyfraith ei frawd hynaf y *Sara Fawr*, fel y gelwid hi'n lleol, ac mi aeth Henry at ei frawd yn fêt. Cyn pen blwyddyn yr oedd ei frawd wedi symud unwaith eto at long newydd yn perthyn i Owen Roberts, 'Patent Slip', Bangor; roedd Henry Roberts yn cofio'n dda'r ketch fach yma, y *James* o Fangor, a'r ffordd yr oedd y

Aled Eames
Roedd Aled Eames yn un o brif haneswyr morwrol ei gyfnod ac yn adnabyddus drwy Gymru ac yn rhyngwladol. Cyhoeddodd nifer fawr o lyfrau ar sawl agwedd ar hanes morwrol ac ymddangosodd yn gyson ar deledu a radio ac ysbrydolodd ei gydwladwyr i ymddiddori yn hanes morwrol eu cenedl. Bu'n byw ym Moelfre am gyfnod ac felly mae'n addas fod Darlith Goffa Aled Eames yn cael ei gynnal yn y pentref bob dwy flynedd, gan i'w lyfrau yn aml gynnwys sawl cyfeiriad at y pentref a'i morwyr.

llongau yn dadlwytho'r balast ar draeth Hirael i godi uchder y tir a chreu morglawdd i gadw'r môr allan ar adegau'r teidiau mawr.

Pan ymadawodd ei frawd i fod yn gapten y *James*, daeth Henry Roberts ei hunan yn gapten ar y *Sara Fawr*, ac yntau'i hunan yn ddeunaw oed, 'a'r mêt, dyn o Foelfre tua un ar hugain, yn fêt i mi, a hogyn tua pedwar ar ddeg – roeddan ni i gyd o Foelfre, llongwyr oedd ` ma yn y dyddiau hynny, cofiwch. Roeddan ni'n rhedeg efo llwythi o lo o Lerpwl neu Runcorn yn y *Sara Fawr* a dadlwytho ar y traethau, Moelfre, Traeth Coch, Abersoch, Aberdaron, ac mi rydwi'n cofio mynd â llwyth o lo efo'r *Sara* i Ynys Enlli, hanner y llwyth i'r goleudy a'r gweddill i drigolion yr ynys, a dyma'r tro cyntaf a'r tro olaf i mi fod ar Ynys Enlli, tua 1906.' Wrth gwrs, roedd gwell tâl am lanio llwythi mewn ambell i lecyn digon cas petasai'r gwynt yn troi'n sydyn – cofiodd Henry Roberts yn dda ei fod yn cael mwy am ddadlwytho ym Mhorth Swtan, Môn, er enghraifft.[3]

Ond yr oedd yn rhaid cael cymwysterau swyddogol os oedd gobaith i wella ei yrfa, ac felly 'mi es i Lerpwl i gael ticed, i'r 'Nautical School' yn Lord Street, lle'r oedd Capten Thornborough a Chapten Frith yn paratoi darpar-feistri ac ambell i fêt – faswn i ddim wedi medru fforddio aros yno ddim mwy, beth bynnag, a thalu am 'lojin'. Wedyn mi es yn fêt ar stemar, y *Skelwith Force*, ond doeddwn i ddim yn hoff o'r hen stemars, well gin i y llongau hwyliau, ac mi fûm yn lwcus i fynd yn gapten ar un o longau hwyliau cwmni briciau Hancock, Connah's Quay, yr *Elizabeth Hyam*. Cefais long fwy wedyn, y *Catherine Lathom*, ac yna'r *Earl of Lathom*. Rhaid oedd i chwi basio'r clwb – y clwb yswirio, ac mi rydw i'n cofio'r diwrnod 'na yn cael arholiad gan bump o gapteiniaid Connah's Quay, dipyn o gamp am eu bod i gyd yn ymddangos i mi yn ddynion o brofiad eang.' Felly, diwrnod pwysig a chofiadwy oedd y diwrnod y pasiodd Capten Henry Roberts i fod yn feistr ar yr *Earl of Lathom*, sgwner tri mast wedi ei hadeiladu gan gwmni enwog Ferguson a Baird o'r Connah's Quay yn 1885, clamp o long i'w chymharu â'r *Dinas* a'r *Sara Fawr*, wedi ei chofrestru yn llong hwyliau 94.5'x23.2'x10.4', 132 tunnell. Adeiladodd cwmni Ferguson a Baird tua hanner cant o longau hwyliau, ac y mae gan Basil Greenhill air da iddynt fel crefftwyr yn ei lyfr meistrolgar *The Merchant Schooners*[4]; hwyrach a fwyaf adnabyddus ohonynt oedd y *Lizzie May* a enwyd ar ôl hynny y *Kathleen and May*. Fe fu hi'n hwylio am flynyddoedd lawer ac yn adnabyddus iawn i forwyr ym mhob porthladd ym Mhrydain, ac y mae'n dda ein bod yn gallu cofnodi ei bod hi heddiw wedi ei hatgyweirio fel amgueddfa forwrol gan y Maritime Trust. Er na fu'r *Earl of Lathom* mor lwcus o ran oes â'r *Lizzie May*, roedd ei chrefftwaith a'i llinellau'n debyg ac yr oedd gan Capten Henry Roberts reswm da iawn i fod yn falch o'r darlun o'r *Earl of Lathom* gan yr arlunydd enwog Reuben Chappell oedd yn addurno mur ei gartref ym Moelfre. Yr oedd Mrs Roberts ei wraig hefyd yn falch iawn o'r hen long; arni hi y treuliodd ei mis mêl 1914, a hithau'n ferch i feistr-forwr o Foelfre, a phedwar o'r brodyr yn feistr-forwyr. Capten y *Margaret Jane* o Foelfre oedd ei thad, Capten Lewis; fe gollwyd y *Margaret Jane* mewn gwrthdrawiad â llong ager o'r Almaen.

Brawd i Mrs Roberts oedd Hugh Lewis, Capten y *Jane Grey*[5], un o longau enwog Amlwch a suddwyd tu allan i'r 'Smalls' gan long danfor o'r Almaen yn y Rhyfel Byd Cyntaf. Aeth brawd arall iddi i'r môr yn y *Serina*, llong Capten Jabez Rowlands, tad y diweddar Dr Helen Rowlands, y genhades enwog.[6] Cofiodd Capten Henry Roberts y rhigymau a gyfansoddodd Capten Rowlands ei hunan ar achlysur trist, colli o leiaf bedwar o'i griw ar un o'r llongau hwyliau mawr ddeugain niwrnod allan o Melbourne ar eu mordaith adref i Brydain. Golchwyd chwech o'r criw tros fwrdd y *Serina*, ond hyrddiwyd dau yn ôl ar y dec; pan gyrhaeddodd y *Serina* ger Kinsale am ddociau'r Barri, soniodd Capten Rowlands am y pedwar ohonynt, a diweddu'i gân trwy ofyn am weddïau dros y tair mam a'r un wraig a gollodd eu hanwyliaid.[7] Daeth brawd Mrs Roberts, oedd ar y fordaith yma fel llongwr gyda Capten Jabez Rowlands, yntau'n gapten yn ei dro.

Felly roedd Mrs Roberts yn hen gyfarwydd â'r môr pan aeth hi ar ei mis mêl ar yr *Earl of Lathom* – pedwar brawd, Owen, Hugh, John a Wil, i gyd yn forwyr fel eu tad – ac yr oedd hi wrth ei bodd ar eu mordaith o Gaernarfon i Hamburg gyda llechi, ac yna hwylio i Boulogne, Ipswich, Newcastle, a Pentewan, yna hwylio adref i Foelfre ychydig wythnosau cyn dechrau'r Rhyfel Byd Cyntaf. Roedd Capten Roberts wedi hwylio o Limerick pan glywodd, dair wythnos ar ôl dechrau'r Rhyfel, gan un o longau'r llynges, ei fod i ddychwelyd ar unwaith i'r porthladd agosaf. Yn naturiol ddigon, i Foelfre yr hwyliodd yr *Earl of Lathom*, nid i'r porthladd agosaf o bell ffordd! Gadawodd Capten Henry Roberts yr *Earl of Lathom* yn 1915, ond yr oedd hen gyfaill ysgol iddo, Capten Thomas Jones o Foelfre, arni pan suddwyd yr hen long nobl yr un diwrnod, a bron yn yr union le, y suddwyd y *Lusitania*; nid oedd amheuaeth ym meddwl Capten Henry Roberts mai'r un llong danfor Almaenaidd oedd yn gyfrifol am suddo'i long hwyliau hardd a'r *Lusitania*.

Wrth gwrs, daeth patrwm y blynyddoedd y bu'n hwylio fel capten yr *Earl of Lathom* yn glir – hwylio i'r Almaen neu Fôr Llychlyn gyda llechi neu gargo i'w gwmni briciau o Connah's Quay, gan ddychwelyd gyda llwythi o goed, a disgrifiad o'r problemau a achosid gan ambell i lwyth o goed ar y dec. Fel llawer iawn o'r meistri a gyfarfyddais, roedd Capten Henry Roberts yn cofio yn dda eu bod yn hwylio i fyny'r Thames a dadlwytho llechi yn iard y Cymro, Roberts, rhwng Pont Llundain a Phont Tŵr Llundain, a'r criw yn cael eu talu'n ddigon gwael am y gwaith caled o ddadlwytho'r llechi gyda nerth braich. Cofio'n dda ddyddiau diddorol a chyfeillion da yn Stettin a Hamburg, yn union fel yr oedd cymaint o gapteiniaid sgwneriaid Porthmadog, a hefyd gofidio am y blynyddoedd trist yn ystod y Rhyfel Byd Cyntaf pan gollodd rhai o fechgyn Moelfre, aelodau o'i griw, pan suddwyd stemar yr oedd yn feistr arni ger arfordir Iwerddon, ac yntau'i hunan yn y môr am oriau. Atgof trist arall oedd achlysur sy'n enwog ym Moelfre hyd heddiw – y noson ofnadwy yn 1926 pan aeth y bad-achub allan i geisio achub y 'ketch' fach *Excel*; roedd y tywydd mor ofnadwy, bu farw un o griw'r Excel ac un o griw'r bad-achub, William Roberts.[8] Enillodd brawd Capten Roberts, William Roberts, yr ail-coxswain, y fedal aur am ei wrhydri: bu'r William Roberts yma wrth y llyw drwy'r dymestl am dros ddwy awr ar bymtheg, ac yr oedd effaith y gwynt a'r dŵr heli wedi effeithio ar ei lygaid cymaint fel yr oedd yn hollol ddall am gyfnod ar ôl glanio'r bad-achub, y *Charles and Eliza Laura*, yn ddiogel ym Moelfre. Anrhydeddwyd ail-coxswain Roberts a Chapten Owen Jones oedd wedi mynd allan yn y bad-achub o'i wirfodd i geisio achub criw'r *Excel* gyda medal aur yr RNLI, anrhydedd uchaf y gymdeithas, a medalau pres i'r un aelod ar ddeg arall o griw'r bad-achub – mae Moelfre'n frith o atgofion am ddewrder eu morwyr yn achub bywydau ar lannau Môn.

Un o hoff atgofion Capten Henry Roberts, yn ddigon naturiol, oedd bod yn ddigon agos, petai brisin cryf yn codi, i gael cyfle hwyrach i gysgodi a dod i angor ym Mae Moelfre. Yng ngeirfa llongwyr Moelfre, cyfeiriodd T.H. Smith (a fu'n byw yn eu mysg am flynyddoedd) at y ffordd y Cymreigiwyd llawer iawn o eiriau pob dydd llongwr – 'costio' yw'r gair a ddefnyddir am hwylio ar hyd y glannau, a 'Fforen Master' oedd yr enw a roddir i gapten llong fawr.[9] Nid oedd Capten Henry Roberts yn cyfrif ei hun yn 'Fforen Master' – 'costio' y rhan fwyaf oedd ei brofiad ef ei hun, ond yr oedd wrth ei fodd yn trafod llongau hwyliau mawr a welodd yn cysgodi ym mae Moelfre neu yn nociau Lerpwl, ac yn enwi ambell un fel yr *Oweenee*, llong Capten Robert Jones, Amlwch. Cofiaf yn dda un disgrifiad o'i eiddo sydd i mi yn hynod am ei fod yn ein hatgoffa am ddiwrnod allan o gyfnod na ddaw byth yn ôl. 'Os oedd hi'n dywydd mawr, roeddan ni'n mynd i Gaergybi yn *'windbound'*. Mi fuom ni yno unwaith pan oedd yna tua dau gant o longau hwyliau yn *'windbound'* yng Nghaergybi tua 1909-1910 – fasach chi byth yn meddwl fod yna ddigon o le yno, ond, wrth gwrs, yr oeddan ni'n angori yn ôl rheolau'r porthladd – dod i angor tua chwedeg gwryd *(fathom)* a siaen allan forward, ac yna rhoi *'head-sails'* ar y llong a gadael iddi 'swingio' a mynd ar hyd y siaen, a phan oedd y siaen wedi mynd yn dynn, gollwng angor i lawr wrth y starn ac yna halio tua thrideg gwryd *(fathom)* i mewn ar yr angor blaen tra'n gollwng allan ar y *'kedge'*, neu'r angor wrth y starn – felly roedd hi wedi'i hangori *'fore and aft'* – a dim peryg iddi 'swingio' a chymryd gormod o le neu ffowlio llong arall. Yna pan ddaeth tywydd gwell a brisin ffafriol, dyna chi ddarlun – dim ond llongau hwyliau – trueni na fuasai rhywun wedi cymryd *'snap'* ohonynt, un yn mynd ffordd yma a'r llall y ffordd arall, yn codi'u hwyliau, sgwners, barciau, ketches, llongau mawr, a phawb ar ras i adael gyda'r gwynt teg.'

I'r sawl sydd yn hoff o'r môr mae 'na rywbeth sydd yn farddonol o brydferth yn y darlun yna, gweld y llongau hwyliau yn gadael Caergybi, un ar ôl y llall, rhai'n gadael am bellafoedd byd ac eraill yn edrych ymlaen at gyrraedd Lerpwl neu Runcorn a Chaerdydd a chael sbel gartref. Rhai'n gadael heb wybod beth oedd eu tynged yng nghyffiniau Cape Horn, neu'r Môr Tawel, neu'r Iwerydd, rhai ysywaeth, yn gadael glannau Cymru am y tro olaf (er nad oedd hynny yn eu meddyliau ar y pryd yn sicr ddigon – y peth pwysig oedd halio'r hwyliau a thrin yr iardie!). Braint oedd cael clywed Capten Henry Roberts yn sôn am y morwyr yr oedd ef yn eu hadnabod – rhoddodd enwau tua deugain o gapteiniaid oedd yn byw ym Moelfre yn ei ddyddiau cynnar ef mewn ychydig o eiliadau; cofiai yn dda amdanynt ac enwau eu llongau ac os oeddan nhw'n 'costio' neu'n 'Fforen Master'. Dyna ddarlun arall sy'n aros yn fy nghof innau, edrych gydag ef yn fanwl ar y llun o'r *Sara Fawr* yn hwylio, fel y gwnaeth hi gymaint o weithiau yn yr Afon Mersi, a'r darlun gan Reuben Chappell o'r *Earl of Lathom* – a chlywed Capten Henry Roberts yn eu disgrifio, ac yn y disgrifiad rhywfodd yn dod i ddeall ac i edmygu cynrychiolydd o'r holl genhedlaeth o forwyr tawel, diymhongar. Meistr-forwr, gŵr bonheddig yng ngwir ystyr y gair, dyna'r ddiweddar annwyl gyfaill Capten Henry Roberts, Moelfre.

Aled Eames

Meistri'r Moroedd, Dinbych, Gwasg Gee, 1978

1   Seiliwyd y bennod yma ar sgyrsiau ar dâp gyda'r Capten Henry Roberts yn ei gartref ym Moelfre yng
    Ngwanwyn 1972. Cymerwyd Capten Henry Roberts yn wael ymhen rhai misoedd ar ôl hyn a bu farw yn 1977.

2   Er fod mwy nag un *Mary Stewart* yn Rhestr Lloyd's tua'r cyfnod yma, nid wyf yn credu mai'r un o'r rhain oedd
    llong Capten Roberts; mae'n debyg ei bod wedi ei rhestru'n lleol, ond yn sicr nid llong wedi'i hadeiladu'n lleol
    oedd hi.

3   Mae manylion pellach am yrfa'r Capten Henry Roberts yn *Ships and Seamen of Anglesey* (1974), 495-498, a
    hefyd lluniau o'r *Sara Fawr* a'r *Earl of Lathom* (pl. 41 a 42).

4   Basil Greenhill, *The Merchant Schooners*, II, 69. Y mae'n disgrifio Ferguson a Baird fel *'wooden ship-builders of
    great repute'*. Ymysg eu llongau yr oedd *Earl Cairns*, *Agnes Craig* a'r *Windermere*.

5   Adeiladwyd y *Jane Gray*, sgwner tri mast, 88' x 21.7' x 10.7', mor gynnar â 1865 yn 'iard yr ochr draw', iard
    Paynter, Amlwch, lle'r adeiladwyd y *Donald and Doris*. Yn ei ddyddiau diweddar, Capten Thomas Morgan a'i
    gwmni oedd yr 'ownars', yng ngeiriau morwyr Moelfre. Mae tipyn o hanes y *Donald and Doris* yn fy llyfr ar
    longau Sir Fôn wedi ei seilio ar sgyrsiau gyda'r diweddar Gapten R. Jones a Chapten Wynne a fu'n hwylio arni
    fel 'bechgyn', a Chapten Ellis, Ael-y-Bryn, yn Gapten.

6   Mae rhai cyfeiriadau at Gapten Jabez Rowlands yng nghofiant y Parch. G. Wynne Griffith i Dr Helen
    Rowlands, *Cofiant Cenhades, Miss Helen Rowlands, 1961.*

7   Dyma rai o'r llinellau: *'We'll heave her to the Captain said, The Sea is running high, along the decks I went at once,
    with orders to comply, while pulling braces by the lee, and all the sailors there, a heavy sea broke on the ship and
    caught them unaware, and the seamen landed safe whilst death was at the door, but nothing could be made to aid the
    other four ... God help three mothers and a wife to bear a heavy blow.'*

8   Mae'r hanes llawn am y noson yma a cholli'r *Excel* yn Henry Parry, *Wreck and Rescue on the Coast of Wales*, II,
    1973, 45. 'Roedd y William Roberts a fu farw yn ewythr i William Roberts yr ail *coxswain*, a hefyd i Capten
    Henry Roberts.

9   'Geirfa Llongwyr Moelfre' gan T.H. Smith yn *Llên a Llafar Môn*, gol. J.E. Caerwyn Williams (1963), 105-107.

Y Mary Goldsworthy, *un o longau'r Capten William Roberts ('Yncl Bila')*

Capten Thomas Owen Lewis, ar y chwith yn y pellter, ar fwrdd yr Oatfield *yn hwylio i Antwerp yn 1960.*

Capten Henry Hughes:
Pwysigrwydd Capten/Perchennog Llongau i Gymuned
Forwrol Anghysbell ca.1880-1910

Robin Evans

Er ei bwysigrwydd i economi Ewrop, nid yw cyfraniad llongau'r glannau wedi derbyn y gydnabyddiaeth y mae'n ei haeddu. Dadleua John Armstrong fod angen ymchwil trylwyr i sawl agwedd ar longau'r glannau gan gynnwys natur a chymeriad criwiau'r llongau, i ba raddau oedd llongau'r glannau yn ysgol brofiad i'r rhai a oedd am hwylio fforen, pwy oedd yn buddsoddi mewn llongau'r glannau a pha mor broffidiol oedd rhai llwybrau masnach a bod yn berchen ar longau'r glannau.[1] Drwy gael cipolwg ar agweddau ar yrfa Capten Henry Hughes (1866-1945), capten a pherchennog llongau, cawn drafod un arall o nodweddion llongau'r glannau sydd angen ymchwil pellach, sef pwysigrwydd y capten/perchennog llongau i gymunedau morwrol bychain, diarffordd.

Perchnogaeth llongau mewn ardaloedd arfordirol gwledig

Er nad oedd Moelfre yn borthladd sylweddol, ac er nad oedd yno draddodiad o adeiladu llongau, mae Cofrestrau Llongau Biwmares yn datgelu i drigolion Moelfre a Llanallgo fuddsoddi mewn o leiaf wyth deg a phump o longau rhwng 1750 ac 1900.[2] Roedd rhai o'r trigolion lleol yn fuddsoddwyr o fri, megis Capten Owen Williams a fuddsoddodd mewn o leiaf un ar ddeg o longau rhwng 1786 ac 1830. Ar y llaw arall, buddsoddodd eraill mewn un llong yn unig. Nid oedd buddsoddi wedi ei gyfyngu i'r dosbarth morwrol, gan i amaethwyr a masnachwyr lleol fuddsoddi hefyd. Mewn sawl ystyr felly mae pentref Moelfre yn adlewyrchu diffiniad Basil Greenhill o berchnogaeth llongau gwledig, sef ei fod yn seiliedig ar *'small communities living in a rural environment'*.[3] Ar y llaw arall, yn groes i ddiffiniad Greenhill, nid oes tystiolaeth o adeiladu llongau yn y pentref, a dibynnai'r trigolion lleol yn llwyr ar longau a adeiladwyd yn bell ac agos.

Pan fuddsoddodd Capten Henry Hughes yn ei long gyntaf roedd yn dilyn traddodiad lleol, yn union fel y pwysleisia Basil Greenhill. Yn anffodus, ceir peth trafferth wrth geisio olrhain gyrfaoedd perchnogion llongau mewn cymunedau morwrol anghysbell oherwydd prinder tystiolaeth wreiddiol. Er bod y Cofrestrau Llongau yn cynnig enwau buddsoddwyr, er enghraifft, bydd yr erthygl hon yn dibynnu i raddau helaeth iawn ar Restrau Cytundebau'r Criwiau (Crew Agreement Lists) a chyfweliadau gyda rhai o blant Capten Henry Hughes, ynghyd â chyfweliad David Thomas efo Capten Hughes i'r BBC yn y 1930au.[4]

Capten a Pherchennog Llongau

Dechreuodd Henry Hughes ei yrfa morwrol fel cogydd efo'i dad, Capten Thomas Hughes, a oedd yn berchen ar ddyddyn bychan ond a oedd hefyd yn buddsoddi mewn llongau. Pwysleisia Greenhill fod y môr yn *'open road to prosperity'* a roddai gyfleoedd i ddynion fel Henry Hughes nad oeddynt ar gael i grefftwyr neu bysgotwyr, er enghraifft. *'With good fortune, endless hard work, competent management and business courage and enterprise, money could be made.'*⁵ Nid yw'n hysbys i ba raddau y dylanwadwyd ar benderfyniad Capten Henry Hughes i fuddsoddi mewn llongau gan brofiadau ei dad, ond yr hyn sydd yn sicr yw iddo fod yn gapten a pherchennog pedair o longau. Mae enw un o'r llongau yn angof ac ni ddaethpwyd o hyd i dystiolaeth am y *Mary Ann* hyd yn hyn. Mae'r erthygl hon felly'n canolbwyntio ar ddwy o longau Capten Hughes, y *William Henry* a'r *William Shepherd*.⁶

Adeiladwyd y sgwner *William Henry* (75 tunnell) ym Mhenclawdd ac mae'r Bil Gwerthiant yn dangos i Henry Hughes, Meistr Forwr, ei phrynu ar yr 16eg o Chwefror 1887 pan roedd yn un ar hugain mlwydd oed.⁷ Ddeuddydd yn ddiweddarach, gwerthodd hanner ei 64 cyfranddaliad i Henry Griffiths, o blwyf Penrhosllugwy drws nesaf i blwyf Llanallgo, llongwr a pherthynas i Henry Hughes. Roedd y cyswllt lleol a theuluol hwn yn adlewyrchu'r traddodiad lleol wrth fuddsoddi mewn llongau.

Cafodd y *William Shepherd* (72 tunnell) ei hadeiladu yn y Fflint yn 1864. Er i'r cofrestrau nodi mai sgwner oedd hi, yn ôl Idwal Hughes roedd ei dad yn ei chanmol am ei hyblygwydd ac roedd yn aml yn ei rigio fel cetsh. Yn ôl y cofrestrau, ei pherchnogion yn 1891 unwaith eto oedd Henry Hughes a Henry Griffiths, gyda 32 cyfranddaliad yr un, ond y tro hwn cofnodwyd fod Henry Griffiths yn deiliwr a dilledydd. Er nad yw union ddyddiad y pryniant yn hysbys, mae'n bosibl i'r ddau ei phrynu cyn i'r *William Henry* suddo ger Garston yn Rhagfyr 1891 gan mai ei chapten am yr hanner blwyddyn hwnnw oedd Richard Hughes, ewythr i Henry Hughes. Mae'n aneglur felly os prynwyd y *William Shepherd* fel buddsoddiad ychwanegol oherwydd llwyddiant y *William Henry* neu oherwydd ei cholli. Yr hyn sydd yn sicr yw i Henry Hughes ddod yn unig berchennog y *William Shepherd* 1894 ac iddi ei wasanaethu am bron i ugain mlynedd.⁸

Nid yw'n bosib cadarnhau a fu Henry Hughes yn berchen, neu'n fuddsoddwr mewn, mwy nac un llong ar unrhyw un adeg. Yr hyn sy'n amlwg yw bod buddsoddi mewn llongau yn cynnig cyfle i drigolion cymunedau morwrol anghysbell wneud elw hyd at yr ugeinfed ganrif.

Cyflogwr

Prinder gwaith yn lleol oedd y prif reswm dros i gynifer o ddynion o gefn gwlad Cymru droi at y môr am fywoliaeth. O'r herwydd, byddwn yn disgwyl i ganran uchel o'r llongwyr a hwyliodd ar y ddwy long a oedd yn perthyn i bentref Moelfre fod yn ddynion lleol. Pentref bychan oedd Moelfre ac ni fyddwn yn disgwyl y math o lif gosmopolitan ymhlith y llongwyr a fyddai'n nodweddu porthladdoedd mawrion. Diddorol, fodd bynnag, yw cymharu Moelfre gyda phorthladd Maryport yn Cumbria gan i David Clarke nodi bod llongwyr glannau y porthladd hwn yn *'a truly regional workforce'*.⁹

Mannau Geni Llongwyr Glannau Maryport, 1860-1889 (Canran)

Degawd	Maryport	Cumbria	Iwerddon	Eraill
1860au	53%	14%	--	33%
1870au	56%	8.5%	8.5%	27%
1880au	27%	5%	24%	44%
Cyfanswm	43%	7%	14%	36%

Sylwer: Mae Iwerddon yn cyfeirio at borthladdoedd Belffast, Dulyn a Derri yn unig.

Daeth y llongwyr a hwyliodd gyda Henry Hughes o'r lleoedd canlynol:

Llanallgo	Môn (ac eithrio Llanallgo)	Gogledd Orllewin Cymru	Eraill
32%	38%	21%	9%

Fel arfer mae'r gofrestr criwiau yn cofnodi Môn fel man geni'r criw, yn hytrach nac enwi plwyfi unigol. Daw'r dystiolaeth uchod am y ganran a anwyd ym mhlwyf Llanallgo drwy gymharu'r wybodaeth am y llongwyr sydd ar y cofrestrau â chyfrifiadau'r plwyf.[10] O'r herwydd mae'n ddigon posibl fod y ganran a anwyd yn y plwyf yn uwch mewn gwirionedd. Yn yr un modd, mae'n debygol y byddai astudiaeth o gyfrifiadau'r plwyfi ger Llanallgo ei hun yn datgelu bod llawer o'r rhai a anwyd ym Môn yn dod o blwyfi cyfagos. Ganwyd mwyafrif llethol y rhai o'r gogledd orllewin ym mhorthladdoedd Bangor a Chaernarfon. Dau yn unig a anwyd y tu allan i Gymru, y naill yn Silloth a'r llall yn Barrow.

Mae'r ffaith bod bron i draean y llongwyr a gyflogid o'r un plwyf â'r Capten Henry Hughes yn dangos yn glir fod capten lleol yn allweddol i gyflogaeth leol. Gan fod 90% o'r llongwyr o ogledd orllewin Cymru yna gallwn yn sicr gyfeirio atynt fel *'truly regional workforce'*. Er na fyddai cenedligrwydd yn codi problemau, efallai bod iaith yn ffactor i'w hystyried. Gyda nifer o gymunedau morwrol y gogledd orllewin yn Gymraeg eu hiaith, gallwn gymryd mai Cymraeg fyddai iaith gwaith y llong, a gallai hynny fod yn ddigon i rwystro Sais uniaith rhag ymuno, hyd yn oed mewn porthladd yn Lloegr. Yn amlwg byddai cysylltiadau lleol a theuluol yn bwysig. Felly, er enghraifft, roedd dau o feibion y mêt Siôn Ifan a hwyliai'n aml gyda Chapten Henry Hughes, hwythau wedi hwylio fel llongwyr gydag ef. Mae'n siŵr fod nifer o agweddau eraill i'w hystyried wrth drafod criwiau llongau'r glannau ac mae angen ymchwil pellach i'r agwedd hon.

Ai cychwyn eu gyrfaoedd gyda'r capten Henry Hughes oedd y dynion lleol hyn, neu a oeddynt yn llongwyr glannau profiadol? Mae astudiaeth Clarke o Maryport yn awgrymu bod angen i ni ailystyried y farn mai meithrinfa i'r rhai a oedd am hwylio fforen oedd hwylio'r glannau. Yn Maryport roedd nifer sylweddol o'r llongwyr yn ddynion canol oed a rhwng y 1860au a'r 1880au ni ddisgynnodd oedran cyfartalog y llongwyr yn is na deng mlwydd ar hugain. I Clarke roedd hwylio'r glannau yn apelio i'r llongwyr hŷn ac yn ddelfrydol ar gyfer y dynion hynny oedd ar fin diweddu gyrfa, fel mae'r tabl yn dangos.

Canran Llongwyr Maryport yn ôl Grŵp Oedran

Degawd	Llai na 35 Mlwydd Oed	35-50	Dros 50
1860au	64%	28%	8%
1870au	57%	34%	12%
1880au	58%	30%	12%

Er mai sampl fach sydd yn ein hastudiaeth ni – cyfanswm o 97 o unigolion – mae'r casgliadau'n groes i rai Clarke gydag oedran cyfartalog y criw ymhell o dan dri deg pum mlwydd oed. Fel arfer roedd yr ABs (*able-bodied seamen* – llongwyr abl) a'r OSs (*ordinary seamen* – llongwyr cyffredin) yn eu hugeiniau cynnar. Roedd oed y mêt yn 37 ar gyfartaledd, ac fel arfer roeddynt yn hŷn na Chapten Henry Hughes ei hun. Yr awgrym cryf yw mai gyrfa ar gyfer dynion ifanc oedd hwylio'r glannau ond er mwyn gweld a oedd hyn yn wir am yr holl ddynion a hwyliai o Foelfre ac ar longau lleol yn gyffredinol, yna rhaid wrth astudiaeth feintiol bellach.

Canran Llongwyr Llongau'r Capten Henry Hughes yn ôl Grŵp Oedran

Llai na 35 Mlwydd Oed	35-50	Dros 50
79%	10%	11%

Ni ellir gorbwysleisio pwysigrwydd cynnig gwaith i ddynion lleol ar y raddfa hon yn gymdeithasol ac yn ddiwylliannol.[11] O'r 109 tŷ ym mhlwyf Llanallgo yn 1891, roedd llongwr yn bennaeth ar 35 ohonynt gyda 24 ohonynt gartref adeg y cyfrifiad. Gallwn gasglu mai llongwyr y glannau oedd y mwyafrif ohonynt. Golygai hwylio'r glannau ei fod yn bosibl i ddynion lleol aros yn eu cynefin. Roedd hyn hefyd yn gosod sylfaen i ddyfodol y gymuned yn gymdeithasol ac yn economaidd, gan mai 43 oedd oedran y llongwyr hynny a oedd gartref ar gyfartaledd. Roedd pwysigrwydd hyn i ddyfodol y Gymraeg yn amlwg. Yn ôl cyfrifiad 1891 un yn unig o'r 443 o drigolion y plwyf oedd ddim yn gallu'r Gymraeg a dim ond 25 a gofnodwyd yn ddwyieithog. Byddai byw yn lleol a gweithio ar y môr yn sylfaen i ddyheadau nifer o ddynion lleol hyd at ddiwedd yr Ail Ryfel Byd. Roedd hyn yn wir am nifer o ardaloedd eraill Cymru, megis Ceredigion. Yn sicr ni ddylid diystyru pwysigrwydd capteiniaid/perchnogion llongau fel Capten Henry Hughes fel cyflogwyr lleol i'w cymuned.

Masnach

Yn wahanol i genhedlaeth ei dad, ni fu Capten Hughes yn masnachu o Foelfre ei hun a phwysleisiai fod mwyafrif llongau Moelfre yn hwylio o Fangor a phorthladdoedd eraill gogledd orllewin Cymru, yn cludo llechi yn bennaf. Mae'r Rhestrau Cytundebau'r Criwiau yn nodi'r porthladdoedd yr ymwelodd llongau Capten Hughes â hwy, ond nid oes cofnod o'r cargo a gludwyd. Fel yn achos sampl Maryport, byddai'n annoeth datgan bod patrymau nodweddiadol a chlir. Wedi dweud hynny, mae cymharu'r porthladdoedd yr hwyliodd y *William Henry* iddynt yn 1888 efo'r rhai a nodwyd gan y *William Shepherd* yn 1908 yn dangos newid amlwg dros ugain mlynedd.

Porthladdoedd yr ymwelwyd â hwy yn 1888:

Y Felinheli – Grimsby – Llundain – Caernarfon – Grimsby – Llundain –
Caerdydd – Caernarfon – Hull – Porthmadog – ?aneglur

Porthladdoedd yr ymwelwyd â hwy yn 1908:

Y Felinheli – Newry – Caernarfon – Bryste – Caerdydd – Caernarfon – Silloth –
Caernarfon – Bowling – Duncannon – Ring Pier – Caernarfon – Silloth –
Waterford – Caernarfon – Dundalk – Caernarfon – Ayr – Berchaven –
Caernarfon – Belffast – Glasgow

Nid bwriad yr erthygl hon yw astudio patrymau llwybrau masnach Capten Henry
Hughes yn fanwl ond gallwn gynnig rhai sylwadau. Yn syml, hwyliai'r perchennog llong
unigol i ble bynnag y byddai masnach neu newydd am gargo posibl yn ei arwain. Er bod
Maryport yn cyfrannu at fasnach glannau Ynysoedd Prydain yn gyffredinol, roedd i'r
porthladd hwn ei batrymau masnach arbennig yn seiliedig ar ogledd orllewin Lloegr, yr
Alban, Cymru a Môr Iwerddon. O safbwynt Capten Henry Hughes yr allwedd i
lwyddiant unrhyw berchennog llong oedd hyblygrwydd. Adroddodd Idwal Hughes
hanes un o fordeithiau ei dad, megis cludo cargo o halen i Kyle of Lochalsh yng
ngogledd orllewin yr Alban. Wedi cyrraedd pen y daith gwrthododd y prynwr dalu,
felly'r diwrnod canlynol hwyliodd Capten Hughes ymlaen i Stornoway, gan werthu
rhan o'r cargo yno, ac oddi yno i werthu'r gweddill yn Wick. Yno cymerodd y *William
Shepherd* llwyth o benwaig ar ei bwrdd cyn hwylio i Hamburg.

Rhaid cofio hefyd fod sawl arhosiad heb eu cofnodi, megis cysgodi rhag tywydd
anffafriol mewn rhyw fae neu'i gilydd neu fynd i'r lan mewn rhyw bentref anghysbell i
nôl cyflenwadau wedi cyfnod yn cysgodi. Byddai'r Capten Henry Hughes yn aml yn
angori ym mae Moelfre, er enghraifft, gan fanteisio ar y cyfle am ymweliad byr rybudd
â'i gartref neu i gasglu'r teulu i hwylio gydag ef yn ystod yr haf. Yn amlwg byddai dilyn
llwybrau masnach gogledd orllewin Cymru yn fanteisiol i'w griw. Os byddent yn dod i
borthladdoedd Bangor, Caernarfon neu'r Felinheli byddai nifer o longwyr lleol yn
cerdded yr holl ffordd i Foelfre ac yn manteisio ar y cyfle i gael treulio'r penwythnos
gartref gyda'r teulu.

Byddai Henry Hughes yn amlwg yn manteisio ar lwybrau masnach leol, ond ei brif
nod oedd gwneud elw. Gallai nifer o ffactorau gynorthwyo neu rwystro ei fusnes. Un o'r
ffactorau hynny oedd yr amser a dreuliodd mewn porthladd ar y naill law a'r amser a
dreuliai yn hwylio ar y llall. Yn y 1870au a'r 1880au byddai llongau Maryport yn treulio
pythefnos a hanner mewn porthladd, ar gyfartaledd, a thair wythnos yn hwylio. Nid felly
oedd hanes Capten Henry Hughes. Byddai ei fordeithiau ef ychydig dros wythnos ar
gyfartaledd – ond rhaid cofio fod ei lwybrau masnach yn wahanol i rai Maryport. Ar y llaw
arall, treuliodd llongau Capten Henry Hughes wythnos a hanner mewn porthladd o'i
gymharu â phythefnos a hanner yn achos llongau Maryport. Er nad ydym yn cymharu
tebyg wrth debyg, mae'n bosibl fod llongau Maryport yn hwylio i borthladdoedd mawr
gyda chargo rheolaidd a oedd yn cystadlu gyda llongau mawr. Mae'n bosibl fod llongau
llai Capten Henry Hughes, heb batrymau masnach benodol, yn fantais iddo.

Mae tystiolaeth Idwal Hughes yn cadarnhau hyn. Ar un achlysur roedd Capten Henry Hughes ym Mhorthmadog yn barod i hwylio efo llwyth o lechi. Oherwydd y llanw ni lwyddodd llawer o'r llongau mawr i hwylio oherwydd eu drafft, ond gallai'r William Shepherd hwylio ar hanner llanw. Unwaith iddo hwylio o'r bae mater hawdd oedd i Henry Hughes barhau â'i fordaith, ond oherwydd newid yn y gwynt bu raid i'r llongau mwy aros yn y porthladd am dri i bedwar diwrnod arall. Gyda gwynt ffafriol hwyliodd Capten Henry Hughes yn ddidrafferth heibio i'r Longships, drwy Fôr Udd ac ymlaen i Hamburg. Wrth ddychwelyd i Ynysoedd Prydain roedd wedi cyrraedd Dungeness cyn iddo gwrdd â'r llongau hynny yr oedd wedi eu gadael ym Mhorthmadog!

Gwneud bywoliaeth

Roedd Henry Hughes yn gapten ar ei long ac ef oedd ei hunig berchennog, felly byddai unrhyw elw yn dod i'w boced ef ei hun. Wedi talu am gynnal a chadw'r llong, rhaid oedd iddo ystyried taliadau eraill megis taliadau porthladdoedd, bwyd a chyflogau. Felly dibynnai ei lwyddiant ar ei allu morwrol a'i ben busnes.

Roedd gan y *William Henry* griw o bedwar – Capten Hughes ei hun, y Mêt, un AB ac un OS. Roedd y Mêt ar gyfartaledd ddeng mlynedd yn hŷn na Chapten Hughes. Mae'n bosibl bod dau reswm dros hyn. Yn gyntaf, efallai bod Capten Hughes, oedd yn ŵr ifanc ar y pryd ac yn bennaeth ar griw ifanc, yn falch o gael cyngor a chefnogaeth gan rywun fwy profiadol nag ef. Yn ail, mantais arall fyddai'r ffaith bod llongwr profiadol yn adnabod y glannau. Mae tystiolaeth lafar yn pwysleisio pwysigrwydd y berthynas rhwng Capten Henry Hughes a'r Mêt Siôn Ifan a dibyniaeth y Capten ifanc ar y Mêt profiadol. Ar y llaw arall, yn ôl Rhestrau Cytundebau'r Criwiau yn yr astudiaeth hon dim ond ar bump o'r pedwar hanner blwyddyn ar bymtheg a gofnodir y nodir bod Siôn Ifan yn bresennol. Mae hyn yn codi cwestiynau ynglŷn â'r defnydd o dystiolaeth lafar.

Roedd i'r *William Shepherd* hithau griw o bedwar yn cynnwys Capten, Mêt, un OS ac un cogydd – ar un fordaith yn unig y cyflogwyd AB. Er bod manteision amlwg o gael cogydd ar fwrdd llongau bach y glannau, mae'n debygol mai ceisio rheoli costau cyflogi criw oedd Capten Hughes. Gan fod Henry Hughes yn ddyn ifanc na throdd ei gefn ar longau hwylio hyd nes iddo gyrraedd canol ei bedwar degau, mae'n ddigon posibl fod ganddo'r egni i wneud llawer o waith caled y llongwr ei hun ac roedd capten a weithiai'n galed yn rhan bwysig o gwmni'r llong. Fel oedd yn aml yn wir, *'It might be supposed that the attainment of command meant a great improvement in working conditions. It did not'*.[12]

Pan holwyd Capten Hughes ar fater cyflogau'r criw, dywedodd mai cyflog llongwr ar longau'r glannau ar gyfartaledd oedd £.3.10s y mis, tua deg swllt yn fwy na'r hyn oedd ar gael ar longau fforen. Y rheswm dros hynny oedd bod llawer mwy o waith caled ar longau'r glannau gyda'r criw yn treulio llawer mwy o amser mewn porthladdoedd yn llwytho a dadlwytho'r cargo. Nid yw'r cyflogau a dalwyd ar y *William Shepherd* wedi eu cofnodi ond gallwn gymharu cyflogau'r *William Henry* gyda sampl Maryport. Cyflog cyfartalog misol y mêt ar longau Maryport yn y 1880au oedd £3.10s.0d ond ar y *William Henry* y cyflog oedd £3.5s.0d y mis yn 1888 a £3.15s.0d yn 1890. Derbyniai ABs Maryport gyflog cyfartalog misol o £3.3s.15d yn y 1880au gyda'r ABs a gyflogid gan Henry Hughes yn derbyn £3 y mis yn 1888 a £3.5s.0d yn 1890. Yn amlwg mae angen astudiaeth o sampl llawer mwy na'r hyn sy'n cael ei gynnig yma, ond mae'n ymddangos bod y cyflogau a gynigiwyd gan Capten Henry Hughes yn cymharu'n ffafriol ag ardaloedd eraill ac yn sicr yn rhoi mantais i longwyr o ardaloedd arfordirol gwledig dros weision fferm a oedd ar gyflogau isel iawn.

Pwysigrwydd y Capten/Perchennog Llong i'r gymuned

Roedd gwahaniaethau o ran statws cymdeithasol ac economaidd o fewn trigolion pentrefi bychain y glannau ac yn sicr perthynai'r meistr forwr a'r perchennog llong i'r haenau uchaf. Yr arwydd gweledol mwyaf o statws a llwyddiant economaidd capten oedd adeiladu tŷ sylweddol ar gyrion y pentref. Felly roedd adeiladu Trem Don, a oedd yn dŷ sylweddol ei faint mewn lleoliad arbennig gyda golygfeydd dros y bae, yn adlewyrchu patrwm oedd i'w weld yn ardaloedd tu hwnt i Gymru, megis de orllewin Lloegr ac Ynysoedd Åland. Roedd gan fwyafrif tai Moelfre eu storysau ond roedd i Trem Don storws bwrpasol, sylweddol fawr gyda chwt glo a llinell ddillad ar gyfer sychu pan fyddai'n dywydd annfafriol (roedd llinell ddillad fel hyn yn nhai mwyafrif y trigolion lleol). Roedd gan Trem Don hefyd bolyn baner, symbol pwysig o statws capten. Symbol pwysig arall o statws cymdeithasol ac economaidd oedd gallu cynnig addysg uwchradd i'w ferched, gan gynnig cyfle am yrfa nad oedd ar gael i fwyafrif merched ifanc y fro. Mewn cymuned a oedd yn anghydffurfiol o ran crefydd, ac yn cynnig cyfleoedd i ddangos statws o fewn y gymdeithas, ymddengys nad oedd gan Gapten Henry Hughes ddiddordeb mewn bod yn ddiacon yn y capel, yn wahanol i nifer o gapteiniaid eraill y plwyf.

Ond er yr arwyddion amlwg o statws cymdeithasol a llwyddiant economaidd, roedd ceisio gwneud bywoliaeth o fasnach forwrol, a realiti hwylio'r glannau, yn sicr o gadw traed pawb ar y ddaear. Felly, gan ei fod yn berchen ar ei long ei hun ymddengys i Gapten Henry Hughes dreulio'r flwyddyn gyfan yn hwylio'r glannau, yn wahanol i nifer o longwyr cyffredin a ddeuai gartref yn ystod misoedd y gaeaf i bysgota penwaig. Noda Greenhill fod bywyd caled y llongwr yng Nghwm Tamar yn Swydd Devon yn Lloegr yn cael ei ysgafnhau ychydig gan y cyswllt amlwg efo amaethyddiaeth a'r ffaith bod ganddynt erddi. Roedd hyn hefyd yn wir i raddau am Foelfre. Yn sicr roedd gan Trem Don ardd sylweddol ac yno bu'r teulu yn tyfu llysiau ac yn cadw mochyn ac ieir. O ystyried statws a llwyddiant economaidd Capten Hughes a'i deulu o fewn y gymuned hon, mae'n arwyddocal bod cofnod sy'n nodi i Mrs Catherine Emma Hughes, gwraig Capten Hughes, dalu bil y crydd lleol drwy gyfrwng *'chwarter mochyn'* yn 1901 a thrwy gyfrwng tatws yn 1899.[13] Yn ystod y 1930au, pan drawyd y cymunedau morwrol yn galed gan y Dirwasgiad Mawr, bu Mrs Hughes yn cadw ymwelwyr yn ystod misoedd yr haf. Byddai'r bobl ddiarth yn byw yn Trem Don a theulu'r Hughesiaid yn byw yn y storws!

Gwraig y Capten

Mae tystiolaeth lafar yn rhoi cyfle i ni gael cipolwg ar un agwedd ar hanes morwrol sydd eto i dderbyn yr astudiaeth y mae'n ei haeddu, megis cyfraniad merched i fywyd morwrol. Heb unrhyw amheuaeth roedd gwraig a feddai unrhyw wybodaeth am fywyd y môr a sgiliau'r morwr yn ased pwysig i gapten/perchennog llong. Yn wahanol i fwyafrif merched Moelfre nid oedd Mrs Hughes o gefndir morwrol. Er iddi gael ei geni a'i magu ym mhorthladd Bangor nid oedd ei theulu o gefndir morwrol ac roedd hi eu hun wedi ei hyfforddi'n wniadwraig. Ond bu'n gaffaeliad i'r Capten Hughes ac mae ei phrofiadau yn cynnig darlun i ni ar bwysigrwydd gwraig y capten i gymuned forwrol.

Un traddodiad pwysig mewn pentrefi morwrol fel Moelfre oedd i wragedd y pentref fynd at wraig i gapten i holi am le ar long y capten i'r mab oedd yn cychwyn ar ei yrfa. Dyma'r sefyllfa ym Moelfre hefyd a byddai nifer o wragedd yn ymweld â Threm Don i holi a oedd lle ar long Capten Hughes. Byddai Mrs Hughes bob amser yn barod i gydsynio ond pwysleisiai mai gan Capten Hughes oedd y gair olaf oherwydd y gallai fod wedi addo lle i rywun arall eisoes. Ymddengys mai'r un oedd y drefn ar hyd yr arfordir. Yn Aber-porth, yng Ngheredigion, cartref teulu Jenkins oedd Fron-Deg ac roedd y tŷ hwn yn gweithredu bron fel swyddfa recriwtio. Parhaodd y drefn yno hyd yn oed wedi i deulu'r Jenkins symud i stêm a sefydlu eu pencadlys yng Nghaerdydd; byddai llongwyr lleol yn parhau i fynd i Fron-Deg at Anne Jenkins, chwaer James Jenkins, i holi am waith.[14]

Mae tystiolaeth hefyd i Mrs Hughes weithredu fel tâl-feistr. Fel y nodwyd eisoes, bu Siôn Ifan yn hwylio'n aml fel Mêt efo Capten Hughes ond, fel oedd yn wir yn achos sawl llongwr, byddai Siôn Ifan yn mwynhau ei beint wedi cyrraedd porthladd. Er mwyn ei rwystro rhag gwario ei holl arian ar ddiod bu'r Capten Hughes yn rhoi digon o arian i Siôn Ifan fynd am beint wedi iddynt gyrraedd porthladd. Yn y cyfamser, yn ôl ym Moelfre byddai Mrs Hughes yn rhoi gweddill y cyflog oedd yn ddyledus i Siôn Ifan yn nwylo Catherine, gwraig y Mêt. Nid yw'n hysbys a oedd y math yma o weithred yn gyffredin ai peidio ond yn sicr nid oedd rôl gwraig y capten wedi ei gyfyngu i'r cartref.

Gan ddilyn yr un drefn â chymunedau morwrol ar draws y byd, arferai gwragedd nifer fawr o gapteiniaid Moelfre hwylio gyda'u gwŷr, boed hynny'n hwylio'r glannau neu'n hwylio fforen. Rhoddai hyn gyfle i ferched ehangu eu gorwelion ar raddfa nad oedd ar gael i lawer o ferched cefn gwlad ond nad oedd ar gael i wragedd llongwyr cyffredin ychwaith. Felly byddai Mrs Hughes yn aml yn hwylio gyda'r Capten Hughes gan fynd ag un neu fwy o'r plant gyda hi. Pan oedd yn ifanc byddai Mrs Hughes yn llwyio'r llong o Foelfre i Ddulyn ac i lefydd eraill pan oedd y môr yn dawel. Roedd hyn o fantais fawr i griw'r llong oherwydd byddai'n rhoi cyfle iddynt hwy orffwys am ychydig. Felly nid gwyliau yn unig oedd hwylio gyda'r gŵr.

O longau hwyliau i longau stêm

Yn 1910 gwerthodd Henry Hughes y *William Shepherd* i berchnogion o'r Iwerddon a throdd ei gefn ar longau hwyliau am byth. Roedd Mrs Hughes yn gandryll pan glywodd y newydd, mae'n debyg oherwydd nad oedd Capten Hughes wedi trafod y penderfyniad efo hi ond hefyd gan ei bod wedi dod i hoffi'r hen long yn fawr iawn, llong a fu'n gwasanaethu'r teulu am bron i ugain mlynedd. Ond roedd Capten Hughes yn ddyn craff, roedd o wedi gweld bod oes y llongau hwyliau yn dirwyn i ben. Dangosai Restrau Cytundebau'r Criwiau 1910, cyn i Henry Hughes ei gwerthu ac ar ôl hynny, i'r *William Shepherd* hwylio mewn balast yn aml iawn – dim ond un cyfeiriad at hwylio mewn balast oedd yng ngweddill y dogfennau a astudiwyd. Roedd oes bod yn unig berchennog llongau yn dod i ben, stêm fyddai'r dyfodol. Gyda'r arian a dderbyniodd am y *William Shepherd* prynodd Capten Henry Hughes gyfranddaliadau yn y stemar *J. & J. Monks* gan ymuno â'i chriw ac yna dod yn gapten arni. Byddai'n gweithio ar longau stêm am bum mlynedd ar hugain a hynny wedi pum mlynedd ar hugain ar longau hwyliau.

Casgliad

Prif ddyletswydd Henry Hughes oedd i'w deulu ond mae'r agweddau o'i yrfa a drafodwyd yn yr astudiaeth hon yn dangos pwysigrwydd capteiniaid/perchnogion mewn cymunedau morwrol bychain. Roedd capteiniaid a llongau bach y glannau yn rhan bwysig o fasnach glannau Ynysoedd Prydain hyd at flynyddoedd cynnar yr ugeinfed ganrif. Roeddynt hefyd yn bwysig iawn o safbwynt creu gwaith a thrwy hynny gadw dynion a theuluoedd ifanc yn eu cynefin. Yng Nghymru roedd i hyn bwysigrwydd diwylliannol hefyd. Er i'r astudiaeth hon ganolbwyntio ar un capten/perchennog llongau mewn un gymuned fechan ddiarffordd mae'n dangos yr angen am ymchwil manylach i gyfraniad llongau masnach y glannau i fywyd cymunedau morwrol diarffordd ond hefyd pwysigrwydd y cymunedau hynny i hanes llongau masnach y glannau yn gyffredinol.

Robin Evans
'Pwysigrwydd Capten/Perchennog Llongau i Gymuned Forwrol Anghysbell c.1880-1910', *Cymru a'r Môr/Maritime Wales*, 28 (2007), 63-74

---

[1] J. Armstrong, 'British coastal shipping: a research agenda for the European perspective,' yn J. Armstrong and A. Kunz (eds.), *Coastal Shipping and the European Economy 1750-1980* (Mainz, 2002).

[2] Gwasanaeth Archifau Gwynedd, 'Cofrestrau Llongau Biwmares XSR/1-27'.

[3] B. Greenhill, *Aspects of Late Nineteenth Century rural shipowning in southwestern Britain*, Maritime History Group Proceedings of the Conference of the Atlantic Canada Shipping Project March 31-April 2, 1977, 159.

[4] R. Evans, 'Hwylio ar Led: Moelfre a'r Traeth Coch', *Cymru a'r Môr/Maritime Wales* Rhif 22 (2001), 96-107. Bu'r awdur yn cyfweld tri o blant Henry Hughes rhwng 1991 ac 1997: Idwal Hughes, Eunice Hughes ac Anita Parry.

[5] Greenhill, *Aspects*, 162.

[6] Gwasanaeth Archifau Ynys Môn, Rhestrau Cytundebau Criwiau: *William Henry* (WDB/411), *William Shepherd* (WDB/414). Mae'r cofrestrau sydd wedi goroesi am y cyfnodau canlynol: *William Henry*:1888, 1890 ac ail hanner 1891; *William Shepherd*: 1893, hanner cyntaf 1894, 1896, 1898, 1903, 1906, 1908 a hanner cyntaf 1910.

[7] Gwasanaeth Archifau Gwynedd, Cofrestrau Llongau Biwmares 2/1861.

[8] Gwasanaeth Archifau Gwynedd, Cofrestrau Llongau Biwmares 2/1891.

[9] David J. Clarke, 'Maryport Coasters and Coaster Men, 1855-1889', *The Northern Mariner*, Vol. IX, No.3 (July 1999), 23-38.

[10] Gwasanaeth Archifau Ynys Môn, Cyfrifiadau Llanallgo 1841-1891.

[11] D. Jenkins, Llafurwyr y Môr (Darlith Goffa Aled Eames) (Moelfre, 2006).

[12] B. Greenhill, *Karlsson: The Life of an Åland Seafarer*, Maritime Monographs and Reports No.55 (National Maritime Museum, Greenwich, 1982), 41.

[13] Elsie Dyer (Papurau Teuluol), Llyfr Cownt Thomas Jones, 1899-1922.

[14] D. Jenkins, *Jenkins Brothers of Cardiff: A Ceredigion Family's Shipping Ventures* (Cardiff, 1985).

'Oes Yna Le i Hogyn Fynd yn Llongwr?'

Dr Huw Lewis Roberts

'Holaf ym mhob llong ar hyd yr harbwr
Oes na le i hogyn fynd yn llongwr
A chael spleinsio rhaff a rhiffio
A chael dysgu llywio
A chael mynd mewn cwch i sgwlio
O na chawn ni fynd yn llongwr
Ar holl longau'n llwytho yn yr harbwr.'

Ychydig fisoedd yn ôl mi ddois ar draws hen amlen frown oedd wedi ei chadw'n ofalus gan nain. Hen dystysgrifau marwolaeth a phriodi, hen luniau ac yn eu mysg papurau ac ambell destimonial ynglŷn â'i brawd Wil. Nain oedd yr hynaf o saith o blant, wedi ei geni yn 1886 a Wil yr agosaf ati yn 1889. Gan mlynedd yn ôl, i'r môr yr a'i naw bachgen o bob deg ym mhentrref Moelfre, a beth oedd yn yr amlen ond manion bapurau ynghylch y llongau y bu Wil arnynt yn y bymtheg mlynedd gyntaf o'r ganrif yma.

Cof plentyn sydd gennyf am Wil – Wil oedd o i bawb – yn hen lanc yn byw hefo'i chwaer nes ei farwolaeth yn 1959 yn 70 oed. Cymeriad annwyl iawn, yn amlwg yn dioddef o rhyw fath o salwch – ei gerddediad yn simsan, ei leferydd yn wael – anodd iawn i'w ddeallt yn siarad, yn smocio fel stemar ond yn gorfod defnyddio *'cigarette holder'* gan fod gormod o boer ganddo ac yn byw a bod yn ei gap. Bu farw pan oeddwn tua 11 oed, ac yn anffodus chefais i mo'r cyfle i'w holi a chlywed ei hanes.

Hoffwn sôn wrthych am y gwaith ymchwil yn dilyn yr hen bapurau ac wrth wneud, tynnu llun o ddiweddglo traddodiad llongau hwylio masnachol, oedd yn rhan bwysig iawn o gymunedau arfordirol y rhan yma o Gymru. Y perygl gydag ymchwil teuluol yw ei fod yn ddiddorol dros ben i'r teulu, ond yn sych iawn i bawb arall. Gobeithio y gallaf rannu gyda chwi dipyn o'r pleser a gefais, heb ei wneud yn or-blwyfol.

Cyn manylu ar y llongau dyliwn roi cefndir i chwi o'r cyfnod. Sôn yr ydym am y ganrif ddiwethaf pan oedd y chwyldro diwydiannol wedi rhoi hwb anferth i drafnidiaeth drwy'r wlad. Rhaid oedd symud defnyddiau crai trwm mor rad â phosibl – glo, mwyn haearn a *china clay* i'w diwydiannau. Llechi hefyd i doi y trefi diwydiannol masnachol oedd yn brysur ehangu ym Mhrydain ac hefyd ar gyfandir Ewrop. Datblygwyd camlesi i gysylltu canolbarth Lloegr â'r môr a daeth masnach brysur i gario *china clay* hefo llong o leoedd fel Fowey yng Nghernyw i Runcorn ac yna cychod cul ar hyd y Trent Mersey Canal i Stoke a'r Potteries. Roedd y diwydiant llechi yn ei anterth

Dr Huw Lewis Roberts
Yn feddyg teulu yng Ngwynedd ac yn fab i'r Capten Harry Owen Roberts, mae Dr Roberts yn perthyn i un o deuluoedd morwrol hynaf Moelfre. Yn ogystal ag ymchwilio i hanes Moelfre, a hanes morwrol yn gyffredinol, bu'n aelod brwd o sawl cymdeithas hanes a chymdeithasau diwylliannol. Mae Dr Roberts yn hwyliwr brwdfrydig a phrofiadol, yn aml i'w weld ar y Fenai ond sydd hefyd wedi hwylio mewn sawl rhan o'r byd.

yn Sir Gaernarfon yn ail hanner y ganrif ddiwethaf a phorthladdoedd bach fel Porthmadog yn tyfu'n drefi prysur. Roedd gwaith cludo ac adeiladu i godi harbwrs a dociau cerrig. Yma yng Nghaernarfon y Victoria Dock, yn y Felinheli, ym Mhorth Penrhyn a thua Sir Fflint lle roedd Connah's Quay yn brysur allforio brics a theils. Yr un amser dibynnai ardaloedd gwledig Pen Llŷn a Sir Fôn ar longau hwyliau bach i gael llwythi fel glo i mewn a chynnyrch fferm allan – y llong yn gorwedd yn sych ar y traeth ar y distyll ac yn dadlwytho i drol a cheffyl rhwng dau lanw – llefydd fel Moelfre, Porth Swtan, Porth Colmon neu Abersoch.

Does ryfedd felly bod diwydiant adeiladu llongau wedi datblygu. Yn yr hen Sir Gaernarfon rhwng 1759 ac 1913 (tua cant a hanner o flynyddoedd) adeiladwyd o leiaf mil a thri chant (1300) o longau. Pwllheli, Porthmadog a Chaernarfon oedd y canolfannau prysuraf ond yr oedd Nefyn, Porth Dinllaen, Bangor a'r Felinheli wedi adeiladu ugeiniau o longau hwyliau hefyd. Heblaw am Porthmadog roedd y diwydiant yn arafu tua 1870 ac wedi gorffen yn gyfangwbl erbyn troad y ganrif.

Erbyn 1865 roedd dros 400 o longau wedi eu cofrestru yng Nghaernarfon – hyn yn cynnwys llongau Porthmadog, Pwllheli a Nefyn.

Tua ail hanner y ganrif roedd y math o long, neu yn gywir rig y llong, yn newid. Yn draddodiadol hwyliau sgwâr oedd wedi bod er cyn cof – a'r rhain yn cael eu troi o gwmpas y mast wrth hwylio yn erbyn y gwynt. Daliwyd i ddefnyddio'r sgwersail mewn llongau hwylio mawr am flynyddoedd, ond i longau llai – y *coasters* – y llongau arfordirol – dechreuid defnyddio'r hwyliau blaen-gefn – y '*fore & aft rig*' – *ketch* neu sgwner yn hytrach na *brigantine*.

Roedd *ketch* hefo dau fast, yr un blaen yn fwy na'r un ôl, sgwner hefo dau neu dri mast a'r ail fast yn fwy na'r mast blaen. Roedd y '*fore & aft rig*' yn rhatach (llai o iardia coed), yn hwylio yn well i'r gwynt ac yn haws i'r drin gan griw bach (rhaid oedd i'r criw ddringo i fyny'r mast ac ar draws yr iardia i drin yr hwyliau sgwâr). Yr anfantais hefo'r '*fore & aft rig*' oedd, pan oedd llong yn rhedeg o flaen gwynt teg (peryg i'r 'mainsl' gybio ar draws) ac felly roedd y *top sail schooner* yn gyfaddawdiad da gyda dwy neu dair sgwersl ar y '*foremast*' (mast blaen) i gymryd y mantais mwyaf o'r gwynt teg. Y math yma o long oedd llongau diweddaraf Porthmadog – yn bosibl y llongau gweithio harddaf a adeiladwyd erioed. Llongau oedd yn hwylus i'w trin gan griw bach o 5 neu 6 (roedd hynny yn bwysig i wneud elw i'r perchennog), yn hwylio ar draws Môr yr Iwerydd i Newfoundland i lwytho cod wedi'i halltu i'r *Mediterranean* ac yna yn ôl i Brydain hefo llwyth o ffrwythau.

Ond erbyn 80-90au'r ganrif roedd argoelion fod machlud ar oes y llong hwyliau. Adeiladwyd llongau stêm ers tua canol y ganrif ond yn 1880 dyfeisiwyd y '*triple expansion engine*' oedd yn fwy effeithiol ac yn defnyddio llai o lo. Gwelsom fod niferoedd yr adeiladu wedi dirywio ar ôl tua 1870 er fod Porthmadog am resymau arbennig wedi dal ati hyd 1913. Stemars oedd yn cymeryd drosodd – stemars fel yr *Elidir*, y *Dinorwig*, y *Pennant* a brynwyd gan stadau y Faenol a'r Penrhyn i gario'r llechi.

Sôn yr oeddwn am hanes Wil. Beth oedd yr hen bapurau ond tystysgrifau, yn dweud ei fod wedi gweithio ar wahanol longau o 1901 hyd at 1907 – y *Margaret Jane*, y *James* a'r *William Shepherd*. Tybed oedd rhywbeth yn Archifdy Gwynedd achos roedd dwy o'r tair wedi cofrestru yng Nghaernarfon. Oedd, cofnodion manwl o'r *Margaret Jane*, a'r

James mewn *'Official Log Book'* a *'Crew List'* manylion y porthladd a phwy oedd y criw. Roedd *'Log Book'* newydd yn cael ei lenwi bob 6 mis – felly tipyn o waith chwilota.

Y *Margaret Jane* – ei long gyntaf pan aeth Wil i'r môr yn 12 oed, sgwner dau fast, yn 82 troedfedd o hyd wedi'i hadeiladu o goed yn Nefyn 1857 – lle prysur yr adeg yma – 8 llong wedi'u lansio mewn cyfnod o dair blynedd. Ei meistr am flynyddoedd oedd David Owen o Fangor, ond yn enedigol o Nefyn. Yn y blynyddoedd cyntaf roedd yn tradio'n bell – o Lerpwl i Marseille yn 1863, i Gibraltar a Bilbao, Sbaen, 1864, yn 1868 o Gaerdydd i Stettin yng Ngwlad Pŵyl a thua'r un cyfnod o Gloucester i Riga yn Latvia. Cariai lwythi o lechi o Gaernarfon i Hamburg yn eithaf aml, trâd a barhaodd am flynyddoedd.

Criw o bump oedd arni – capten, mêt, AB, OS (llongwr cyffredin) a bachgen (fel arfer tua 15 oed). Yn y *'crew lists'* mae manylion am bentref geni a'r cyflogau. Yn ddiddorol iawn nid oedd cyflogau ar y *Margaret Jane* yn 60au'r ganrif ddiwethaf wedi newid dim yn y deugain mlynedd cyn troad y ganrif pan aeth Wil Lewis i'r môr gyntaf: mêt yn cael £3-10/= y mis, AB £3, llongwr cyffredin £2-10/= a hogyn 10/= y mis. I roi cymhariaeth, tua diwedd y ganrif roedd prentis chwarelwr yn chwarel Traeth Bychan, rhwng Moelfre a Benllech yn cael £1-4/= y mis am ei flwyddyn gyntaf, yn codi i £3 y mis erbyn ei bedwerydd flwyddyn. Ar stad y Faenol yn 1900 roedd daliwr twrch daear yn cael £3-12/= y mis ond 'electrician' yn derbyn cyflog mawr o £8 y mis.

Roedd llongwrs wrth gwrs yn cael eu bwyd am ddim ond weithiau roedd hyn yn destun ffrae ac ambell i gapten yn cael enw drwg am safon y bwyd.

'Aros di', meddai'r Capten wrth un a fu'n griw efo fo, 'mae arnai i eisiau gair efo chdi, be 'di'r stori ma rwyt ti'n ddweud amdana i mod i wedi dy lwgu di?'

'Ddaru mi ddim,' medda'r llanc 'deud ych bod chi wedi methu ddarum i.'

Yn naturiol roedd gwell bwyd ar longau bach oedd yn tradio ar y glannau na llongau mawr. Mae David Thomas yn ei lyfr *Hen Longau Sir Gaernarfon* yn dyfynnu: 'tatws a chig, cig hallt – prynu cig yng Nghaernarfon a'i roi o mewn picl i'w halltu, bara neu sgeden galed, uwd weithiau.'

Ni thalai i'r capten fod yn rhy gynnil efo'i fwyd; heblaw am fethu cael criw bodlon roedd yn pechu hefyd siopwyr y dref, pobl yn aml iawn oedd yn dal cyfranddaliadau yn y llong ac yn dibynnu ar y capten i wneud elw bob ffordd iddynt.

Yn ôl y log bu David Owen yn gapten ar y *Margaret Jane* hyd 1893 pan oedd yn 73 oed, tipyn o gamp. Erbyn 1896 roedd ganddi berchennog newydd – Owen Roberts, Hirael, Bangor, adeiladwr llongau oedd yn prynu hen longau (y *Margaret Jane* erbyn hyn yn 40 oed) eu hadnewyddu a'u gweithio am elw os oedd modd. Roedd hyn yn nawdegau'r ganrif, a nesa peth i ddim o adeiladu o'r newydd yn cymeryd lle. Ei meistr newydd oedd Owen Lewis, Ty'n Gate, Moelfre. Rŵan, Owen Lewis oedd fy hen daid, tad fy nain a thad Wil. Roedd o wedi ei eni yn 1852 yn Moelfre ac mae'n bur debyg iddo gofio drwy'i oes golled y *Royal Charter* ym Mhorth Elaeth, Moelfre yn 1859 pan oedd yn 7 oed. Llong fawr hwyliau â pheiriant oedd y *Royal Charter*, y QE2 o'i hamser, un o'r llongau mwyaf cyflym o'i dydd, ar fordaith o Awstralia i Lerpwl efo llwyth o wlân ac aur a thros bedwar cant a hanner o bobl arni. Roedd o fewn diwrnod o gyrraedd Lerpwl ym mis Hydref 1859, pan drawyd hi gan storm anferthol – storm a laddodd dros wyth gant o bobl drwy'r wlad a boddi ugeiniau o longau. Colli'r frwydr yn erbyn y ddrycin a wnaeth y *Royal Charter* a golchwyd hi ar y creigiau a bu dros bedwar cant foddi. Roedd gwerth tua hanner miliwn o bunnoedd o aur arni – y *'Gold Rush'* yn Awstralia ar ei hanterth – ond mae'n debyg i'r rhan fwyaf o'r arian gael ei godi gan ddeifars – er bod straeon fod ambell i deulu wedi bod yn berchennog llong ymhen ychydig flynyddoedd.

> Ffarwel i botas nionyn
> Sion 'Ronllwyn ar y rhew
> Daeth aur y *Royal Charter*
> A chyda botes tew.

Dwi ddim yn credu i deulu Owen Lewis gael gafael ar ffortiwn, ac i'r môr yr aeth. Erbyn diwedd yr 80au roedd yn feistr ar sgwner 2 fast y *Glynaeron*, a adeiladwyd yn Aberaeron ac a werthwyd yn ôl i ardal Aberystwyth tua 1895.

Erbyn 1896 roedd Owen Lewis yn 44 oed, wedi priodi ers 12 mlynedd a'r teulu'n cynyddu. Lizzie (fy nain) wedi'i geni yn 1886, Wil yn 1889, John Owen 1890, Hugh Pierce 1892 a Mary 1894. Ganwyd Owen yn 1897 ac Annie yn 1900 (Annie yw'r unig un sydd yn fyw – ac yn 94 eleni). Ond daeth trychineb – bu Jane y fam farw yn 41 oed ychydig fisoedd ar ôl geni Annie – achlysur wrth gwrs nid mor anghyffredin yr adeg yma.

O log y *Margaret Jane*, gwelwn fod 1900 wedi bod yn flwyddyn ddifrifol i Owen Lewis – ar du blaen y log *'unemployed for 6 months, laid up in Bangor'*. Roedd dirwasgiad yn yr ardal yn sicr, chwareli'r Penrhyn wedi bod ar streic am dair blynedd ers 1896 a streic arall yn 1900 a phawb yn teimlo'r straen. Roedd Lizzie (fy nain) erbyn hyn yn 14 oed ac arni hi y disgynnodd y cyfrifoldeb o redeg y teulu. Erbyn 1901, roedd Wil yn 12 oed ac ymunodd ar long ei dad ym mis Mai yn Weston Point, Runcorn fel 'hogyn' am gyflog o 10/= y mis. Ymunodd dau fachgen arall o Moelfre ar y llong yr un adeg ac mae'n debyg ei fod wedi cael eu cwmpeini ar y trên (mae'n fwy tebygol eu bod wedi cael eu codi ar y llong ym Mae Moelfre oherwydd o Lundain oedd y trip i Weston Point). Mae'n ddiddorol nodi fod 12 oed yn anghyffredin o ifanc i ymuno – fel arfer rhyw 14-15 oed oedd y *'voyage'* gyntaf ond mae'n debyg fod amgylchiadau adref yn gorfodi'r sefyllfa – yn falch o gael un ceg yn llai i'w fwydo yn Ty'n Giât.

Erbyn 1903 roedd Wil yn ennill £1 y mis fel OS ond yn ôl y *'discharge certificate'* gadawodd ym mis Mai yng Nghaernarfon. Arhosodd ei dad arni ond ar 20 Ionawr 1904 ar fordaith o Milford Haven trawyd y llong gan stemar ger Dungeness yn yr English Channel a suddwyd hi. Arni roedd y meistr Owen Lewis, John Jones Glandwr, Bank Place, Caernarfon, 39 oed yn fêt, Thomas Owens (22) o Foelfre yn AB a John Jones arall (25) o Gaernarfon yn AB/*cook*. Yn drychinebus bu John Jones y mêt foddi.

Yn sownd yn y Log roedd pwt bach o lythyr wedi'i ddal â phin. Llawysgrifen Owen Lewis – ar 10 Chwefror 1904, rhyw dair wythnos ar ôl y ddamwain yn sgwennu'n ddigon bratiog i rhyw Mr Joyes (Swyddog y Tollau ym Mangor a oedd yn amlwg yn cymeryd tystiolaeth ynglŷn â'r ddamwain a'r farwolaeth). Roedd eisiau hanes Thomas Owen:

. . . Thomas Owen is not home bresently. I had not seen him only once sins I am home
as you know I lost everything and cant give very exact account of the date . . . I will
come to Bangor one of these days I had havy coald but better now

I am yours truly
Owen Lewis

Yn 1902 roedd Owen Roberts, Bangor wedi prynu (ac wedi adnewyddu) hen long
arall. Hon oedd y *James*, llong 58 tunnell a adeiladwyd yn Sir Benfro yn 1844, oedd
wedi ei chofrestru yn 1881 fel *schooner* ond erbyn hyn wedi colli'r *'top mast yards'* ac yn
hwylio fel *'ketch'*. Mae'r papurau cyntaf yn ei chylch yn yr Archifdy yn dyddio i 1868
pan roedd yn hwylio o Gaernarfon. John Jones, 1 Rhes Priordy oedd ei pherchennog a'i
meistr hyd at 1886, ac yna fel y gwelid yn aml, ei fab Benjamin Jones yn cymeryd
drosodd. Patrwm gwaith tebyg iawn i'r *Margaret Jane* oedd iddi a'r criw fel arfer yn dod
o gyffiniau Caernarfon. Erbyn y 90au bu'n gorwedd yn segur am fisoedd maith a thua
1902 gwerthwyd hi i Owen Roberts. Bu tipyn o newid meistri arni am rhyw ddwy
flynedd – am gyfnod bu rhyw John Roberts o Foelfre arni, ac yn syth y criw yn hogiau
Moelfre – yn ddiddorol iawn i mi roedd Harry Roberts arni fel 'cook' – bachgen 16 oed
– a phwy oedd o ond fy nhaid, a briododd Lizzie chwaer Wil ymhen 10 mlynedd. Pwy
oedd John Robertrs ond ei frawd hynaf – oes o pwy 'dach chi'n nabod oedd hi 'radag
hynny hefyd!

Ym mis Mai 1904 rhyw dri mis ar ôl colli'r *Margaret Jane* daeth Owen Lewis yn
feistr ar y *James* – yr *'havy coald'* yn amlwg heb droi yn *'pneumonia'* – a bu arni am saith
mlynedd. Ar y rhestr criw roedd tri arall o Foelfre efo Owen Lewis – un Charles
Mathews, 16 oed oedd yn gefnder i Mr Mathews gweinidog Bethel gynt – rhai ohonoch
yn ei gofio mae'n sicr. Wrth weld yr enw roedd yn canu cloch arall yn rhywle – cofeb ar
wal Capel Carmel ym Moelfre yn cofio rhai a gollwyd yn y rhyfel mawr – roedd Charles
Mathews druan yn un ar y gofeb honno.

Ymunodd Wil Lewis ymhen ychydig fisoedd yn Chwefror 1905 fel OS ac yn
ddiweddarach fel AB. Erbyn hyn roedd dau o'i frodyr iau wedi mynd yn llongwrs. John
Owen yn 15 oed fel OS a Hugh Pierce yn 13 oed ar ei *'first passage'* fel hogyn arni.

Roedd y patrwm teuluol neu blwyfol yma yn gyffredin iawn yn y llongau arfordirol
– dim i'w weld cymaint yn y llongau mawr lle roedd dipyn mwy o demtasiynau bydol
mewn porthladdoedd mawr, hyd yn oed pan nad oedd y bechgyn iau yn perthyn i'r
criw, roedd dyletswydd arnynt i gadw golwg a buan iawn y buasai'r straeon yn ôl i 'Ben
Lôn'.

Ar fwrdd sgwner neu getch roedd y capten efo caban iddo'i hun yn y starn ac wrth
ei ymyl stafell fwyta efo bwrdd ac efallai stôf lo. Ymlaen yn y *'fore castle'* neu'r focsle o
flaen y mast blaen o dan y dec y byddai'r criw – meinciau o gwmpas bwrdd bach a *bunks*
fffram a chanfas a blygai yn ôl – stôf bach lo yn y canol. Dim toiled ffurfiol yn aml iawn
– dim ond bwced a 'ffwrdd hi' (ond yn ddiweddarach ac mewn sgwner tair mast roedd
caban bach tu ôl i'r llyw yn y cefn – y *'whale back'* gyda'r *'heads'* ar un ochor iddo).
Uwchben y focsle lle cysgai'r criw roedd y dec blaen lle byddai'r angor drom yn cael ei
chodi ar y dec. Mewn unrhyw fath o dywydd garw roedd dŵr yn sicr o wneud ei ffordd
i lawr drwy'r dec i'r stafell yma. Un tric oedd cael procer poeth a'i redeg o dros y *'seams'*

rhwng plancia'r dec a toddi'r *'pitch'* a gobeithio fod hwnnw yn llenwi dipyn o'r cracia oedd yn gollwng.

Mae'n debygol iawn fod y *James* wedi gweld ei dyddiau gwell erbyn 1905 – wedi'i hadeiladu fe gofiwch yn 1844 – dros 60 oed – ac mae'n bur debyg fod gwaith pwmpio dŵr mewn unrhyw fath o dywydd garw. Gwaith bôn braich wrth gwrs – dim math o beiriant ar y llongau bach yma.

Y tywydd wrth gwrs oedd yn rheoli eu bywyd yn gyfan gwbl. Mae'n debyg fod *'glass'* (h.y. *barometer)* ar fwrdd y llong ond dim math o *'shipping forecast'* fel sydd heddiw. Roedd y capten yn hollol ddibynnol ar argoelion naturiol – patrwm cwmwl, lliw yr haul, ymddygiad neu batrwm adar i roi rhyw flaen i'r criw gael codi neu gostwng hwyl cyn colli gwynt teg neu cyn i'r ddrycin gyrraedd. Yn y gaeaf mater o weithio o un lle i mochel i'r llall oedd.

Cofiaf glywed fy nhaid, brawd-yng-nghyfraith Wil Lewis, yn adrodd ei hanes pan oedd yn ddyn ifanc ar ddechrau'r ganrif:

> Os oedd hi'n dywydd mawr 'roedda'n ni'n mynd i Gaergybi yn *'windbound'*. Mi fuom ni yno unwaith pan oedd yna tua dau gant o longau hwylio yn *'windbound'* tua 1909-10 – fuasech chi byth yn meddwl fod yna ddigon o le yno, ond wrth gwrs yr oeddan ni'n angori yn ôl rheolau'r porthladd . . . yn angori *'fore and aft'* a dim peryg iddi *'swingio'* a chymryd gormod o le neu ffowlio llong arall. Yna pan ddaeth tywydd gwell a brisyn ffafriol, dyna ichi ddarlun – un yn mynd y ffordd yma, llall ffordd arall yn codi'u hwyliau; sgwners, barciau, ketches, llongau mawr a phawb ar ras i adael gyda'r gwynt teg.

Ond os oedd y gwynt yn troi ac yn chwythu tua'r tir rhaid oedd gleuo hi am y môr agored mor fuan ag oedd bosibl – gorchwyl anodd wrth gwrs gan fod rhaid tacio neu mynd igam ogam i mewn i'r gwynt. Rhaid oedd cael digon o hwyliau i fyny i bwyntio i symud ymlaen yn erbyn y ddrycin ond eto dim gorwneud i ochri'r llong yn ormodol ac efallai gwneud i'r llwyth symud.

Does ryfedd fod cymaint o golledion a llongddrylliadau. Mae nodyn yn llyfr y diweddar David Thomas, *Hen Longwyr Sir Gaernarfon* yn sôn am atgofion hen longwr ar sgwner dau fast y *Miss Beck* a adeiladwyd ym Mhorth Dinllaen yn 1857 – yr un flwyddyn â'r *Margaret Jane*:

> Rydw i'n cofio un tro bod mewn awal o wynt efo'r *Miss Beck* allan o Skerryvore, Sgotland. Roeddan-ni wedi cychwyn o Gynarfon am Montrose a llwyth o sglaets. Dyn garw oedd yr hen giaptan, 'dai o byth yn wimbound, 'i hifio-hi-tw bob amsar. Wel, mi ddoth i chwthu awal o wynt mor ofnadwy tro hwnnw, mi olchodd y cwch oddi ar y dec, mi olchodd y giali i ffwr, mi ath a sgytl y fforcsl, roedd y bwlwarcs wedi'i golchi ffwr i gyd, a'r hwylia wedi mynd, 'doedd gynnon-ni ddim ond hwyl bach yn sbar. Roedd y dynion yn gorfod bod wrth y pwmp ar hyd yr amsar, ond fedron 'i chal-hi rywsut i Stornoway, yn Lewis. Rown i wedi 'nghau yn y ciabin rhag i'r mor fynd a fi i ffwr. A'r peth cynta naethon-ni wedi iddi ostegu dipyn – doedd-na ddim byd wedi'i adal i gwico ynddo-fo ond y cietl

– mi roeson lond y cietl o datws, a lwmp o gig hallt, ag mi allwch feddwl mor dda oedd cal tatan a chig hallt ar ol yr holl faeddu-na.

Hefyd wrth fynd drwy logs y *James*, llythyr wedi ddal â phin i'r log 1873 – llythyr gan John Jones:

Feb 20th 1873:

I John Jones of the 'James' Caernarvon do hereby declare that I have been prevented making my half yearly return within the time required by law by the following circumstances:

I sailed from London on 14th December bound for Drogheda which port I did not reach until 28th January and on that day I was stranded on the North Bull, during a southerly gale, while crossing Drogheda Bar. My whole time since has been taken up in endeavouring to save my vessel

John Jones

Signed & declared)
before me this 20th)   *Thos. Spence J.P.*
day of feb 1873)

– biwrocratiaeth a gwaith papur yn fyw ac yn iach yn 1873 ac yn amlwg ddim yn phenomenon newydd i'n cenhedlaeth ni.

Bu Owen Lewis ar y *James* hyd 1910 pan werthwyd hi i Capten Tom Lillie o'r Felinheli. Tom Lillie yn berchennog ac yn feistr arni ac yn gymeriad adnabyddus o gwmpas y Felinheli – yn rhedeg y cwch fferry i Foel y Don o 1920 am flynyddoedd.

Fel oedd y capten yn newid – criw o ardal newydd eto – dim ond un o Foelfre, ond criw o Gaernarfon, Llanwnda, Felinheli a Llanfaglan. Bu'n tradio'n brysur hyd at 1913 – ac mae'n debyg ei bod wedi'i cholli tua Porth Dinllaen tua dechrau'r rhyfel.

Rydwyf wedi mynd ymlaen ychydig, dewch yn ôl i 1907, at Wil erbyn hyn yn ddeunaw oed ac wedi gweithio ei hun i fyny fel mêt efo'i dad ar y *James*. Ond roedd am hel ei draed i ben draw'r byd ac ym mis Awst 1907 ymunodd fel llongwr ar long fawr.

Y *Serena* – 'barque' tri mast, llong ddur 245 troedfedd o hyd (y *James* tua 50). Adeiladwyd y *Serena* ym Mhort Glasgow yn 1893 – enghraifft o 'windjammer' – llongau haearn neu ddur oedd wedi bod yn eithaf llewyrchus yn ystod ugain mlynedd olaf y ganrif, ond roedd erbyn hyn yn brysur yn colli tir i stemars. Roeddent wedi eu hadeiladu i gario cyn gymaint o lwyth ag oedd bosibl – gydag ochrau syth a gwaelod gweddol fflat – dim y siâp mwyaf effeithiol i hwylio'n dda – yn enwedig yn erbyn y gwynt.

Pwrpas y 'windjammers' oedd cario defnydd crai, trwm o leoedd diarffordd. Roedd diwydiant trwm Ewrop angen mwyn copr o Chile, amaethyddiaeth eisiau guano (tomenydd anferth o faw adar) o Peru. Roedd Chile yn allforio 'nitrates', coed yn dod o fforestydd gogledd America a glo, gwlân a grawn o Awstralia. Manteision y llongau hwyliau mawr dros stemars oedd fod y gwynt yn rhad ac am ddim, fod prinder storfeydd glo ar gael o gwmpas y cefnforoedd deheuol a phan oedd glo ar gael roedd yn ddrud. Problem arall oedd cael cronfa o ddŵr ffres i foileri y stemars ar arfordir cras De America. Roedd costau rhedeg stemar yn uwch o lawer ac i wneud elw rhaid oedd iddi fod ar fynd yn barhaus. Ond gallai llong hwyliau aros am wythnosau i ddisgwyl llwyth mewn angorfa anghysbell efo dim ond costau'r criw.

Felly cychwyn ar antur gyffrous – antur ddigon peryglus hefyd – yn 1905 fe gollwyd 55 o longau hwyliau mawr fel hyn heb sôn amdanynt tra yn hwylio o gwmpas yr Horn – ac o'r rhain roedd 32 o'r wlad yma.

Mordaith i Melbourne, Awstralia oedd o'u blaenau, yn dilyn y gwyntoedd teg gymaint ag y gallent. Felly i lawr Môr yr Iwerydd tuag at Dde Affrica, rownd y Cape of Good Hope ac yn dilyn y gwyntoedd gorllewinol tuag Awstralia – mordaith a gymerodd bedwar mis a hanner – yn Melbourne erbyn 1af o Ionawr, 1908. Cariai'r *Serena* gyfanswm criw o 21 ar y daith yma – yn ôl y *'crew list'* – roedd rhaid chwilio am fwy yn Awstralia am fod pedwar wedi desertio (problem eithaf gyffredin; ar y ffurflen criw roedd colofn *'Particulars of Discharge – to be filled in by the Master upon the discharge, death or desertion of any member of his crew'*).

Beth oedd gwaith llongwr ar y math yma o long? Rhaid oedd hwylio'r llong mor gyflym ond hefyd mor ddiogel â phosibl – wrth gario cymaint ag oedd bosibl o hwyliau i gryfder y gwynt – hwyliau i gyd mewn gwynt ysgafn ond llai o lawer yn y cefnfor deheuol yn y stormydd. I drin yr hwyliau rhaid oedd dringo i fyny'r mast ac wedyn ar draws yr iard, sefyll ar weiren ac wrth bwyso ymlaen ar yr iard a thynnu'r hwyl drom i fyny i'w phlygu'n dwt a'i lashio hi yn ei lle – un llaw i'r llong ac un iddo'i hun oedd y rheol, rhesymol mewn tywydd braf heb ormod o wynt, ond beth am ganol nos, yng nghanol y ddrycin, yr hwyliau trwm yn wlyb domen bron â rhewi. Dychmygwch y llong yn rowlio o un ochr i'r llall a chwithau rhywle rhwng hanner can troedfedd a chan troedfedd uwch y dec.

Rhaid hefyd oedd newid ongl yr hwyliau ar y mast i gael mantais orau o'r gwynt – os oedd y gwynt yn dod o'r ochr neu o flaen y llong rhaid oedd tynnu'r iardiau a'r hwyliau'n dynn ar un ochr – eu jamio yn erbyn y *'shrouds'* – yr enw *'wind jammer'* – *'braces'* oedd enwau'r rhaffau yma a rhaid oedd cael tua hanner dwsin o ddynion i dynnu'r rhain – dyma'r amser pan fyddai *'shanty'* yn ddefnyddiol i gael y pwysau'n gyson gan bob dyn.

Cyrhaeddodd y *Serena* ym Melbourne tua dechrau'r flwyddyn newydd – wedyn dadlwytho – oedd yn cymeryd tua mis o amser. Symud wedyn i borthladd arall yn ne Awstralia ar y Spencer Gulf – lle o'r enw Wallaroo a llwytho grawn yn fwy na thebyg. Roedd un Cymro Cymraeg arall ar y *Serena* – y *'first mate'* – Jabez Rowlands – yn enedigol o ochrau Moelfre ond erbyn hyn yn byw ym Mhorthaethwy. Roedd wedi pasio'n gapten ei hun, yn 56 oed – ond yn gweithio fel *'mate'*. Roedd ganddo ferch, Helen, a ddaeth yn enwog yn y 30-40au fel Dr Helen Rowlands, y genhades yn India.

Roedd Jabez Rowlands yn dipyn o fardd gwlad ac roedd gan fy nhad gopi o benillion am hanes mordaith ar y *Serena* dan feddwl mai'r daith yma y bu Wil arni.

When wishing well to Melbourne friends we say goodbye all round
Our only consolation was, that we were homeward bound
We only had a month in Port, when loaded and away
The pilot and the tug-boat came to take us down the bay
We crossed the bar and under way, we cast away the boat
And letters sent to that effect, already are afloat.

Our friends will know that we were well, the time that we did sail
When they receive the message, some morning with the mail.
Contrary winds in Bass Straits, where many came to grief.
Deal Island light at last we sight – this was a great relief.
We left the Island all behind, the rocks and shoals as well
The ship with all her canvas set was bowing to the swell.

When forty days upon the sea, and seventy miles from land
The weather stormy, and the waves were threatening on each hand.
'We'll heave her to' the Captain said, 'the sea is running high'
Along the deck I went at once, the order to comply.

When pulling braces by the lee and all the sailors there
A heavy sea broke on the ship and caught them unaware.
Men were floating on the deck and holding on their best,
But six were swept away to sea whilst working with the rest.
The Captain ran from off the poop and was the means to save
A struggling seaman when submerged at times beneath the waves
Another seaman landed safe when death was at the door
But nothing further could be done to aid the other four.

As night came on the wind blew strong, the sea was foaming white,
And threatening as it roared along, the gale being at its height
We poured oil to pacify the tumult of the sea,
And cut a topsail that was set to let the vessel free.

The eighteenth day of March at noon when weary cold and wet!
And tossed about by wind and wave, we never shall forget
Three men we shipped in Fredrickstad were numbered with the dead,
And one apprentice, Irish lad from the village of Whitehead
Next day despondent as we were, we onward did proceed
And saw Diego Ramirez, encircled by the deep.
The desolate dismal land Cape Horn was soon in sight
But Falkland Islands were too far when passing in the night.

The weather finer as we go and warmer every day
We steered straight for 40 south without the least delay,
And we were busy cleaning ship and painting all around
As every corner must be cleaned when we are homeward bound.

On first of May we crossed what sailors call the line
Some days again we lay becalmed – this makes the passage long
But when we got the north east trades the wind was very strong
And very soon we left behind the Islands of Azores.
Fair wind continued all the way from there to Erin's Isle
The land when sighted on the bow made all the sailors smile.
We sailed along the coast and saw Old Head of Kinsale
Where pilot cutters cruise about from Queenstown under sail.
The sixth of June when off Kinsale and just at two o'clock,
We got our orders to proceed direct to Barry Dock.
We arrived at Barry safe my friends, four minus as you know
God help three mothers and a wife, to bear the heavy blow.

Roeddwn wedi bod yn ffodus iawn o gael gafael ar 'crew list' y *Serena* yn Archifdy Llangefni ar ei thaith i Melbourne ac yn ôl yn 1907-08 (pan oedd Wil arni). Er chwilio dyfal doedd dim sôn am longwyr wedi boddi ac hefyd doedd un neu ddau o bethau eraill ddim yn taro ddeg. Yn ôl papurau Wil, mordaith o Sharpness ger Gloucester i Melbourne; i Walaroo ac yna yn ôl i Birkenhead y bu o arni. Beth am Frederickstad? Beth am Barry Dock? Mwy o chwilio a chael yr ateb. Hanes sydd yn y penillion am fordaith 1906-07 o Leith (porthladd Caeredin) i Frederickhald (yng ngogledd Denmark) i Melbourne ac fel yn y penillion yn syth yn ôl i Brydain i Barri. Un o bentref bach Whitehad, rhyw 10 milltir o Belffast oedd capten y *Serena*, Capten Hugh Dagwell, yn 49 oed, ac ymysg y criw roedd dau brentis, bechgyn 16 oed o'r un pentref. Roedd yn rhaid i brentis dalu am ei le ar y llong – tua £40 am bedair blynedd (oedd yn arian mawr ar droad y ganrif) ac am hyn roedd i fod i gael hyfforddiant i weithio i fyny i gael ei diced '2nd mate' ac ymlaen. Yn aml iawn, yn enwedig tua diwedd oes y llongau hwyliau mawr pan oedd prinder o griw profiadol (bywyd dipyn brafiach ar stemar) dim ond pâr o ddwylo oedd y prentisiaid. Rhaid oedd cael profiad mewn llong 'square rig' cyn cael eistedd am diced hyd at amser y rhyfel cyntaf.

Ar y 'crew list' o'r fordaith 1908 gwelir bod tri llongwr a ymunodd ar y llong yn Fredrickhald wedi boddi, hefyd, un o'r prentisiaid druan o Whitehead, pentref y capten. Dychmygwch siwrnai y capten adref o Barry Dock i'r Iwerddon, yn ôl i wynebu'r teulu druan. Roedd yr hen benillion yn anffodus yn ffeithiol, nid dychymyg Jabez Rowlands.

Un fordaith bell a wnaeth Wil ar y 'square riggers' ac o'r ymchwil yr ydwyf wedi ei wneud fedrai ddim gweld dim bai arno chwaith. Yn ôl i'r llongau bach y daeth, sbel bach ar stemar, y *Skelwith Force*, ond yn ôl wedyn ar longau hwyliau nes gweithio i fod yn gapten ar sgwner tair mast – yr *Earl Cairns* o Connah's Quay tua dechrau'r rhyfel. Yn 1917 roedd ar ei ffordd i ymuno â stemar – y *Wythburn* o Workington pan gafodd ei daro yn ddifrifol wael. Roedd yn 28 oed ac yn ôl yr hanes bu bron a marw. Bu yn '*invalid*' heb allu cerdded yn iawn am flynyddoedd, gan orfod defnyddio baglau. Yn ddiweddarach datblygodd rhai nodweddion o salwch Parkinsons ac mae'n eithaf posib iddo ddioddef o fath o'r epidemic '*Spanish Flu*' yn ystod y cyfnod 1917-18 (salwch a laddodd mwy na'r Rhyfel Mawr). Bu ambell un a ddaeth drwy'r salwch ddioddef o'r anhwylder '*Post Encephalitic Parkinson*' a tybiaf mai'r clefyd yma a gafodd Wil ac a dorrodd ei yrfa yn ddyn ifanc.

Dr Huw Lewis Roberts
'Oes na le i hogyn fynd yn llongwr', *Cymru a'r Môr/Maritime Wales*, 17, 1995
Gwasanaeth Archifau Gwynedd

Cerflun Dic Evans o flaen Gwylfan Moelfre.

Owen Owens	Richard Jones	Joseph Williams	Margaret Owen	Mrs Ann Owen	Richard Williams	Mrs Jane Jones	Mrs Grace Williams	Maggie Jones
20 Bonc Newydd	24 Bonc Newydd	12 Sea View	Bryn Golau	Bryn Golau	12 Sea View	Pen Bonc	12 Sea View	10m Sea View
Lost at sea 1914								

Census 1891

Rhai o drigolion Penrhos Terrace yn 1891.

Y *ROYAL CHARTER*

Colliad y Royal Charter

Ymdduai y nos, ymgreulonai yr hîn,
Y gwynt oedd fel gwallgof cynddeiriog a blin;
A'r môr yn glafoerio, a'i ruad yn groch,
Gan fygwth dadwreiddio hen greigiau'r Traeth Coch

Beth yw 'Royal Charter' mewn tymestl fel hon!
Ho! dim ond brycheuyn ar frigyn y dôn;
Gwatwerir ei rhwysg gan y corwynt gwyllt certh,
A lluchir hi'n gipris fel plufyn dinerth.

Erioed ni farchogwyd gorwylltedd y dôn
Gan lestr cadarnach a harddach na hon,
Erioed ni bu dinystr mor erchyll a chwim,
Pan brofwyd nerth dynol mewn tymestl yn ddim.

Fel bwystfil gor-reibus ar dori ei wanc,
Yn chwareu yn greulon a'r 'sglyfaeth ar dranc;
Yr eigion cyn llyncu i'w hen grombil fawr,
Wnai degan o'r 'Charter' am lawer flin awr.

Ni thyciai y waedd, ni wrandewid y cri,
A'r wylo a foddid yn nwldwr y lli';
Ni phrisid yr aur, ac ni hidid yr och -
Ffiloreg y cyfan gan storm y Traeth Coch.

Ond O! y trueiniaid yn artaith eu braw,
Yr adwaedd a'r weddi a ddyrch ar bob llaw;
Peth hawdd yw gweddïo mewn adeg fel hon -
Peth hawdd ydyw pobpeth, ond edrych yn llon.

Och! Lewis, 'rol crwydro i eithaf y byd,
A baeddu i gasglu ei drysor brau drud,
Dychwelaist fewn deg-llath i dir dy hen wlad,
A threngaist yn ngolwg hoff fwthyn dy dad.

Byth, byth, na ddarllener y fath ddalen brudd,
Y dduaf yn llyfr hanesyddiaeth y sydd;
Tros ddarlun mor anfad, mor hyll, tyner llen,
Ac Anffawd mewn c'wilydd ostyngo ei ben.

Y rhai yn y dyfnder yn aros a fydd;
Na wlychir eu bedd, na chusenir eu grudd;
Fôr, cadw hwy'n ddiogel o fewn dy ddofn gol,
Rhyw ddiwrnod fe'u gelwir oddiarnat yn ol.

Hir gofir y noson ddrycinog a hell,
Galerir o'i phlegid yn agos a phell;
Yn mhen deg cenedlaeth ceir son am yr och,
A'r distryw anaele yn nwfr y Traeth Coch.

Isaac Foulkes (Lerpwl)

Ar 25-26 Hydref, 1859 trawyd Cymru a gweddill Ynysoedd Prydain gan stormydd gwaethaf y bedwaredd ganrif ar bymtheg, gyda dros 130 o longau yn suddo, bron i gant arall yn cael eu difrodi a channoedd o bobl yn colli eu bywydau. Digwyddodd y drychineb fwyaf ger Moelfre ac o'r herwydd adwaenir y storm fel 'Storm y *Royal Charter*'. Llwyddodd yr hanes i ddal dychymyg y cyhoedd a chyhoeddwyd nifer o gerddi yn y wasg Gymraeg. Roedd Isaac Foulkes yn adnabyddus fel sefydlwr, perchennog a golygydd *Y Cymro* yn 1890 ac mae ei gerdd yn unigryw am ei chyfeiriad at Isaac Lewis a gollodd ei fywyd ar y llong ac yntau ond tafliad carreg o'i gartref.

Hanes y *Royal Charter*

T. G. Walker

Rhyw ddiwrnod neu ddau wedi inni fod allan yn pysgota gyda Bob Huws, fe aeth Dewi a minnau am dro ar hyd y glannau i gyfeiriad Traeth Llugwy. Dilynasom y llwybr troed heibio i Borth Eleth, gydag ochrau Dulas a Mynydd Eilian yn ein hwynebu, ac Ynys Dulas a'i thŵr bychan yn gorwedd yn dawel yng nghanol y bae glas o'n blaen.

'Ai goleudy sydd ar yr ynys acw?' gofynnai fy nghyfaill ifanc, gan bwyntio at y tŵr.

'Nage. A weli di'r plasty mawr acw yn y coed draw ar yr ochr bellaf? Dyna iti Lys Dulas. Rhyw foneddiges galon-dyner o'r plasty a gododd y tŵr ar yr ynys. Yn ôl yr hanes, fe roddodd stôr o ddillad a phlancedi a bwyd yn y tŵr ar gyfer unrhyw longwyr a fyddai mor anlwcus â cholli eu llong ar y creigiau.'

'Chwarae teg iddi am fod mor ffeind!' ebe Dewi.

'Ie; ond yn ôl yr hyn a glywais ym Moelfre, fe aeth lladron drosodd o'r lan mewn cwch un noson a dwyn y cwbl oddi yno.'

'Wel dyna hen dro gwael!' ebe'r bachgen.

'Ie wir,' cytunais. 'Cofiaf i long hwyliau fechan daro'r ynys ar noson wyllt un Hydref. Fe dorrodd yn ddau a boddwyd y dynion i gyd ond un llanc ifanc a chi bach. Fe ddaru'r ddau rywsut gyrraedd yr ynys o afael y tonnau, a buont arni drwy'r nos. Y Cwch Peilot a'u hachubodd fore trannoeth.'

''Doedd 'na ddim dillad sych na bwyd yn y tŵr yr adeg honno?'

'Nac oedd; ond mae'n siŵr i ti fod y llanc a'r ci yn falch o gysgod y tŵr ar y fath noson.'

'A fydd 'na lawer o longau'n colli ar y glannau 'ma?'

'Wel, gan fod cymaint o dramwy i mewn ac allan o Lerpwl, wyddost, mae rhyw anffawd yn rhwym o ddigwydd weithiau ar dywydd mawr. Mae'n syn fod cyn lleied o ddamweiniau'n digwydd yma ac iti ystyried nerth y tonnau pan fydd hi'n chwythu awel. Dyma ni ym Morth Eleth. Yma y bu'r llongddrylliad gwaethaf erioed yn hanes Moelfre. A weli di'r maen coffa acw?'

'Gwelaf; mae rheiliau bychain o'i gwmpas.'

'Oes, rhag i'r anifeiliaid ei ddifwyno. Codwyd y maen i gofio am ddrylliad y *Royal Charter*. Mi awn ni drosodd i ddarllen y geiriau ar y garreg.'

A ninnau'n dringo'r llwybr i gyfeiriad y maen, daethom wyneb yn wyneb â'r Capten Williams a'i wyres Gwyneth. Rhaid oedd aros ennyd am sgwrs, wrth gwrs; a digwyddais sôn wrth yr hen forwr ein bod â'n bryd ar ddarllen y gofeb.

'Dyna'r llecyn y lluchiwyd y *Royal Charter* i'r lan,' meddai, gan bwyntio at greigiau isel a danheddog a ymestynnai am lathenni allan i'r bae. 'Dyna'r llecyn. Fe aeth pedwar

T. G. Walker
Naturiaethwr Cymraeg amlycaf ei oes a gyhoeddodd yn helaeth mewn cylchgronau a llyfrau ar sawl agwedd ar fyd natur. Bu'n ymweld â phentref Moelfre yn rheolaidd am flynyddoedd gan aros mewn preswylfa haf arbennig ar dir fferm Nant Bychan.

cant a deunaw a deugain o fywydau i dragwyddoldeb yn fan 'na; helynt ofnadwy oedd hi.'

'Trychineb difrifol, Capten Williams,' cytunais. 'Mae'r hen fôr 'ma mor dawel 'rŵan. Pwy gredai y gallai o fod mor greulon?'

'Mi fyddai'n credu, wyddoch, y bydd yr elfennau'n gwneud hefo'i gilydd bob hyn a hyn i ddangos i ddyn mai peth bychan a gwael yw o ar y gorau. Pan â dyn i feddwl ei fod o'n dipyn o gawr, fe ddaw Natur i'r afael â fo cyn bo hir hefo'i hawelon a'i thonnau a'i llifddyfroedd i'w roi yn ei le.'

'Felly y bu hi efo'r *Titanic*, beth bynnag,' meddwn.

'Ac efo'r *Royal Charter* hefyd,' meddai'r hen forwr. 'Pan adeiladwyd hi ar lannau Afon Dyfrdwy yn Sir Fflint, yr oedd, yn ôl safonau ei chyfnod, ymhlith y llongau gorau a'r mwyaf a ddyfeisiodd dyn erioed.'

''Roedd hi felly yn yr un dosbarth â'r *Queen Elizabeth* a'r *Queen Mary* gyda ni heddiw,' sylwais innau.

'Oedd, debyg iawn. 'Roedd ganddi dri mast i gario hwyliau, y peiriannau diweddaraf i yrru'r sgriw, a'i thaclau, ei hangorion, rhaffau a'i chadwyni, y rhai gorau a fedrai arian brynu. Ac eto, pan ddaeth yr amser iddi hi a'i chriw wynebu gallu'r tonnau y tu allan i'r fan yma yn 1859, yr elfennau a gafodd y llaw uchaf, fel y gwyddoch yn dda.'

Sylweddolais fod y Capten mewn hwyl i adrodd hanes y *Royal Charter* wrthym, ac eisteddais ar y glaswellt, gyda Gwyneth a Dewi ar bob ochr i mi. Cynigiais bibellaid o faco i'r hen forwr, ac eisteddodd yntau i lenwi ei getyn.

'O Awstralia yr hwyliodd y *Royal Charter* ar ei mordaith olaf, ynte?' meddwn, i'w gychwyn ar ei stori.

'Ie,' meddai Capten Williams. 'Gadawodd Melbourne ar y chweched ar hugain o Awst, hithau'n rhwym am Lerpwl efo llwyth o wlân ac aur, a thua phum cant o deithwyr. Cyrhaeddodd Queenstown, Iwerddon, ar y pedwerydd ar hugain o Hydref. Glaniwyd nifer bychan o deithwyr yn Queenstown.'

''Roeddynt hwy'n lwcus,' ebe Gwyneth.

'Oeddynt yn wir. Wyddoch chi, fe anfonodd Capten Taylor deligram o Queenstown i'r perchnogion i ddweud bod popeth yn iawn ac y byddai'n docio yn Lerpwl ymhen ychydig oriau.'

''Doedd o fawr o feddwl beth oedd o'i flaen,' meddai'r eneth.

'Nac oedd, y creadur bach. Sut bynnag, hwyliodd o Queenstown. 'Roedd y criw yn edrych ymlaen am ddiwedd mordaith arall, a'r teithwyr – llawer ohonynt wedi gwneud eu ffortiwn yn codi aur yn Awstralia – yn teimlo'n hapus a llawen wrth feddwl am y glanio yn Lerpwl, a chael cyfarfod eu ceraint unwaith eto wedi absenoldeb hir oddi cartref.'

'Pan dorrodd y wawr drannoeth, y pumed ar hugain o Hydref, 'roedd hi'n amlwg i'r hen ddwylo ar y llestr fod y tywydd yn torri; a chyn hanner dydd, 'roedd hi'n chwythu awel, *full gale*. I wneud pethau'n waeth, fe aeth y gwynt rownd i'r gogledd-ddwyrain, a'r *Royal Charter* yn hwylio i ddannedd y ddrycin. 'Roedd y gwynt yn sgrechian ac yn dolefain trwy'i rhaffau a'i gwifrau, hithau'n rowlio ac yn neidio, ei choed a'i hochrau haearn yn griddfan a gwichian efo pwysau'r dŵr, a'r tonnau'n torri'n wyn drosti ac yn ei dal yn ôl.

'Erbyn chwech o'r gloch y nos, 'roedd y llong y tu allan i Bwynt Leinws, ac wedi dod yn agos i'r lan i godi peilot. Taniodd Capten Taylor yr arwydd i alw am beilot; ond ni fentrodd y cwch allan. 'Roedd hi'n noson rhy fawr hyd yn oed i'r Cwch Peilot, er bod ei griw ymhlith morwyr dewraf y glannau 'ma. Yn wir, 'doedd hi ddim ffit i gi fod allan y noson honno, yr awel wedi gwaethygu nes oedd hi'n chwythu *hurricane*, a'r glaw yn pistyllio i lawr.

'A dyna Capten Taylor ar ei gyfyng gyngor – beth oedd y gorau i'w wneud: treio mynd ymlaen am Lerpwl heb y peilot, ynteu bwrw'r angorion yn y bae 'ma a disgwyl i'r storm ostegu?'

'Ond 'doedd hi'n galed arno!' ebe Gwyneth.

'Oedd, yn galed iawn hefyd. Wedi ystyried y mater am ychydig funudau, dyma benderfynu bwrw'r ddau angor, a chadw'r sgriw i droi ar yr un pryd, er mwyn tynnu'r straen oddi ar gadwyni'r angorion. Ac felly y bu; y llong yn ei hunfan yn neidio'n wyllt i fyny ac i lawr, môr fel mynyddoedd yn 'sgubo drosti, a'r peiriannau'n troi'n galed, *full speed ahead*, mewn ymdrech i gadw'i thrwyn hi i'r gwynt a oedd erbyn hyn yn chwythu dros gan filltir yr awr.'

'Beth am y teithwyr, Capten Williams,' gofynnais, 'y dynion, y merched a'r plant bach oedd ar fwrdd y llong fawr?'

'O, 'doedd 'r un ohonynt yn meddwl am fynd i'w wely, ac nid oedd dichon i neb orffwys yng nghanol y fath dwrw dychrynllyd. Aethai Capten Taylor i lawr atynt i'r salŵn ar adegau i'w cysuro; ond gwaith anodd oedd ceisio perswadio'r merched ofnus, â'u gruddiau llwydion, fod y llong dan ofal dynion profiadol ac y byddai popeth yn iawn.

'Dechreuodd rhai o'r teithwyr chwarae cardiau, ond heb fawr o galon, a buan y daeth hwnnw i ben. Wedyn, aeth rhywun at y piano, a chanodd y dorf emynau, mewn ymgais i anghofio'u trybini a boddi sŵn y storm efo'u canu. Ond daeth taw ar y canu hefyd, a'r unig fiwsig a glywyd oedd sgrechian y ddrycin a rhu arswydus y môr. 'Roedd yr hen Dafydd Jôs wrth ei organ, fy mhlant i, a pha siawns oedd gan ddyn yn ei erbyn o?

'Er bod y peiriannau'n gyrru hynny a allent, 'roedd y pwysau ar y cadwyni yn ormod iddynt ei ddal, a -'

'A dyma nhw'n torri!' ebe Dewi.

'Do, efo clec fel ergyd o wn, fe dorrodd y ddwy. Collwyd yr angorion a dechreuodd y llong ddrifftio a mynd wysg ei starn tua'r lan am y creigiau 'ma, yr awel yn gryfach na'i pheiriannau, a'r tonnau'n ei hyrddio'n nes ac yn nes i berygl.'

'Bobol bach – 'doedd hi'n ddifrifol arnynt!'

'Oedd; ond mi gadwodd Capten Taylor ei ben. Gorchmynnodd i'w griw dorri'r mast talaf i lawr, er mwyn lleihau ychydig ar bwysau'r gwynt. Brysiodd y dynion i'w dorri, a bwriwyd y mast dros y bwrdd. Aethant ati wedyn i dorri'r mast blaen. Ond i ddim pwrpas – mewn ychydig funudau wedi iddynt daflu'r ail fast trosodd, yr oedd y *Royal Charter* yn sownd ar y creigiau 'ma, yn cynnig ei hochr i bob moryn i'w tharo a'i chlwyfo.'

'Aeth y *lifeboat* allan, taid?'

'Naddo, Gwyneth. Cwch rhwyfo oedd yma'r adeg honno, wyddost; a ffolineb ar y mwyaf fuasai mentro allan ar y fath ddrycin efo peth gwael felly i le mor enbyd.'

'Beth ddaru dynion Moelfre?'

''Doedd 'na ddim i'w wneud ar y dechrau ond edrych yn ddifrifol a gwylio. 'Roedd

Porth Eleth 'ma cyn iddi ddyddio yn fyw o bobl yn barod i helpu. Ond beth oedd i'w wneud heb gwch cryf a rocedi fel sydd gennym ni 'rŵan?'

'Wel dyna beth sobr!' ebe'r eneth yn syn. 'Sut bu hi wedyn, taid?'

'Mi welodd un o longwyr y *Royal Charter*, dyn dewr o'r enw Rogerson, mai'r unig beth i'w wneud oedd treio cyrraedd y tir, a chael rhaff o'r llong i'r lan er mwyn rhedeg cadair ar ei hyd i achub y trueiniaid.'

'Ddaru o lwyddo?' ebe Dewi.

'Do. Wn i ddim sut y llwyddodd o i gyrraedd y lan a'r tonnau mor gynddeiriog â'r hen greigiau 'ma mor ofnadwy o finiog. Ond llwyddo wnaeth o rywsut er gwaethaf popeth, a chyrraedd y tir efo lein fain am ei ganol.'

'Wel, mi 'roedd o'n ddewr!' ebe Gwyneth.

'Oedd yn diar,' meddai Capten Williams. 'Mi frysiodd dynion y pentra 'ma i'w gario o afael y tonnau, a dyma dynnu efo'r lein raff gref o'r llong i'r lan. Mewn chwinciad, 'roedd y gadair yn mynd a dod rhwng y *Royal Charter* a'r traeth, pawb yn wlyb at ei groen, wrth gwrs, yn rhuthro ar draws y gwymon llithrig ac yn mentro llawer i helpu'r dynion o'r gadair.'

'Ond beth am y merched, taid; onid merched a phlant a achubir gyntaf bob amser mewn llongddrylliad?'

'Gwyneth fach, 'doedd yna 'run ferch yn barod i wynebu'r daith beryglus o'r llong ar hyd y rhaff, felly dynion yn unig a achubwyd efo'r gadair. Ond wir, wedi iddynt gael rhyw hanner dwsin drosodd, fe roddodd y môr derfyn sydyn ar y gwaith da. Symudwyd y llong gan foryn enfawr; rhoddodd herc, a dyma'r rhaff yn torri.'

'Wel dyna dro!'

'Ie. 'Doedd 'na neb arall ar y llong a oedd yn barod i wneud yr un peth â ddaru Rogerson, ac felly'r unig obaith bellach oedd i'r môr ostegu. Ond gyrrwyd gobaith allan o bob calon gan anferth o don a daflodd y *Royal Charter* ar greigen a pheri iddi ysigo asgwrn ei chefn. Mi dorrodd yn ddau ddarn, a disgynnodd y darn ôl yn un crynswth i'r dyfroedd. Ar darawiad amrant, aeth pedwar cant o eneidiau i dragwyddoldeb, plant bach, merched, a dynion, a'r rheiny'n cael eu curo i farwolaeth yn erbyn y creigiau cyn i neb fedru symud llaw i'w hachub.

'Fe safodd y darn blaen am ryw ychydig ar y creigiau 'ma, rhyw gant yn dal eu gafael ynddo. Ond ni safodd yn hir yn erbyn llid y môr, maluriwyd hwnnw hefyd, a lluchiwyd pob enaid i'r bwrw. Cerddodd dynion Moelfre allan llaw yn llaw i ganol y tonnau oedd yn goch gan waed gan gipio i ddiogelwch bob un a ddeuai o fewn cyrraedd iddynt. Collwyd pedwar cant a deunaw a deugain o fywydau; nid achubwyd yr un ferch na phlentyn allan o'r holl deithwyr, a brawychwyd y deyrnas drwyddi gan y fath drychineb.'

'Capten Williams,' ebe Dewi, ' a oeddych chwi yn helpu?'

Gwenu a wnaeth yr hen forwr. 'Nid wyf mor hen â hynny,' 'ngwas i. 'Roedd fy nhaid yn helpu. A byddai fy modryb Elin yn sôn wrthyf ers talwm am y *Royal Charter*. Geneth fach bum mlwydd oed oedd hi ar y pryd. 'Roedd cynnwrf yn y pentra y bore gwyllt hwnnw, curo uchel ar ddrysau'r tai, gwaeddi bod llong yn y lan, a phawb yn codi ac yn prysuro tua Phorth Eleth i dreio gwneud ei ran. 'Roedd fy modryb yn cofio gweld corff dau blentyn o'r llong yn gorwedd ar swp o wellt mewn beudy a hithau, yn blentyn ei hun, yn dotio arnynt am eu bod mor dawel a phrydferth.

'Fe welodd fy modryb ddarnau o'r llong yn cael eu curo a'u malu'n yfflon ar y creigiau, ac 'roedd ganddi gof am un dyn yn dal ei afael mewn mast ynghanol y berw, a hwnnw'n diflannu dan y dŵr o flaen ei llygaid. 'Roedd y caeau 'ma yn wyn dan ewyn, a'r gwrychoedd drain a'r eithin acw yn wyn efo'r gwlân a gafodd ei chwythu o'r llong pan dorrodd yn ddau.'

'Beth am arian y *Royal Charter*, Capten Williams?' gofynnais. 'Fe fyddai fy nain ers talwm yn dweud pob math o straeon wrthyf am ddynion yn mynd ar hyd y traethau i chwilio am gyrff o'r *Royal Charter*, er mwyn cael aur o'u pocedi ac o'r gwregysau oedd am eu canol.'

'Bobol bach – dyna beth ofnadwy i'w wneud!'

'O, 'r oeddynt yn gwneud pethau gwaeth na hynny, meddai fy nain. 'R oeddynt yn tynnu modrwyau aur oddi ar fysedd y meirw. Os oedd y cyrff wedi chwyddo efo dŵr hallt ac yn gwneud pethau'n anodd i dynnu'r modrwyau – wel 'doedd 'na ond un peth amdani hi, torri'r bysedd yn glir i ffwrdd!'

'Ie, mi glywais innau am hynny,' ebe'r Capten.

'Soniai fy nain am ryw ddyn oedd yno fel math o swyddog yn gofalu am y pethau a olchwyd i'r lan. Byddai hwn, meddai hi, yn dod â llond piser bach o sofrins adref bob nos.'

'Mi aeth hwnnw'n gyfoethog,' ebe Gwyneth.

'Fuo 'na 'rioed ddim lwc ar arian y *Royal Charter*, 'ngeneth i,' ebe'i thaid. 'Trybini ac anlwc a ddaeth i ran y lladron, ac i'w teuluoedd ar eu hôl.'

'Beth ddaeth o'r llwyth aur oedd yn y llong?' holais innau.

'O,' meddai'r Capten, ''roedd hi'n cario gwerth rhyw hanner miliwn o aur, yn farrau a sofrins, ac yr oedd llawer o deithwyr cyfoethog ar ei bwrdd hefyd yn cludo eu cyfoeth efo nhw. Mi aeth y rhan ora o'i llwyth aur i'r gwaelod gyda hi pan dorrodd, a daeth deifars i weithio yma am wythnosau i'w godi i'r wyneb. Ond lluchiwyd peth o'r aur ar hyd y traeth 'ma; ac am flynyddoedd wedi'r digwyddiad, byddai ambell un yn dod yma i chwilio am sofrins, ac yn ffeindio rhai hefyd. Mi gafodd fy nhad ddwy sofren unwaith pan oedd yn hogyn ysgol.'

'Gwyneth a Dewi,' meddwn innau, 'os carech wybod rhagor o hanes y *Royal Charter*, treiwch gael gafael ar y llyfr *The Uncommercial Traveller*. Charles Dickens, awdur *David Copperfield* ac *Oliver Twist*, a'i 'sgrifennodd. Fe ddaeth Dickens yma i Foelfre, a bu'n cerdded ar hyd y glannau 'ma, rhyw ddeufis wedi'r digwyddiad. Dylech ddarllen yr hanes sydd ganddo yn y llyfr, mae'n ddiddorol a gwerthfawr.'

'Ydi, byddaf yn ei ddarllen yn aml,' ebe'r hen forwr, gan gydio yn ei ffon a chodi ar ei draed. 'Ar ambell ddistyll trai, daw darn o'r hen long i'r golwg, wyddoch. Mae hwnnw, erbyn hyn, fel rhan o'r graig, y gwymon wedi tyfu drosto a'i guddio fel na fedr neb ddweud nad craig ydyw.'

'A dyna'r cyfan sy'n aros heddiw?' ebe Gwyneth.

'Ie, 'ngeneth i, dyna'r cyfan, y darn haearn ar y traeth a'r maen coffa 'ma – dyna'r cyfan. Mae amser, efo'i law garedig, wedi cuddio pob craith arall.'

T.G. Walker
Trysorau'r Traeth (Caerdydd, Hughes a'i Fab, 1950)

Diwedd y Daith: Eglwys Sant Gallgo
a Llongddrylliad y *Royal Charter*

Gwilym Hawes

1. Eglwys Sant Gallgo

Ffoaduriaid o Ystrad Clwyd (Yr Alban) oedd Gallgo, ei frawd Eugrad a'i chwaer Peithan. Aelodau oeddynt o deulu Cawl Cawlyd a dderbyniodd dir gan Maelgwyn Gwynedd pan symudodd i Wynedd rhag y Pictiaid oedd yn bygwth meddiannu ei dir. Ymsefydlodd y ddau frawd a'u chwaer yma yn y 6ed ganrif. Brawd iddynt oedd Gildas a ysgrifennodd un o'r llyfrau cyntaf am Brydain, 'De Excido et Conquestre Britanniae'. Ganwyd Gildas o gwmpas y flwyddyn 500 a bu farw Maelgwyn yn 547, felly gallwn fod yn weddol gywir wrth ddweud i Gallgo gyrraedd yma yn hanner cyntaf y 6ed ganrif.

Gwyddom ble y sefydlodd Gallgo ac Eugrad eu heglwysi ond nid oes tystiolaeth ble y sefydlod Peithan ei chell neu ei llan hi.

Mae'r adeilad presennol mewn dwy ran, wrth i ni ddod i mewn rydym yn sefyll yn y rhan mwyaf diweddar o'r Eglwys adeiladwyd yn 1892. Yn y rhan yma gwelwn y ddau beth hynaf sydd yn yr Eglwys. Ychydig i'r chwith o'r drws gwelwn y cawg o garreg neu'r 'stoup', mae'n debyg i hwn gael ei symud i'w safle bresennol pan oedd yr Eglwys yn cael ei thrin, arferai ddal y dŵr sanctaidd a oedd ymhob eglwys pan oeddynt o dan awdurdod Rhufain. Yma hefyd mae'r gloch, sydd i'w gweld yn glir o'r tu allan. Credir fod hon yn un o'r rhai hynaf yng Nghymru yn dyddio o'r 13eg ganrif. Arni mewn llythrennau breision mae'r geiriau 'AVE MARIA GRATIA PLENIS', hefyd mae arni argraff o un ochr i geiniog o oes Edward 1af fathwyd yn Durham ac yn dyddio o 1281. Nid oes sicrwydd ymhle y gwnaethpwyd y gloch, ond mae siâp y groes arni yn awgrymu mai o Ffrainc y daeth yma. Yn ddiweddar bu yn cael ei thrin yn Swydd Derby a braf oedd clywed ei galwad ar ôl iddi fod yn fud am flwyddyn a mwy.

Cerddwch ar hyd corff yr Eglwys i gyrraedd y rhan hynaf ohoni, mae rhannau o hon yn dyddio o'r 15fed ganrif. Mae'n siâp anghyffredin, a'r trawstiau uwchben wedi eu gorchuddio â tho baril neu grymdo. Mae rhannau o'r ffenestr ddwyreiniol yn dyddio o'r 15fed ganrif, ond gwydr lliw o oes Fictoria sydd ynddi yn darlunio Iesu yn cerdded ar y dŵr, darlun addas i ardal forwrol. Yn amser y Parch Stephen Roose Hughes roedd sgrin fechan ar draws y gangell ond diflannodd yn ystod cyfnod yr ail-drin. Llawr cerrig oedd yma yng nghyfnod y *Royal Charter*, ac nid oedd y trawstiau yn y croesrannau wedi eu gorchuddio fel y maent heddiw. Symudwyd y pulpud a'r seddau oedd yma i Eglwys Penrhosllugwy i wneud lle i'r panelau yn y gangell, y pulpud a'r ddarllenfa o dderw

Gwilym Hawes

Cyn ei ymddeoliad roedd Gwilym Hawes yn Bennaeth Ysgol Llanallgo ac yn Bennaeth cyntaf Ysgol Gymuned Moelfre. Ers ymddeol cyfrannodd at sawl agwedd ar fywyd y gymuned leol a gwasanaethodd fel warden Eglwys Llanallgo yn anrhydeddus iawn. Cyhoeddodd lyfryn ar y cyd gyda Dr Graham Loveluck ar hanes Eglwys Llanallgo, er budd coffrau'r eglwys.

golau a roddwyd er cof am y Parch Stephen Roose Hughes yn 1934-35.

Yn y rhan orllewinol roedd agoriad yn arwain i gapel bach a elwid Capel y Ffynnon, sydd wedi diflannu erbyn hyn, lle y byddai'r pererinion oedd yn ymweld â Ffynnon Allgo yn dod i addoli. Mae'n debyg mai o'r rhan yma y daeth y cawg sydd wrth y drws. O dan y ffenestr ddeheuol mae bwrdd cymun yn dyddio o 1726. Roedd drws yr Eglwys yn lle mae'r festri heddiw.

Ar Fedi'r cyntaf 2004 bu bron i ni golli'r adeilad hanesyddol hwn pan gychwynnodd tân oherwydd nam trydanol. Yn ffodus darganfyddwyd y tân gan un o'r aelodau cyn iddo afael o ddifri. Llosgwyd rhan o'r festri a bu peth niwed mwg i'r adeilad a'r dodrefn. Diolch i Dduw mae popeth yn ôl yn ei le erbyn hyn a bydd y festri yn cael ei ehangu a'i hail drin yn fuan.

Heddiw mae'r Eglwys yn enwog oherwydd ei chysylltiad â llongddrylliad y *Royal Charter*, Hydref 26ain 1859, pryd y chwaraeodd y Parch Stephen Roose Hughes, Rheithor y plwyf, ran bwysig oherwydd ei ymdrechion di-flino i gynorthwyo a chysuro y teuluoedd a gollodd eu hanwyliaid yn y drychineb.

2. Mordeithio'n Bell

Yr adeg honno roedd cryn deithio i Awstralia pan oedd teuluoedd yn gadael Prydain i gychwyn bywyd newydd yno. Byddai eraill yn gadael i weithio dros dro yn y mwynfeydd aur gan obeithio dychwelyd yn gyfoethog. Llong wedi ei chynllunio i gario teithwyr mor gyflym â phosibl i Awstralia oedd y *Royal Charter*. Adeiladwyd hi yn Sandicroft, Sir Fflint yn 1854 pan oedd llongau haearn yn dechrau profi eu gwerth, roedd yn pwyso 2,749 tunnell wedi ei chynllunio ar ffurf 'clipper' yn cario hwyliau llawn gydag ychwanegiad peiriant stêm. Cychwyn gwael a gafodd y llong hardd yma, bu helynt efo'i lansio, ac ar ei mordaith gyntaf bu'n rhaid troi'n ôl i Plymouth gan fod gormod o falast arni oedd yn ei gwneud yn rhy isel yn y dŵr. Wedi datrys y broblem yma ni fu ei thebyg, roedd yn marchogaeth y tonnau yn hollol ddidrafferth a'r teithwyr niferus arni yn canmol siwrnai gyfforddus dros ben. Llwyddai i gyrraedd Melbourne mewn 60 diwrnod oedd yn record y pryd hynny. Do, bu peth sôn ymysg yr hen forwyr oedd yn y criw y byddai'n long anlwcus am i rai o'r teithwyr oedd ar y fordaith gyntaf fwynhau eu hunain yn saethu albatros.

Ar Awst 26ain 1859 gadawodd Melbourne, Awstralia yn cludo dros 300 o deithwyr a chriw o 103. Ymysg y criw roedd naw o ddynion o Ogledd Cymru ac un ohonynt oedd bachgen ifanc o Moelfre, Isaac Lewis a oedd wedi ymuno â'r llong yn Lerpwl ac wedi mwynhau ei fordaith gyntaf arni.

Ar wahân i'r teithwyr roedd y *Royal Charter* yn cludo cargo o wlân a chrwyn defaid, mewn ystafell ddiogel dan sêl roedd cargo gwerthfawr o aur gwerth £322,440 pryd hynny! Roedd gan y teithwyr hefyd eu ffortiwn personol eu hunain o aur yn eu gofal.

3. Cymylau ar y Gorwel

Oherwydd gwyntoedd ffafriol a thywydd teg roedd yn amlwg fod y llong yn bur agos i gadw at ei record ar ei thaith adref. Pan gyrhaeddodd Queenstown, Iwerddon i roi triar-ddeg o deithwyr i lawr roedd wedi gwneud amser da. Roedd y teithwyr dosbarth cyntaf wedi eu plesio gymaint efo'r daith drwyddi draw fel y penderfynasant anrhegu Capten Taylor fel arwydd o'u gwerthfawrogiad. Roedd yntau wrth ei fodd ac yn addo iddynt y byddent yn Lerpwl ymhen pedair awr ar hugain.

Pan wawriodd 25ain Hydref gwelwyd rhyw darth tywyll ar y gorwel, mor wahanol i'r tywydd gwych a gafwyd yn ystod y dyddiau blaenorol. Fel yr oeddynt yn hwylio heibio Caergybi am bump o'r gloch y prynhawn roedd llawer o'r teithwyr yn awyddus i weld y *Great Eastern*, llong ager anferth a gynlluniwyd gan Brunel, roedd hi ar dreialon o amgylch Prydain ar y pryd, ac wedi angori tu allan i Gaergybi. Gan fod Capten Taylor yn awyddus i gyrraedd Lerpwl mewn pryd penderfynodd frysio ymlaen. Erbyn cyrraedd Ynysoedd y Moelrhoniaid am hanner awr wedi chwech roedd y *Royal Charter* yn brwydro yn erbyn gwynt cryf oedd wedi symud i'r Gogledd-Ddwyrain. Wrth basio Pwynt y Leinws roedd y Capten yn gobeithio codi peilot, ac er iddynt danio rocedi roedd yn amhosibl i unrhyw un o'r ddwy long beilot ymateb gan eu bod wedi mynd ymhellach allan i'r môr i ymladd y storm. Roedd y gwynt yn rhuo erbyn hyn.

4. Y Storm yn Torri

Roedd y *Great Eastern* yn ymladd y storm hefyd, bu'n rhaid i'r Capten fynd â hi allan o beryglon y lan i'r môr mawr, ond er hynny achoswyd cryn ddifrod i'w long.

Cawn ddisgrifiad o'r storm gan ohebydd y *Times* oedd ar ei bwrdd, gŵr profiadol a feddai y ddawn i ddisgrifio pethau fel yr oeddynt, heb orliwio:

> *Each gust of the wind seemed longer and worse than the last, striking down upon the ship, as some sailors say, with the blow like the hammer and testing everything in the way of masts and rigging to the very utmost... From that time till between two and three o'clock in the morning the gale increased in violence till the din was appalling and the rain and the hail driving with the force of small shot made it painful to face it... The air was filled with spray torn from the rugged waves... the darkness unpenetrable... while the hoarse roar of the wind drowned every other sound save the dull threatening booming waves upon the rocks...*

Nid oedd hi'n bosibl i'r *Royal Charter* fynd allan i'r môr bellach, roedd y gwynt yn ei gyrru tua'r lan, er bod yr hwyliau wedi eu tynnu neu eu rhwymo. Ymladd yn ofer oedd y peiriannau bychain. Gwyddai'r capten beth fyddai'r peryglon os byddai'r llong yn mynd yn rhy agos i'r lan. Roedd y gwynt a'r môr fel pe baent wedi uno i geisio dinistrio'r llong hardd oedd wedi eu meistroli dros y blynyddoedd. Dal i gael ei hel yn nes at y lan oedd y llong, gollyngwyd yr angor chwith, roedd hyn yn ymddangos yn llwyddiant ac yn ei dal yn ei lle, ond roedd fel pe bai rhyferthwy y storm yn cynyddu a gollyngwyd yr angor dde. 'A'i thrwyn i'r gwynt', roedd y Capten yn fodlon ond yn bryderus. Roedd straen yn ormod, torrodd cadwyn yr angor chwith ac mewn ychydig torrodd y llall. Roedd y *Royal Charter* ar drugaredd creulon y storm. Gan fod y peiriannau yn methu a'i dal bu'n rhaid i'r Capten gytuno i roi'r gorchymyn i dorri'r mastiau oedd yn naw deg pump troedfedd o uchder ac hefo'r rigin yn dal pwysau'r gwynt. Nid oedd hyn yn ddigon a chyn hir roedd y gwaelod yn crafu'r graean. Pe bai'r llong wedi cael ei chwythu ddau gan llath i lawr yr arfordir byddai wedi glanio ar draeth mwy agored Porth Helaeth a gobaith da y byddai pawb wedi cael eu hachub.

5. Ymateb dewr dynion Moelfre

Ar y cychwyn roedd yn ymddangos bod y llong yn weddol ddiogel, ei gwaelod ar y gro a'r lan yn ymyl. Ond roedd creigiau ysgythrog rhyngddi hi a diogelwch. Hyrddiodd y gwynt hi yn eu herbyn ac roedd sŵn brawychus y crafu yn peri dychryn i bawb.

Ar y noson honno roedd Mesach Williams ar ben to ei fwthyn, Cocyn Uchaf, yn ceisio gwneud rhywbeth i'w gadw rhag chwythu i ffwrdd yn y storm, ac yr oedd ei gymydog Thomas Hughes, Cocyn Newydd, yn ei helpu. Mae disgynyddion Capten Thomas Hughes (1824-1914) yn dal i fyw yn yr ardal, y rhan fwyaf ohonynt, fel yntau, wedi byw i oedran teg. Mae hanes y noson honno ar gof a chadw ganddynt fel yr adroddwyd ef gan Capten Hughes.

Tua thoriad y wawr sylweddolodd y ddau fod arogl tar a rhaff yn llosgi yn cael ei gario ar y gwynt, ac yr oedd golau gwan i'w weld yn dod o gyfeiriad Porth Helaeth. Gwyddai'r ddau fod llong mewn perygl. Aeth Mesach Williams i'r pentref i chwilio am ddynion i ddod i gynorthwyo, tra'r aeth Capten Hughes i gyfeiriad y golau. Wedi cyrraedd gwelodd long yn gorwedd wysg ei hochr ar y creigiau, ar y starn roedd tair casgen o dar yn llosgi a thua'r un faint ar y blaen. Roedd y gwynt yn rhuo a'r môr yn berwi dros y creigiau, ac er ei fod yn ddyn dros chwe troedfedd ac yn drwm o gorff bu'n rhaid iddo fynd ar ei bedwar at ymyl y graig. Cyrhaeddodd o fewn ugain llath i'r llong a cheisiodd weiddi bod help ar y ffordd, ond cymaint oedd rhyferthwy'r storm ni chlywyd mohono. Yn fuan daeth Owen Hughes, Tyddyn-y-Gongl yno, ac ar yr un pryd daeth dau lanc ifanc o Dde Iwerddon oedd yn edrych ar ôl stablau y postfeistr, Evan Williams. Ceiswyd taflu rhaff i'r llong ond yn ofer. Daeth rhagor o ddynion yn fuan wedyn, rhai wedi arogli y tar yn llosgi. Daeth wyth ar hugain o ddynion i gyd yn awyddus i helpu. Hyd yn oed pe byddai modd lansio bad achub ni fyddai wedi bod o unrhyw ddefnydd mewn môr berwedig yn ymyl y lan.

6. Morwr dewr – gobaith gwan

Ar fwrdd y llong roedd paratoadau yn cael eu gwneud i geisio cael pawb i'r lan trwy ddefnyddio 'bosun's chair'. Gwirfoddolodd Joseph Rodgers, brodor o Malta ac aelod o'r criw i nofio i'r lan â rhaff denau am ei ganol a oedd ynghlwm wrth raff drwchus ar fwrdd y llong. Cyrhaeddodd y nofiwr penigamp y lan yn ddianaf a thynnwyd ef i ddiogelwch o afael y tonnau gan ddynion Moelfre oedd wedi cydio ym mreichiau ei gilydd i ffurfio cadwyn yn barod i'w achub. Aethpwyd ati yn ddiymdroi i lunio 'bosun's chair', i'w ddefnyddio golygai hyn daith o ugain llath ar gadair sigledig uwch ben môr brawychus yn nannedd gwynt cynddeiriog. Mae'n hawdd credu i'r merched wrthod mentro ar y fath daith a chollwyd amser prin yn ceisio eu perswadio. Yn araf iawn aeth aelodau o'r criw a rhai o'r dynion ymysg y teithwyr ar y daith beryglus gan obeithio y byddai'r merched yn cael digon o blwc i'w dilyn.

7. Diwedd Dychrynllyd

Yn annisgwyl, tua saith o'r gloch yn y bore, torrodd y llong yn ei hanner gan wahanu y pen blaen lle'r oedd y gadair a'r rhan ôl lle'r oedd y rhan fwyaf o'r teithwyr. Ysgubwyd nifer fawr ohonynt i'r môr rhwng y ddau ddarn lle maluriwyd hwy'n ddifrifol yn erbyn darnau miniog y llong a'r creigiau. Yn fuan wedyn symudodd y pen blaen gan dorri'r rhaff oedd yn cynnal y *'bosun's chair'*, dyma pryd y taflwyd Isaac Lewis druan i'r dŵr a'i foddi mor agos i'w gartref ac yng ngolwg ei dad oedd yn un o'r dau ddeg wyth oedd yn helpu ar y lan.

Boddwyd llawer am iddynt neidio i'r dŵr yn gwisgo dillad trwchus ac yr oedd llawer o'r dynion yn cario yr aur a oeddynt wedi gweithio mor galed i'w ennill yn Awstralia. Gwnaeth y dynion oedd ar y lan eu gorau i gael gafael ar y rhai oedd yn cael eu taflu tuag atynt. Llwyddwyd i gipio 38 o'r tonnau, 20 ohonynt yn deithwyr a 18 yn griw. Yn ôl rhestr y teithwyr a gafwyd gan asiant 'Bright Brothers & Co.', Melbourne, Victoria, a baratowyd ar 24ain Awst 1859 roedd 50 o blant dan ddeg oed ar y llong, y drasiedi yw nad achubwyd yr un ohonynt; ni achubwyd yr un ferch chwaith ac yn ôl rhestr roedd 305 o'r teithwyr dan hanner cant oed a dim ond dau dros chwe deg.

Yn ei lyfr ardderchog, *The Golden Wreck*, mae Alexander McKee yn rhoi disgrifiadau byw o'r digwyddiadau dychrynllyd yma. Mae'n sôn am ŵr o'r enw James Dean a fu'n ddigon darbodus i adael ei arian mewn banc yn Awstralia, rhwymodd y dderbyneb am ei ganol mewn brethyn oeliog. Roedd wedi sylwi fel roedd dillad trymion rhai o'r merched a'r dynion yn eu tynnu o dan y dŵr. Aeth i'r môr yn hollol noeth a thaflwyd ef yn ddiogel i'r lan i freichiau y rhai oedd yn disgwyl yno.

8. Gwasanaeth a Chydymdeimlad

Erbyn canol y bore roedd llawer wedi ymgynnull ar y traeth ac yn eu mysg roedd y Parch Stephen Roose Hughes, Rheithor y plwyf. Gwelodd yr angen ar unwaith a threfnodd i symud y cyrff i Eglwys Llanallgo rhyw ddwy filltir i ffwrdd. Roedd angen dynion gyda cheffyl a chert i wneud y gwaith anodd hwn a gofalodd y Rheithor dalu chweugain am bob truan a gludwyd i'r Eglwys.

Daeth W. H. Smith, 'Receiver of Wrecks' o Biwmares ar frys, yn bennaf i ofalu am unrhyw eiddo a ddeuai i'r lan, yn enwedig y trysor oedd ar y llong. Yn naturiol bu sôn ar hyd y blynyddoedd am bobl ddaeth yn gyfoethog ar aur y *Royal Charter*. Mae'n debyg fod rhai wedi elwa o bethau gafwyd ar y traeth, rhaid cofio bod llawer o bobl ddieithr wedi dod i'r pentref yn fuan ar ôl y drychineb ynghyd â milwyr oedd wedi eu galw yno i gadw trefn. Do, gwelwyd pobl yn cario sofrenni mewn pwcedi i fyny'r traeth, ond gweithio i Mr Smith oedd y rhain. Do, bu rhai o flaen eu gwell am helpu eu hunain, ond ni chyhuddwyd neb o Moelfre. Roedd y papurau newydd cenedlaethol yn dueddol i gollfarnu pobl oedd wedi dangos dewrder, tosturi a charedigrwydd yn ystod cyfnod cythryblus iawn yn eu bywydau.

Erbyn y Sul roedd yr Eglwys yn llawn o gyrff a gofalodd y Rheithor ei fod yn cynnal gwasanaethau i'r pentrefwyr yn yr ysgol gerllaw, ac felly y bu am fisoedd wedyn. Roedd y Parch Roose Hughes wedi bod yn hynod o ofalus i gymeryd manylion megis nodweddion corfforol a disgrifiad o ddillad y rhai a ddaeth i'r lan, er mwyn gallu rhoi gwybodaeth i'r perthnasau a'r ffrindiau a lifodd i'r ardal i holi am eu hanwyliaid. Gwaith anodd dros ben oedd mynd gyda hwy i chwilio ymysg y cyrff oedd yn gorwedd yn yr Eglwys, llawer ohonynt wedi eu handwyo gan y môr. Yn aml âi ei wraig ffyddlon gydag ef a chafodd gymorth da gan ei dwy chwaer hefyd oedd yn aros gyda hwy. Trwy gydol yr amser roedd y Rheithor yn ddiflino ac yn llawn cydymdeimlad tuag at y trueiniaid yma. Parhaodd y gwaith torcalonnus am fisoedd fel y golchwyd rhagor o gyrff i'r lan, a'r un oedd gofal y Rheithor hyd y diwedd.

Yr un oedd gofal ei frawd y Parch Hugh Robert Hughes, Rheithor Penrhosllugwy. Gofalodd am y cyrff a ddaeth i'r lan ar draethau cyfagos. Cadwodd yntau hefyd gofnod manwl ohonynt a chladdwyd 45 ym mynwent yr Eglwys.

Claddwyd 140 ym mynwent Llanallgo, rhoddwyd y rhai oedd heb eu hadnabod yn bedwar mewn bedd ar ôl gwneud disgrifiad manwl ohonynt. Mae'n debyg bod llawer o'r rheiny wedi eu codi a'u symud yn ddiweddarach i orwedd mewn mynwentydd eraill. Yn y fynwent fe welir heddiw feini coffa i'r rhai a gollwyd yn y drychineb ac sydd wedi eu claddu yma. Codwyd cofeb yn y fynwent i goffhau y rhai a gollwyd, gosodwyd hi yn ymyl beddau y rhai na chafodd eu hadnabod. Yn 1892 penderfynwyd ehangu yr Eglwys, roedd yr estyniad yn mynd dros y beddau, gadawyd y gofeb yn yr Eglwys am ychydig cyn ei symud i'r safle presennol yn y rhan ddeheuol o'r fynwent.

9. Ymweliad Charles Dickens

Ar ddiwrnod olaf y flwyddyn 1859 daeth neb llai na Charles Dickens i Moelfre i gyfarfod y gŵr a edmygai gymaint. Cafodd groeso yn y Rheithordy ac arhosodd yno dros nos. Cafodd gyfle i weld drosto ei hun y prysurdeb oedd yn parhau ar y traeth oherwydd y llongddrylliad. Ysgrifennodd yr hanes mewn cylchgrawn, *All the Year Round*, cyn ei gynnwys yn ei lyfr, *The Uncommercial Traveller*, yn ddiweddarach. Yno cawn weld trwy lygaid newyddiadurwr craff yr holl aberth a wnaed gan y Parch Stephen Roose Hughes a'i deulu gan gynnwys ei frawd y Parch Hugh Robert Hughes.

Dyma beth o'r hyn a ysgrifennodd am y Parch Stephen Roose Hughes:

> *I had heard of that clergyman as having buried many scores of the shipwrecked people; of his having opened his house and heart to their agonised friends; of his having used a most sweet and patience diligence for weeks and weeks, in the performance of the folornest offices that man can render to his kind; of his having most tenderly and thoroughly devoted himself to the dead, and to those who were sorrowing for the dead. I had said to myself, 'In the Christmas season of the year I should like to see that man!*

Roedd wedi rhyfeddu at ymroddiad merched y teulu:

> *The ladies of the clergyman's family, his wife and two sisters-in-law, came in among the bodies often. It grew to be the business of their lives to do so. Any new arrival of a bereaved woman would stimulate their pity to compare the description brought with*

the dread realities. Sometimes they would go back able to say, 'I have found him', or
'I think she lies there'. Perhaps the mourner, unable to bear the sight of all that lay in
the church, would be led in blindfold.

Ac am y Parch Hugh Robert Hughes dywed:

This clergyman's brother... himself the clergyman of two adjoining parishes, who
had buried thirty-four of the bodies in his own churchyard, and who had done to
them all that his brother had done as to the larger number must be understood as
included in the family.

10.   Aeth y baich yn ormod

Yn 1862 ac yntau ond yn 47 mlwydd oed bu farw y Parch Stephen Roose Hughes.
Roedd y gwaith enfawr a ymgymerodd wedi dweud ar ei iechyd. Roedd y galwadau yn
drwm arno, mynnai roi sylw i bawb a ddeuai ar ei ofyn. Derbyniodd 1,075 o lythyrau ac
atebodd hwy i gyd. Trwy gydol yr amser gwrthododd y gŵr balch yma dderbyn unrhyw
fath o gydnabyddiaeth ariannol. Bu ei wraig yn gefn mawr iddo ac ar ei farwolaeth
roedd yn rhaid iddi adael y Rheithordy, ac nid oedd ganddi lawer wrth gefn. O barch i
waith anhunanol y ddau trefnwyd tysteb iddi a bu'r ymateb yn un teilwng iawn.

Mae bedd y Parch Roose Hughes i'w weld ymhen orllewinol y fynwent, a byddwn
yn ei gofio mewn gwasanaeth arbennig ar ddyddiad ei farwolaeth ar y 4ydd o Chwefror.

11.   Beddau y *Royal Charter*

Er fod cymaint o'r rhai a gollwyd yn y llongddrylliad yn gorffwys ym mynwent Llanallgo
dim ond naw o feddau sydd wedi eu nodi. Yn y llyfr *The Wreck of the Royal Charter,*
Steam Clipper gan A and JK cawn rhywfaint o hanes gwerthfawr am yr ymdrechion i
ddod o hyd i gyrff y rhai a gollwyd. Yno cawn fanylion am y claddedigaethau ym
mynwent Llanallgo.

Mae pedwar bedd gyferbyn a drws yr Eglwys, yr agosaf yw bedd George Edmund
Hatch, Swyddog Meddygol i'r llywodraeth ac yn dod o Farnham, Swydd Buckingham.
Daeth ei gorff i'r lan yn fuan wedi'r llongddrylliad. Roedd ganddo werth £150 o aur yn
ei boced a bocs snisin arian gyda'i enw a'i gyfeiriad arno. Roedd ei oriawr wedi stopio
am hanner awr wedi saith a chafwyd sawl oriawr oedd wedi aros ar yr un amser, arwydd
pendant fod y llong wedi torri i fyny ar yr amser hynny.

Yn ei ymyl mae bedd gŵr ifanc un ar hugain oed, James Robert Walton. Wedyn
mae bedd John Grove ac Ann Grove ei wraig o Birmingham.

Yn ymyl ar ffurf cist mae bedd Edwin Fowler a'i deulu, daeth Edwin Fowler i'r
golwg rhyw ddwy filltir tu allan i Draeth Coch ymhen mis wedi'r llongddrylliad. Roedd
gwerth £35 o aur yn ei boced ac roedd ei oriawr yntau wedi stopio am hanner awr wedi
saith. Ni chafwyd hyd i gorff Mrs Fowler. Gorwedd dwy ferch o'r teulu yma hefyd,
roedd Jane Fowler yn ferch brydferth 17 oed a sgubwyd i'r môr pan dorrodd y llong yn
ddwy. Dywedwyd iddi ddod i'r lan heb unrhyw nam arni. Daeth corff Ida ei chwaer fach

bump oed i'r lan yn Traeth Coch, wrth ei hymyl roedd corff ei nyrs ifanc Emma Calf. Wedi eu cludo i Eglwys Pentraeth aethpwyd a'r ddwy i fedd y teulu yn Llanallgo. Mae coffa annwyl am Emma arhosodd yn ffyddlon i Ida hyd y diwedd.

Gwelwn hefyd fedd Mr F F Hutton, dywedir ei fod yn boblogaidd iawn gyda'i gyd-deithwyr, yn arlunydd da ac wedi paentio llun o Capten Taylor. Daeth ei gorff i'r lan yn niwedd Tachwedd heb fod ymhell o'r llongddrylliad, pan aeth deifiwr i lawr ar orchymyn Bright & Co., perchnogion y llong, mewn ymateb i gais y Parch Roose Hughes a oedd yn tybio bod amryw o gyrff wedi eu dal o dan y creigiau yn y fan honno. Daeth y deifiwr i'r wyneb heb weld dim ond cyn iddo adael y dŵr daeth corff Mr Hutton i'r golwg.

Mae dau deulu, Fenwick a Davies, yn yr un bedd. Roedd Mrs Fenwick a'i chwaer Mrs Davies yn cyd-deithio gyda'i teuluoedd. Daeth corff Mrs Fenwick i'r golwg pan geisiwyd symud ychydig ar y llong ddiwedd Tachwedd. Claddwyd hi hefo'i phedwar plentyn, bu farw Mr Fenwick yn Awstralia wythnos ar ôl y drychineb. Yma hefyd mae Mrs Davies a'i phedwar plentyn, ni chafwyd corff Mr Davies a dau o'r plant am gyfnod, ond yn y diwedd cafodd yr unarddeg fod gyda'i gilydd.

Yn y fynwent hefyd mae beddau: William Thompson, Henry a John Emery a John Lewis.

12. Parhau mae'r stori

Ar brynhawn braf ym mis Medi 1935, daeth nifer fawr o bobl a phlant Moelfre ynghyd â gwahoddedigion o bob rhan o Fôn i weld cofeb yn cael ei dadorchuddio i gofio trychineb y *Royal Charter*. Codwyd y gofeb ar fryncyn uwchben y fan lle bu'r llongddrylliad ac erys yn rhan o hanes Moelfre.

Nid dyma ddiwedd y stori, parhau mae'r diddordeb a'r ymholiadau am y llongddrylliad. Mor ddiweddar ag Awst 24ain 2004 ymunodd nifer ohonom mewn gwasanaeth syml i gofio am Manus Maurice Boyle, gŵr ifanc 26 oed ymfudodd o'r Iwerddon i'r Unol Daleithiau; aeth oddiyno i Awstralia i geisio gwneud ei ffortiwn yn y gweithfeydd aur yno. Roedd wedi gadael ei wraig a'i ddwy ferch fach, Anna a Mary ar ôl yn Amerig. Ar ei ffordd yn ôl atynt collodd ei fywyd, ac mae'n bosib i'w gorff fod wedi ei gladdu yn Llanallgo gyda'r rhai na chafodd eu hadnabod.

Yn bresennol yn y gwasanaeth roedd Dr Jos Buch, ei wraig Debbie Fay a'u merch ddeg oed Perry Fay o Pennsylvania. Roedd gan y teulu ddiddordeb yn hanes y *Royal Charter* oherwydd cysylltiad teuluol, gan fod Debbie Fay yn or-wyres i Mary merch Manus. Roedd Dr Buch wedi cysylltu â'r Parch Ganon Dr Graham D Loveluck, Rheithor Llanallgo, trwy ein gwefan. Daeth y teulu drosodd o Pennsylvania i ymweld â'r ardal. Ar ddiwedd y gwasanaeth dadorchuddiwyd carreg goffa syml i Manus gan y teulu yn ymyl drws yr Eglwys.

Gwilym Hawes
Diwedd y Daith: Eglwys Sant Gallgo a Llongddrylliad y Royal Charter
(Moelfre, Partneriaeth Moelfre, 2005)

Enwau'r dau ddeg wyth a fu'n ymdrechu i achub bywydau:

Thomas Hughes, Cocyn Newydd; Owen Roberts, Tyddyn y Pwll; Owen Roberts ieu., Tyddyn y Pwll; Mesach Williams, Cocyn Uchaf; David Williams, Llain Swch; Robert Lewis, Y Big; William Owen, Y Big; Thomas Hughes, Ty Newydd; Richard Hughes, Ty Newydd; Evan Williams, Swyddfa'r Post; John Parry, Pen Llain; John Hughes, Tir i Fyny; John Owen, Llain Farged; Thomas Parry, Bryn Goleu; Thomas Owen, Tai Brics; William Williams, Tyddyn y Graig; Owen Hughes, Tyddyn y Gongl; David Owen, Glanytraeth; William Owen, Y Moryn; John Lewis; John Lewis ieu.; Joseph Williams; Richard Mathew; Israel Mathew; William Pritchard; Richard Evans; Lewis Francis; John Francis.

Y DIWYDIANT PYSGOTA

Rhigwm

Mae fy nghariad wedi digio
'Six penny Herrings' be ydwi hitio
Mi gaf gariad newydd eto
Gwell na'r hwn am trodd i heibio.

Jane Lewis

Un o blwyf Penrhosllugwy a chefndir amaethyddol oedd Jane Lewis 'Sychnant' a symudodd i Foelfre wedi priodi'r morwr Owen Lewis ar ddiwedd y 1930au. Ond yn fuan wedi hynny, canfu ei hun yn wraig weddw pan laddwyd Owen Lewis yn yr Ail Ryfel Byd. O ganlyniad, gorfu i Mrs Lewis gyflawni amrywiol swyddi er mwyn dal dau ben llinyn ynghyd hyd ei hymddeoliad. Bu'n aelod ffyddlon o Gapel Paradwys, Llanallgo, ac o amrywiol gymdeithasau lleol. Roedd yn wraig ddiwylliedig gyda chariad arbennig at y Gymraeg a'i threftadaeth a bu'n cystadlu mewn amrywiol Eisteddfodau. Daw'r rhigwm o un o'i hysgrifau, 'Casgliad o Arferion Ynys Môn'.

Pysgotwyr Moelfre – Y Traddodiad Llafar

Robin Evans

Mae pysgota wedi cynnig bywoliaeth i drigolion nifer fawr o gymunedau ar hyd arfordir Cymru drwy'r canrifoedd. Mewn sawl ardal, ar wahanol gyfnodau, datblygodd pysgota i fod yn ddiwydiant sylweddol. Un o'r pentrefi ym Môn a brofodd y datblygiad hwn oedd pentref Moelfre a hynny'n bennaf yn ystod y ganrif i ganrif a hanner cyn cychwyn yr Ail Ryfel Byd. Mae tystiolaeth ysgrifenedig, cyfrifiadau er enghraifft, yn dangos pwysigrwydd pysgota yn hanes y pentref ond un ffynhonnell amlwg a anwybyddir yn aml yw'r ffynhonnell lafar. Er i rai haneswyr amau gwerth hanes llafar, ac er bod gwendidau amlwg mewn canolbwyntio ar un ffynhonnell hanesyddol yn unig, rwyf wedi dewis canolbwyntio ar y traddodiad llafar ar draul ffynonellau eraill[1] wrth geisio olrhain hanes y diwydiant pysgota ym mhentref Moelfre yn y cyfnod cyn 1939.

Y bedwaredd ganrif ar bymtheg

Un agwedd bwysig ar hanes llafar yw hanesion a drosglwyddwyd o un genhedlaeth i'r llall. Oherwydd hyn mae'n bosibl i ni gyrraedd rhai casgliadau am bysgota yn ardal Moelfre yn ystod y bedwaredd ganrif ar bymtheg. Un nodwedd bwysig ar bysgota'r cyfnod hwn oedd y ffaith nad oedd y diwydiant pysgota penwaig wedi'i gyfyngu i'r ardal o gwmpas Moelfre ei hun. Os nad oedd pysgod ym Moelfre, er enghraifft, yna byddai nifer o bysgotwyr yn hwylio ar hyd y Fenai i Nefyn i bysgota yno dros y gaeaf. Roeddynt hefyd yn mynd i bysgota i gyffiniau Penmaenmawr a Llanfairfechan a'r drefn oedd i'r dynion letya yno. Roed pysgotwyr Moelfre hefyd yn mynd i gyfeiriad Ynys Manaw nid yn unig i bysgota penwaig ond i'w gwerthu yn Purt le Moirrey (Port St.Mary) lle roeddynt yn cael eu defnyddio i wneud *kippers*. Byddai pysgotwyr Moelfre yn halltu penwaig a mynd a hwy i Ynys Manaw i'w gwerthu ac yn dychwelyd i Foelfre hefo penwaig wedi'u cochi. Fel arfer byddai pedwar neu bump o ddynion ym mhob cwch ac roedd y cychod hynny tua 21 i 30 troedfedd o ran maint. Ond ymddengys fod y math hwn ar bysgota wedi dod i ben, i bob pwrpas, erbyn blynyddoedd cynnar yr ugeinfed ganrif.

Nid penwaig oedd unig ddiddordeb pysgotwyr y bedwaredd ganrif ar bymtheg fodd bynnag – hwn hefyd oedd cyfnod adeg y *dredgio*. Byddai Israel Matthews, a oedd yn byw ym Mryncydafael yn Llanallgo, yn dal llymeirch ar y Sianel Cwrs, sef y llinell o Far Lerpwl i'r pwynt y tu allan i Ynysoedd y Moelrhoniaid. Ym Mryncydafael hefyd roedd cwt gyda simdde a oedd yn cael ei ddefnyddio i gochi penwaig pan roedd gormodedd o benwaig – ac mae'n bosibl mai hwn yw'r adeilad cochi penwaig nesaf at y pentref ei hun. Ar y llaw arall, credir bod cochi penwaig hefyd yn digwydd yn yr ogof a oedd ar y traeth. Roedd gan Israel Matthews a'i deulu smac o ryw 30 i 50 tunnell o'r enw *Sofran (Sovereign)*. Yn y gaeaf defnyddid y *Sofran* i bysgota ond ei waith yn yr haf oedd cludo cerrig. Byddai Israel Matthews a'i feibion yn codi'r cerrig ar hyd y glannau ac yn eu cludo i'w gwerthu yn Lerpwl, Preston a Barrow i wneud waliau'r dociau. Nid yw'n glir am ba hyd y parhaodd gwaith deuol y *Sofran* ond mae'n ddigon posibl fod meibion Israel Matthews wedi parhau â'r gwaith deuol hwn ar ôl eu tad. Mae enghraifft y *Sofran* yn dangos fod pysgota yn ffynhonnell waith tymhorol pwysig a bod ar bysgotwyr angen gwaith arall i'w cynnal hwy a'u teuluoedd.

Yn ystod y bedwaredd ganrif ar bymtheg hefyd cafwyd datblygiad diddorol iawn yn hanes pysgota ym Moelfre. Uwch ben y creigiau rhwng traeth Moelfre a Phorth Neigwl, yn wynebu'r môr, mae tai Penrallt. Siediau to gwellt oedd y rhain yn ystod y ganrif ddiwethaf ac yn siediau hynny byddai pysgotwyr o Guernsey yn halltu penwaig ac yn cysgu yno hefyd. Byddent yn dychwelyd adref pan oedd y tymor drosodd. Yn ôl y traddodiad llafar hwy oedd y cyntaf i ddod a llymeirch i'r bae. Hyd heddiw gwelir ôl y diwydiant llymeirch. O dan y creigiau o flaen tai Penrallt mae carreg a osodwyd gan y pysgotwyr o Guernsey. Mae cerrig eraill wedi'u gosod o dan bob pen i'r garreg hon ac mae hi wedi'i gosod rhwng y dwyrain a'r gogledd er mwyn i'r môr olchi drosti. Ar un adeg roedd nifer fawr o'r cerrig hyn yn y bae ond bod y môr wedi mynd a hwy erbyn heddiw. O dan y cerrig hyn byddai pysgotwyr Guernsey yn cadw'r llymeirch yn fyw.

Ceir tystiolaeth hefyd o bwysigrwydd merched i'r diwydiant pysgota yn ystod y bedwaredd ganrif ar bymtheg. Er y byddai Catherine Owens, Boldon (fel y mae'r enw yn ei awgrymu tŷ sydd ar lan môr, neu gro, Moelfre, yw Boldon) yn mynd mewn cwch pysgota i 'sbinio' penwaig hefo'i thad, y llongwr Owen Owens, ar ddechrau'r ganrif nid oedd merched yn pysgota ym Moelfre yn ystod yr ugeinfed ganrif. Mae'n ddigon posibl, fodd bynnag, bod yr enghraifft hon yn dangos fod merched yn pysgota ochr yn ochr â'r dynion wedi bod yn rhywbeth cyffredin yn ystod y bedwaredd ganrif ar bymtheg, os oedd y pysgota hwnnw yn lleol (er na ddylid pwysleisio'r agwedd hon oherwydd byddai tynnu rhwyd llawn penwaig i gwch yn mynnu nerth corfforol). Mae'r ffaith bod gwraig Owen Owens, sef Margaret Owens, Boldon 'yn gallu trin cychod cystal â neb' hefyd yn awgrymu fod merched wedi bod yn amlwg yn y diwydiant pysgota. Mae'n ymddangos, fodd bynnag, mai prif gyfraniad merched i'r diwydiant pysgota yn ystod y bedwaredd ganrif ar bymtheg oedd y ffaith eu bod yn gwneud rhwydi (a hynny'n arbennig o gofio fod y dynion yn pysgota ymhell oddi cartref) ac yn helpu gyrru'r cychod allan. Roedd hen wraig Bryn Hyfryd yn cofio merched yn gwneud rhwydi ac wrth gwrs roedd gwaith trwsio bob dydd arnynt. Roedd hi'n cofio merched yn trin rhwydi mewn ogof a oedd ar lan y môr (sy'n awgrymu fod hyn yn digwydd tua'r 1850au). Roedd Margaret Roberts, Tŷ Bricks, yn medru gwneud rhwydi cystal â neb – ac roedd llawer o ferched eraill y pentref hefyd. Mae'r dystiolaeth felly'n dangos yn glir fod merched wedi chwarae rhan bwysig iawn yn y diwydiant pysgota.

Y Pysgota Mawr

Mae'r darlun o bysgota yn ystod yr ugeinfed ganrif yn llawer cliriach. Byddai'r tymor yn cychwyn yr un adeg bob blwydddyn, sef adeg Diolchgarwch am y cynhaeaf. Tua mis Awst byddai nifer fawr o'r llongwyr yn gadael eu llongau er mwyn paratoi at y tymor pysgota penwaig. Roedd y rheswm dros droi at bysgota yn syml, sef eu bod yn gallu gwneud llawer mwy o arian drwy bysgota na thrwy fod ar y môr neu weithio mewn chwarel. Nid oedd yr un peth yn wir am y capteiniaid ac felly roeddynt hwy'n aros gyda'u llongau ar hyd y flwyddyn. Unwaith fyddai'r tymor penwaig wedi gorffen tua Chwefror rhaid oedd i'r dynion chwilota am long unwaith yn rhagor.

Er i'r llongwyr adael eu llongau i bysgota dros y gaeaf nid oedd unrhyw sicrwydd y byddai unrhyw dymor pysgota yn llewyrchus. Ar y llaw arall tystia sawl un i ambell i dymor fod yn llwyddiannus iawn. Ar gyfnod o 'bysgota mawr' fel hyn llwyddai nifer o ddynion i wneud arian sylweddol. Byddai wythnos lwyddiannus yn cael ei ddathlu gan rai drwy fynd i Amlwch ar nos Sadwrn ar y Bangor Blues. Ond bonws fyddai gwneud arian sylweddol. Y prif reswm dros droi at bysgota oedd, fel y nodwyd uchod, er mwyn sicrhau incwm uwch na'r cyflog pitw a oedd i'w gael ar y môr. Roedd pysgota am benwaig felly'n rhan o drefn flynyddol nifer o ddynion y pentref, ond roedd hefyd yn gallu cynnig cyfle i wneud bywoliaeth mewn cyfnod o argyfwng – adeg streic yn y diwydiant glo er enghraifft. Yn yr un modd byddai llongwyr a oedd yn methu a chael gwaith yn troi at bysgota. Wrth gwrs nid llongwyr oedd yr unig rai a oedd yn pysgota a byddai rhai yn pysgota ar ben eu gwaith. Yn ddigon naturiol roedd llongwyr a oedd wedi ymddeol yn mynd i bysgota penwaig – iddynt hwy roedd pysgota yn gyfle arbennig i geisio dal dau ben llinyn ynghyd. Roedd llawer iawn o'r pysgotwyr hyn yn ddynion mewn oed – cyn llongwyr fel Owen Owens, Bryn Llwyd (perchennog a chapten y *Belt*) a'i frawd Hugh Owen, Bryn Teg (a oedd yn fêt ar y *Belt*), Owen Lewis, Tŷ'n Giat (a oedd wedi bod ar y *Jane Grey* a'r *Margiad Jane*), ac Owen Owens, Boldon (llongwr a dreuliodd y rhan fwyaf o'i yrfa ar y sgwneri). Yn naturiol nid oedd y rhain yn pysgota ar raddfa fawr. Yn yr haf nid oeddynt yn gwneud dim pysgota o bwys – er y byddai rhai yn mynd â phobl ddiarth allan i bysgota. I nifer o'r rhain felly roedd pysgota penwaig yn cynnig cyfle euraidd i sicrhau incwm o ryw fath – yn arbennig os oedd digon o benwaig ar gael. Diddorol yw nodi hefyd fod rhai gweision fferm wedi troi at bysgota adeg caledi ym myd amaeth. Er eu bod yn 'dda i ddim mewn cwch' roedd nifer ohonynt wedi llwyddo i gael gafael ar y 'gêr' ac angorion ac roedd hynny'n siwtio rhai o'r pysgotwyr tlawd.

Yr offer

Beth bynnag oedd y rheswm dros droi at bysgota penwaig y cam cyntaf fyddai cael y 'gêr' yn barod, sef y rhwydi, 'bwngwns' ac angorion. Wrth gwrs un rheswm dros ddŵad adref yn gynnar cyn cychwyn pysgota oedd er mwyn gweld os oedd 'gêr' y flwyddyn flaenorol dal yn addas. Byddai'r rhwydi yn cael eu gosod ar y caeau, rhag ofn fod llygod mawr wedi bod ynddynt er enghraifft. Yn stabl tyddyn o'r enw Cocyn, er enghraifft, roedd y rhwydi wedi'u hongian hefo'r gaseg yn byw yn y gwaelod. Pan ddaeth i bysgota rhyw ddwy dair blynedd wedyn roedd y rhwydi yn debyg i flawd – roeddynt wedi pydru oherwydd chwys y gaseg. Os oedd y math yma o anffawd wedi digwydd rhaid oedd prynu rhwyd. Nid oes unrhyw un o'r rhai a holwyd yn sicr ynglŷn ag o ble yr oedd y rhwydi yn dŵad ond roedd yr oes pan roedd dynion a/neu ferched y pentref yn gwneud eu rhwydi eu hunain mwy neu lai wedi dŵad i ben. Rhai o'r rhai olaf i fod yn gwneud rhwydi oedd William Roberts – 'Yncl Bila' – (perchennog y *Mary Goldsworthy* a'r *Frances*), a oedd 'yn gwneud rhwydi o ddim', a'r Capten Thomas Idwal Jones a oedd yn bysgotwr da iawn. Byddai Richard Matthews yn gwneud nodwyddau pren i wneud y rhwydi ei hun; 'nydwydd rhwydi' yr oeddynt yn cael eu galw. Roedd tyllau'r rhwydi tua modfedd sgwâr ond roedd rhwydi â thyllau o wahanol faint ar gael oherwydd at ddiwedd y tymor byddai'r penwaig yn fân ac felly roedd angen tyllau llai. Erbyn degawdau cynnar yr ugeinfed ganrif felly mae'n ymddangos mai'r drefn oedd prynu rhwyd wedi'i wneud yn barod ond mae'n ddigon posibl nad oedd 'cefnan' ar y rhwyd (a hynny o bosibl oherwydd eu bod yn rhatach heb 'gefnan'). Y cefnan oedd yn rhedeg ar ben y rhwyd, rhwng y ddau fwi – ac roedd y corciau yn sownd iddo (rhaid oedd prynu'r corciau hefyd). Felly rhaid oedd i'r pysgotwyr roi'r cefnan a'r corciau ar y rhwyd eu hunain. Y `godra' oedd y lein a oedd yn rhedeg ar hyd gwaelod y rhwyd ac roedd angen cerrig hirgrwn i ddal y rhwyd ar waelod y môr achos fod raid i rwyd benwaig ddal ar y gwaelod.

Bob pen i'r rhwyd byddai bwi – un bwi pen llanw a'r llall yn fwi pen trai. Byddai angor yn dal y bwi yn ei le. Cyn dyfodiad bwiau modern defnyddid 'bwngi'. Ceir amrywiaeth o ddisgrifiadau o beth a ddefnyddid i wneud bwngi – croen dafad neu du mewn i ddafad neu bledren mochyn. Roedd y diweddar John Matthews Owen, a'i frawd Bob Matthews Owen, yn cofio gweld 'bwngi' yn cael ei wneud allan o groen ci. Wedi crogi'r ci (o bosibl roedd y ci wedi marw yn barod!) y cam cyntaf byddai rhoi blewyn yn ei glun. Yna rhaid oedd ei chwythu i fyny a thrwy wneud hynny byddai'r croen yn dŵad yn rhydd. Y cam nesaf oedd torri ei wddw (ac o gwmpas y pawennau/coesau blaen) er mwyn cael y croen i ffwrdd yn glir. Wedyn gosodwyd darn o bren crwn yn y gwddw a'i dacio fo yn ei le. Yna byddai cortyn yn cael ei roi o'i amgylch a'i dacio i'w le eto. Yn y gwddw byddai twll i chwythu gwynt i mewn i'r `bwngi' ac ar y pren crwn byddai darn arall o bren hefo twll i raff fynd ynddo. Yna rhaid oedd chwythu'r 'bwngi' i fyny a rhoi tar glân y tu mewn iddo fo, tar nad oedd yn sychu er mwyn sicrhau fod y tar yn mynd drwyddo fo i gyd. Wedyn, hefo'r 'bwngi' wedi ei chwythu i fyny – a rhaid oedd cadw gwynt ynddo neu fe fyddai'n cracio – byddai'n cael ei roi i hongian yn yr haul i sychu a byddai dwy neu dair cot o *goal tar* yn cael ei roi ar y tu allan iddo. Yn sicr roedd y 'bwngwns' yn bethau doniol iawn i'r olwg. Byddai'r 'bwngwns' yn para am flynyddoedd ond i rywun roi *coal tar* arnynt bob blwyddyn.

Y drefn ar ôl rhai blynyddoedd oedd gwneud bwngi allan o ddefnydd – calico, cotwm neu gynfas. Cafodd Margaret Matthews Owen, Tynygongl, batrwm gwneud bwi ac wedi paratoi'r defnydd drwy ddefnyddio injan wnïo byddai'r dynion yn gorffen y gwaith o osod y pren, tywallt y tar ag ati. Byddai William Jones, Penrallt (a oedd wedi bod yn llongwr ar longau hwyliau mawr ac yn Gapten ar longau hwyliau'r arfordir) yn gwneud bwngi allan o gynfas, yn rhoi'r cylch pren yn sownd yn y cynfas a thwll ynddo i'w chwythu i fyny. Mae'r cyn-goxswain Richard Evans yn cofio mai drymiau olew a ddefnyddid fel bwiau unwaith yr oedd modurdai wedi cychwyn.

Byddai'r dynion, a llanciau ifanc, yn defnyddio cewyll i gludo'r penwaig o'r cwch i ben y traeth ac i'w cludo er mwyn gwerthu'r penwaig yn y wlad o gwmpas Moelfre. Roedd y cewyll hyn yn cael eu gwneud allan o goed cyll. Byddai nifer o ddynion a hogiau ifanc yn mynd i Glanrafon a'r Parciau i hel y gwiail i wneud y cewyll. Erbyn yr 1920au a'r 1930au fodd bynnag nid oedd llawer o'r to ifanc yn gallu eu gwneud. Un o'r hen do a oedd yn gwneud cawell oedd William Jones, y cyfeiriwyd ato uchod, a byddai ef yn gwneud cawell i nifer o ddynion eraill. I wneud cawell rhaid oedd yn gyntaf cael darn o bren yn siâp y gawell hefo tyllau ar hyd ei hymyl ac yna byddai'r dynion yn gwthio'r gwiail i mewn i'r tyllau a thrwy hynny greu'r asennau. Yna rhaid oedd plethu gwiail rhwng yr asennau. Hanner ffordd i lawr y gawell byddai'n rhaid gosod arwas arni gyda darn o raff er mwyn rhoi'r gawell dros yr ysgwydd.

Byddem yn disgwyl fod eisoes nifer o angorion mewn pentref glan môr yn barod i'w defnyddio. Mae'n debyg bod hynny'n wir ond mae William Roberts, o fferm Tŷ Mawr ar gyrion y pentref, yn cofio fel y byddai nifer o ddynion tua mis Awst a Medi, yn dŵad i'r fferm i chwilio am ddarnau o haearn er mwyn mynd a hwy i'r gof i wneud angorion.

Y cychod

Byddai'r dynion yn cydweithio lle'r oedd rhedeg cwch dan sylw – byddai nifer yn prynu cwch a rhwydi ar y cyd er enghraifft. Fel arfer byddai pedwar o ddynion yn rhannu un cwch. Roedd yr hen gychod tua 21-30 troedfedd ac yn debyg i fad achub ar long. Y rhain oedd y cychod a oedd wedi arfer mynd i leoedd fel Ynys Manaw a Nefyn yn y bedwaredd ganrif ar bymtheg ac wrth gwrs roedd hwyliau ar y cychod hyn. Ond er bod rhai o'r cychod hyn yn cael eu defnyddio yn y 1920au a'r 1930au, fel y cofnodwyd eisoes nid oeddynt yn mynd i ffwrdd i bysgota mwyach, dim ond o gwmpas Bae Moelfre ei hun. Yn y cychod 21 i 30 troedfedd byddai pedwar hefo'i gilydd ond fel arfer roedd gan y pysgotwyr ddau gwch a byddent yn defnyddio cychod bach 15 troedfedd pan oedd y penwaig yn wan. Ar yr adegau hynny byddai dau bysgotwr yn mynd allan bob yn ail ddiwrnod gyda'r ddau a oedd ar y lan yn disgwyl i gario'r penwaig i fyny'r gro. Erbyn blynyddoedd olaf y pysgota dim ond dau ddyn fyddai'n gweithio mewn cwch rhyw 15-17 troedfedd.

Nid oes hanes bod neb yn gwneud cychod eu hunain yn y pentref. Yr unig eithriad yw bod Richard Matthews a oedd yn ddyn medrus iawn, fel y cofnodwyd eisoes, wedi llwyddo i roi dwy hanner cwch at ei gilydd i wneud cwch o'r enw *Seagull*. Un ffordd amlwg o gael cwch oedd ei brynu. Roedd hanes am gychod yn cael eu prynu yn Amlwch, Porth Llechog ac ym Mangor. Ffordd arall o gael cwch oedd cymryd un oddi ar long a oedd wedi taro'r creigiau ac wedi suddo. Hefyd roedd rhai o'r hen gapteiniaid a oedd yn berchen ar longau yn dŵad a chychod y llong yn ôl hefo hwy. Mae hyn yn esbonio enwau rhai o'r cychod – *Hope, John Ewing* a *Sarah Lloyd* er enghraifft. Unigolion oedd piau'r cychod hyn ac er nad oedd pawb yn rhoi enw ar eu cychod nid oedd cael enw ar gwch yn bwysig mewn un ystyr achos roedd cychod hefyd yn cael eu hadnabod yn ôl y tŷ – 'cwch Penbonc', 'cwch Tan y Bryn', 'cwch Boldon' ac ati. Roedd y cychod hyn yn cael eu cadw mewn amryw o leoedd ac roedd eu tynged yn amrywio hefyd. Roedd nifer yn cael eu cadw ar brif draeth Moelfre, sef 'lan y môr' neu'r 'gro' a rhai ar draeth arall Moelfre (lle y lleolid yr hen gwt bad achub), sef Porth Neigwl. Roedd ambell un yn cael ei gadw ar un o draethau eraill yn y pentref, sef y Swnt, ond bod y Swnt yn lle cas.

Gosod y rhwydi

Gyda'r cychod a'r holl 'gêr' yn barod y cam nesaf fyddai mynd allan i osod y rhwydi, a hynny fel y nodwyd eisoes adeg Diolchgarwch. Ar y diwrnod cyntaf byddai'r dynion i gyd yn mynd allan i osod y 'bwngwns', angorion a rhwydi yn y prynhawn. Rhaid oedd bod yn ofalus iawn ynglŷn â lle yr oedd y rhwydi yn cael eu gosod. Y broblem hefo o dan Porth y Rhos, er enghraifft, oedd bod y llanw yn mynd pob ffordd – gelwid y rhan yma yn 'traul mochyn du' a chan fod y llanw 'yn pob sdimia' nid oedd modd gosod rhwydi yna. Roedd yr un peth yn wir wrth geisio gosod rhwydi o gwmpas Ynys Moelfre hefyd gan fod y llanw yn gryf iawn, yn rhy gryf a byddai'r rhwydi wedi'u clymu. Felly rhwng Porth y Rhos, Trwyn Morcyn ac Ynys Moelfre y byddai'r rhwydi yn cael eu gosod. Fel arfer byddent yn cael eu rhoi allan yn yr un 'patch' tan ddydd Sadwrn ond ni fyddai'r pysgotwyr byth yn rhoi rhwyd ar draws y llanw achos byddai'r pwysau yn ormod a byddai hynny'n tynnu'r rhwyd oddi wrth y 'cefnan'.

Fel arfer byddai'r rhwydau yn cael eu gosod pan fyddai'n hanner llanw ar lan môr Moelfre, o fewn rhyw ddwy awr i lanw uchel, a'u gosod allan ar y trai. Ond os oedd y llanw yn gryf rhaid oedd dechrau ar ben llanw. Roedd y rhwydi yn cael eu gosod lle bynnag yr oedd yna le ac nid oedd angen llawer o le rhwng y rhwydi ychwaith. Weithiau byddai'r pysgotwyr yn clymu dwy rwyd at ei gilydd i'w gwneud yn hirach. Byddai'r dynion yn 'stepio allan' wrth osod y rhwydau – sef wedi gosod un rhwyd efallai byddai'r rhwyd nesaf yn cael ei gosod ychydig bach y tu mewn neu y tu allan i'r rhwyd gyntaf, neu'n is i lawr neu'n is i fyny o'r rhwyd honno. Er bod pawb yn gweithio hefo'i gilydd nid oedd gan neb ei 'patch' ei hun a byddai pawb yn trio cael i fan a'r fan o flaen pawb arall. Yn naturiol roedd cenfigen fawr rhwng y pysgotwyr ond doedden nhw ddim yn ei ddangos o i'w gilydd.

Gyda'r gwynt o'r dwyrain neu o'r gogledd ddwyrain roedd y rhwydi yn cael eu malu neu byddai'r cerrig yn cael eu cnocio i ffwrdd. Felly byddai'r dynion yn mynd allan yn y prynhawn i osod cerrig newydd. Ar adegau eraill byddai'r dynion yn penderfynu mynd allan yn y prynhawn i symud y rhwydi'n gyfan gwbl er mwyn cael gwell cnwd o benwaig – gelwid hyn yn 'symud porfa'. Wrth fynd allan byddai'r dynion yn defnyddio lug bach i sbario nhw rhwyfo 'i fyny acw', sef i gyfeiriad Benllech, tra bod 'i lawr' yn golygu mwy i gyfeiriad Moelfre. Pe bai dwy neu dair noson o farrug byddai'r penwaig yn dŵad yn agos i'r lan felly roedd y dynion yn gosod y rhwydi wrth ymyl y lan ond pe bai'r gwynt yn newid i'r de, er enghraifft, yna rhaid oedd symud y rhwydau allan eto. Roedd pob rhwyd wedi'i gosod ar strap ar y lein o'r 'bwngi' i'r angor. Pan fyddai'n dywydd mawr byddai'r penwaig yn codi felly rhaid oedd rhoi llai o strap, tua un gwryd o'r wyneb, er mwyn sicrhau fod y rhwyd yn uchel – ond pe bai tywydd distaw yna rhoddid mwy o strap er mwyn cael y rhwyd yn is. Os oedd llongau yn y bae yna rhoddid tri gwryd neu ddau wryd a hanner i'r rhwyd gan fod perygl y byddai'r llongau yn mynd drwy'r rhwydau.

Pysgota

Byddai'r rhwydau allan dros nos a byddai'r dynion yn mynd allan yn gynnar, o bosib mor gynnar â thua hanner awr wedi pedwar yn y bore, neu tua chwarter i chwech – yn dibynnu ar y llanw. Rhaid oedd mynd allan bob bore ar doriad gwawr neu byddai'r adar yn dwyn y pysgod, sef y gwylanod, Jack Llandudno, Llanc Llandudno neu'r 'Coliar' (tri enw a roddid ar forfran), y 'bridin bach' (gwylog) a'r 'sgruan' (gwennol y môr). Roedd y gwaith o godi'r rhwyd i fyny yn galed iawn. Yn gyntaf rhaid oedd gafael yn y 'bwngi' ac wedi codi'r 'bwngi' i fyny byddai'r rhwyd yn dŵad i'r golwg. Yna rhaid oedd gafael yn y rhwyd a'i chodi dros gorn y cwch. Byddai'r ddau bysgotwr pen blaen y cwch hefo'r 'gefnan' a'r ddau bysgotwr pen arall hefo'r gwaelod (roedd y cerrig ar y gwaelod ac weithiau roedd angen rhoi carreg arall ar y rhwyd). Roedd yr holl waith yn rhoi pwysau mawr ar gefn bysgotwr yn arbennig i'r rhai a oedd hefo'r gefnan a'r corciau. Roedd top y rhwyd, lle'r oedd y corciau yn drwm, yn arbennig felly gan fod y dynion yn ceisio osgoi dal y corciau yn y cwch a byddai damio pe bai corcyn yn torri. Wrth fynd ar hyd y rhwyd roedd y dynion yn 'sbinio'r' penwaig – sef ysgwyd y rhwyd er mwyn i'r penwaig ddisgyn i'r cwch a gallai hynny gymryd tua ugain munud i hanner awr. Weithiau roedd y penwaig mor fawr rhaid oedd gafael ynddynt i'w cael o'r rhwyd. Os oedd y llwyth yn un da efallai y byddai'r dynion allan am tua dwy awr.

Gallai'r pysgotwyr wynebu nifer o broblemau llawer mwy dyrys na Jac Llandudno a'i debyg wrth bysgota – fel niwl er enghraifft. Yn ogystal â hyn, os oedd gwynt dwyrain roedd y 'bwngwns' yn cael eu colli ac weithiau byddai angorau yn cael eu colli hefyd. Roedd rhai o'r dynion fodd bynnag, naill ai oherwydd profiad neu oherwydd techneg arbennig, yn gwybod o ddisgrifiad pysgotwr a oedd wedi colli angor lle y byddai'r angor yn gorwedd a sut i'w gael yn ôl – i'w defnydd hwy eu hunain wrth gwrs. Problem arbennig a wynebai'r pysgotwyr oedd llongau yn dŵad i'r bae a gwae oedd i'r stemars bach dorri drwy'r rhwydi achos byddai'r pysgotwyr yn colli'r cnwd a'r rhwyd. Weithiau byddai llong hwyliau wedi dŵad i'r bae gyda'r nos ac wedi malu'r rhwydi ac wedyn byddai pawb ar gefn y capten eisiau pres am eu rhwydi – a byddai ef yn talu iawndal iddynt am eu colled. Roedd llongwyr Moelfre yn gwybod lle oedd y rhwydi ac yn medru eu hosgoi.

Perygl arall oedd y ffaith fod y cychod weithiau yn cael eu gorlenwi. Ceir sawl disgrifiad o'r cychod yn dŵad i'r lan gydag ond ychydig fodfeddi ohonynt yn dangos uwch ben y dŵr. Weithiau byddai cychod yn suddo ac yna byddai pawb yn mynd i helpu. Er y peryglon roedd dynion Moelfre yn lwcus iawn i osgoi trychinebau mawr. Ar y llaw arall ni fu pawb yn lwcus. Un o'r rheiny oedd Capten Owen Jones, Bryn Hyfryd, a oedd ar ei ben ei hun mewn cwch, wedi bod yn pysgota mecryll, ac er bod nifer o gychod eraill hefo fo ef oedd y diwethaf yn y rhes o gychod a oedd yn dychwelyd am y pentref pan ddiflannodd ef a'i gwch. Gan mai cerrig oedd yn cael eu defnyddio fel balast – nid oedd dim *centre boards* ar y cychod – mae'n ddigon posibl fod y cerrig wedi symud a'r Capten yn rhy hen i adweithio'n gyflym. Ni chafwyd hyd i ddim o'r Capten na'i gwch er i'r bad achub fod allan tan ddau o'r gloch y prynhawn yn chwilio amdano.

Er nad oedd y pysgotwyr yn ofergoelus, ni fyddai neb yn gosod rhwyd ar y trydydd ar ddeg o'r mis, er bod pysgota yn parhau'r diwrnod hwnnw. Roedd y Sul, fodd bynnag, yn gysegredig a byddai'r rhwydi i gyd yn cael eu codi bob nos Sadwrn a'u rhoi yn ôl fore ddydd Llun (neu'n hytrach ar ôl hanner nos nos Sul). Nid oedd neb yn pysgota ar y Sul ond yn y Benllech. Mae'n ymddangos fodd bynnag bod rhai o Foelfre yn eu plith, sef William a John Jones, dau frawd a oedd yn byw yn Nhŷ Hir.

Byddai'r cychod yn dŵad i'r lan yn llawn o benwaig. Os oedd y llanw allan pan roeddynt wedi dychwelyd yna byddai'n job garw cario'r penwaig i fyny'r gro. Byddai'r dynion yn eu cludo mewn cawell ar eu cefnau. Os oedd y cwch 'yn llenwi' (sef y llanw yn dŵad a fo i mewn) yna byddai'r dynion yn dadlwytho ar hyd yr amser. Ond os oedd cwch 'yn trio' (sef fod y môr wedi ei adael o – *high and dry*) yna roedd y dynion yn ei wagio fo lle yr oedd o.

Gwerthu'r pysgod

Wedi cyrraedd pen y gro byddai'r lan môr a'r lon yn fwrlwm o lenwi, prynu a gwerthu casgenni o benwaig. Byddai Annie Owens, Glandon, yn brysur ar foreau oer yn gwneud paneidiau o de i rai o'r hogiau ifanc a oedd yn pysgota ac yn rhoi dŵr poeth mewn dysgl er mwyn iddynt gael dadmer eu dwylo – a thystia sawl un i'w dwylo rewi sawl tro yn ystod boreau oer fel hyn. Dydd Sadwrn oedd y diwrnod lleiaf prysur, ac eithrio'r Sul wrth gwrs, oherwydd bod llai o alw am y penwaig achos fod y penwythnos wedi mynd. Roedd y penwaig yn cael eu cyfrif fesul mwrw, sef fesul tri, i lenwi casgen. Y drefn fyddai rhoi deuddeg mwrw ac un pennog dros ben, felly roedd 37 o benwaig. Fel arfer byddai'r pysgod yn cael eu rhoi yn y gasgen ac yna byddai sach lliain yn cael ei roi dros y gasgen ac yna roedd cylch yn cael ei roi dros dop y gasgen. Roedd tyllau ar gyfer hoelion yn y cylch ac felly roedd y cylch a'r lliain yn cael ei ddal ar y gasgen. Roedd y gwaith o baratoi'r casgenni wedi cael ei wneud eisoes gan lanciau'r pentref. Wrth y traeth roedd hen ffatri wlân a oedd erbyn hyn yn warws. Byddai'r warws yn llawn o gasgenni gwag a byddai Jimmy Hogan yn talu'r hogiau am roi cylchoedd ar y casgenni. Mewn 'dau funud' byddai'r hogiau wedi gwneud rhyw hanner dwsin o gasgenni ac wedi ennill pres poced dda iddynt hwy'u hunain.

Yn ôl yr hanes Gwyddel hefo un llygad o'r enw Jimmy (neu Charles?) Hogan oedd y prif brynwr mewn bylc. Etifeddodd ei fab, Jimmy Hogan o Fangor, y busnes. Byddai ef yn anfon y casgenni o Foelfre i stesion Benllech neu Fangor ac yna byddent yn mynd i Gaer a Manceinion i'w gwerthu'r bore wedyn. Byddai Jimmy Hogan yn dŵad a'r casgenni ei hun. Byddai rhai o'r casgenni wedi bod yn cael eu defnyddio i gludo grawnwin o Sbaen neu ymenyn o Denmarc. Roedd y plant wrth eu boddau hefo'r casgenni grawnwin achos bod corcyn wedi'i falu'n fan yn y casgenni hynny. Pan fyddai'r casgenni hyn yn cael eu gwagio ar y gro byddai'r hogiau yn cael y grawnwin rhydd a oedd yn y corcyn. Un arall a oedd yn prynu'r penwaig oedd Richard Williams, Fron Heulog, mab i Huw Williams y Postfeistr, ond roedd hyn wedi i Hogan gychwyn ar y gwaith. Er mai gyda cheffyl a throl y cludid y casgenni ar un cyfnod – ac un a oedd yn eu cludo oedd Jabas Morris o Fenllech gyda cheffyl a throl – wrth gwrs erbyn y 1920au roedd oes y modur wedi cyrraedd ac roedd casgenni'n cael eu cludo i stesion Benllech yn lori Johnny Jones o Foelfre (neu 'Johnny Jones Motors' achos ef oedd y perchennog car petrol cyntaf yn y pentref).

Ond nid Hogans oedd yr unig rai a oedd yn prynu penwaig Moelfre. Byddai ceir a cheffylau o Lannerch-y-medd, Amlwch a Niwbwrch yn dod i nôl y penwaig hefyd. Byddai ceir Llannerch-y-medd yn dod i Foelfre tua phump o'r gloch y bore am y cyntaf i gael penwaig. Byddai'r ceir yn teithio'n gwerthu'r penwaig ar hyd a lled Ynys Môn ac yn gweiddi 'Penwaig ffres, Moelfre Herrings'. Byddai nifer o'r *hawkers*/potiwrs hefo troliau – *flat cars* yr arferai'r potiwrs eu defnyddio i gludo'r casgenni o'r pentref – a hen geffylau nad oeddynt ddim ffit i fod ar y lon achos eu bod yn rhy hen a gwan, a nifer o'u perchenogion nhw yn gwneud dim ond eu colbio nhw. Adroddodd John Matthews Owen hanes un o Amlwch a oedd yn dŵad hefo car a merlen ac roedd hi mor wan ar Allt Lan Môr (neu Allt Ffatri) 'fel mai ond gafael yn y drol yr oedd rhaid i chi ac roedd hi'n stopio rhag tynnu. Wedyn roedd gan bawb biti drosti ac yn gwthio'r creaduron bach i fyny'r bonc a honna wedyn yn cael ei cholbio yr holl ffordd i Amlwch. Mi oedd yna fryntnwch ofnadwy.'

Er bod y dynion wedi gadael eu llongau am y gaeaf yn y gobaith o wneud arian mawr wrth bysgota nid oedd hynny'n gweithio bob tro. Nid oedd dim sicrwydd o gynhaeaf pysgota da wrth gwrs ond problem arall oedd bod llawer yn dibynnu ar bris y penwaig a'r hyn yr oedd Hogans yn barod i'w gynnig amdanynt. Yn sicr nid oedd Hogans yn boblogaidd gyda'r dynion. Mae'n wir i'r dynion brofi cyfnod llewyrchus iawn yn dilyn y Rhyfel Mawr pan roedd yn bosibl iddynt wneud dwy bunt y gasgen ac mae Roberts Owens, Boldon, yn cofio gweld dynion yn cael dwy bunt a chweigian unwaith am gasgen. Mewn un achos roedd Tommy Williams, Penstryd (a oedd yn un o longwyr llongau hwyliau mawr cyn treulio oes yn llongau Blue Funnel) a thri arall yn y cwch hefo fo yn gwneud deg punt mewn wythnos a hynny ar adeg pan roedd cyflog ar y môr yn wael iawn a rhaid oedd talu am fwyd allan o'r cyflog hwnnw. Ar y llaw arall wynebai'r dynion broblem yn yr ystyr eu bod yn dibynnu ar Hogan bron yn llwyr ac weithiau byddai ef ond yn cynnig pum swllt am gasgen. Ar un achlysur cafwyd cynnig syml i'r dynion – sef eu bod yn derbyn swllt am gasgen neu eu gadael nhw – 'I can't sell them' oedd cri Jimmy Hogan. Er bod rhai yn gweld, wrth edrych yn ôl, bod gormod o benwaig y teimlad cyffredinol oedd bod Hogan yn eu 'robio' nhw. Wrth gwrs ni ellid dibynnu ar lwyddiant un tymor i arwain at lwyddiant y tymor nesaf a cheir enghraifft o ddynion yn prynu cychod mawr neu gychod gwell erbyn y flwyddyn wedyn ond bod y pysgota yn wael ac felly roedd y cychod gwreiddiol yn ddigon da.

Fel y cyfeiriwyd eisoes roedd y dynion yn rhannu cwch, ac felly hefyd roeddynt yn rhannu'r elw rhyngddynt. Y drefn gyda chwch William Jones, Penrallt, er enghraifft oedd iddo ef gadw'r pres bob dydd a'u rhannu allan ar y bwrdd yn Penrallt ar ddydd Gwener. Beth bynnag fyddai drosodd byddai hwnnw'n mynd i'w ŵyr Owen Jones Hughes, a oedd ond yn fachgen ar y pryd, am helpu yn ystod yr wythnos.

Byddai nifer o ddynion yn mynd gyda chawell ar eu cefnau yn gwerthu penwaig o gwmpas y pentref a thu hwnt, cyn belled â Llangefni. Yn yr un modd roedd hwn hefyd yn gyfle i lanciau/hogiau ifanc wneud ambell i geiniog iddynt hwy'u hunain. Roedd yr hogiau yn prynu'r penwaig ar y traeth ac yna'n talu amdanynt wedi iddynt eu gwerthu. Mae rhai yn cofio gwerthu dau bennog am geiniog. Mae Jane Lewis yn cofio'r pysgotwyr yn dŵad gyda chawell i fferm 'R Aber (ym mhlwyf Penrhosllugwy) a'i mam yn prynu 12 i 15 pysgodyn am chwecheiniog. Fel hyn byddai'n bosibl i rai o'r hogiau wneud elw o swllt a chwecheiniog y diwrnod. Erbyn cenhedlaeth y Capten Harry Owen Roberts roedd penwaig yn cael eu gwerthu am geiniog yr un, neu geiniog a dime i bobl gyfoethog. Byddai ef wedyn yn cael cadw unrhyw elw yr oedd yn ei wneud ar ôl talu rhyw hanner coron am y penwaig. Fel hyn y byddai nifer o'r hogiau ifanc yn mynd i werthu penwaig i Benrhos Isaf, Bodafon, Marian-glas a Brynteg.

Mae'r hanesion am werthu penwaig hefyd yn gyfle i ni flasu ychydig ar hiwmor yr oes. Byddai'r diweddar John Matthews Owen, er enghraifft, yn mynd i werthu penwaig ar Ddydd Sadwrn o gwmpas Parciau a Marian-glas a gofynnodd un ddynes iddo 'Pam na ddewch chi a lledan?' Pan ddywedodd John Matthews Owen hyn wrth Hugh Parry, roedd ei ateb ef yn syml 'Dwed wrthi i roi y penwaig dan y *mangle*.' Cafwyd hanes am un yn gwerthu penwaig i ryw wreigan a hithau'n sylwi fod gwyniad y môr neu ddau ymhlith y penwaig. 'Dyma bysgod diarth. Welais i mo' rhain o'r blaen.' meddai. 'Fuo'n nhw rioed yma o'r blaen' oedd yr ateb. Tro arall aeth Lewsyn (Lewis Francis, llongwr a oedd yn un o gymeriadau'r pentref), i werthu penwaig yng nghyffiniau Brynteg. Penderfynodd alw yn y California am beint. 'Tri pheint, os gwelwch yn dda' meddai. 'Lle mae eich pardneriaid chi?' gofynnodd y perchennog. 'Dyma nhw' meddai Lewsyn gan ddangos dau bennog yn ei gawell.

Wedi gwerthu'r cynnyrch am y diwrnod nid oedd gwaith y pysgotwyr ar ben, a hynny hyd yn oed os nad oedd y dynion am newid porfa. Un gorchwyl oedd trwsio rhwydi. Ystyrid rhwyd a oedd tua dwy/dair blynedd oed yn rhwyd hen. Byddai nifer yn trwsio eu rhwydi ar lan y môr. Rhoddai hynny gyfle i rai o'r llanciau ddysgu wrth wylio ac, os oedd y pysgotwr yn diflannu am eiliad, iddynt afael mewn nodwydd a dechrau trwsio – a rhedeg o'na os yr oeddynt yn gwneud camgymeriad! Roedd y dynion hefyd yn trwsio rhwydi adref yn y gegin weithiau, neu ar wal yr ardd. Gorchwyl arall fyddai cael y cychod i fyny i ben y gro rhag ofn iddynt gael eu malu gan y tywydd. Bob dydd Sadwrn byddai'r rhwydi yn cael eu codi a'u golchi yn yr afon. Byddent yn cael eu gosod ar y caeau i'w sychu ac roedd gan rhai llecyn arbennig ar eu cyfer – ar 'cae Caeau' byddai teulu Boldon yn rhoi eu rhwydau hwy i sychu er enghraifft. Hefyd rhaid oedd golchi'r cwch. Yn gyntaf rhaid oedd codi popeth ohono a thynnu'r plwg allan. Yna rhaid oedd cario dŵr mewn bwcedi a'u taflu dros y cwch i lanhau'r *scales* oddi arno. Wedyn defnyddid cadach bach i roi *rough wipe* i'r cwch ac roedd yn barod ar gyfer y bore canlynol unwaith eto.

Llymeirch, penfras ac eog

Nid pysgota am benwaig yn unig a oedd trigolion Moelfre fodd bynnag. Un o gymeriadau amlycaf y pentref ar droad yr ugeinfed ganrif oedd Richard Matthews a oedd yn arfer *dredgio* a threillio ar ei ben ei hun efo'r *Seagull*. Byddai Richard Matthews yn gwneud yr hwyliau, y mast, y rhwydau ac yn gwneud y *trawl* ei hun. Roedd ef yn adnabyddus fel 'cychwr da'. Byddai ef yn mynd allan rhyw bedwar neu bump o'r gloch bob bore i *drawlio*. Dau a oedd yn mynd gyda'u taid, sef Richard Matthews, pan yn ifanc oedd y cyn-*goxswain* Richard Evans a'r diweddar Hugh Owen. Roeddynt yn arfer mynd i *ddredgio* am lymeirch hefo fo. Roedd ef yn gwybod yn union lle roedd y gwelyau. Wedi gollwng y llafn hir rhaid oedd rhwyfo – yr hogiau ifanc yn rhwyfo wrth gwrs – efallai am tuag awr neu hyd yn oed dwy awr, a hynny'n llafur caled. Roedd y gêr yn cynnwys cadwyn o'r cwch i'r llafn a oedd tua dwy lath o led ac ar ryw fath o slant. Y tu ôl i hwnnw roedd cadwyn (i ddal y gêr i lawr?) a'r rhwyd y tu ôl i'r llafn. Wedi gwneud hynny roedd yn bosibl eu bod wedi cael dau lond fwcedaid o lymeirch. Y peth cyntaf fyddai Richard

Matthews yn ei wneud ar ôl cael y llymeirch oedd agor un ac yna ei lyncu'n oer. Byddai William Jones, Penrallt, hefyd yn *dredgio* am gregyn cylchog ar un adeg.

Pan roedd penwaig yn brin byddai pysgotwyr penwaig yn mynd allan hefo 'long lines' i ddal penfras, cathod môr a gwyniad y môr. Byddai'r dynion yn gosod y 'long lines' o Garreg Onnan i Leinws – cyfanswm o dua saith milltir. Rhaid oedd bwydo'r 'long line' cyn mynd allan. Byddai rhai yn gosod y 'long line' gyda'r nos ac yn eu nôl y diwrnod canlynol tra y byddai eraill yn eu bwydo ac yn eu tynnu i mewn yr un diwrnod. Byddai'r bachau yn cael eu gosod bob gwryd – rhyw chwe throedfedd – oddi wrth ei gilydd. Fel arfer roedd hyd 'long line' tua 500 o fachau a'r drefn fyddai joinio hyd arall o 500 iddi. Lle bynnag yr oedd dwy lein yn joinio roedd 'na fwi ac roedd angor hefo'r bwi. Yr abwyd a ddefnyddid oedd penwaig a byddai un pennog yn gwneud pump bach. Wedi cyrraedd y lan byddai'r pysgod yn cael eu lluchio o'r cwch ac roeddynt yn cael eu glanhau ar eu hunion ar y traeth. Byddai'r dynion yn agor y pysgod, yn tynnu grawn y penfras ac yn taflu'r perfedd. Roedd y rhain yn cael eu rhoi yn grwn mewn casgenni – casgenni tebyg i'r rhai dal penwaig – ond nid yw'n glir os yr oedd y dynion yn rhoi halen arnynt neu beidio. Y drefn gyda chathod môr oedd tynnu eu pennau nhw fel mai dim ond yr esgyll oedd ar ôl. Roedd y gro yn wyn o benfras a chathod môr ar ôl i ddynion fod yn pysgota. Yna, yn union fel gyda'r penwaig, byddent yn cael eu cludo i stesion Benllech i'w gyrru i Fanceinion a Llundain.

Er bod dynion y pentref yn pysgota am benfras dau o du allan i'r fro oedd yn chwarae rhan amlwg yn y maes hwn oedd Parkinson o Ddeganwy a Jack Jones o Gonwy. Mae'n ymddangos nad oedd dim gelyniaeth rhwng y trigolion lleol a'r dynion hyn – 'roedd croeso iddynt fatha ni'n hunain.' Byddai Parkinson yn gosod ei 'long line' ef am y tymor. Byddai'r diweddar Hugh Owen yn mynd gydag ef bob dydd Sadwrn a byddai ei dad, sef y Capten Hugh Owen, yn mynd hefo fo pan fyddai ef gartref. Wrth fynd ar hyd y 'long line' byddent yn tynnu'r pysgod ac yn gosod abwyd yr un ffordd yn barod ar gyfer y diwrnod wedyn. Os oedd bach heb abwyd yna rhaid oedd ei fwydo eto. Fel hynny byddid yn dal penfras pymtheg pwys neu fwy ac wedi cyrraedd y lan roeddynt yn cael eu gosod mewn rhes ar draws y lan môr, tynnu eu perfeddion a rhoi chwech ym mhob casgen.

Byddai'r dynion hefyd yn pysgota eogiaid. Y prif le ar gyfer pysgota o'r math yma oedd Traeth yr Ora, y pen draw i Draeth Llugwy. Y drefn oedd rhoi un dyn ar y lan hefo un pen o'r rhwyd, un yn rhwyfo'r cwch ac un arall yn rhoi'r rhwyd allan dros gefn y cwch. Byddai'r rhwyd yn cael ei osod fel hanner cylch o amgylch y bae a byddai tua 200 llath o hyd i gyd. Byddai'n rhaid i un o'r rhai a oedd yn y cwch wedyn fynd ar y lan a byddai'r ddau a oedd ar y lan yn tynnu'r rhwyd nes byddai'r ddau ohonynt wedi cyfarfod. Roedd hyn yn cymryd tuag awr ac weithiau byddai'r pysgotwyr yn symud i draeth arall. Efallai byddai'r un drefn yn cael ei ddilyn tua thair neu bedair gwaith mewn noson. Roedd y diweddar Hugh Owen yn cofio cael 99 o eogiaid mewn un 'drag' fel hyn un noson. Byddai wedi hanner nos ar y dynion yn gorffen weithiau. Byddai'r eogiaid yn cael eu rhannu rhwng y dynion ac yna byddai pawb yn mynd i'w gwerthu – i dafarndai lleol neu hyd yn oed cyn belled â Llangefni. Byddai llawer yn mynd i bysgota eogiaid, weithiau cymaint â thri neu bedwar o gychod.

Llinyn llwgu, crancod a mecryll

Math arall ar bysgota, os yn hynny hefyd, oedd pysgota 'llinyn llwgu'. Ceir sawl dehongliad ar ystyr y term pysgota 'llinyn llwgu' gan y trigolion eu hunain. Yn ôl rhai pysgota hefo llaw oedd 'llinyn llwgu' a'r pysgod i'w dal oedd gwyniad y môr a lledod. Yr hen ddynion fyddai'n gwneud hynny gan amlaf a hynny yn yr haf yn bennaf i fwydo eu hunain. Y math yma o 'linyn llwgu' felly oedd lein law (rhaid cofnodi fodd bynnag ei fod yn bosibl i'r dynion hyn wneud ychydig o bres ychwanegol drwy fynd a 'fusutors' allan i bysgota yn yr haf). Ar y llaw arall, gallai'r term 'llinyn llwgu' gyfeirio at gyfnod o bysgota neu hyd oed meddylfryd. Pe bai rhywun wedi dal pysgod yn dda am wythnos ac wedyn yn dal dim am bythefnos yna byddai'n byw ar 'linyn llwgu'. Gellid hefyd defnyddio'r term i ddisgrifio'r ffaith fod rhywun wedi gadael llong a thâl sefydlog ac yna'n cael tymor gwael o bysgota – byddai ef wedyn hefyd ar 'linyn llwgu'.

Roedd y dynion hefyd yn pysgota am grancod a chimychod. Byddai'r crancod yn bryd o fwyd i nifer ond y fantais o ddal cimwch oedd ei fod yn bosibl eu gwerthu am elw. Yn yr haf, er enghraifft, byddai William Jones, Penrallt, yn rhoi ei gewyll i lawr i ddal cimychod ac yna'n mynd a'r cimychod i'w gwerthu i'r Glanrafon Hotel ym Menllech neu hyd yn oed i'r Saeson ym Moelfre a oedd ar eu gwyliau – a hynny am bris da.

Roedd hi'n arferiad i bysgota am fecryll hefyd. Y drefn oedd tuo lein y tu ôl i'r cwch efo sleisen o groen ar fach. Byddai'r mecryll hefyd yn cael eu halltu yn barod ar gyfer pryd bynnag y byddai rhywun eu heisiau hwy. Roedd y diweddar Idwal Hughes yn cofio mynd i bysgota mecryll hefo Capten Lewis yn ei gwch, *Brisk*, ym mae Llugwy. Roedd gan y ddau ohonynt lein ac ar un achlysur roeddynt yn tynnu mecryll i mewn 'fel wn i'm be, hanner dwsin o rai mawr.' Cyngor y Capten Lewis oedd, 'tafla nhw'n ôl, siarcs di rheinia … (mae)... hyd dy law di'n ddigon.'

Y storws

Wrth gyfeirio at halltu pysgod dylid cyfeirio hefyd at un adeilad pwysig iawn a oedd yn perthyn i nifer fawr o dai, sef y storws. Yn eu storysau y byddai nifer o bysgotwyr yn cadw eu rhwydi a gweddill eu gêr. Un o'r storysau mwyaf amlwg oedd Storws Penlon – yno roeddynt yn cadw'r ŵyn a gwartheg cyn eu lladd a hefyd yn cadw'u gêr pysgota – yno roedd y rhwydi yn hongian ac yno hefyd roedd yr offer treillio yn cael ei gadw. Richard Matthews oedd perchennog y storws ac roedd yn storws fawr achos fod Richard Matthews yn gigydd y pentref hefyd. Ond yr hyn a oedd yn gwneud ei storws ef yn debyg i storysau eraill y pentref – ac eithrio'r ffaith mai yno roedd y gêr yn cael ei gadw – oedd y ffaith mai yno hefyd yr oedd pysgod yn cael eu halltu. Roedd gan Richard Matthews gasgen fawr ar gyfer halltu penwaig yn ei storws. Byddai ef yn halltu casgen o benwaig bob gaeaf – ac roedd y casgenni hyn yn wahanol i'r casgenni a ddefnyddid i gludo penwaig o'r pentref. Byddai'r penwaig yn cael eu gosod 'pen wrth gynffon' a'u halltu.

Er holi nid oes dim cof gan neb am unrhyw enghraifft o gochi penwaig ym mhentref Moelfre ei hun yn yr ugeinfed ganrif. Ar y llaw arall ceir hanes cochi penwaig yn Bwlch Dafarn. Mr a Mrs Evans a'i chwaer oedd yn eu cochi a byddai pobl yn mynd a chant o benwaig yno i'w cochi. Byddai Mr a Mrs Evans yn defnyddio tân grug i'w cochi a'r unig fanylion arall y cofir yw'r ffaith nad oedd y penwaig yn cael eu hagor a bod y penwaig yn gyfan, bod bachyn hir o ryw fath yn mynd yn syth drwy lygaid y pysgod i'w dal i fyny a bod simdde fawr yno. Yna byddai pobl yn mynd i'w nôl ar ôl rhyw hyn a hyn o ddiwrnodiau.

Clo

Heb unrhyw amheuaeth roedd pysgod wedi bod yn rhan bwysig o fwyd trigolion y cylch am ganrifoedd ond yr hyn sy'n bwysig am bysgota yng nghyd-destun yr erthygl hon yw'r ffaith y gallwn ddisgrifio pysgota fel diwydiant pwysig yn yr ardal. Erbyn dechrau'r ganrif hon roedd y diwydiant yn lleol ond hefyd roedd dirywiad y diwydiant yn dŵad i'r amlwg. Un o'r problemau wrth geisio olrhain hanes unrhyw destun drwy ddefnyddio'r ffynhonnell lafar yw ceisio darganfod datblygiad cronolegol y testun dan sylw. Yng nghyswllt y diwydiant pysgota ym Moelfre anodd iawn yw penderfynu pa bryd yn union y daeth y diwydiant i ben. Yn sicr cafwyd cyfnodau o bysgota mawr yn ystod yr 1920au a'r 1930au ond yn llawn mor sicr hefyd roedd y diwydiant ar i waered yn ystod y cyfnod hwn. Yr unig beth y gellir ei nodi gyda chryn sicrwydd yw i'r diwydiant ddŵad i ben erbyn 1939. Nid yw hynny'n golygu nad oedd pysgota yn bwysig i fywoliaeth y trigolion wedi'r dyddiad hwnnw ac nid yw'n golygu ychwaith nad oedd nifer o drigolion y pentref yn pysgota i ryw raddau neu'i gilydd wedi'r dyddiad hwnnw. Yr hyn sy'n sicr yw nad oedd diwydiant pysgota Moelfre yn bod mwyach.

Robin Evans
'Pysgotwyr Moelfre: Y Traddodiad Llafar'
Trafodion Cymdeithas Hynafiaethwyr a Naturiaethwyr Môn (1995), 35-56

Rwy'n ddiolchgar iawn i'r canlynol am eu cymorth parod wrth baratoi'r erthygl hon:

Eluned Coy, Elsie Dyer, Richard Evans, Eirlys Evans, Gwilym Griffiths, Katie Griffiths, Kitty Griffiths, Betty Hughes, Eunice Hughes, Idwal Hughes, Cassie Jones, Owen Jones Hughes, Richard Lewis, Jane Lewis, Wynne Lewis, Elleanor Lloyd Owen, Evan Owen, Annie Owen, Hugh Owen, Robert Owens, Brigadier Richard Owens, John Matthews Owens, Robert Matthews Owen, Capten William Owen, Anita Parry, Mair Parry, Betty Roberts, Capten Harry Owen Roberts, Capten David Roberts, Katie Roberts, Kitty Roberts, William Roberts, Morfudd Roberts, Nan Roberts, Eleanor Williams, John Williams, Margaret Williams.

---

[1]   Am gefndir ar hanes pysgota penwaig yn Moelfre, ac am wybodaeth ychwanegol ar bysgota penwaig yng Nghymru yn gyffredinol, gweler J.Geraint Jenkins, 'Herring Fishing in Wales', *Cymru a'r Môr*, iv (1979), 5-32.

Pysgota ym Moelfre wedi'r Ail Ryfel Byd

Robin Evans

Un o'r prif ddatblygiadau morwrol wedi'r Ail Ryfel Byd oedd y dirywiad yn llynges fasnachol gwledydd yr ynysoedd Prydeinig. Cyn hynny roedd y llynges fasnachol yn llewyrchus a chyflogai filoedd ar filoedd o ddynion, gan gynnwys dynion o bentrefi morwrol Cymru. Ond o fewn cenhedlaeth cafwyd newid sylweddol. Erbyn diwedd yr ugeinfed ganrif atgof yn unig oedd y dyddiau llewyrchus hynny. Gwelwyd hyn ym mhentref Moelfre. Ar ddiwedd y bedwaredd ganrif ar bymtheg amcangyfrifid bod dros 75% o ddynion Moelfre yn forwyr, erbyn heddiw llond llaw yn unig sy'n gweithio yn y llynges fasnachol.

Ond un agwedd ar fywyd y cymunedau morwrol yw'r llynges fasnachol. Elfen bwysig arall dros y canrifoedd oedd pysgota ac nid oedd Moelfre'n eithriad yn hyn o beth. Bu pysgota'n allweddol i'r gymuned drwy gydol y bedwaredd ganrif ar bymtheg, gyda dynion hen ac ifanc, plant a merched, oll yn chwarae eu rhan. Ond er y traddodiad pysgota ym Moelfre, fel mewn sawl maes arall, cafwyd newidiadau mawr yn dilyn yr Ail Ryfel Byd. Bwriad yr erthygl hon yw rhoi darlun o'r prif ddatblygiadau yn y maes pysgota ym Moelfre yn y ddau ddegawd yn dilyn y rhyfel hwnnw.

Er nad oedd pysgota ar raddfa fawr yn ystod yr Ail Ryfel Byd, ni pheidiodd y diwydiant yn ystod y blynyddoedd hynny. Yn un peth byddai llongau ysgubo ffrwydron yn brysur ym Mae Lerpwl bob dydd. Treillwyr oedd nifer o'r dynion a fyddai arnynt a byddent yn dod â physgod i'r lan os byddent wedi angori yn y bae. Rhaid cofio hefyd bod galw am bysgod yn ystod y rhyfel a'r blynyddoedd wedi hynny oherwydd dogni. Roedd Moelfre eisoes wedi datblygu'n gyrchfan i ymwelwyr ac yn sicr ni pheidiodd yr ymwelwyr hynny yn ystod y rhyfel. Byddai pysgotwyr lleol felly'n eitha prysur yn yr haf yn ateb y galw. Cynyddu byddai hanes y diwydiant ymwelwyr wrth i'r blynyddoedd fynd rhagddynt.

Roedd un newid amlwg i'w weld yn y diwydiant pysgota yn y blynyddoedd hyn. Pan oedd pysgota penwaig yn ei fri ar ddechrau'r ugeinfed ganrif roedd dynion o bob oedran yn chwarae rhan yn y diwydiant pysgota gyda nifer o longwyr yn gadael eu llongau dros y gaeaf i ganolbwyntio ar bysgota. Nid felly wedi'r rhyfel. Dynion wedi ymddeol o bob dosbarth, o gapteiniaid i longwyr cyffredin, a geisiai ychwanegu ychydig at eu pensiwn pitw oedd mwyafrif llethol y pysgotwyr erbyn hyn, gyda chymorth llanciau a oedd â'u bryd ar fynd i'r môr rhyw ddydd. Byddai dynion fel William Owen, Angorfa, Tomos Owen, Tŷ Pwdwr a John Owen, Gwynle yn gwerthu pysgod i'r ymwelwyr. Byddai rhai o'r dynion ifanc yn parhau i bysgota ar ôl dod adref ar eu gwyliau. Un ohonynt oedd Tommy Owens, Boldon, a fyddai'n mynd i bysgota mecryll yn y bore a'i nai Owen Owens gydag ef.

Y gred ymhlith y pentrefwyr yw i'r rhyfel chwarae rhan allweddol yn niflaniad y pysgota penwaig. Ar y naill law roedd y rhyfel ei hun yn naturiol yn effeithio ar bysgota wrth i ddynion ifanc y pentref chwarae eu rhan yn yr ymgyrch. Bu'r rhyfel hefyd yn gyfrifol am newid agweddau pobl. Nid oedd neb yn barod i wneud gwaith mor galed â physgota penwaig wedi i'r ymladd ddod i ben. Roedd hi'n swydd galed: mynd allan am bedwar o'r gloch y bore at y rhwydi ym mhob tywydd, y dynion yn wlyb at eu croen, yn codi'r rhwydi dros y cwch i'w gwagio a hithau'n oer. Ar y llaw arall, roedd y rheswm dros ddirywiad y pysgota penwaig yn syml: nid oedd y penwaig ar gael mwyach. Roedd oes y pysgota mawr wedi dod i ben ymhell cyn y rhyfel – awgrymir mai 1934 oedd y dyddiad terfynol. Er y byddai rhai yn rhoi rhwyd i lawr, ac yn dal rhyw ychydig o benwaig, nid oedd yn werth y drafferth mwyach. Dau a drodd eu llaw at y math yma o bysgota wedi iddynt ymddeol oedd John Matthews Owen, gŵr a oedd wedi bod yn pysgota morfilod yn Antarctica a'r Capten William John Hughes, Rowena, un o gapteiniaid mwyaf profiadol y pentref. Ond er iddynt ymgeisio'n achlysurol y gwir plaen oedd bod y penwaig wedi darfod.

Un math arbennig o bysgota oedd yn parhau ers cyn y rhyfel oedd 'pysgota gwaelod,' sef gollwng lein i'r môr gyda phlwm ar ei gwaelod a nifer o fachau ar ei hyd. Roedd hyn yn gallu digwydd unrhyw adeg o'r dydd oherwydd roedd digonedd o bysgod i'w cael. Term arall a ddefnyddid i ddisgrifio'r math yma o bysgota oedd 'llinyn lwgu'.

Gyda'r math yma o bysgota byddai'r dynion yn mynd allan ar hanner trai. Rhwyfo byddai'r dynion, ac eithrio ambell un a ddaliai i ddefnyddio hwyl. Y fantais o fynd allan ar y trai wrth gwrs oedd nad oedd angen rhwyfo'n galed. Wedyn byddai'r 'teid yn darfod, roedd o'n slacio drwy'r amser,' ac yna byddai'n 'dechrau llenwi', hynny yw byddai'r llanw wedi troi a byddai'n dechrau dod i mewn. Ond pan oedd hi'n hanner llanw byddai'n 'ormod o deid' i bysgota, wedyn byddai'r dynion yn cychwyn am adref ond wrth gwrs byddai'r ' llanw efo nhw' gan eu cario nhw adref. Y drefn yn syml felly oedd 'mynd allan efo'r trai, dod yn ôl efo'r llanw' er mwyn sicrhau nad oedd angen rhwyfo'n galed iawn. Roedd rheswm arall dros ddilyn y drefn hon hefyd. Pan roedd hi'n slacio (sef *slack water*, pan fo'r môr ar drai) byddai'r plwm a'r bachau ar lawr a dyma'r ffordd i ddal lledod. Ond pan oedd y 'teid yn rhedeg' byddai'r bachau yn codi i fyny a byddai'r pysgotwyr yn dal môr-wyniaid, penfreision a physgod darn arian.

Wrth bysgota gwaelod, byddai gan bob pysgotwr, neu gwch, ei 'farc' ei hun. Wedi rhwyfo allan i'r bae byddai'r pysgotwyr yn cymryd eu 'marciau' oddi ar y lan, a hynny gan amlaf yn rhywle lle'r oeddynt wedi arfer cael dipyn o lwyddiant wrth bysgota. Drwy edrych ar farciau ar y tir, ac ynysoedd yn y môr o amgylch, roedd gan y pysgotwyr gof o'r llefydd gorau ar gyfer pysgota. Efallai byddai ambell un yn gweld Ynys Dulas ar yr un lefel â Phwynt Leinws gan weld fferm Nant Bychan gyferbyn â rhywle arall. Gallai marciau hefyd ddangos y llefydd gorau ar gyfer cael gwahanol fathau o bysgod. Byddai rhai'n mynd allan i ddal cath fôr a byddai marciau arbennig ar gyfer dal y rheini. Roedd lle da yng nghanol y bae am fôr-wyniaid a lledod. Yn yr un modd os oedd hi'n dywydd rhy fawr byddai rhai'n mynd i bysgota i le ger Ynys Moelfre, a elwir yn 'bwll dyfn'. Roedd hwn yn lle delfrydol i ddal lledod oherwydd ei fod yng nghysgod yr ynys. Man arbennig arall i ddal pysgod oedd y Banc, sef yn syth i'r gogledd o ynys Moelfre, ac roedd yno farc arbennig i wybod lle oedd yr union le hefyd. Ond os byddai'n 'dywydd go fawr' byddai'r dynion yn tueddu i fynd i gyfeiriad Traeth Bychan.

Cyn pysgota gwaelod rhaid oedd codi abwyd (abwyd du – *lugworms*) y diwrnod cynt. Gan fod angen digon o abwyd byddai'r dynion yn mynd i Borth 'R Aber neu

Draeth Bychan a hyd yn oed cyn belled â Thraeth Llugwy (er ei fod braidd yn bell). Byddent yn mynd yno mewn cwch fel arfer ac yn cerdded dro arall. Yna ar ôl codi'r abwyd byddent yn dychwelyd ac yn ei gadw dros nos mewn bwced yn y cwch yn barod ar gyfer pysgota drannoeth.

Roedd gan blant rôl bwysig i'w chwarae o ran codi abwyd. Byddai Owen Owens yn mynd yno efo'i dad Robert Owens (Bob Boldon i drigolion y pentref ac un o longwyr mwyaf profiadol y pentref) a'i daid Owen Owens (a oedd wedi hwylio'r byd ar y sgwneri). Arferent fynd i godi abwyd i Draeth Bychan – weithiau byddai'n rhaid mynd ben bore, yn dibynnu ar y teitiau, a rhaid oedd i'r tywod fod yn y golwg. Roedd yn well pan oedd y llanw ar drai gan byddai'r abwyd yn dod i'r wyneb. Pan oedd Owen Owens yn hogyn byddai hefyd yn mynd efo John Owen, Gwynle a Tommy Williams. Byddent yn rhwyfo a thasg Owen Owens oedd gofalu am y cwch 'rhag iddo gymryd gwaelod'. Wedi iddynt gyrraedd Traeth Bychan efallai byddai'r môr yn parhau ar drai ac Owen Owens fyddai'n cadw'r cwch ar ddŵr fel nad oedd rhaid i'r dynion boeni amdano. Yr amseriad gorau ar gyfer cael abwyd oedd pan oedd hi'n cychwyn llenwi – 'ar droi felly.'

Roedd crefft i godi abwyd ac roedd yr hen Owen Owens yn hen law arni. Roedd ganddo fforch dri dant a phan fyddai'r abwyd yn dod i'r wyneb byddai'n tyrchu o'i amgylch ac yn ei godi. Fel hyn nid oedd yn torri'r abwyd. Wedyn rhoddid yr abwyd mewn tun. Nid oedd yn cymryd llawer i lenwi tun – roedd yr abwyd yn hir a chyn dewed â bys bach dyn o leiaf. Cyn pysgota rhaid oedd rhoi'r abwyd ar fach ac roedd ffordd arbennig o'u troi i'w rhoi ar y bach. Wrth bysgota wedyn rhaid oedd bod yn barod i roi mwy o abwyd ar y bachau – weithiau roedd pysgodyn wedi bwyta ychydig o'r abwyd ac felly rhaid oedd rhoi mwy o abwyd.

Y bore fyddai'r adeg orau ar gyfer y math yma o bysgota gan fod gofyn i'r pysgotwyr fod yn ei ôl ar y traeth os oedd am werthu'r pysgod i'r ymwelwyr. Roedd y gro yn is yn y cyfnod hwnnw ac roedd rhan o'r hen gei ar ôl ac yno byddai'r dynion yn gwerthu'r pysgod mewn blychau gyda gwymon ar eu pennau.

Yn y degawdau wedi'r rhyfel, roedd pysgota mecryll yn boblogaidd iawn. Unwaith yr oedd y mecryll wedi cyrraedd, byddai pawb yn mynd ati i bysgota. Roedd datblygiadau newydd yn effeithio ar y pysgota hwn – daeth pysgota efo *spinner* yn boblogaidd ar un adeg a hefyd efo plu. Byddai gan nifer o bysgotwyr chwech neu fwy o fachau ar lein ond credai Owen Owens fod hynny'n ormod. Yn ei farn ef, roedd tri neu bedwar yn ddigon os oedd y mecryll yno – roedd y lein yn tueddu i 'ffowlio' wrth dynnu'r mecryll i mewn os oedd gormod o fachau. Ar y llaw arall, roedd llawer yn dibynnu ar faint y cwch – byddai'n haws pysgota efo nifer o fachau os oedd y cwch yn un mawr oherwydd byddai digon o le ond roedd 'y ffordd yn gyfyng' ar gychod y pentref bryd hynny gan mai cychod gweddol fychan oedd y mwyafrif ohonynt.

Y prif ddull a ddefnyddid i ddal mecryll oedd 'jigio'. Golygai hynny godi'r lein i fyny ac i lawr gan adael i'r cwch ddrifftio – roedd dal mecryll yn fater o lwc o ran lleoliad a dyfnder. Ymddengys nad oedd unrhyw amser arbennig o'r dydd yn fwy addas na'i gilydd ar gyfer pysgota mecryll – credai rhai ei bod hi'n well mynd gyda'r nos ond i eraill y bore oedd yr adeg orau. Gan nad oedd mecryll byth yn llonydd rhaid oedd chwilio am le da i'w dal. Roeddynt yn symud cymaint fel y ceir hanes un tro am ddau yn pysgota efo lein oddi ar bow cwch a dau oddi ar y starn a thra bo dau yn gwneud dim byd ond dal mecryll doedd y ddau arall yn dal dim! Ceir sawl hanes ym Moelfre bod y mecryll 'mor dew' (sef bod cymaint ohonynt) ar adegau fel ei bod yn bosibl mynd i'r traeth a lluchio bwced i'r môr a llenwi'r bwced: 'roedden nhw mor dew, roedden nhw'n berwi yn y môr 'na'.

Un math o bysgota a oedd yn parhau o'r cyfnod cyn y rhyfel, ond a oedd yn gynyddol bwysig hefyd yn sgil y diwydiant ymwelwyr, oedd pysgota eogiaid. Rhaid oedd i'r math yma o bysgota fod yn 'bysgota yn ddistaw bach' yn y nos a hynny i gyfeiriad Traeth Llugwy, Traeth Bychan, Traeth Coch neu Draeth Dulas, hynny yw, rhywle lle'r oedd dŵr ffres yn rhedeg i'r môr.

Er mwyn pysgota eogiaid roedd angen tri neu bedwar o ddynion. Y prif reswm dros hynny oedd bod y rhwyd fel arfer yn fawr, yn drom, yn hir ac yn rhwyd llinyn. Yn ddigon naturiol byddai rhwyd llinyn yn socian dŵr, a gallai o'r herwydd yn hawdd bwyso tunnell i dunnell a hanner pan fyddai'n wlyb. Byddai tri dyn yn gallu gwneud y gwaith ond roedd hynny'n dibynnu ar nerth y tri a maint y rhwyd. Roedd y rhwydi mewn darnau, gydag un darn yn ddeg gwryd ar hugain. Roedd gan rai dynion dri darn a rhaid oedd bod yn gryf ofnadwy. Ar y llaw arall roedd gan rai o'r gwŷr hŷn rwydi go fychan. Roedd gan eraill rwyd â dwy asgell i bob pen iddi. Byddai'r math yma o rwyd yn meinhau.

Nid oedd yn bosibl mynd allan i bysgota eogiaid bob amser, ond pan âi'r dynion, byddent yn cychwyn tua deg pan oedd hi'n tywyllu a'r môr yn dechrau dod i mewn fel bod y môr yn parhau i ddod i mewn drwy'r nos (pe bai'r môr yn mynd allan yna byddai'r dynion yn wynebu problem enfawr pe bai'r rhwyd yn sychu ar y lan). Roedd hi'n bwysig cadw'r rhwyd yn y dŵr bob amser fel nad oedd dim pwysau ynddi. Mewn gwirionedd roedd rhyw chwe awr o'r distyll i'r gorlan ac roedd hynny'n ddigon o amser i'r pysgotwyr.

'Tynnu'r rhwyd' oedd y drefn efo pysgota eogiaid. Y cam cyntaf oedd gosod un dyn ar y lan efo un pen i'r rhwyd. Yr oedd angen 'ei gosod hi allan,' sef gollwng y rhwyd o'r cwch mewn cylch mawr o amgylch ceg yr afon neu geg y bae. Nid oedd angen cau'r bae i gyd, gellid yn hawdd cau congl. Ym Moryn, rhwng Moelfre a Thraeth Llugwy, roedd yn bosibl cau'r traeth i mewn i gyd bron. Roedd angen dau yn y cwch oherwydd rhaid oedd gwneud yn siŵr bod y rhwyd yn mynd o'r cwch yn drefnus ac nad oedd hi'n 'ffowlio' nac yn 'tanglio'. Roedd y rhwyd yn gorfod mynd allan o 'ben blaen' y cwch a rhaid oedd gwneud hyn nes bod y cwch wedi gorffen mynd o amgylch ceg yr afon neu'r bae.

Wedi gwneud hynny rhaid oedd 'ei thynnu hi i mewn' yn ofalus gan gau popeth i mewn ynddi a gwylio rhag ofn bod y rhwyd yn cael ei dal yn y gwaelod. Rhaid oedd bod yn ddistaw gan osgoi gwneud unrhyw fath o dwrw, gan gadw'r rhwyfau'n dawel rhag codi ofn ar y pysgod. Wedi iddynt gyrraedd pen arall y lan, byddai'r ddau ddyn yn mynd allan o'r cwch ac yn rhoi'r cwch yn sownd ym mhen y rhwyd. Wedyn byddai'r gwaith o ddynnu'r rhwyd i mewn yn araf deg yn cychwyn, gyda'r dynion ar bob pen i'r rhwyd yn cerdded yn araf at ei gilydd nes eu bod yn cyfarfod. Wrth dynnu byddai eisiau tynnu'r godra (sef y lein a oedd yn rhedeg ar hyd gwaelod y rhwyd) o flaen y gefnan (y lein oedd yn rhedeg ar ben y rhwyd), pe bai'r dynion yn tynnu fel arall, byddai'r pysgod yn gallu mynd allan oddi tani. Os byddai'r teid yn gryf efallai byddai angen tynnu ar y godra ac yna tynnu'r gefnan a'r godra efo'i gilydd yr un pryd. Byddai'r dynion yn tynnu ar y rhwyd hyd nes y byddent yn cyfarfod. Wedyn byddai'r pysgod yn cael eu tynnu i'r lan er na fyddai llawer yn y rhwyd. Byddai dal deg pysgodyn ar un cynnig yn cael ei gyfrif yn helfa dda. Unwaith y byddai'r dynion wedi cael pob pen i'r rhwyd i'r lan doedd dim rhaid rhuthro. Ar ôl dal y pysgodyn byddai'n rhaid ei gnocio ar ei ben i'w ladd a'i roi mewn basgiad neu flwch. Weithiau wrth lwytho'r cwch byddai'r pysgodyn yn dod ato'i hun a byddai'n rhaid ei gnocio eilwaith! Nid eogiaid yn unig a gâi eu dal, yn aml câi pysgod eraill eu dal hefyd, fel draenogod y môr neu ledod. Ond yr eogiaid oedd yn bwysig.

Wedi gorffen tynnu'r rhwyd yna rhaid oedd ei chodi'n araf a'i phlygu'n dwt ar fath o fwrdd ym mhen blaen y cwch. Rhaid oedd bod yn ofalus a sicrhau nad oedd y plymiau'n disgyn drwy'r masglau. Roedd crancod yn broblem a'r ateb oedd eu malu'n fân yn y rhwyd. Y nod oedd sicrhau bod y rhwyd yn gallu mynd allan yn rhwydd eto. Nid oedd yn waith hawdd, rhaid cofio bod y dynion hyn yn gweithio yn y tywyllwch. Wedi gorffen tynnu'r rhwyd unwaith fel hyn rhaid oedd symud i le arall. Nid oedd pwrpas aros yn yr un lle gan fod y pysgod wedi eu dychryn. Roedd yn ddigon cyffredin i bysgotwyr dynnu dwsin o weithiau mewn noson mewn gwahanol lefydd, yn arbennig os oeddynt yn ddynion ifanc, cryf. Pan fyddent yn Nhraeth Llugwy byddai'n bosibl symud i ran arall o'r traeth, oni bai bod rhywun yno'n barod, bryd hynny byddai'n rhaid mynd i Draeth Dulas neu ryw draeth arall. Weithiau byddai pysgota'n digwydd ar lan môr Moelfre ei hun pan fyddai'n benllanw a'r môr at yr afon a'r gro yn lân yno. Hyd yn oed ym Mhorth 'R Aber – os oedd y llanw reit allan roedd hi'n bosibl tynnu ar y tywod yno, ond os oedd y llanw i mewn nid oedd yn bosibl oherwydd roedd cerrig a chreigiau yno ac felly roedd y rhwyd yn codi a'r eogiaid yn mynd allan oddi tani. Ni fyddai'r eogiaid yn mynd i 'fasgyn' (masgl) y rhwyd tan y munud diwethaf pan fyddent wedi cynhyrfu ac yn meddwl eu bod wedi cael eu cau i mewn. Byddent yn mynd yn ôl ac ymlaen ar ei hyd hi yn chwilio am le i fynd oddi tani neu drwy dwll ynddi.

Wedi noson o waith fel hyn, ar ôl deg ymgais dyweder, fyddai'r pysgotwyr weithiau wedi dal dim, neu nesaf peth i ddim. Dro arall gallai fod yn llwyddiannus iawn ar y cynnig cyntaf, a chael dim gweddill y noson. Ond roedd noson dda yn talu. Wrth gwrs, ar ôl cyrraedd Moelfre y cam cyntaf oedd cyrraedd adref efo'r pysgod cyn i neb eich dal! Ond nid oedd rhaid poeni am gwsmeriaid, roedd digon ohonynt ar gael, megis gwestai lleol yn bennaf. Yn y 1950au roedd y pysgotwyr yn cael rhyw bumswllt y pwys am eog. Ambell dro roedd eog yn pwyso deg pwys a cheir hanes am un criw'n dal hyd at gan pwys mewn noson! Am noson o waith felly rhennid £25 rhwng tri dyn – a rhaid cofio mai £5 yr wythnos oedd cyflog dyn adeg hynny. Roedd yn bosibl gwerthu'r pysgod eraill i'r ymwelwyr yn y pentref os oedd digon ohonynt o gwmpas. Unwaith eto byddai'r gwestai yn eu prynu os oeddynt yn ddigon mawr.

Nid ar gyfer dal eogiaid yn unig y defnyddid yr arfer o dynnu rhwyd. Byddai rhai hefyd yn tynnu rhwyd am ledod, a hynny yn ystod y dydd i gyfeiriad Traeth Coch. Ond wrth ddal eogiaid roedd y drefn yn gwbl groes. Y tro hwn roeddynt yn tynnu wrth i'r môr fynd allan gan fod y pysgod wedi dod i mewn efo'r llanw. Nid oedd cymaint o ddynion Moelfre yn tynnu rhwyd am ledod am y rheswm syml nad oedd cymaint o bres i'w gael am y pysgod.

Un o'r datblygiadau pwysicaf a effeithiodd ar bysgota yn y pentref oedd cyflwyno peiriannau fel dull o yrru cwch, yn lle rhwyfau a hwyliau. Ni lwyddodd y datblygiad hwn i newid y dulliau, ond gyda pheiriannau roedd yn bosibl mynd yn ôl ac ymlaen yn gynt, yn bellach a hynny heb orfod rhwyfo. Y *seagull engine* oedd y peiriant cyntaf i gyrraedd, sef peiriant allanol, o ryw un a hanner i ddau a hanner *horse power*. Mae'n bosibl mai Tommy Williams, Penrallt oedd y cyntaf i gael y *seagull engine*. Erbyn tua 1947 roedd y peiriannau newydd hyn gan bawb. Roeddynt yn hawdd i'w trin a'r unig waith oedd angen ei wneud ar y peiriannau oedd glanhau'r plwg. Efallai bod angen eu glanhau'n aml gan eu bod yn fotor 'dwystroc' ac yn defnyddio gormod o olew ac yn mygu. Peiriannydd y bad achub, Evan Owens, Lifeboat House oedd yr asiant ac ato ef byddai'r dynion yn mynd i gael partiau ac ati.

Gan fod dogni yn parhau wedi'r rhyfel, roedd pob un perchennog cwch yn y pentref wedi cofrestru eu hunain fel pysgotwr er mwyn cael petrol. Wrth gwrs, fel y gellid disgwyl, roedd ambell un yn parhau i ddefnyddio hwyl ac roedd rhwyfo yn rhan naturiol o waith y cychwr. Ond yn sgil cael peiriant ar gwch cafwyd sawl mantais ymarferol. Pe bai rhywun ddim ond am fynd allan i bysgota rhyw hanner milltir y tu allan i Ynys Moelfre' yna byddai'n *pull* go sylweddol i rwyfwr, a phe bai gwynt o'r de ddwyrain yna byddai'n fwy o *pull* adref! Yn yr un modd, byddai'n cymryd awr a hanner i'r pysgotwyr eogiaid rwyfo i Draeth Llugwy, a mwy wrth ddod yn ôl oherwydd byddai'r rhwyd yn wlyb, a'r cwch yn drymach. Ond golygai peiriannau bod modd mynd yno'n gynt, gellid symud o un lle i'r llall yn gynt a thrwy hyn oll gellid gwneud llawer mwy o waith mewn noson. Efallai nad oedd y peiriannau cynnar yn rhai pwerus iawn ond roeddynt yn well na rhwyfo.

Cyfeiriwyd uchod at gofrestru cychod pysgotwyr. Daeth y drefn hon i fod yn ystod y rhyfel pan ddaeth yn ofynnol cofrestru cychod, er mwyn diogelwch y wlad. Câi pob cwch ei gofrestru â rhif ond gan gychwyn efo BS am Biwmares. Rhaid oedd i bob rhif fod o faint arbennig ar y cychod er mwyn gallu eu hadnabod yn hawdd. Ond nid oedd cofrestru'r cychod yn golygu bod yr arferiad o roi enw ar y cychod wedi dod i ben. Yn union fel yn y cyfnod cyn y rhyfel y tueddiad oedd rhoi enwau Saesneg arnynt, gan gynnwys enwau llongau, gan fod rhai o'r cychod wedi eu henwi ar ôl llongau a oedd wedi suddo. Roedd hi hefyd yn arferiad rhoi enw merch ar gwch, fel arfer merch y perchennog. Ymhlith cychod Moelfre ar y pryd oedd:

> *Mona*, cwch Richard Owen ('Dic Jane Owen') (cwch oddi ar sgwner o'r enw *Mona*).
>
> *Lark* oedd enw cwch Tommy Williams. Roedd yn hen *Gape Horner* ac yn nai i'r enwog Twm Penstryd.
>
> *Catherine* oedd enw cwch Owen Owens, Boldon ar ôl ei ferch [roedd wedi ei gofrestru fel BS196]. Cwch arall Boldon oedd:
>
> *Margaret*, cwch bach (fel y gallai'r llanc Owen Owens ei rwyfo).
>
> *Willie*, Tomos Owen, Tŷ Pwdwr, a oedd yn hen longwr.
>
> *Madge* a'r *Pride* gan John Matthews Owen.
>
> *Seagull* a'r *David* (cwch bach oedd hwnnw) gan y Capten William Evans.
>
> *Hamdden* y Capten W.J. Hughes.

Elsie, cwch y Capten William Roberts (neu Yncl Bila i bobl y pentref).
Linda, cwch Huw Owen Morawelon.
Seagull, cwch William Williams.
Skylark, cwch Tommy Williams.
Gwyneth, cwch Will Lewis.

Yn wahanol i gyfnod pysgota penwaig y bedwaredd ganrif ar bymtheg, cychod rhyw 15-16 troedfedd oedd y rhain, neu lai na hynny fel arfer. Roedd gan rai ohonynt ddau 'fow' ac eraill starn *transum*.

Roedd yn rhaid bod yn ofalus iawn efo'r cychod gan eu bod yn ddrud iawn ac yn hawdd eu malu, ond gyda gofal gallai cwch barhau am flynyddoedd lawer: wedi'r cyfan roedd rhai cychod ym Moelfre dros gant oed! Un gorchwyl pwysig cyn yr haf oedd paentio'r cychod. Byddai'r dynion yn gofalu am eu cychod ac yn eu golchi ar ddiwedd y dydd, ond ni fyddent yn golchi cychod a oedd wedi bod yn cludo ymwelwyr ar fordaith o amgylch y bae, yn hytrach byddent yn lluchio dŵr ffres drostynt. Rhaid oedd eu tynnu yn uwch na'r gorlan bob nos, gan nad oedd y dynion am golli eu cychod. Roedd elfen o falchder yn perthyn i'r dynion – roedd yn rhaid i'r cychod edrych yn dda a chael eu gosod yn drefnus ar y gro. Gan fod yn rhaid tynnu'r cychod i fyny ar ddiwedd y dydd byddai pawb yn mynd i lawr i helpu efo'r 'lansio.' (Er bod 'lansio' yn golygu gyrru cwch allan, sef *launch* yn Saesneg, roedd dod â'r cwch i fyny'r gro hefyd yn cael ei alw'n 'lansio.') Weithiau byddai hi tua chwech neu saith o'r gloch y nos pan fyddai'n amser tynnu'r cychod i fyny. Gan fod rhan o'r gro yn serth roedd yn rhaid i'r dynion dynnu efo'i gilydd. Gwaith y siantïwr *(shantyman)* oedd cyfarwyddo'r tynnu – Owen Owens, Boldon y mae Dafydd Arbonne Owens yn ei gofio – a byddai'n gweiddi ar i bawb dynnu efo'i gilydd (roedd siantïwr ar longau hefyd, sef y dyn oedd yn gweiddi ar bawb i dynnu rhaffau.) Wedi cyrraedd pen y gro, lle'r oedd y gro'n fwy gwastad, roedd hi'n amser 'cerdded y cwch' h.y. nid oedd angen ei thynnu, dim ond mynd â hi heb stopio. Wedyn byddai'n rhaid mynd i lawr y gro i nôl y nesaf ac yn y blaen. Dyna'r drefn bob nos. Rhaid cofio eu bod yn gychod reit drwm, estyllog gyda thar a phaent. Wedi cael y cychod i ben y gro yna roedd math o seremoni arbennig – rhaid oedd cael y cychod yn un rhes a phob un yn berffaith syth. Os oedd unrhyw un yn anfodlon yna efallai byddai'n rhaid tynnu cwch rhyw fodfedd arall.

Roedd y math yma o gydweithredu cymunedol yn perthyn fwyfwy i oes a fu. Adlewyrchwyd hyn ym mherchnogaeth y cychod. Ers o leiaf canol y ddeunawfed ganrif bu pysgotwyr Moelfre yn rhannu cwch, hynny yw, byddai pedwar yn buddsoddi mewn cwch. Ond erbyn y cyfnod wedi'r rhyfel un neu ddau oedd yn berchen ar y cychod. Mae'n bosibl bod buddsoddi mewn cychod ar y cyd yn parhau mewn modd gwahanol. Roedd gan y pysgotwyr eu gêr ar gyfer pysgota – angorion, rhwydi, cyrc ac yn y blaen – ac roedd y rheini'n fath o gyfalaf i'r pysgotwyr hyn. Er eu bod yn adnabod y moroedd o amgylch Moelfre yn well na neb nid oedd hynny'n golygu nad oedd damweiniau a cholledion yn digwydd. Yn aml byddai pobl yn colli'u rhwydi, dyweder wrth i wynt dwyrain caled annisgwyl falu'r rhwydi a'r dynion wedyn yn mynd i 'graplo' am yr angorion a chwilio am eu gêr ar hyd y bae. Nid oedd ganddynt o reidrwydd yr arian i brynu rhwydi newydd felly roeddent yn gorfod cael credyd gan y siopwr lleol. Credir i

Mr Huw Williams y Post a gwŷr busnes eraill gael siariau yn rhai o'r cychod, oherwydd iddynt fuddsoddi'n ariannol i helpu'r pysgotwyr. Rocdd y math yma o fuddsoddi yn golygu na fyddai'r pysgotwr yn gorfod wynebu colli eu gêr neu, yn waeth byth, eu cychod.

Rydym yn byw mewn oes heddiw lle ceir llawer o sôn am 'arallgyfeirio', yn arbennig mewn cymunedau traddodiadol sydd dan fygythiad yn sgil datblygiadau modern. Bu'r pysgotwyr ym Moelfre hwythau'n arallgyfeirio, a hynny wrth iddynt fanteisio ar yr ymwelwyr a ddeuai i'r pentref bob haf. Byddai rhai o'r pysgotwyr yn mynd â'r ymwelwyr allan i bysgota. Byddai eraill yn llogi'r cychod i'r ymwelwyr iddynt gael mynd i bysgota eu hunain – er, byddai'r hen wŷr yn cadw golwg barcud ar eu cychod. Nid oedd llogi cychod wedi ei gyfyngu i bysgota; byddai'r cychod hefyd ar gael i fynd ar fordeithiau pleser o amgylch y bae neu du hwnt.

Yn anffodus dirywiodd y llygedyn bach o obaith hwn i'r pysgotwyr. Erbyn y 1960au cynnar roedd ymwelwyr wedi dechrau mynd ar eu gwyliau i wledydd tramor ac wedi dechrau prynu eu cychod eu hunain. Roedd hen wŷr Moelfre wedi dechrau cefnu ar bysgota ac roedd yr hogiau ifanc ar y môr, heb lawer o ddiddordeb ac roedd yn ormod o drafferth ganddynt ofalu am y cychod. Hefyd nid oedd digon o giang ar y traeth i dynnu'r cychod i ben y gro – rhaid cofio bod y cychod yn rhai pren estyllog ac felly'n drwm a bod angen pump neu chwech i'w lansio.

Math arall o bysgota a oedd yn parhau wedi'r rhyfel oedd pysgota am grancod a chimychiaid. Roedd gan bob un o'r pysgotwyr gewyll wedi eu gwneud eu hunain o wiail. Roeddynt yn anodd iawn i'w gwneud ac roedd eu hoes yn fyr. Roedd gan bob un o'r pysgotwyr rhyw hanner dwsin o gewyll wedi eu gosod yn y bae. Unwaith eto roedd gan bob un ei farc ei hun yn y bae. Roedd gan y pysgotwyr cimychiaid beli crwn neu gorcyn crwn fel marciwr. Byddai John Matthews, Penrallt yn dal cimychiaid. Byddai'n gwylio'r llanw yn mynd allan a gwyddai'n union lle byddai twll cimwch i'w gael. Un arall a oedd yn berchen potiau cimychiaid oedd Yncl Bila. Un tro aeth William Rowlands a Hugh Farrell gydag ef yn ei gwch bach *Elsie* ac roedd hen swelyn bach o'r gogledd. Roeddynt reit ar dop y creigiau ac roedd Yncl Bila yn eu rhybuddio i gadw'r cwch yn berffaith llonydd, rhaid oedd cadw'r cwch yn *steady* er mwyn codi'r cawell. Weithiau byddai crancod yn cael eu dal yn y cewyll cimychiaid. Adeg y teitiau mawr byddai'r plant yn mynd i godi cerrig ac weithiau roedd cranc coch i'w gael – ond roedd yn rhaid i'w gefn fod yn berffaith galed i'w fwyta. Aeth Tommy Williams i Ynys Dulas – doedd neb wedi bod yno o'r blaen efo cawell cimwch – ai dyma enghraifft arall o effaith dyfodiad peiriannau ar draddodiad pysgota? Ymddengys bod y galw am gimychiaid wedi gostwng erbyn y 1970au cynnar gan fod llai o ymwelwyr yn dod i'r pentref.

Dim ond un neu ddau o ddynion y fro oedd yn treillio yn y blynyddoedd wedi'r rhyfel ac ymddengys nad oedd neb o'r pentref yn gwneud hynny erbyn diwedd y 1950au a dechrau'r 1960au gan mai cychod bach oedd gan bobl Moelfre. Roedd rhai dynion yn parhau efo'r hen drefn o bysgota efo *longline* sef lein hir gyda nifer o fachau ar ei hyd hi. Roedd y lein hir yn tueddu i gael ei gosod ymhellach allan yn y bae ac ar un adeg gosodwyd hwy i ddal penfreision yn y gaeaf. Erbyn 1945 roedd y lein yn tueddu i fod yn llai, yn wahanol i'r hen oes pan fyddai'r teulu yn eu 'bwydo' (abwydo?) gartref efo cregyn gleision, a caent eu gosod yn yr haf i ddal unrhyw beth yr oedd yn bosibl ei ddal. Nid oedd unrhyw reolau pendant wrth gwrs – byddai rhai dynion yn 'gosod *longline* allan' ac yna'n mynd i bysgota gwaelod wedyn am ryw deirawr neu bedair ac yna codi'r *longline* cyn dychwelyd adref.

Math arall o bysgota a oedd yn parhau oedd hel cerrig gleision a gwichiaid. Roedd cerrig gleision ym mhob man yn y Swnt ond gwaith caled iawn fyddai hel cant o bwysau ohonynt. Yn y gaeaf byddai hyn yn digwydd, ond yn achlysurol. Byddai Tomos Idwal yn eu casglu ac yn eu hanfon i ffwrdd. Cwmni Hogans fyddai'n eu prynu ac roedd hyn yn elfen o barhad o'r cyfnod cyn y rhyfel – Hogans oedd prif brynwyr penwaig Moelfre bryd hynny. Fodd bynnag, erbyn y 1950au ymddengys y byddai rhai o Foelfre yn mynd i Draeth Coch i hel gwichiaid ond nid oedd neb yn cael cregyn gleision ym Moelfre. Ceid enghreifftiau cyn y rhyfel o rai yn hel cerrig gleision a gwichiaid ar eu cyfer eu hunain oherwydd caledi. Ond wedi'r rhyfel cafwyd newid mewn agwedd. Roedd math ar stigma yn bodoli, ac roedd bwyta cregyn gleision yn arwydd o dlodi mawr. Nid oedd unrhyw un yn eu bwyta fel danteithfwyd.

Felly fe welwyd elfennau o newid a pharhad yn hanes pysgota Moelfre yn y blynyddoedd wedi'r Ail Ryfel Byd. Roedd arwyddion bod yr hen oes wedi dod i ben, gyda rhai arwyddion amlwg bod pethau hefyd wedi newid am byth. Er nad yw Moelfre yn ganolbwynt i'r diwydiant pysgota fel y bu yn y gorffennol, yn sicr bydd pysgota yn rhan o ddyfodol y pentref a'i thrigolion, pa fodd bynnag y bydd hynny.

Rwy'n ddiolchgar iawn i'r canlynol am eu cymorth parod wrth baratoi'r erthygl hon: Dafydd Arbonne Owens, Owen Owens, William Rowlands a'r diweddar John Hughes.

Robin Evans
'Pysgota ym Moelfre wedi'r Ail Ryfel Byd'
Cymru a'r Môr/Maritime Wales, 26 (2005), 102-115

Pysgota'r Morfil

Robin Evans

Un o'r penodau difyr, ac anghyffredin, yn hanes morwrol Môn, a Chymru, oedd y cyfnod cyn yr Ail Ryfel Byd pan welwyd nifer o ddynion Môn yn ymwneud â'r diwydiant pysgota morfilod ym moroedd Antarctica. Er bod mwyafrif llethol dynion Môn a oedd ynghlwm â'r gwaith hwn yn dod o Gaergybi ac Amlwch roedd rhai o bentrefi morwrol traddodiadol Môn hefyd yn cael eu cynrychioli. Un o'r pentrefi hynny oedd pentref Moelfre. Pwrpas yr erthygl hon yw rhoi cipolwg ar atgofion a phrofiadau John Matthews Owen yn ystod ei flynyddoedd yn pysgota'r morfil. Rwyf wedi canolbwyntio bron yn gyfangwbl ar yr hyn a ddywedwyd wrthyf gan John Matthews Owen mewn cyfweliadau ag ef yn ogystal â nodiadau a ysgrifennwyd ganddo. Er y gwendid sy'n amlwg mewn dibynnu ar atgofion un dyn, wrth ysgrifennu'r erthygl rwyf wedi ceisio crynhoi'r hanes a'i drefnu yn y fath fodd fel y bydd yn darllen yn rhwydd, heb gyfeirio'n ormodol at ddyddiadau penodol, gan ychwanegu dyfyniadau – llafar neu yn ysgrifenedig – gan John Matthews Owen ei hun lle bo hynny'n briodol.

Fel yn hanes sawl un o Foelfre o'i flaen, ar lan môr y pentref y daeth y newydd cyntaf am waith ar y llongau pysgota morfilod i John Matthews Owen.

> 'Mi oeddwn i wedi dŵad adra, wn i ddim ar ba long roeddwn i wedi bod. Mi oeddwn i adra' rŵan beth bynnag a dyma na giang ohono ni ar lan môr ..., hogia'r môr ifanc, a dyma 'na rhyw gar yn stopio a dyma 'na ddau ddyn allan ohono fo.'

Un o'r dynion oedd Capten Williams o Nefyn a oedd yn brysur recriwtio dynion ar gyfer y *whalers*. Roedd John Matthews Owen yn ymwybodol yn fuan iawn mai ef oedd un o'r ychydig ddynion a oedd yn mynd o Fôn i Newcastle ar y trên a oedd yn llongwr o ran ei alwedigaeth. Wedi cyrraedd y llong cafodd John Matthews Owen ei symud i un o'r *catchers* (y llongau pysgota), sef y *Southern Wave* a dyma wir gychwyn cyfnod diddorol yn ei hanes.

Roedd yr 1930au yn gyfnod anodd iawn i weithwyr Cymru, gan gynnwys llongwyr y wlad. Dyma'r rheswm, wrth gwrs, dros barodrwydd cymaint o hogiau Môn i hwylio i ben draw'r byd i weithio yn y diwydiant morfilod. Roedd John Matthews Owen, yntau, yn cydnabod fod y cyflog yn atyniad mawr

> '...mi oeddwn ni'n cael deg punt y mis yn gyflog ar y *catchers*, *eight pound* oedd o ar *merchant ship*, wedyn dyna chi flwyddyn, *hundred and twenty* oedd o ynte, a cha' chi ychydig dros gant o *fonus* am y *season*.'

Ond i John Matthews Owen roedd yna reswm arall dros ei barodrwydd i fynd i bysgota'r morfil. Roedd o wedi bod ar long o'r enw *Quickthorn* a thra yn y porthladd yn Grangemouth:

"oedden ni wrth ochr *whale catcher* ... o'n i'n sbïo arno fo ychan ac yn ei *admirio* fo a gweld pentwr o *bollards* ar ei ddec o, be mae heinia'n da a tyllau yn ei ochr o a be' mae heinia'n da a hyn a llall ac fuodd hi ddim yn hir cyn ?pen o ni'n gwybod be oeddan nhw'n da'n olreit.'

Felly, mewn un ystyr, cyflawni uchelgais oedd John Matthews Owen pan gytunodd i gais Capten Williams ac mae hynny'n esbonio ei barodrwydd i ddychwelyd at bysgota morfilod fwy nag unwaith.

Wedi ymuno â'r *Southern Wave* hwyliodd am Durban yn Ne Affrica. Nid oedd y llong fawr (y *factory ship* neu'r *mother ship*) yn mynd yn syth i Durban. Byddai hi'n hwylio i Aruba yn gyntaf er mwyn cael olew. Nid oedd dim olew yn Aruba ei hun, yn hytrach roedd yr olew yn cael ei gludo yno o Venezuela gan *mosquito fleets*, sef rhyw gant o longau, mil o dunelli yr un. Yna byddai'r llong fawr yn hwylio am Durban. Roedd y *catchers* yn disgwyl am ryw bythefnos fel arfer cyn i'r llong fawr gyrraedd. Unwaith i'r llong fawr gyrraedd Durban roedd yna brysurdeb mawr wrth i'r *catchers* fynd wrth ei hochr hi er mwyn cael yr holl anghenion pysgota – *harpoons* ag ati – ar fyrddau'r *catchers*. Wedyn byddai'r llong fawr a'r *catchers* yn hwylio am y rhew (sef am foroedd Antarctica) er mwyn cychwyn ar eu gwaith. Ar y ffordd i lawr i'r rhew roedd y *catchers* yn dilyn patrwm arbennig er mwyn diogelu'r llong fawr. Byddai

'...un cwch yn mynd rhyw ddeg milltir neu fwy *ahead* iddi hi, ac un bob ochr iddi hi rhyw bum milltir a lleill tu'n ôl iddi hi ond oedd y rhai cyntaf yn ei *warnio* hi, doedd 'na ddim *radar* yr adeg honno, wedyn roedd y rheiny yn *warnio* hi hefo rhew 'te, y rheiny'n *lookout* am rew iddi..'

Fel y nodais uchod bu John Matthews Owen yn pysgota morfilod ar fwy nag un achlysur. Cafodd ei alw i ffwrdd, er enghraifft, yn ystod gaeaf cyntaf yr Ail Ryfel Byd. Cofiai'r achlysur yn iawn am sawl rheswm. Cofiai weld y craen 'Goliath' yn Lerpwl yn codi *barge* a oedd bron cymaint â hi a'i osod ar *flencing deck* y *Southern Empress*. Aeth y *Southern Empress* i Aruba ac oddi yno i Ynysoedd Falkland/Malvinas am mai yno oedd diwedd taith y *barge*.

Yn y cyfamser roedd John Matthews Owen a gweddill criw'r *catchers* wedi hwylio ar longau cwmni *Union Castle* i lawr i Durban ac i Cape Town. Roedd criw tri chwch yn gwneud dwy fordaith i ddod â saith o *catchers* i Cape Town o Durban. Roedd John Matthews Owen yn cofio mai rhyw hanner cant o filltiroedd oddi wrthynt, wedi iddynt adael Durban, 'roedd y *Graf Spee* yn suddo ei llong gyntaf, yr *African Shell* [llong olew]. Wedyn daeth yr *Empress* ar draws o'r Falklands/Malvinas i Cape Town i ymuno â hwy ac yna i hwylio draw am y rhew.

Wedi ymuno â'r *catchers* ac wedi hwylio i'r rhew i gychwyn pysgota, dim ots os oedd hyn cyn, yn ystod neu ar ôl y rhyfel, yr un oedd y drefn. Byddai'r pysgota ei hun yn dechrau wedi hanner nos ar ddyddiad arbennig, Awst y cyntaf dyweder, a byddai arolygydd ar y llong fawr er mwyn sicrhau nad oedd yr un *catcher* wedi dechrau dal morfilod cyn y cychwyn swyddogol. Unwaith yr oedd ef yn rhoi'r gorchymyn i ddechrau byddai'r llong fawr yn rhoi neges i'r *catchers* dros y radio a byddai pob un yn mynd allan i bysgota. Byddai rhai yn ôl wrth y llong efo morfil erbyn tua dau o'r gloch. Roedd y tymor pysgota wedi dechrau o ddifrif. Byddai'r tymor yn parhau am ryw naw mis i gyd a byddai'r pysgota yn parhau nes yr oedd hi wedi mynd yn rhy oer i bysgota dim mwy. Yna byddai'r llong fawr yn anfon neges i Lundain i ddweud bod y tymor pysgota ar ben a byddai'r llong fawr a'r *catchers* yn troi am Durban.

Roedd saith o *catchers* efo pob llong fawr, 'fatha iâr a cywion,' ac roedd y gwaith yn ddi-baid. Un rheswm amlwg dros hynny oedd y ffaith nad oedd hi'n nosi tan tua hanner ffordd drwy'r tymor. Yna roedd y *catchers* yn peidio â gweithio gyda'r nos.

Hyd *catcher* ar gyfartaledd oedd tua 150-180 o droedfeddi ac roeddynt yn gychod cyflym iawn ac yn bwerus. Tua 14 not oedd cyflymder cyfartalog yr hen rai ond roedd y cychod newydd yr oedd John Matthews Owen yn eu cofio yn mynd i fyny at 18 not. Pan fyddai'r cychod yn mynd ar eu cyflymaf byddent yn defnyddio rhyw 30-40 tunnell o danwydd (olew tew) y dydd. Nid oedd rhaid ail gyflenwi'r cychod efo tanwydd bob dydd achos pan roeddynt yn y rhew yn pysgota rhaid oedd sicrhau nad oeddynt yn rhy drwm oherwydd yr angen i fynd ar ôl y morfilod ar gyflymder a'r angen i symud yn rhwydd. Roedd gan y cychod bedwar tanc i ddal tanwydd, un tanc ar bob ochr yn dal rhyw gan dunnell yr un a byddai'r rheiny'n cael eu gwagio'r munud y byddai'r *catcher* yn dechrau pysgota. Felly'r ddau danc yng nghanol y cwch yn unig oedd yn cael eu defnyddio. Byddai'r cwch yn cario rhyw gan dunnell o danwydd beth bynnag ond rhyw unwaith yr wythnos yr oedd yn rhaid mynd i gael mwy o danwydd. Doedd gan y *catchers* ddim tanciau balast (dim ond rhyw ugain tunnell yn y *fore peak* efallai a'r un faint o ddŵr ffres yn yr *after peak*) felly roedd byncars y *catcher* hefyd yn falast iddi. O ganlyniad roedd yn rhaid byncro unwaith yr wythnos er mwyn cadw digon yn y *catchers* i wneud balast.

Os oedd tywydd mawr a'r *catcher windside on* a rhyw 50 milltir i fynd at y llong fawr fyddai'r *catcher* ddim yn rhoi morfil ar y *weather side* rhag ofn i'w gynffon dorri. Os oedd dau forfil yr un ochr i'r cwch byddai'r cwch yn gogwyddo i un ochr, felly er mwyn cael y cwch 'ar ei draed yn ei ôl' byddai dŵr yn cael ei roi yn y tanc balast ar yr ochr arall.

Roedd gan bob cwch ddau wins cryf iawn, digon cryf i allu tynnu morfil oddi ar waelod y môr os oedd un wedi digwydd suddo oherwydd bod *harpoon* wedi torri ei gefn o.

Roedd criw ar y catcher yn cynnwys:

> 'Pedwar llongwr, *cook steward*, oedd hwnnw'n un felly wrth gwrs, a *galley boy*, Capten a dau fêt, tri *engineer* a dau daniwr. Roedd y *chief engineer*, munud oedden ni'n cael i'r rhew, oedd o'n mynd *off* yr *engine room altogether* wedyn, dim ond dreifio'r wins oedd o i halio'r *whale* i mewn, job o oedd hi.'

Roedd gan John Matthews Owen un broblem arbennig pan ddechreuodd weithio ar y *catchers* am y tro cyntaf, sef y broblem ieithyddol – y ffaith nad oedd yn gallu siarad gair o Lychlyneg [iaith Norwy]. John Matthews Owen oedd yr unig un ar y *catcher* cyntaf iddo hwylio arni nad oedd yn siarad yr iaith.

> *The crew of the whale catchers were all Norwegian with one British A/B on each. As it was before the war, they could not speak much English. It very near drove me round the bend. Lying in my bunk listening to them talking. I used to plug my ears with flax*

*from my pillow, but little by little I picked up a few words to do with deck work. After
a couple of seasons I was fluent in Norwegian.'*

A barn John Matthews Owen am wŷr Norwy:

'O bobl neis. Diawlad am ddiod 'te. Welais i 'm un, dim un waith, ffrae yn nim
un o'r *whale catchers* yna erioed. Cwffio efo rhai eraill yn lan 'te, ond pan oedden
ni'n llong welais i erioed ffrae rhwng un dyn yno. Dyna chi bobol lan ychi, y *cook*
.... yn *spotless* ychi, bob man yn *spotless*.'

Hyd yn oed heb y broblem iaith, pan nad oedd hi'n olau dydd, byddai'n gallu bod
braidd yn ddiflas i'r rhai a oedd ar *watch*, ond byddai'n dechrau prysuro unwaith yr
oedd morfilod wedi eu gweld:

'..bydda na ddau longwr, un *engineer* ac un taniwr ar *watch*. Wel toedd yna ddim
byd i'w wneud i neb 'da chi'n gweld ?oedden ?ni yn y *mess room* yn yfed coffi a
siarad. Wedyn fydda un ohono ni, os oedd yna lwmpia o rew o gwmpas, yn
mynd i fyny ar y *bridge* a *look round*. Os oedd hi'n glir i lawr â fo yn ei ôl i'r *mess
room*, fyna byddan ni'n eistedd wedyn ..?.. cael gordors i gychwyn pedwar o'r
gloch bore, llywio peth a'r peth. ?Wedyn ?fyddech chi awr yn *crow's nest* ac awr
ar y *wheel* yn llywio'n 'te. Os mai'n nhwrn i ar y *wheel* oedd hi yr amser honno,
yr awr honno felly, fyddwn ni'n mynd i fyny ar y *bridge* a fyddai'r *engineer* a oedd
yn eistedd yn y *mess room*, a'r taniwr, fydda nhwythau wedi mynd i lawr, oilio'r
injan a prepario 'te, fydd hi'n ddydd golau mewn hanner awr 'te. Wedyn y job
cyntaf fyddwn ni'n ei wneud ar ôl mynd ar y *bridge* fydda cymryd y *glasses* a
chwilio edrych os fysa chi'n gweld *whale* 'te. Yn o aml iawn iawn fysa chi'n gweld
rhyw ddeg ddeuddeg yn fancw, rhyw ddeg ddeuddeg yn fancw chwythu holl
rownd chi ?fatha coedwig ym mhobman. Toedd dim isio i ni fynd i chwilio
amdanyn nhw, oedd 'na ddigon yna. Wedyn dim ond mynd am rhyw ..??..
ringio'r teligraff, a sgwrsio i lawr y beipan i ddweud wrthyn nhw bod ni'n mynd
am *whale*, a chwythu, roedd 'na ffliwt wrth ben y Capten, mond chwythu a fyddai
yntau'n ateb "be sy?" "Da ni'n mynd am *whale* rwan" a neidio o'i wely a gwisgo
amdano a dŵad i fyny ynte. Wedyn fyddai'r mêt hi wedi rhedeg i fyny i'r *crow's nest*.'

Wedi gweld morfil, a'r cwch yn mynd rhyw ddwy not o dan ei chyflymder uchaf,
rhaid oedd canu'r teligraff a oedd wrth ochr y dyn ar y llyw dair gwaith, er mwyn gadael
i'r peiriannydd wybod beth oedd ar droed. Roedd pawb heblaw y rheiny a oedd yn
cysgu yn gwybod eu bod yn mynd ar ôl morfil. Wedyn wedi dwad o fewn hyn a hyn i'r
morfil mi âi'r *harpooner*, a oedd o bosibl rhyw ychydig funudau ynghynt yn gorffwys yn
braf yn y *mess room*:

'... ymlaen at y gwn yn ara deg a'i *uncocio* fo a'i *swivelio* fo. Wedyn unwaith
oeddech chi wedi dechrau *chasio* rŵan roedd y dyn yn y gascen yn *directio*'r cwbl
wedyn. Roedd o'n ei weld o (y morfil) dan dŵr ... a toedd neb arall yn ei weld o.'

Byddai'r dyn y gascen yn gweiddi gorchmynion – *port, starboard,* tri chwarter cyflym – i gyd yn iaith Norwy wrth gwrs. Cyn tanio at y morfil rhaid oedd disgwyl iddo godi o'r môr a dechrau mynd yn ei ôl i lawr, yna tanio. Nid oedd John Matthews Owen yn deall pam yr oedd yn rhaid anelu ato pan roedd ar ei ffordd i lawr, efallai fod ei gefn o'n galetach wrth ddŵad i fyny. Ar y llaw arall roedd John Matthews Owen yn cofio mynd ar ôl un morfil glas ac roedd fel petai *prongs* yr *harpoon* yn gyrru'r *harpoon* oddi ar gefn y morfil glas ac ni llwyddwyd i ddal hwnnw – yn arwyddocaol efallai roedd hwnnw yn codi yn syth o flaen y cwch bob tro.

Wrth fynd ar ôl y morfil felly rhaid oedd cael i'w ochr er mwyn i'r *harpoon* fynd i mewn i'w ochr. Os oedd deg i bymtheg o forfilod yn cael eu hela ar unwaith byddai'r cwch yn medru gweld bod yna rai bychain o dan 60 troedfedd yn eu plith. Roedd y rheswm dros wahaniaethu yn syml – nid oedd dim tâl i'w gael am y rhai bychain – morfil asgellog o dan 60 troedfedd, morfil glas o dan 70 troedfedd, morfil cefngrwm o dan 40 troedfedd, a morfil pensgwar o dan 35 troedfedd. Roedd y gŵr yn y gasgen felly yn allweddol bwysig er mwyn gadael i'r *harpooner* wybod pa forfil i anelu ato, a hynny gan weiddi wrth gwrs:

> 'Mae un yn dwad i fyny rwan ar y *port bow*, paid â twtsiad ynddo fo. Mae 'na un arall wrth yr ochr pella, paid â sbïo ar hwnna. Mae 'na un arall yn dwad i fyny rŵan. Hwnna.'

Ac yna byddai'r *harpooner* yn saethu. Roedd ffrwydrydd ar ben yr *harpoon* hefo *grenade* yn llawn o bwdwr a byddai'r *grenade* yn ffrwydro hyn a hyn o eiliadau wedi gadael y gwn os oedd wedi taro'r morfil neu beidio. Weithiau byddai'n cymryd tua tair neu bedair ergyd i ladd morfil. Y lle gorau i'w daro oedd yn ei galon a'i ysgyfaint. Os fyddai'n cael ei daro yn ei galon byddai'n chwythu gwaed i fyny, ac yn achos morfil glas byddai hynny'n golygu i fyny hyd at 40 troedfedd i'r awyr. Roedd y *crow's nest* tua 35-40 troedfedd i fyny ac weithiau wedi taro morfil glas byddai'r gwaed yn cael ei saethu i fyny a

> '..byddech yn ei gael o fatha glaw man yn eich gwyneb, hwnnw'n hallt.'

Roedd safon yr *harpooner* yn bwysig yn ôl John Matthews Owen ac roedd rhai yn well o lawer na'i gilydd. Byddai rhai gwael yn lladd y criw, oherwydd eu methiant i ladd y morfil yn sydyn. Golygai hyn waith ddi-baid i'r criw. Roedd y rhai a oedd yn *harpooners* da felly yn cael eu hystyried yn rhai a oedd yn medru handlo'r cwch yn well. Wedi saethu'r *harpoon* byddai'r criw yn halio'r lein i fyny ac ail lenwi'r gwn. Roedd un gwn a tua deg ar hugain o *harpoons* ar y cwch. Roedd saith *coil* o 120 gwryd o *nine inch manilla* i dynnu'r morfil i mewn a byddai rhaff yn gwneud am y tymor. I gysylltu'r rhaff yma efo'r *harpoon* roedd 60 gwryd o raff arbennig. Wedi rhoi gwynt yn y morfil ac wedi darfod efo fo, roedd y rhaff arbennig yn cael ei thorri a rhaid oedd newid y rhaff arbennig rhyw ddwy neu dair gwaith yr wythnos. Byddai'r rhaff fawr yn cael ei chadw yn y *locker* bob tro a dau longwr yn ei *choilio.*

Roedd peryglon yn y *locker* fodd bynnag:

One morning while fast fish (hynny yw, tra'n pysgota morfilod) the Scotch AB and a Norwegian were in the locker. The whale gave an extra pull and when the line block passed a mark on the mast the harpooner would shout (mewn Llychlyneg) 'Throw the winch out of gear.' Then the mate would have the whale on the break of the winch but as soon as he shouted 'Take her out of Gear' the Mate would shout down to the two men in the line locker to clear out. The Scotch chap did not understand and the Norwegian, not realising that his mate did not understand the language, dived out and believe me you had to dive out quick. The next thing the poor chap's leg came out through the pipe. We carried him to the wireless room, sat him in his chair and we sent the signal to the factory ship, then he collapsed. He lived.'

Gwisg y llongwr oedd cotiau â leinin ffwr, digon o bethau cynnes a chôt a throwsus cynfas. Gwisgent *sea boots* lledr oherwydd roedd rwber yn rhy oer. Nid oedd neb yn tynnu amdanynt pan yr oeddynt yn mynd i'w gwelyau adeg y pysgota oni bai fod y tywydd yn rhy fawr ac felly roedd y criw yn gwybod na fyddai dim pysgota yn digwydd a'i fod yn bosibl cael rhyw bedair awr o gwsg. Pan roedd pysgota yn digwydd y ddau longwr a oedd yn eu gwelyau oedd yn gorfod mynd i lawr at y rhaff a'i halio fo i mewn. Byddai'r llongwyr hyn wedi sicrhau fod eu trowsus a *sea boots* lledr yn un yn sefyll wrth ochr eu gwely yn barod ar gyfer gorfod codi a gwisgo'n sydyn. Os oedd John Matthews Owen yn ei wely, wedi clywed y gwn byddai'n gwrando rhag ofn ei bod wedi methu ond os oedd hi wedi taro yna byddai'n disgwyl i glywed y rhaff yn mynd allan ac felly rhaid oedd codi, gwisgo'r trowsus a'r *sea boots* a mynd ar y dec ac i lawr i'r *locker room* yn barod i goilio'r rhaff. Rhaid cadw mewn cof bod y dillad allanol hyn yn rhai pwrpasol – nid oedd dim gwynt yn mynd drwyddynt. Yn y blynyddoedd diwethaf defnyddiid siwtiau rwber a oedd yn cadw pob diferyn o ddŵr allan.

Gan fod cymaint o forfilod i'w dal weithiau, unwaith yr oedd un morfil wedi ei ladd, yna rhaid oedd rhoi

'.. gwynt yno fo, ac yn aml iawn iawn bydda ni'n chasio ac ar frys fel 'na, fydda ni ddim yn mynd alongside o gwbl mond rhoi bwi ar ei gynffon o a fflag arno fo a number y cwch 'te.'

a hefyd rhoddwyd

'a small nick on the outside edge of the tail to inform the flencers on the factory how many harpoons were in it. If there should be an unexploded harpoon in one we would mark that whale with cross, then they would look out for it.'

Nid oedd dim amser i'w wastraffu. Unwaith yr oedd un morfil wedi'i nodi fel hyn byddai'n rhaid:

'....mynd am un arall ..?.. oedd 'na *blackboard* bach ar y *bridge* a *chalk* wedyn fydda'r mêt, ei job o – dywedwch bod ni wedi fflagio'r *whale* yma, bod 'na rhyw *iceberg* yn fan'cw, fydda'n cymryd *bearing* o'r *iceberg* yma a trio gwneud *drawing* bach ohono fo efo *chalk*. Wedyn fydda'n gwatsiad o hyd o hyd i pa gyfeiriad oedden ni'n mynd, os mai i'r *westward* oedden ni'n mynd ..?.. fydda yntau'n rhoi i lawr *west* 'te ar y *board* yma a 'neud lein bach fel hyn. Da ni'n saethu'r nesaf dywedwch wedyn oedd ganddo fo'r *iceberg* yn fanna, oedden ni wedi colli golwg ar hwnnw ers meityn, yr *iceberg* yma a'r fflag *whale* a be oedden ni 'di *aproximatio*'i lywio o'r fflag yna ..'

ac fel hyn y bu nes yr oedd y pysgota arbennig hwnnw wedi dŵad i ben. Yna byddai'n amser mynd â nhw i'r llong fawr.

Roedd mynd ar ôl y morfil yn flinedig weithiau, yn arbennig pan roedd hi'n dywydd oer iawn a phawb eisiau darfod er mwyn iddynt gael mynd i'w gwelyau neu mynd i'r gali i gael paned o goffi. Ar y llaw arall roedd manteision i weithio ar y *catchers* hefyd. Ar y *catchers* yr oedd faint fynnir o fwyd achos yr oedd digon o rewgelloedd ar ei bwrdd. Byddai cigydd y llong fawr yn gwneud pob math o wahanol gigoedd, gan gynnwys cigoedd oer, a byddai'n defnyddio llawer iawn o gig morfil i wneud *meat cakes*. Nid oedd gweld morfil yn cael ei ladd yn beth hawdd dygymod ag ef:

> '*A whale never attacked a whale boat. Like everything else it tried to get away. But many times when a whale was near the boat and we were waiting for it to die it would thrash about with its tail. I have seen the rigging and bulwarks smashed but that was only in the 'death throes'. Looking over the bow looking at the big eyes I wonder if it could see us, blowing gallons of congealed blood. What cruelty. But that was our way of making a living. And when the killer harpoon exploded inside and the great body expanding with the explosion.*

Pan roedd y *catcher* yn pysgota roedd yn waith caled, gan fod cymaint o forfilod ar gael. Y nifer mwyaf o forfilod i *catcher* yr oedd John Matthews Owen arni ei ddal mewn diwrnod oedd saith morfil glas ac roedd hynny wedi gweithio'n ddi-baid am wyth awr gyda'r *catcher* yn eu canol nhw. Ar gyfartaledd un i bedwar byddai'r *catcher* yn ei ddal a hynny am y rheswm syml na allai'r llong fawr ddelio efo'r niferoedd. Wedyn byddai cadwyn yn cael ei roi am gynffon bob un. Cofiai John Matthews Owen fel y byddai ambell i forfil wedi rhewi i ochr y cwch a rhaid oedd defnyddio pibell ddŵr poeth i'w ddadmer cyn y gellid ei ryddhau i'w drosglwyddo i'r llong fawr. Amcangyfrifai John Matthews Owen y byddai pob *catcher* yn dal rhyw ddau gant a hanner i dri chant o forfilod mewn tymor ar gyfartaledd. Ond roedd dal llawer mewn un diwrnod mewn gwirionedd yn achosi problem.

> 'Fydda ni wedi dal gymaint weithiau fydda hi'n methu côpio efo'i berwi nhw 'te, y llong fawr ynte, wedyn oedd *stop fishing* ella am ddiwrnod neu ddau weithiau. Byddai llond ei boileri hi a llond tu'n ôl iddi hi, rhyw ddeg ar hugain (o forfilod) tu'n ôl iddi hi, yn hongian yn fanno...'

Er mai ar y *catchers* yr oedd John Matthews Owen roedd yn cymryd diddordeb yn y llong fawr a'r newidiadau a ddigwyddodd dros y blynyddoedd. Nid oes ond ychydig le yma i nodi rhai o'r pethau y sylwodd arnynt.

'Fydda yr hen longau, y *Southern Empress* a *Princess* a rheiny ..?.. lot fawr (yn mynd)..?.. yn wast yn fanno. Yn aml iawn pan fydda pentyrrau o *whale* fydda'r *carcass complete* yn cael ei tynnu yn ei ôl i'r môr a gadael iddo fo fynd, chi. Ond y llongau mawr modern 'ma – rhyw *thousand barrels a day* fedra'r hen *Southern Empress producio* – ond roedd y llongau mawr modern 'ma *three thousand barrels a day* ond toedd y ....pysgod dim yna ..?.. nagoeddan. Oedden nhw wedi cael eu dal. Mi oedden ni'n dal i fyny i ddau gant a hanner i dri chant bob cwch am y tymor. ..?.. y blynyddoedd diwethaf 'ma oedd y cwch gorau yn lwcus iawn cael ?rhyw ddau a hanner, lleill i fyny 'mond *one hundred and fifty, one hundred and eighty*. O oedden nhw 'di mynd olreit.'

Roedd John Matthews Owen hefyd yn cofio'r morfil yn cael ei dynnu i fyny ar y llong fawr i'r *flencing deck* a'r gwaith o ddatgymalu'r morfil yn cychwyn.

'I fflensio fo, gallwch chi feddwl am fanana rwan, wedi ei roi o (y gyllell) ar hyd un ochr ac wedi mynd ar hyd y top fel'na. Wedyn bydda nhw'n torri twll yn y *blubber* yn ei geg o, yn ymyl ei drwyn o, a rhoi pishyn o bren mawr, *toggle* oedden nhw'n ei alw fo, a weiren yn canol a strap felly 'te. Wedyn oedd(en nhw'n) rhoi y strap yma trwodd, wedyn oedd y *toggle* yma fel yn dal 'toedd a wins a *heave away*. Fydda'n sleisio'n gyfan o'ma a hwn dim ond efo'i gyllell ..?.. ac oedd y sleisen gyfan *complete* ei hyd o wedi dod o'no. Wedyn fydda 'na wins o'r *fore deck* yn cymryd hwnnw wedyn a halio fo i'r *fore deck*, wedyn oedd y *blubber cutters* yn ei gymryd o yn fanno a'i dorri o'n strips lled yma (tua dwy droedfedd?) ar ei draws o hyd. A wedyn oedden 'na y lleill, y labrwrs ac ati hi, hefo bachau, dau, dri ohonyn nhw yn tynnu strip, a i lawr i'r boiler â fo.'

Wrth gwrs rhan fechan o'r broses oedd hon. Roedd gwahanol fathau o foileri ar y llong, pob un efo rhyw waith arbennig yn y broses o wneud yn siŵr nad oedd dim rhan o'r morfil yn cael ei wastraffu.

'Fydda 'na ddim tamaid ohono fo, yn y llongau mawr newydd 'ma, yn mynd yn wast, dim un tamaid, yr unig beth fydda'n cael ei daflu fydda'r hen flew yn eu cegau nhw. *Ladies' corsets* ..?.. ers talwm 'te, yr unig beth fydda'n cael ei daflu. Oedd 'na *magnet* yn y *machinery* 'ma, os oedd 'na lympiau o *harpoon* o *grenade* dywedwch yn yr iau i wneud cig, oedden nhw'n ei dynnu o.'

Roedd cymaint o forfilod weithiau fel y byddai'r llong fawr ar yr hyn a oedd yn cael ei alw'n *full cook* a'r llong yn drifftio. Os oedd hi'n digwydd drifftio yn rhy agos i fynydd iâ yna rhaid oedd rhoi'r gorau i'r *full cook* er mwyn rhoi stêm i'r peiriannau eto. Wedi i'r llong hwylio am ryw chwarter awr oddi wrth y mynydd iâ byddai'r stêm yn cael ei roi i'r boileri unwaith eto. Wrth gwrs roedd angen tanwydd i'r llong fawr. Byddai un llong olew yn cyrraedd yng nghanol y tymor i ddŵad ag olew i'r llong fawr ac i fynd ag olew oddi wrthi. Byddai'r ddwy long ochr yn ochr am tua wythnos ac roedd pedwar morfil yn cael eu defnyddio fel ffender ar hyd un ochr i'r llong fawr.

Roedd John Matthews Owen yn adnabod un o gapteiniaid y llongau hyn yn iawn

'yr hen Gapten Williams (a oedd wedi cynnig gwaith yn pysgota morfilod i John
Matthews Owen yn y lle cyntaf) ...Capten y *Southern King*, ...fyddai'n dwad a
oil i ni i lawr a mynd a *whale oil* oddi wrtha ni i fyny..'

Roedd llawer o waith ar y llong fawr, nid yn unig ar y ffordd i lawr i bysgota ond
hefyd ar y ffordd adref. Ar y ffordd i lawr, er enghraifft,

'oedden nhw'n rhoi *dummy deck* arni hi i gyd wyddoch chi, rhag difetha ei dec hi
'te – coed dwy fodfedd wedi eu hoelio drosti hi i gyd ..?.. wedi darfod whalio dim
ond bariau odanyn nhw ac i'r môr a nhw 'te, wedi gwisgo trwodd lot ohonyn nhw.'

Byddai naw tunnell o baent yn cael ei ddefnyddio i baentio'r llong fawr ar y ffordd
adref, wedi iddi gael ei golchi efo *caustic soda*, a rhaid oedd glanhau'r tu mewn i gyd, y
tri dec. Hen longau olew a *passenger boats* oedd y llongau mawr, gydag ochrau uchel
iawn arnyn nhw. Wrth gwrs roedd y llongau mawr diweddaraf wedi cael eu hadeiladu'n
bwrpasol ar gyfer y diwydiant morfilod. Byddai'r dynion ar y llong fawr yn defnyddio
crafwyr efo coesau ugain troedfedd o hyd i lanhau i lawr ochr y llong fawr yn lan achos
ni fyddai'n cael mynd i mewn i Durban, nac i unrhyw borthladd arall, os oedd hi'n fudr
ac yn drewi. Credai John Matthews Owen y byddai'r tu mewn yn cael tua tair neu
bedair côt o baent ar y ffordd adref a dau ddyn yn gwneud dim byd ond rhoi paent allan.
Wedi gorffen am y tymor byddai'r llong fawr yn dychwelyd adref.

'Os oedd hi'n dywydd bydda ni'n mynd *alongside* a hi a rhoi lot o'i gêr ynddi hi
a cael digon o fyncars a bwyd i fynd i Durban 'te. Wedyn gadael y ?*catcher*, gosa
bod na rhywbeth mawr ar y'n boiler a ballu, gadael hwnna'n Durban 'te a wedyn
transferio i'r llong fawr wedyn a dwad adra efo hi.'

Oherwydd yr angen i drwsio boileri, fel arfer byddai dau neu dri o'r *catchers* yn
hwylio am adref, fel y llong fawr, ond ni fyddent yn hwylio efo'r llong fawr. Fel arfer
byddent hwy'n hwylio rhyw ddiwrnod o flaen neu ryw ddiwrnod ar ôl y llong fawr.
Roedd gwŷr Norwy, fodd bynnag, ar frys i gyrraedd adref.

'Tua diwedd mis Mai. ..?.. Oedd hi'n ddydd mawr yn Norwy, *twenty fifth of May*
(Mai'r 17eg – dydd Gŵyl Norwy) neu rhywbeth, diwrnod hwnnw oedden nhw
wedi cael ....ei *freedom* oddi wrth Denmarc felly, wedyn oedd yna *celebration* yno
pob *twenty fifth of May*. Wel dywedwch bod ni'n dwad adref efo'r *catchers* fydda
hi 'di byncro yn Las Palmas neu Tenerife, oedden yn *flat out* wedyn, ac fel arfer
oedden ni'n cyrraedd Middlesborough ..?.. ar y *twenty third of May* a hwythau'n
dal y llong *twenty fourth* ac adref erbyn *twenty fifth* ..?.. waeth beth oedd y
dywydd ddim oedden nhw *flat out*. Fyddan nhw'n gwneud wyddoch chi tua
seventeen knots ychi. Dim ots beth oedd y dywydd oedden nhw'n mynd drwyddo
fo. Os oedd hi'n ormod o dywydd, fydda ni'n cael cysgu'n *mess room* rhag bod

ni'm ishio mynd ymlaen, rhag ofn i ni gael ein golchi dros yr ochr 'te, iddyn nhw gael i Middlesborough digon buan.'

Yn amlwg cafodd John Matthews Owen brofiadau fel llongwr ar y *catchers* nid dieithr i nifer o ddynion Môn, nac i rai o ddynion Moelfre 'tae hi'n dod i hynny. Ar y llaw arall roedd John Matthews Owen yn ŵr arbennig yn yr ystyr, yn gyntaf, iddo dreulio cymaint o amser ar y *catchers* – cyfanswm o ddeunaw tymor i gyd, a hynny mewn cymaint o wahanol lefydd – yn cynnwys Labrador, De Affrica, Peru, Antarctica ac o'r Alban unwaith. Yn ail bu John Matthews Owen hefyd yn aros yn y diwydiant rhwng tymhorau ac felly mewn safle i rhoi darlun i ni o'r hyn a ddigwyddodd pan nad oedd y *catchers* wrth eu gwaith.

Un o'r llefydd iddo fod yn pysgota morfilod oedd Labrador, ac mae ei atgofion yn rhoi blas i ni ar fywyd yno ac yn rhoi cyfle i ni ei gymharu â'r darlun traddodiadol sydd gennym o'r pysgota morfil ym moroedd Antarctica. O ran tywydd roedd Labrador yn lle braf er eu bod yn cael tywydd mawr weithiau. Mewn rhyw dridiau byddai popeth wedi newid a phobman wedi rhewi'n gorn ond yn ffodus yno roedd digon o lefydd i ddianc iddynt pan roedd yn dywydd mawr. Roedd y *catchers* yn gorwedd i fyny yn Harbour Grace ac yna'n cael eu llenwi efo dynion i fynd i'r stesion *(whaling station)*. Roedd y *Newfoundlanders* yn torri pob cyfraith, yn ôl John Matthews Owen, oherwydd mai dau gwch *(catcher)* bach oedd yn cael eu defnyddio i gludo tua 50-70 o ddynion – y *flencers* a'r labrwrs a phawb a oedd yn gweithio yn y stesion – ar bob cwch. Gwyddai John Matthews Owen nad oedd gobaith i neb oroesi pe bai damwain wedi digwydd ar y ffordd i'r stesion. Roedd y gwahanol lefydd a welodd John Matthews Owen yn ei olwg ef yn debyg iawn i Foelfre.

Hyd yn oed wrth weithio o'r tir mawr – rhaid cofio mai'r stesion oedd y llong fawr yn Newfoundland – roedd y pysgota yn ddi-baid. Wedi cyrraedd y stesion efo morfil a hithau'n chwythu'n gryf *(gale)*, nid oedd dim dewis ond mynd allan eto. Yr unig amser i'r cwch gael aros i mewn oedd, os yr oedd hi wedi cyrraedd yn y prynhawn neu gyda'r nos a'r criw yn cael aros i mewn i fynd i'r pictiwrs mewn sied sinc. Ni fyddai hynny'n parhau yn hir a byddent yn cael eu gyrru allan i'r môr eto. Wrth gwrs nid oedd yn bosibl pysgota oherwydd y tywydd mawr ac efallai y byddai'r *catcher* yn *hove to*, efallai am gymaint â thridiau. Agwedd y rheolwyr fodd bynnag oedd: *'If you're twenty miles out you're twenty miles nearer the whale.'*

Wrth weithio o Lieth daeth John Matthews Owen ar draws enghraifft arall o'r peryglon a wynebai'r llongau a oedd yn pysgota morfilod.

> *'... that night, when the time came to report to the mother ship, the* Simbra *(catcher arall) did not report. So the Captain of the* Southern Harvester *ordered all boats to flag or leave the whale they had alongside and find the* Simbra. *Day break next morning the ?Satsa called. 'Have found* Simbra *lifeboat with eight bodies and one half dead.' He survived. They were chasing and the whale came up on the port beam. She was thrown hard to port and over she went. The boat was full of water and the eight that died froze to death.'*

Fel y nodwyd uchod bu John Matthews Owen hefyd yn aros yn South Georgia i weithio rhwng dau dymor. Roedd yn bosibl i weithiwr aros yn Cape Town yn lle South Georgia os yr oedd yn dewis. Roedd llawer yn dibynnu ar y cwmni. Pan roedd o hefo *Lever Brothers* yr oedd John Matthews Owen yn pysgota allan o Durban a Cape Town. Un tymor yr oedd gan *Lever Brothers* stesion yn South Georgia – Prince Olav Harbour – ond cafodd ei chau i lawr. Wedi hynny roedd *Lever Brothers* yn canolbwyntio ar bysgota yn y rhew ac ni ddaethant yn agos i South Georgia byth wedyn. Roedd gan gwmni *Salvesen*, ar y llaw arall, stesion yn South Georgia, yn Labrador a llongau mawr a *catchers* yn mynd i lawr i'r rhew.

Pan roedd John Matthews Owen yn South Georgia rhwng y tymhorau pysgota byddai'r dynion yn aros mewn barics efo ystafelloedd bychain iawn ynddynt efo un *boogie* llosgi glo a phedwar gwely a bwrdd. Roedd yn gynnes braf efo'r *boogie*'n mynd. Rhaid oedd i'r dynion gadw pobman yn lan a sgwrio'r llawr unwaith yr wythnos.

Gyda'r nos fyddai yno bictiwrs dwywaith yr wythnos, efo'r ffilmiau:

> 'yr un rhai gannoedd o weithiau drosodd. Oedden ni'n mynd i weld nhw yr un fath yn union.'

Roedd sawl peth y gallai'r dynion ei wneud i dreulio'r amser – chwarae cardiau, gwrando ar y newyddion, gwrando ar y radio, golchi dillad a byddai'r math yma o beth yn ddigon i'w diddanu fin nos.

Treuliodd John Matthews Owen ddau aeaf yn South Georgia a olygai gyfanswm o 18 mis oddi cartref. Gelwid y drefn o aros dros y gaeaf fel hyn – sef tymor yn pysgota, cyfnod yn South Georgia , ac yna cyfnod yn pysgota eto – yn *wintro*.

Tra yn South Georgia am y gaeaf, am ryw fis i chwech wythnos byddai'r eira'n disgyn ar ei drymaf a gwaith pawb yn y stesion oedd hel eira oddi ar yr adeiladau. Byddai trawstiau metel mawr yn plygu fel siâp 's' o dan y pwysau. Roedd Villa yn y stesion a byddai'r rheolwr a'r rhai a oedd yn y swyddfa hefo fo yn cadw'r Villa a nhw fyddai'n gwneud yn siŵr nad oedd dim eira ar ben y Villa. Ar y *catchers* fyddai John Matthews Owen a gweddill y dynion yn ystod cyfnod yr eira mawr yn gwneud dim ond yn cadw eira oddi arnynt. Byddai 21 o'r *catchers* mewn un rhes ac nid oedd dim diferyn o ddŵr yn cael ei adael yn yr un ohonynt oherwydd fe rewent. Yn yr un modd roedd y tanwydd yn cael ei bwmpio allan ohonynt hefyd rhag ofn bod yna dolcan wedi cael ei wneud efo rhew a bod angen mynd i mewn iddo fo efo gwres i dynnu'r dolcan.

Roedd y gwaith yma i gyd yn digwydd mewn doc sych bach, sydd wedi suddo erbyn heddiw yn ôl yr hyn yr oedd John Matthews Owen yn ei ddeall:

> '...oedden ni'n mynd a nhw (y *catchers*) i, bob un, i fanno i llnau ei waelod o. Toedd na'm byd ar ei waelod o, oedd o wedi rhwbio i'r *bare bone* mewn ffordd drwy'r rhew 'te, toedd 'na dim slafan yn tyfu arno fo 'da chi'n gweld, oedd o'n cael ei rhwbio o'na. Wedyn paentio nhw a wedyn danfon nhw yn eu holau, a rhoi nhw yn eu holau lle roedden nhw a dwad a un arall yn ei le fo 'te.'

Cwch peiriant mawr oedd yn mynd â'r *catchers* yn ôl ac ymlaen i'r doc sych ac roedd John Matthews Owen yn cofio mai

'Job oer iawn oedd yn *dry dock*. Gwynt yn chwythu rhwng y cwch a'r ochr 'te.'

Wedi gorffen y gwaith yn y doc sych rhaid oedd paentio'r ystafelloedd byw a'r ystafelloedd peiriant ar y *catchers* i gyd yn lan ac felly erbyn dechrau'r tymor pysgota roedd pob un wedi eu paentio fel newydd y tu mewn a thu allan.

Roedd tua dau gant o ddynion yn aros yn South Georgia dros y gaeaf – gwŷr o Sgandinafia oedd y rhan fwyaf ohonynt. Adroddodd John Matthews Owen hefyd hanesion am *stowaways*. Os oedd y llongau wedi galw yn yr Ynysoedd Dedwydd neu Madeira neu Ynysoedd Cabo Verde gallai cymaint â rhyw ddau i dri dwsin ohonynt fod ar eu bwrdd. Roedd y llong yn gwybod eu bod nhw yno ond wedyn roeddynt yn mynd â nhw i South Georgia ac nid oeddent yn cael cyflog am y flwyddyn gyntaf, dim ond eu bwyd, ac yna'n cael dyrchafiad i gyflog hogyn. Mewn gwirionedd roeddynt yn cael eu cadw am 18 mis yn llafur rhad cyn cael eu hanfon adref. Ar y llaw arall roeddent wedi cael mwy na digon o fwyd ac yn cael eu dillad hefyd. Mewn un ystyr roedd un peth yn wir am y *stowaways* a gweithwyr fel John Matthews Owen, sef nad oedd dim mynd adref tan ddiwedd y tymor.

Wrth gwrs nid John Matthews Owen oedd yr unig un o Foelfre i chwarae rhan yn y diwydiant pysgota morfilod. Cyfeiriwyd at un eisoes, sef Hugh Parry Jones, Seiriol View. Roedd ef ar y *Southern Empress* ac roedd John Matthews Owen yn grediniol mai yno, oherwydd iddo fod yn glanhau tanc y llong fawr a chrafu pob modfedd yn lân, y cafodd Hugh Parry Jones y diciáu. Ymhellach ymlaen daeth eraill o Foelfre: Edyn[1], William Williams, Beach Brow[2], Sion Sarah[3] ac yna Huw Rowlands[4].

Chwaraeodd bob un o'r dynion hyn eu rhan yn un o gyfnodau diddorol hanes Môn a hanes eu pentref. Ers cenedlaethau bu llongwyr Moelfre yn weithgar ac yn amlwg mewn cymaint o wahanol agweddau ar hanes morwrol Cymru a thu hwnt. Nid annisgwyl felly yw gweld iddynt hefyd chwarae rhan yn y diwydiant pysgota morfilod ac mai'r gŵr sydd wedi rhoi cip i ni ar hanes y cyfnod unigryw hwn oedd ei hun yn gymeriad yng ngwir ystyr y gair, John Matthews Owen.

Robin Evans
'Pysgota'r Morfil' *Cymru a'r Môr/Maritime Wales*, 18 (1996), 73-87

---

[1] Owen Edwin Owen a fu foddi adeg yr Ail Ryfel Byd ar y *Rydal Force*.

[2] Yn ystod y dirwasgiad yr aeth o ar y *whalers*. Bu'n gweithio yn chwarel 'R Aber ym Mhenrhosllugwy, sef y plwyf nesaf at blwyf Llanallgo, am flynyddoedd cyn hynny (er mae'n debyg iddo fod ar y môr pan roedd yn ifanc).

[3] Llongwr oedd John Jones ac er iddo weithio ar longau'r arfordir, ar longau *fforen* y bu ef fwyaf. Treuliodd gyfanswm o dri tymor ar y *whalers*.

[4] Bu Huw Rowlands, Ty'n Coed yn perthyn i genhedlaeth a aeth i bysgota'r morfil yn y 1950au gan hwylio o Leith ar y *catcher Southern Waters* am ddau dymor.

HWYLIO AR LED

Cân y Morwr Bach

Gwêl acw forwr bychan
 Yn gadael cartref clyd,
Mae'n ysgwyd llaw a'i anwyl fam
A'i dad a'r plant i gyd:
Mae'r fam yn taer weddïo
Ac yn och'neidio'n brudd,
A'i dagrau gloewon rêd i lawr
Fel perlau dros ei grudd.

Y bachgen hwn yw'r hynaf
 O'r plant a fagodd hi,
Sy'n mynd yn awr am fordaith fawr
Dros wyneb llaith y lli.
Mae'n edrych trwy ei dagrau
I'w wyneb gwridgoch iach,
Gan ddweyd, 'O bydd yn fachgen da
Ac ufudd, William bach.'

Daw'r byd a'i demtasiynau
 Filiynau i dy gwrdd,
Ar fôr a thir cei wel'd cyn hir,
'R ol iti fynd i ffwrdd:
Ond ceisiaf fi weddïo
Am ras a nerth i ti,
Gweddïa dithau, William bach,
Wrth forio dros y lli.

Cwmpeini anystyriol,
 Annuwiol, drwg eu moes,
Sy'n cablu enw'r Iesu gwiw
Yn ddifraw drwy ei hoes:
Ymgadw 'n mhell oddiwrthynt
Fy machgen hoff dinam;
A phaid anghofio pan yn mhell
Gynghorion dwys dy fam.

Yn awr mae'n rhaid ffarwelio,
 Chwibianu mae y Tren,
Ymdrechai William wenu'n llon,
Ond galar aeth ar wên:
Ymlaen yr ela 'n gyflym,
Am Alexandra Dock,
A boreu dranoeth gwelwyd ef,
Yn gwisgo i Guernsey Frock.

O fel mae yn myfyrio
 Mewn hiraeth am ei fam,
A'i dad a'r car a'r ceffyl coch,
A'i deulu mwyn dinam,
Ei frodyr a'i chwiorydd,
A'i daid a'r cyfan sydd,
Fel megis yn ymrithio maent
I'w feddwl nos a dydd.

Gadawyd porthladd Newport
 Ar doriad gwawr y dydd,
A deg ar hugain ar ei bwrdd,
I gyd a'u bron yn brudd,
Aeth Billy bach i'w wely
A'i wedd yn hynod lwyd,
Ac am rai dyddiau yno bu
Nas gallai brofi bwyd.

Y llong ymrwygai'r eigion
 A'i mawrion donau gwyn,
Myfyriai Billy wrtho ei hun,
Sibrydai'r geiriau hyn:
"Pe bawn i'n gallu 'hedeg
Oddiyma'n awr bob cam,
Heb aros munud nes i'm dd'od
Ar aelwyd tŷ fy mam.

Mae'r llong yn cael ei lluchio
I fynu ac i lawr,
Gan rym y gwynt a'r tonau sydd
Yn curo arni'n awr:
A minau'n glaf a chlwyfus
Mewn gwely bach o bren."
A'r morwyr sydd yn ddigon rhydd
I chwerthin am ei ben.

Ymhen ychydig ddyddiau
Daeth tywydd hafaidd braf,
A'r llong yn hwylio'n araf dros
Y don am wlad yr haf;
Yr haul ddaeth i belydru
Trwy awyr deneu, glir,
Ac yntau ar y cefnfor glas
Ymhell oddiwrth y tir.

'Rol hwylio tua'r dehau
Am ddeufis dros y don,
Fe welwyd tir Cape Town yn glir,
A Billy bach yn llon;
A d'wedai 'Mi gaf lythyr
Oddiwrth fy mam a'm tad
Am y tro cyntaf i mi fod
Fel hyn mewn estron wlad.'

Fe gafodd ei lythyrau,
A'i darllen yn y fan,
'Roedd un oddiwrth ei dad a'i fam,
Ac un gan Maggie Ann;
A'i daid anfonodd lythyr hir
I dir yr Affric bell,
A hwnnw'n llawn cynghorion da,
I wneuthur Billy'n well.

O'r porthladd hwn fe hwyliwyd
Am dir Awstralia draw,
Er gwynt a thywydd garw iawn
Caed yno maes o law;
Ac yno'r llong a lwythodd
Yn llawn o wenith iach,
A d'od i Loegr dros y don,
Yn llon mae Billy bach.

Nis gallaf ro'i disgrifiad
Am deimlad mam a thad,
Pan ddaw eu bachgen hoff yn ôl
Yn iach i'r anwyl wlad;
Fe adrodd iddynt hanes
Am wlad y Negro du,
Ac am Awstralia, gwlad yr aur,
Yn wastad fel y bu.

Fe ddywed hefyd hanes
I'r teulu ger y tân,
Am bysgod chwim yr eigion
Yn fawrion ac yn fân:
Ac am y pysg asgellog
Sy'n hedeg uwch y lli,
Mae Billy'n gwybod am yr oll
Yn llawer gwell na ni.

Mae deuddeg mis o amser
Yn agos dd'od i ben
Er pan adawodd Billy bach
Ei anwyl Walia Wen:
Yn awr mae yn hiraethu
Am Gymru nos a dydd,
Ac wedi cyrhaedd Ynys Mon
Llawenydd mawr a fydd.

Yn awr 'rwyf am derfynu,
Fy nghân sy'n mynd yn faith,
Cewch y manylion ganddo ef
Pan ddaw i ben ei daith:
Bydd ganddo beth tybaco
I'w ffrindiau hoff dinam,
Ac hefyd bwys neu ddau o de
Yn rhodd i'w anwyl fam.

I'w dad fe ddaw a phibell,
A shawl i Maggie Ann,
A top a phel i'w frodyr ddaw
I chwarae yn mhob man;
Ac Ellen Jane gaiff ddolly
I'w gwasgu at ei bron,
Gwna hyn y teulu cyfan cu
Yn llawen ac yn llon.

Fe ddaw ei daid o'r Marian
I'w weled y prydnhawn,
Ac yna bydd y bwthyn clyd
O'r teulu oll yn llawn:
A'r hogiau'n fawr eu twrw
Yn bwrw'r bel i bant,
A chwipio'r top ar lawr y tŷ,
Llawn pleser bydd y plant.

Trigolion y gym'dogaeth
I gyd gyfarchant well,
A chroesaw iddo fydd pan ddaw
Yn ol o'r gwledydd pell;
Ac yntau fydd mor llawen,
Bron meddwl nad oes un
O fewn yr ardal lle mae'n byw
Yn debyg iddo ei hun.

Ar ddechrau'r ugeinfed ganrif cyhoeddodd Maggie Owens, Ty'n y Pwll ddau gasgliad o'i cherddi, *Y Cynyg Cyntaf* ac *Yr Ail Gynyg* dan ei henw barddol 'Marian Moelfre'. Yn y gerdd hon cawn hanes ei brawd William, yn gadael y cartref i hwylio'r byd am y tro cyntaf, hanes ei fordaith a'i ddychweliad adref. Daw'r gerdd o'r gyfrol *Y Cynyg Cyntaf* a gyhoeddwyd yn 1900. Diolch i Jabez Francis am gael benthyg y gyfrol.

Hwylio ar Led: Moelfre a'r Traeth Coch

Robin Evans

Wrth ymchwilio i hanes plwyf Llanallgo yn archifdy'r Brifysgol ym Mangor digwyddais ddod ar draws cofnod o raglen a recordiwyd gan y BBC yn y 1930au. Cofnodwyd manylion y rhaglen fel a ganlyn:

Hwylio ar Led: Moelfre a'r Traeth Coch
Y rhaglen wedi ei threfnu gan David Thomas
Y Capten Henry Hughes, y Capten Evan Williams, y Capten Robert Jones
O Fangor, Nos Fercher Medi 1, 1937
Bangor Mss 30185

Ar waethaf y teitl roedd gan y tri gysylltiadau amlwg â phentref Moelfre. Un o Foelfre oedd y Capten Henry Hughes, yn gapten ac yn berchen ar ei longau ei hun, megis y *William Shepherd* a'r *William Henry*. Er nad o bentref Moelfre'n wreiddiol, ymgartrefodd y Capten Robert Jones yn Ardmore wedi iddo briodi merch o'r pentref. Nid felly y Capten Evan Williams. Arferai ef fyw yn Llanallgo, rhyw dri chwarter milltir o bentref Moelfre ond bu'n byw yn Affrica hefyd. Diweddodd ei oes ym mhentref Marian-glas, rhyw ddwy filltir o Foelfre. Yn sicr roedd i'r ardal gyfan draddodiad morwrol cyfoethog ac mae'r rhaglen yn adlewyrchu profiadau amrywiol morwyr y fro.

Yr hyn sy'n dilyn yw cofnod o'r rhaglen heb unrhyw olygu ar fy rhan i.

Hwylio ar Led: Moelfre a'r Traeth Coch

Adroddwr: Capten Hughes, mae'n siŵr nad ydech chi ddim yn cofio'r *Royal Charter*, ydech chi?

Capten Hughes: Bobol annwyl, nag ydw i; 'doeddwn i ddim wedi 'ngeni yr adeg honno. Ond roedd fy 'nhad yn ei chofio hi'n dda. 'Roedd o'n un o'r rhai cynta, yn un o'r ddau cynta, a welodd y *Royal Charter* ar y creigiau, a fo oedd y cynta o bawb aeth i lawr ati hi.

Adroddwr: O, ie, rydw i'n cofio darllen am y ddau yna yn llyfr Charles Dickens, *The Uncommercial Traveller*. Mae o'n sôn am y ddau ddyn oedd yn trwsio'r to ar ôl i'r gwynt ei chwythu o i ffwrdd.

David Thomas

David Thomas oedd yr holwr yn y rhaglen. Bu'n addysgwr, yn awdur, yn undebwr llafur brwd ac yn aelod gweithgar o'r Blaid Lafur. Ymhlith ei ddiddordebau eang roedd hanes morwrol a ddaeth i'r amlwg gyda'i radd M.A. ar y testun 'A study of a rural and maritime community in the nineteenth century, with special reference to the relation between agriculture and shipping'. Cyhoeddodd erthyglau, pamffledi a llyfrau ar amryw bynciau gan gynnwys *Hen Longau a Llongwyr Cymru* (1949) a'r clasur *Hen Longau Sir Gaernarfon* (1952) ac ail gyhoeddwyd yn 2007.

Capten Hughes: Ydi siŵr. Wel, fy 'nhad oedd un o'r rheini, ond y llall, Meshach Williams, y Cocyn, hwnnw a'i gwelodd hi gynta. Fel roedd hi'n digwydd, ei dŷ o ydi'r unig dŷ yn y plwy y buasech chi'n gallu gweld y *Royal Charter* ohono. Mae Porth Helaeth ychydig y naill du i'r pentref, wyddoch, a phan welodd o fod to ei dŷ o wedi mynd i ffwrdd, mi redodd i lawr at ein tŷ ni i mofyn ystol, fy 'nhad yn arfer cadw llawer o hen ystolion o gwmpas y lle. 'Wel, mi wyddost lle i'w cael nhw', meddai fy 'nhad o'r ffenestr, 'cymera beth bynnag sy arnat ti eisio'. 'Na, wir, well i ti godi, Twm', meddai Meshach, 'rydw i'n siŵr fod yna long fawr ar y creigiau. Mae Porth Helaeth yn olau i gyd'.

Adroddwr: Yn olau? Be, oedd hi ar dân?

Capten Hughes: Nag oedd, nag oedd, ond y goleuadau yn *port-holes* y llong. Rhaid i chi gofio'i bod hi'n llong fawr iawn, dros gan llath o hyd.

Adroddwr: *Steam clipper* yr oedden nhw'n ei galw hi, ynte?

Capten Hughes: Ie, stemar yn cario hwyliau, ag yn wir yn dibynnu mwy ar ei hwyliau nag ar ei pheiriannau. Teithio o Awstralia i Lerpwl yr oedd hi, ag roedd yn tynnu ar bum cant o bobol ynddi hi, a gwerth yn agos i hanner miliwn o bunnau o aur, meddai nhw.

Adroddwr: Mi glywais ddweud bod teuluoedd ym Moelfre wedi mynd yn gyfoethog ar aur y *Royal Charter*, ond mae'n siŵr nad ydech chi ddim yn coelio rhyw stori fel yna, Capten Hughes?

Capten Hughes: Nag ydw i. Ychydig o aur y *Royal Charter* a welais i erioed, ag yn nwrn dyn o Lerpwl y gwelais i'r rheini.

Adroddwr: Ie, wel, 'roeddech chi'n son am eich tad yn mynd i lawr at y llong i'r creigiau.

Capten Hughes: Do. Mi adawodd o Meshach Williams i fynd i fyny â'r stolion i drwsio'r to, ag mi aeth yntau i lawr i weld beth fedrai o wneud i helpu. Roedd y llong â'i hochor a'i thrwyn at y creigiau, ag yn agos i'r lan. Roedd hi'n drai erbyn hyn, a hithau'n gorffwys ar y gwaelod, ag mi fedrodd fy 'nhad fynd yn olew o agos ati, ar ryw graig wastad dipyn uwch ei phen hi. Roedd ei *port-holes* hi'n olau i gyd, ond 'doedd yno neb yn y golwg. Mi waeddodd fy 'nhad gymaint ag a fedrai, ag yr oedd o'n tystio'n bendant bob amser petasai o wedi medru gwneud i rywun glywed, y gallasai fod wedi achub cannoedd ohonyn nhw. Roedd hynny yn oriau mân y bore, a chyn hanner dydd roedd y llanw wedi dwad yn ôl, a'r tonnau uchel wedi malu'r llong yn ddrylliau. Rhyw bedwar neu bump oedd y cwbwl a gafodd eu hachub, ag mi gollwyd tros bedwar cant a hanner o fywydau.

Adroddwr: Trist iawn, ynte? Boddi ddaru nhw?

Capten Hughes: Nage. Eu curo i farwolaeth gan rym y tonnau gawson nhw, eu rhwygo gan y creigiau, a chan ymylon platiau haearn y llong. Roedd fy mam i lawr ym Mhorth Helaeth efo'r dyrfa yn y bore, ag mi fyddai hi'n arfer dweud bod y môr wedi mynd yn goch gan waed.

Adroddwr: Digwyddiad ofnadwy. Mae Charles Dickens wedi croniclo inni y caredigrwydd mawr a gafodd perthnasau'r rhai a gollwyd oddi ar law trigolion Moelfre, yn enwedig person y plwy, y Parchedig Stephen Roose Hughes. Ond rhaid inni beidio ag ymdroi efo'r *Royal Charter*, mae arnom ni eisiau cael eich hanes chi ar y môr, Capten Hughes.

Capten Hughes: Wel, dechrau'n hogyn efo fy 'nhad ddarfum i. Roedd o'n gapten ar ei long ei hun, y *Gymraes*, wedi ei buldio yn Amlwch, ag mi es innau'n gwc iddo i ddechrau, debyg iawn. Ymhen amser mi ddringais innau'n gapten, ag mi gefais long i mi fy hun, y *William Shepherd*, llong o ryw chwe ugain tunnell, wedi ei hadeiladu yn Fflint.

Adroddwr: Coastio y byddech chi?

Capten Hughes: Ie, rownd glannau Prydain yma, ag i borthladdoedd y Cyfandir rhwng Brest a'r Afon Elbe. Chawn i ddim mynd y tu allan i'r terfynau yna yn y *coasting trade*. Mi fu'n rhaid imi fynd o dan arholiad gan ddau o gapteiniaid y clybiau cyn y buasan nhw'n fy mhasio i'n gapten.

Adroddwr: Clybiau? Clybiau Insiwrio'r llongau oedd y rheini, aie?

Capten Hughes: Ie. Roedd 'na lawer ohonyn nhw ym Mangor a Phortmadog a Nefyn unwaith. Yn lle eu bod nhw'n talu arian mawr am insiwrio'i llongau yn *Lloyd's*, roedd perchenogion llongau o gwmpas yma yn uno â'i gilydd i wneud Clyb, rhywbeth yn debyg i Glyb Cleifion, i insiwrio'i llongau'i hunain. Os byddai un o'r llongau'n cael ei cholli, dyna wneud *Call* o hyn-a-hyn y cant ar y llongau i gyd oedd yn perthyn i'r Clyb, i wneud y golled i fyny. Roedd hi'n llawer rhatach insiwrio yn y Clybiau yma nag efo'r *Underwriters* yn Llundain. Roedd y Clybiau yn Sir Gaernarfon yn insiwrio gwerth cannoedd o filoedd o bunnau, ie, miliynau o bunnau, o longau un adeg. Mi fûm i'n *Director* ar un ohonyn nhw yng Nghaernarfon flynyddoedd yn ôl, ond maen nhw i gyd wedi darfod rwan.

Adroddwr: Fyddai eich llong chi yn cario pethau o Foelfre yma?

Capten Hughes: Na fyddai. Tradio o Fangor y byddai llongau Moelfre braidd i gyd, rhai ohonyn nhw weithiau'n mynd i Amlwch am gargo o baent melyn, hwyrach, ond Bangor fel rheol.

Adroddwr: Cario llechi Penrhyn?

Capten Hughes: Ie. Mi fuo peth cario o Foelfre cyn f'amser i, cario cerrig mawr calch

i wneud pontydd. Mi fu 'nhad yn cario cerrig oddi yno i wneud y
Tubular Bridge ar draws y Menai.

Adroddwr: Ydech chi'n cofio'r cyflogau 'radeg honno?

Capten Hughes: Teirpunt i deirpunt a chweugain y mis oedd cyflog y llongwrs ar y
                coasters. Roedden nhw'n uwch eu cyflogau o ryw chweugain na'r rhai
                oedd ar y llongau pell.

Holwr: Yn uwch? Pam, deudwch?

Capten Hughes: Wel, roedden nhw'n cael mwy o waith caled, yn un peth, ac yn gwario
                mwy hefyd, gan eu bod nhw'n troi i harbwr yn amlach o lawer na'r
                llongau pell. Roedd yn rhaid i'r llongwyr helpu llwytho'r llechi cyn
                cychwyn ar y feiej, ag wrth inni symud o borthladd i borthladd, y nhw
                fyddai'n gorfod datlwytho drachefn, a hynny'n o amal. Fydden nhw
                ddim yn stoeo'r llechi yn y llong, wrth gwrs, roedd yn rhaid cael dyn
                profiadol yn perthyn i'r cei, y *stevedore*, i wneud gwaith felly. Gwaith
                yn galw am ofal a medr neilltuol oedd stoeo'r llechi fel na wnaen nhw
                ddim torri yn ystod y feiej. Mi fydden yn rhoi'r llechi mewn llong yn
                fwy gofalus o lawer yr adeg honno nag y mae nhw'n eu rhoi nhw'n ar
                ben to heddiw.

Adroddwr: Yn tradio o Fangor y buoch chi ar hyd eich oes?

Capten Hughes: Nage. Mi es yn gapten ar rai o longau Lerpwl ar ôl hynny, stemars
                oedd y rheini. Nid llechi fydden nhw'n gario, ond *general cargo*, ond
                rydw i'n cofio cael fy anfon ganddyn nhw tua dechrau'r rhyfel â llwyth
                o lechi am fod gen i brofiad efo llechi, mae'n debyg, llwyth i'r *Congested
                Districts Board* yng Ngorllewin Iwerddon. Bwrdd yn perthyn i'r
                Llywodraeth oedd hwn, ag yr oedd ganddo waith bildio tai
                newyddion i rai o'r Gwyddelod oedd wedi eu symud o'u cartrefi. Fum
                i erioed yn trio datlwytho llwyth o lechi mewn lle tebyg o'r blaen.
                Rhyw gilfach agored oedd yno, heb na phier na *jetty* na dim, ag mi fu'n
                rhaid imi fwrw angor beth pellter o'r lan. Daeth y Gwyddelod ata i
                mewn rhyw gychod wedi eu gwneud o liain, ag yn mynd i gario'r llechi
                i'r lan yn y rheini. Roedden nhw'n llwytho'r llechi yn eu cychod yn
                wastad ar dopiau ei gilydd, 'doedd waeth imi geisio dangos iddyn
                nhw'r ffordd iawn, chymeren nhw mo'i dysgu, ond rywsut neu'i
                gilydd mi gawson y llwyth llechi i gyd i'r lan yn ddiogel.

Adroddwr: Diolch i chwi, Capten Hughes. *(Yn troi at Capten Williams)* Yn y
                llongau pell buoch chi, ynte, Capten Williams? Ond mi wranta i mai
                yn y *coasters* y darfu chwithau ddechrau?

Capten Williams: Ie. Y *coasters* oedd yn tynnu'r hogiau'r ffordd acw i fynd i'r môr. Roedd
                y môr o flaen ein llygaid ni bob dydd, wyddoch, a'r llongau bach yn

hudo, a does ryfedd yn y byd fod cymaint o hogiau o'r parthau acw wedi mynd yn llongwyr, ag yn dal i fynd eto, o ran hynny. Mi ddechreuais i yn nhrad Bangor, fel Capten Hughes 'ma. Roeddwn i'n gapten ar *coaster* yn cario sglaets yn ddwy ar bymtheg oed, ag wedyn mi es yn llongwr i hwylio ar led, er mwyn cael cyfle i ennill *Master's Certificate* yn y *foreign trade*. Mi fum ar lawer o longau, rhai Hugh Roberts, Newcastle, a Hughes-Jones Lerpwl ... Wedi pasio'n *fate*, mi fum yn *2nd Officer* ar y *Tythonus*, barc o Lerpwl, ag wedyn ar y *Drumcraig*. Rydw i'n cofio un tro, mi gymerodd inni saith mis i hwylio o Barry Dock i Vancouver. Mi fuom am saith wythnos yn trio mynd rownd yr Horn, a'r gwynt yn ein herbyn ni. Wedi llwyddo i fynd trwodd, mi fu'n rhaid inni landio yn Talcahuano i nol dŵr, roedd hwnnw bron â darfod. Roedden ni wedi dal peth wrth groesi'r *Equator*, neu buasai'n ddrwg arnom ni.

Adroddwr: Sut y byddech chi'n dal y dŵr yma, felly?

Capten Williams: Rhaid i chi gofio ei bod hi'n lawogydd trymion pan gewch chi i'r *Doldrums* o gwmpas yr *Equator* bron bob amser, ag os bydd llong yn dechrau mynd yn brin o ddŵr cyn croesi'r lein, mi fydd yn paratoi i ddal dŵr glaw. Taenu hwyl fawr byddem ni, a gwneud twll yn ei chanol hi i'r dŵr redeg trwyddo fo, ag yna gosod rhyw lead (peipen neu gafn o liain) i'w arwain o i'r tanc.

Adroddwr: Oedd o'n ddŵr glan?

Capten Williams: Glan? Oedd. Roedd o'n ddŵr perffaith bur, dŵr glaw, ymhell oddi wrth fwg a llwch y tir.

Adroddwr: O, oedd, debyg iawn. Sut y bu hi ar ôl i chi basio'n gapten?

Capten Williams: Pan oeddwn i ryw ddeg i bymtheg ar hugain oed, mi joinies yr *Elder Dempster Company*, yn *Fourth Officer* ar y *Bakana*, ag yna gweithio fy ffordd i fyny'n gapten. Mi fum yn tradio i Orllewin Affrica flynyddoedd yn llongau'r cwmni, ag yna yn 1915 fe'm penodwyd yn *Marine Superintendent* iddo yn Lagos, ag yno y bum i'n byw, y wraig a minnau, am ddeng mlynedd, nes imi riteirio.

Adroddwr: Mi welsoch newid mawr yn y lle yn ystod yr amser y buoch chi'n tradio yno?

Capten Williams: Do. Pan ddechreuais i fynd i West Africa gynta, 'doeddem ni ddim yn gallu glanio'n llwyth yn Lagos ei hun, o achos y bar, y *sand bank*, oedd yno. Roedd bar Lagos yn shifftio o hyd, ag weithiau fe fyddai cyn lleied ag wyth neu naw troedfedd o ddŵr arno. I Forcades, ar afon Forcades, y byddem ni'n mynd yn y dechrau, a'r *branch boats* (llongau llai) yn dwad *alongside* i nôl y llwyth. Erbyn heddiw, mae nhw wedi bildio dau *pier* mawr yn Lagos, sydd yn mynd allan i'r môr am ddwy neu dair milltir, y rheini'n waliau solet, ag y mae ffrwd yr afon, y *Lagos Lagoon*, sydd yn llifo rhyngddyn nhw yn cadw'r *passage* yn glir o dywod.

Adroddwr: Beth oedd y nwyddau fyddech chi'n ei gario?

Capten Williams: O West Africa, *palm oil, kernels, ground nuts*, y rhain i gyd i wneud sebon a *margarine*, wedyn *tin, rubber, fibri*; ag mi fyddem yn mynd â phob math o *European goods* ar y fordaith yn ôl.

Adroddwr: Mi fyddech yn mynd i fyny'r afonydd i mewn i'r wlad weithiau?

Capten Williams: Byddem, yn aml, i fyny'r *creeks*, Buruto, y Warri a'r Cocoa Beach, a Sapele, yn yr afon Forcadas, ag i fyny'r Afon Bonni a'r Congo. Matadi ydyw'r lle pella y medrem ni fynd i fyny'r afon Congo, ag mi fyddem yn gweld y caethion yno'n amal, *chained gangs*, yn y Portuguese Congo, yn cario dŵr ar eu pennau, a'r *drivers* a'u *whips* yn eu gyrru nhw. I fyny'r afon Bonni hefyd y byddem ni'n mynd. Rydw i'n cofio pan agorwyd Port Harcourt i fyny'r afon honno, roeddwn i'n gapten ar y *Fulani* ar y pryd a hi oedd y llong gynta i gyrraedd y lle erioed. Roedden nhw wedi ffeindio glo i fyny'r wlad yn rhywle, a Port Harcourt oedd y lle mwyaf cyfleus i'r llongau fynd i'w nôl o. Roedd y lle wedi'i ddewis i wneud y porthladd, ond 'doedd yr un llong wedi bod yno. Ar yr 'Opobo Run' yr oeddwn i ar y pryd, yn galw yn Bonni ag Okrika, a chan fod gen i beth amser yn sbâr tra fyddai'r *surf boats* yn Okrika yn llwytho'r llwyth yn barod i mi, mi gynigiais fy mod i'n rhoi *trial run* ar y llong i fyny i Port Harcourt, ag felly y gwnes i, a chael bod digonedd o ddŵr i wneud porthladd diogel. Roedd hi'n afon fawr, lydan, ddofn, a'r goedwig yn tyfu o boptu iddi ar hyd y ffordd am filltiroedd ag rydw i'n cofio yn rhywle ar y ffordd i fyny, mi ddaethom at le agored yn y coed, a beth welem ni ond cannoedd o bobol dduon yn gwylied ni mewn syndod. O ran hwyl, mi rois ordors i chwythu *steam whistle* y llong, ag yr oedden nhw i gyd wedi diflannu mewn eiliad.

Adroddwr: Roedd yn dda cael glo mor agos wrth law mewn gwlad fel Affrica.

Capten Williams: Oedd. Yn ystod y rhyfel, o Port Harcourt y byddai llongau *Elder Dempster* yn cael eu glo. Byddai llawer ohono'n dwad i lawr i Lagos, lle'r oeddwn i, ag roedd 'na nifer o longau'n gwneud dim byd ond cario glo. Roedd gan y Llywodraeth, hithau, nifer o longau'n gwneud yr un peth, at iws y *Railways* a'r *steam tug boats* oedd yn perthyn i'r lle.

Adroddwr: Fyddech chi'n dwad adre i'r wlad yma'n amal am dipyn o wyliau pan oeddech chi'n *Superintendent* yn Lagos?

Capten Williams: O, byddwn, bob blwyddyn am dri mis, ag weithiau am ragor.

Adroddwr: Mi fyddech yn cael llawer o *sport* yno, rydw i'n siŵr, saethu anifeiliaid gwylltion, a phethau felly.

Capten Williams: Byddem, *crocodiles* fwyaf, mi saethais lawer ohonyn nhw. Mi saethais lewpard unwaith hefyd, mae'i groen o gen i gartre. Bydd y *crocodiles* yn byw yn nŵr yr afonydd, ag weithiau byddant yn torheulo ar y mwd ar y glannau, dyna'r pryd i'w saethu nhw. Mae'r *natives* yn ddiolchgar dros ben i chi am bob *crocodile* a laddwch chi, achos maen nhw'n hen greaduriaid mor beryglus i fywydau'r bobol sydd yn byw ar y glannau. Rydw i'n cofio un tro, pan oeddwn i bron â chyrraedd Abonama, ar y Bonny River, mi welsom hen groc mawr ar y *beach*, 'Big Ben' yr oedd y *natives* yn ei alw o, roedd o tua saith llath o hyd, y mwya welais i erioed, mi fyddai'n mynd i'r lan yn y nos ag yn dwyn defaid y *natives* o'r buarth, a cherdded â nhw i'r afon a'u dal nhw o dan y dŵr i'w boddi, ag wedyn, fel y byddai'r *natives* yn dweud, mi fyddai'n eu cadw nhw yn rhyw le oedd ganddo fo yng ngwaelod yr afon erbyn y buasai arno eisiau tamaid, achos mae'n well gan y *crocodiles* gig wedi hanner pydru na chig ffres. Wel, pan welais i Big Ben yn gorwedd ar y mwd, dyma i mi dân arno, ag mi trewais o nes oedd o'n neidio i fyny'n uchel yn yr awyr yn ei ddyblau bron, ag yna cyn iddo ddisgyn mi rois *shot* arall iddo fo, nes oedd y lle yn waed i gyd. Ymhen tipyn, wedi iddi ddwad i gyrraedd y lan, mi ddaeth 'na *chief* i mewn yn wên o glust i glust, 'Cabby', meddai fo *'you fine too much. You kill dem big crocodile. Ol' man from beach, 'o glad too much'*. Ei ffordd o ddiolch i mi oedd hynny.

Adroddwr: Mi gawsoch gryn lawer o brofiad o'r bobol dduon yn Affrica?

Capten Williams: Do. Mi brynais lawer o fân bethau oedden nhw wedi'i gwneud i'w gwerthu. Mae 'na rywbeth reit artistic yn eu gwaith celfyddyd nhw – chwaeth dda, ac mae nhw'n gallu gweithio patrymau reit dlws mewn lledar ag mewn pres. Mi brynais i lawer o waith lleder ganddyn nhw o dro i dro, mae nhw'n medru lliwio'r lleder yn wahanol liwiau, a 'does neb yn gwybod eu *secret* nhw. Byddant yn cymryd dysglau mawr pres hefyd, ag yn curo patrymau ar y rheini â morthwyl a hoelen, heb dorri twll trwodd 'chwaith. Mae'n siŵr fod gan rhai ohonyn nhw ddawn at gelfyddyd, pe caen nw fwy o addysg. Mae 'na ddosbarth arall o'r *natives*, y *Kroo boys* o Liberia. Mi fyddem yn eu shipio nhw yn Sierra Leone, ag yn eu cymryd efo ni i ddatlwytho a llwytho yn y porthladdoedd ymhellach ymlaen, lle nad oes 'na ddim gweithwyr i'w cael. Reis oedd eu bwyd nhw, ag mi fyddai ganddyn nhw *Kroo cook* i ganlyn pob gang, i wneud dim ond stemio reis iddyn nhw. Roedden nhw'n bur hoff o bîff neu borc hefyd, ag ar ddiwedd pob feiej mi fyddem ni'n rhoi baril o gig i'r *head man* i'w rannu rhyngddyn nhw.

Adroddwr: Wel, rydech chi wedi cael profiadau diddorol iawn, Capten Williams, a synnwn i ddim nad ydi Capten Jones yma wedi cael rhai profiadau digon tebyg i chi, ond mewn rhannau eraill o'r byd. Yn Neheudir

America y buoch chi'n hwylio fwyaf, ynte, Capten Jones?

Capten Jones: Ie. Mi fûm mewn llongau hwyliau am rai blynyddoedd, ag wedyn mewn stemars, yn *officer* ag yn gapten. Mi fûm yn hwylio i San Francisco, ag i'r Puget Sound Ports, ag oddi yno'n cario coed i Panama pan oedd yr Americaniaid yn gwneud y Canal yno. Bûm yn y rhan fwyaf o borthladdoedd South America, o Afon Para i'r Afon Plate, ag yn hwylio i fyny'r Amazon, ddwy fil a hanner o filltiroedd i Iquito, ar derfynau Brazil a Pheriw.

Adroddwr: Mewn llongau mawr y byddech chi'n mynd?

Capten Jones: Ie. Byddem yn cario rhyw ddwy fil o dunelli o cargo, a byddai gennym le i ddwsin o *first class passengers*. O Manaos i fyny, byddem yn toeo *lighter*, llong lai, i fyny i Iquito, a thuag wyth gant o dunelli o cargo o New York ar honno wedi ei lwytho arni yn Manaos, a byddai ganddi hithau le i tua chant o *bassengers* ar y dec. *Alongside* y byddem yn ei thoeio hi, fel *motor bike* a *side car*, ag yr oedd *gangway* rhwng y ddwy long, a'r *cooks* a'r *stewards* o'r llong fawr oedd yn gofalu am y *passengers* yn y *lighter* hefyd. Cysgu ar y dec mewn *hammocks* y byddai'r bobol yma, ond *radies* y bydden nhw'n galw'r *hammocks* bob amser. Yr oedd yn rhaid cael rhwydi o'u hamgylch i gadw'r *mosquitoes* allan. Roedd y rheini'n ddychrynllyd.

Adroddwr: Byddai'r *mosquitoes* yn cario'r malaria, mae'n debyg?

Capten Jones: Byddent. Roedd digon o glefydon yno, *malaria, yellow fever*, beri beri, ond 'doedden nhw ddim yn ddrwg iawn 'chwaith. Welais neb erioed o'r criw yn marw yno.

Adroddwr: Afon lydan iawn ydyw'r Amazon, ynte?

Capten Jones: Ie, mewn rhai mannau mae hi'n ddeng milltir neu 'chwaneg ar ei thraws. Maen nhw'n deud ei bod hi'n cario mwy o ddŵr i'r môr na'r un afon yn y byd. Mi fydd yn mynd i lawr yn y gaeaf, pan fydd hi'n eira ar fynyddoedd yr Andes, ond unwaith y bydd yr eira a'r rhew'n toddi ddechrau'r haf, mae hi'n codi drachefn.

Adroddwr: Ag y mae llongau mawr yn gallu hwylio i fyny iddi am ddwy fil a hanner o filltiroedd?

Capten Jones: Mi fydd llongau'r cefnfor (yr *ocean going ships*) yn mynd cyn uched â hynny, ond fe all llongau llai (*river boats*) fynd yn llawer pellach, wrth gwrs. Am y fil gyntaf o filltiroedd, cyn belled â Manaos fe all y llongau fynd nos a dydd efo digon o ddŵr, 'does dim ond glaw mawr, neu niwl, a allai ei stopio, ond oddi yno i fyny, yn yr Higher Amazon, roedd yn rhaid hwylio'n fwy gofalus, am nad oedd yr afon ddim wedi ei *chartio*, a 'doedd 'na ddim bwiau na dim byd i ddangos y sianel. Roedd gennym ddau beilat a phrentis ar y bwrdd *(Brazilians)*, ag os byddai'r afon yn isel, roedd yn rhaid i angori'r nos. Yn amal, byddai'n rhaid i'r peilot fynd allan yn y dydd yn y *steam launch* i chwilio am y sianel, a sowndio am y dŵr dwfn, a chymryd *bearings*. Teimlo'n ffordd o'n blaen y byddem ni, fel dyn dall hefo'i ffon.

Adroddwr: A methu weithiau?

Capten Jones: Ie. Unwaith mi roth y peilat ni ar y banc, y Chebeca Bank, ddwy fil o filltiroedd i fyny'r afon, ag yno y buom ni yn *high and dry* am bum mis, yn aros am i lifogydd yr haf nofio'r llong drachefn. Peilat ifanc oedd o a'n rhoes ni ar y banc, a phan welodd yr hen beilat beth oedd wedi digwydd, '*Six months*', meddai fo yn syth, fel *judge* yn rhoi'i ddedfryd, ond pum mis fuom ni. Doedd 'na ddim yn y byd mawr i'w weld yno ond yr afon lydan, yn llifo yn ei blaen yn ddiorffwys, a'r *sandbanks*, a'r goedwig drwchus yn cau amdanom ni ar y ddwy ochor. Doedd gennym ni ddim *wireless* na dim yr adeg honno, ond eto doedden ni ddim wedi'n cau ymaith oddi wrth y byd chwaith, achos roedd llong y *company*'n dwad heibio bob mis. Fe aeth pythefnos heibio cyn inni gael y *mails* (y llythyrau) a'r *passengers* i ffwrdd o'r llong. Pobol y wlad oedd y *passengers*, Brazilians y rhan fwyaf ohonyn nhw, masnachwyr mewn ryber yn mynd i fyny i Iquito.

Adroddwr: Roedd y *passengers* yn cael mynd i ffwrdd mewn llong arall, a chwithau'n gorfod aros efo'r llong?

Capten Jones: Oedd, y capten a'r criw. Doedd dim ond dau ohonom ni'n Gymry, y doctor, Dr Parry, a minnau. Ag am y mis cyntaf roedd hi'n bur ddrwg, y gwres a'r *mosquitoes* yn annioddefol bron.

Adroddwr: Beth fyddech chi'n ei wneud i basio'r amser?

Capten Jones: Fedrem ni wneud dim yn y dydd, roedd y gwres yn rhy llethol, dim ond yn y bore cynnar a chyda'r nos. Mi godem tua phump neu hanner awr wedi pump ag mi gaem ein difyrru'n hunain dipyn tan amser brecwast, hanner awr wedi deg. Wedyn, mi fyddai'n rhaid inni orffwys rhag y gwres, o dan gysgod yn rhywle, y *siesta* fyddan nhw'n galw'r gorffwys yma yn y dydd, o hanner awr wedi deg tan bedwar. Am bedwar mi gaem ein cinio, dim ond dau bryd yn y dydd, a phan âi'r haul i lawr tua chwech o'r gloch, byddai'n hen bryd inni fynd i'n gwelâu, neu mi fyddai'r *mosquitoes* yn ein bwyta ni'n fyw.

Adroddwr: Bore oedd eich amser brafia chi, felly?

Capten Jones: Ie. Bob bore, mi fyddem yn cymryd y *steam launch*, ag yn croesi i ryw *sandbank* yr ochr arall i'r afon. Saethu *alligators* y byddem ni weithiau. Rhyw ddeunaw troedfedd oedd yr *alligator* mwyaf welais i wedi ei saethu – roedd o dipyn go lew yn llai na'ch Big Ben chi, Capten

Williams, ond at ei gilydd dydi'r *alligators* ddim cymaint â'r *crocodiles* er eu bod nhw o'r un teulu. Mi fyddem yn dal *turtles* hefyd ar y banciau. Roedd rhaid bod yn o chwim ar eich troed i'w dal nhw, ond unwaith y daliech chi nhw, doedd dim ond eisiau eu troi ar eu cefnau, a fedren nhw ddim symud. Weithiau, mi fyddai'r llongwyr yn cael reid ar gefn y *turtles*, a hwyl a gweiddi fyddai yno yr amser honno. Roedd 'na faint a fynnem ni o bysgod yn yr afon, welais i ddim mwy erioed, ag mi fyddai'r *boys* yn hel wyau *turtles* hefyd, a gwneud *omelettes* ohonyn nhw.

Adroddwr: Roedd hi'n amser eitha difyr arnoch chi yno rhwng popeth?

Capten Jones: O mi gawsom lawer o hwyl. Roeddem ni'n cario anifeiliaid ar y llong, i gael cig ffres, ag ar ôl i'r *passengers* fynd i ffwrdd, roedd gennym ni un bustach ar ôl. Beth i'w wneud â fo oedd y cwestiwn. Doedd waeth heb ei ladd o, fe âi'r cig yn ddrwg gan y gwres ofnadwy oedd yno cyn y gallem fwyta dim gwerth ohono. Wel, roedd y *sandbank* oedd rhwng y llong a'r lan wedi dechrau tyfu glaswellt cyn gynted ag yr aeth o'n sych, a dyma benderfynu troi'r bustach i bori ar hwnnw. Ag yno y bu o, yn braf ei fyd, ag erbyn yr amser yr oeddem ni'n cychwyn oddi yno, roedd y glaswellt wedi tyfu mor uchel, fedrech chi weld mo'r bustach. Pan gawsom ni o'n ôl i'r llong, roedd golwg raenus arno.

Adroddwr: Fyddech chi ddim yn crwydro dipyn i'r goedwig?

Capten Jones: Na, roedd y coed, a'r anialwch o danyn nhw, mor drwchus, fedrech chi ddim gwthio'ch ffordd i mewn. Rydw i'n cofio roedd y myncwns yn ofnadwy yn y coed, ag roedd un hen fachgen oedd yn fêt efo mi, *third mate* oeddwn i, yn cwyno o hyd bod eu sŵn nhw yn y nos yn rhwystro iddo gysgu. O'r diwedd, dyma'r capten yn cynnig gwn ag *ammunition* iddo, a dweud wrtho am fynd i'w saethu nhw. Mi es innau mewn cwch i'w ganlyn o, ag i'r coed â ni. Roedd y myncwns o'n cwmpas ni ymhob man, ond roedd y gwres a'r pryfed mor ofnadwy yno, cyn ein bod ni wedi mynd yr un dwsin o lathenni, roedd yn dda gennym droi yn ein holau a dwad oddi yno. Yr unig amser y byddem ni'n gorfod mynd i'r goedwig oedd pan fyddai un o'r *passengers* farw, roedd yn rhaid inni gladdu'r corff cyn pen ychydig o oriau o achos y gwres. Doedd 'na ddim *cemeteries* yn yr Higher Amazon, a chaech chwi ddim claddu yn yr afon, nag ar y *sandbanks*, yn ôl y gyfraith, felly roedd yn rhaid torri bedd yn y goedwig. Anodd iawn oedd cael lle digon sych i gladdu, mae'r rhan fwyaf o fforest yr Amazon yn hen dir gwlyb, corsiog, ag wedi inni gael hyd i dipyn o dir sych, roedd gwreiddiau'r coed a'r planhigion wedi plethu drwy'i gilydd mor dew, roedd hi'n nesaf peth i amhosibl torri bedd trwyddyn nhw – heblaw bod y gwres bron yn annioddefol i drio gweithio efo caib a rhaw.

Adroddwr: Mae'n debyg mai nôl ryber yr oeddech chi i fyny'r Amazon, fwya?

Capten Jones: Ie. Roedd llawer iawn o ryber yn tyfu yn fforestydd yr Amazon. Para oedd y prif borthladd, yn agos i enau'r afon, a Manaos yn uwch i fyny, dwy dref fawr iawn. Yr oedd mynd mawr ar *Para rubber* ar un adeg.

Adroddwr: Dydyw'r fasnach ryber ddim mor bwysig bellach?

Capten Jones: Na, mae hi cystal â bod wedi darfod. *Plantation rubber* o India'r Dwyrain sy'n mynd â hi rwan. Mae yno goed ryber wedi'u plannu mewn *plantations* mawr, yn perthyn i'r Prydeinwyr ag i'r Dutch, ag yno mae'r rhan fwyaf o ryber y byd yn tyfu erbyn hyn. Dydyw'r Amazon a'r Congo ond lleoedd dibwys yn eu hymyl.

Adroddwr: Fyddech chi'n nôl rhywbeth yno heblaw ryber?

Capten Jones: Wel, cryn lawer o gnau weithiau o Manaos (*Brazil nuts*, wyddoch). I New York y byddai'r rhan fwyaf ohonyn nhw'n mynd. Roedd 'na lawer o ffrwythau yn tyfu yno hefyd. Rydw i'n cofio un tro, pan oeddem ni yn uchel i fyny'r afon, dyma ni'n mynd i fyny un o'r *creeks* yn y *steam launch*, ag ar ôl mynd rai milltiroedd, beth welem ni ar y lan ond tair o enethod bach yn chwarae. I ffwrdd â nhw am eu bywyd pan welson nhw ni; mae'n debyg nad oedden nhw erioed wedi gweld llong i fyny'r afon o'r blaen. Toc, wedi inni fynd heibio i dro yn yr afon mi welsom gaban a hen wraig yn ei ymyl o, gwraig ddu, *negress*, a'i phlant hi oedd y tair eneth. Roedd hi'n medru siarad Portuguese, ag felly mi gawsom sgwrs â hi. Cadw *plantation* yr oedd hi, yn tyfu bananas ag *oranges*, ag unwaith y mis mi fyddai'n mynd i lawr i'r dre mewn *canoe* i'w gwerthu nhw.

Adroddwr: Mi fuoch yn hwylio mewn rhannau eraill o Deheudir America hefyd, roeddech chi'n dweud.

Capten Jones: Do. Mi fûm ar hyd y glannau 'na i gyd. Mynd â chargo o Lerpwl i Monte Video, hwyrach, wrth *entrance* y River Plate, ag yna hwylio dros gan milltir i fyny'r afon i Buenos Aires, prifddinas yr Argentine. Dyna i chwi dref ardderchog, sydd yn werth ei gweld. Y hi ydi'r drydedd dref fwyaf yn America, does dim ond New York a Chicago sy'n fwy na hi. Mi fyddwn i'n cyfarfod â llawer o Gymry yn Buenos Aires, wedi dwad i lawr yno o Batagonia.

Adroddwr: Wel, mae'n siwr gen i fod 'na lawer stori ddifyr arall i'w dweud am yr afon Amazon, ag am yr afon Plate a Phanama hefyd, o ran hynny, ond rydw i'n gweld bod yr amser wedi mynd, ag yn awr mi gawn yn pedwar ddweud 'Nos dawch' wrth bawb sydd yn gwrando.

Pawb: Nos Dawch.

Robin Evans
'Hwylio ar Led: Moelfre a'r Traeth Coch'
Cymru a'r Môr/Maritime Wales, 22 (2001), 96-107

Twm Penstryd

Aled Eames

Hwyliodd y *Cospatrick*, llong goed llawn rig, tua 2000 tunnell, yn perthyn i gwmni Shaw, Savill, Leadenhall Street, Llundain, o Gravesend am Auckland, Seland Newydd, gyda 80 o barau priod, 107 o ddynion dibriod, 45 o ferched dibriod, 58 o fechgyn rhwng un a deuddeng mlwydd oed, 53 o ferched o'r un oedran, a 16 o fabanod o dan eu blwydd oed. Ar y llong hefyd yr oedd Mrs Elmslie, gwraig y capten a'i phlentyn; cyfanswm, felly, o 435 o deithwyr, a 44 aelod o'r criw dan ofal Capten Alexander Elmslie, morwr profiadol iawn. Gadawodd y *Cospatrick* Gravesend ar 11 Medi 1874, ac fe gafwyd mordaith foddhaol a digyffro hyd at 17 Tachwedd, er bod cryn dristwch oherwydd marwolaeth wyth o'r plant yn ystod wythnosau cynnar y fordaith. Ganwyd dau faban ar y fordaith. Am hanner nos, 17 Tachwedd, aeth Henry MacDonald, yr ail fêt, o amgylch y deciau ar ddiwedd ei gyfnod o ddyletswydd, ac ar ôl sicrhau bod popeth yn dawel daclus, aeth i'w wely, ar ôl trosglwyddo'r cyfrifoldeb i'r mêt, yntau yn ôl ei arfer, yn cymryd y 'watch' ganol. Tua hanner awr wedi hanner nos, clywyd rhuthro mawr o gwmpas y llong pan ganfuwyd bod tân yn yr howld ym mhen blaen y llong. Gwnaethpwyd ymdrech aflwyddiannus i newid cwrs y llong er mwyn ei rhoi o flaen y gwynt gan obeithio arbed rhuthr y fflamau ar hyd y deciau, ond o fewn ychydig roedd y tân wedi cydio yn y llong o'r pen blaen i'r starn. Roedd miloedd o alwyni o olew, paent, rỳm a brandi yn y cargo, ac ymddengys bod y tân wedi gafael yn storfa'r bosyn, ystafell yn llawn olew, rhaffau a phaent. Er nad oedd unrhyw sicrwydd ynglŷn ag achos y tân, mae'n bosib fod un o'r criw neu'r teithwyr wedi tanio matsien neu ollwng cannwyll wrth geisio dwyn rhywbeth o'r howld, a'r fflam wedi cydio mewn gwellt neu sbwriel.

Llosgwyd dau o'r badau achub oedd ym mlaen y llong cyn i'r criw gael cyfle i'w symud, a suddodd un arall o'r cychod ar unwaith dan bwysau tua 80 o ferched druan a'u plant oedd wedi neidio iddo mewn ofn. Llwyddodd y criw i ollwng dau gwch i'r môr, ond disgynnodd mastiau'r *Cospatrick* a chwythwyd ei starn allan gan ffyrnigrwydd y tân. Anafwyd a lladdwyd rhai ar y llong, neidiodd eraill i'r môr a boddi, llyncwyd y rhan fwyaf gan y fflamau. Erbyn y bore, allan o 473 o bobl ar y llong, dim ond 62 oedd yn fyw yn y dau gwch, a gwelsant hwy y *Cospatrick* yn suddo heb iddynt fedru cael na bwyd na diod ohoni gan gymaint oedd gwres y tân enbyd. Diflannodd un cwch o fewn deuddydd a'r 32 o bobl oedd arni, 26 o deithwyr a chwech o'r criw. Ni chlywyd dim amdanynt mwyach.

Yn yr unig gwch arall, roedd yr ail fêt, MacDonald, a dau forwr, Thomas Lewis, AB, ac Edward Cotter, OS; ymfudwyr heb unrhyw brofiad o'r môr oedd y gweddill ohonynt. Dim ond un rhwyf gyflawn oedd yn y cwch. Heb na bwyd na diod, dechreuodd rhai yfed dŵr hallt y môr ac aethant yn wallgof cyn marw, un ar ôl y llall. Erbyn 27 Tachwedd, sef naw diwrnod ar ôl y drychineb, dim ond pump oedd yn dal yn fyw pan welwyd eu cwch gan y *British Sceptre*, a bu farw dau ohonynt hwythau o fewn ychydig oriau. Dengys tystiolaeth MacDonald, yr ail fêt, i'r ymchwiliad swyddogol i'r drychineb, mor erchyll oedd eu profiadau yn y cwch:

> 'Thirst began to tell severely on all of us. A man named Bentley fell overboard while steering the boat and was drowned. Three men became mad that day and died. We then threw the bodies overboard. On the 23rd the wind was blowing hard and a high sea running. We were continually baling the water out ... Four men died, and we were so hungry and thirsty that we drank the blood and ate the livers of two of them. We lost our only oar then. There were six more deaths that day. She shipped water till she was nearly full. On the 25th there was a light breeze and it was awful hot. We was reduced that day to eight and three of them out of their minds... We kept on sucking the blood of those who died. The 27th was squally all round, but we never caught a drop of water although we tried to do it. Two men died that day. We threw one overboard but were too weak to lift the other ... The passenger was out of his mind. All had drunk sea water. We were all dozing when the madman bit my foot, and I woke up. We saw a ship bearing down on us. She proved to be the* British Sceptre, *from Calcutta to Dundee...'*

O'r 473 o bobl a hwyliodd allan ar y *Cospatrick*, dim ond tri a oroesodd yr hunllef – Henry MacDonald, yr ail fêt, Thomas Lewis, yr AB, ac Edward Cotter, llongwr cyffredin. Brodor o Foelfre, Ynys Môn, oedd Thomas Lewis, lle'r adwaenid ef fel 'Twm Penstryd'.

Aled Eames
Y Fordaith Bell (Caernarfon, Gwasg Gwynedd, 1993)

Teulu Penrallt

John Hughes

Ganwyd fy hen daid, William Jones, yn 1850 a bu farw yn 1936 yn 86 mlwydd oed. Aeth i'r môr yn 13 mlwydd oed ar long rigin sgwâr yn hwylio i Awstralia. Yn anffodus nid wyf yn gwybod dim o hanes y llong na'r fordaith gan i bapurau William Jones gael eu llosgi wedi ei farwolaeth. Ar y pryd nid oedd neb yn gweld gwerth yn eu cadw.

Mae'n amlwg iddo ddilyn traddodiad Moelfre o hwylio'r glannau gan i mi wybod iddo weithio fel capten nifer o sgwneriaid yr arfordir am flynyddoedd. Un o'r llongau hynny oedd y *Belt* ac roedd ganddo gyfranddaliadau yn y llong, fel oedd y drefn yr oes honno.

Drwy gyd ddigwyddiad bu fy hen daid ar ochr fy mam yn hwylio ar ei fordaith gyntaf gyda William Jones a hynny ar y sgwner *Elenor*. Y flwyddyn oedd 1884 felly mae'n debygol mai'r *Belt* oedd ei long olaf gan ei fod yn ei 70au pan y bu ymddeol. Treuliodd gweddill ei oes yn pysgota penwaig yn Moelfre.

Priododd Elizabeth Jones (Pritchard gynt). Ganwyd hi yn 1850 a bu farw yn 1928 yn 78 mlwydd oed. Roedd ganddynt wyth o blant, dwy ferch a chwe mab.

Ganwyd y ddau fab, David ac Owen, yn 1884 ac 1879. Boddwyd y ddau tra'n hwylio ar y *Gertrude*, un o longau Monks, Lerpwl. Cafodd ei tharo gan un o longau teithio cwmni Ellerman City oddi ar goleudy Fastnet yn Chwefror 1915. Nid oedd yr un o'r ddwy long yn dangos unrhyw oleuadau oherwydd y rhyfel. Yr unig un o griw'r *Gertrude* i oroesi oedd un o'r tanwyr a oedd ar wyliadwriaeth – mae'n rhaid ei fod ef yn cael ychydig o awyr iach ar y dec ar y pryd.

Brawd arall oedd William a anwyd yn 1878. Gadawodd long, *jumped ship*, yn Awstralia ac ni ddychwelodd. Mae'n debyg ei fod yn dioddef o *asthma* a bod hinsawdd Awstralia yn iachach iddo. Bu farw yn 1919 yn 41 mlwydd oed adeg yr epidemig ffliw.

Bu dau fab arall, Hugh a Johnny, yn gweithio fel seiri coed yn Lerpwl. Aeth y mab arall, Thomas, i'r môr yn 14 mlwydd oed. Bu'n gapten ar nifer o Longau Roses ac yn ddiweddarach efo Comben Longstaff Ships. Credaf iddo ymuno efo'r RNR (*Royal Naval Reserve*) yn 1914. Bu farw un ferch Catherine wrth roi genedigaeth yn 1915. Roedd ganddi ferch a mab, William Pritchard, a oedd yn llongwr.

Yr hynaf o'r plant oedd fy nain, Elizabeth. Priododd fy nhaid John Evan Hughes. Er iddo gael ei fagu gan ei ewythr yng Nghaergybi, un o Foelfre oedd o'n wreiddiol. Bu'n gwneud ei brentisiaeth ar y llong rigin sgwâr *Celtic Race*. Nid oes gennyf unrhyw

John Hughes
Er i John Hughes ddilyn ei dad, y Capten William John Hughes, Rowena, i'r môr cefnodd ar fywyd morwrol gan ddilyn gyrfa lwyddiannus o fewn llywodraeth leol. Tra oedd yn llongwr enillodd dystysgrif y 'Liverpool Shipwreck and Humane Society' am achub bywyd morwr arall yn 1957. Bu'n weithgar ar bwyllgor lleol y bad achub am flynyddoedd, gan weithio fel cocsyn dros dro am gyfnod, a derbyniodd gydnabyddiaeth gan yr RNLI am ei gyfraniad i waith y gymdeithas. Ymddiddorai yn hanes morwrol ei deulu a chyhoeddwyd erthygl o'i eiddo ar hanes cangen Dulas o'r teulu, sef y Capten William Rowlands, yn *Cymru a'r Môr/Maritime Wales*.

wybodaeth am unrhyw un o'i longau eraill ac eithrio'r olaf, sef yr *Arbonne*. Hi oedd y *Dorset Coast* yn wreiddiol ac fe'i gwerthwyd i Stephen Thomas & Co o Gaeredin ym Medi 1915 am £20,000 a'i hail henwi'n *Arbonne*. Ymunodd fy nhaid â hi yn y Princess Dock yn Lerpwl a hwyliodd i Le Havre. Oddi yno hwyliodd am y Tyne ond fe'i trawyd gan dorpido'r UB2 ger goleulong *Kentish Knock* ar y 26ain o Chwefror yn 1916. Collwyd pob un o'r criw o bedwar dyn ar ddeg.

Roedd gan John Evan Hughes ac Elizabeth hwythau chwech o blant, dau ohonynt yn feibion. O'r merched bu farw'r hynaf, Elizabeth, yn 1939 a phriododd ei merch Nonette llongwr, John, a oedd yn Brif Beiriannydd efo'r Blue Star Line. Bu farw Nell, y ferch ieuengaf, yn 1936 a magwyd ei mab Idris gan fy nain. Yr unig ddwy i mi eu nabod oedd Katie ac Annie.

Un o'r ddau fab oedd fy nhad, WJ Hughes ac ef ac Owen Jones Hughes oedd yr ieuengaf. Aeth Owen Jones Hughes i'r môr yn 14 mlwydd oed ac ymddeolodd yn 65 mlwydd oed. Cafodd amryw brofiadau yn ystod ei yrfa forwrol. Wedi gadael y Jim hwyliodd fforen a bu ar chwech confoi yn hwylio'r Iwerydd adeg yr Ail Ryfel Byd. Ystyriai ei hun yn ffodus iawn gan fod llongau yn cael ei suddo o'i amgylch ond ni fu raid iddo ef wlychu ei draed hyd yn oed! Yna bu'n gwasanaethu yn y Môr Canoldir ac roedd yn bresennol yn y glaniadau yn Sicilia ac Anzio. Ei long olaf yn ystod y rhyfel oedd llong reweiddiedig newydd ei hadeiladu yn Belffast ac yn dref honno yr ymunodd ef ag hi. Roedd mwyafrif y criw o'r rhan honno o'r wlad ac, yn debyg i mi, nid oedd gan fy ewythr lawer i'w ddweud wrth wŷr yr Urdd Oren. Bu'n hwylio i borthladdoedd yn Awstralia a Thasmania i lwytho cig ar gyfer yr Ynysoedd Prydeinig.

Wrth groesi Cefnfor India bu bron iddynt gael eu taro gan dorpido, a basiodd y tu ôl iddynt. Dywedodd fod y llong hon a oedd efo cyflymdra uchaf o 18 not yn sydyn wedi datblygu'r gallu i wneud 25 not! Roedd ef yn Hobart yn Tasmania pan ildiodd Japan.

Wedi'r rhyfel bu'n hwylio yn y fasnach gartref a bu'n gweithio ar y goleulongau am ychydig cyn ymuno ag Everrards. Am bum mlynedd olaf ei yrfa bu'n gwasanaethu ar un o longau Trinity House, y *Winston Churchill*, efo'i chartref yng Nghaergybi.

Bues innau, fy mrawd Vaughan a tri chefnder, Harry, David ac Idris, ar y môr. Ond ddaru bob un ohonom lyncu'r angor. Bu Vaughan lyncu'r angor wedi deuddeg mis ond bu'r gweddill ohonom yn gwasanaethu am tua wyth mlynedd a hanner. Dyma, mewn gwirionedd, y cyfnod pan drodd ein teulu ei chefn at y môr. Y prif resymau dros hynny oedd gwell cyfleoedd ar y tir, ond yn bennaf y newid yn natur cyflogaeth ar y môr a'r fasnach yn gyffredinol.

Teulu Rowen

Capten William John Hughes

Ganwyd fy nhad yng Ngorffennaf 1912 ac aeth i'r môr am y tro cyntaf yn 14 mlwydd oed yn 1926. Ymddeolodd yn 60 mlwydd oed yn 1972 wedi 46 mlynedd ar y môr. Ac eithrio cyfnod o bum mlynedd yn y llynges, bu'n gapten ar amryw longau am 35 o flynyddoedd. Wedi hynny ymunodd efo Sealink yng Nghaergybi fel Ail Fêt llanw cyn iddo ymddeol go iawn yn 65 mlwydd oed. Fel y dywedodd, roedd cyflog Ail Fêt yn dda a hynny heb unrhyw gyfrifoldebau o'i chymharu â'r hyn yr oedd ef wedi arfer efo dros y blynyddoedd.

Ei long gyntaf oedd y *Southsea*, wedi ei chofrestru yng Nghaerdydd. Ei chapten oedd Capten J. Griffiths, Fron, Moelfre ac roedd ef yn un o'i pherchnogion. Arwyddodd fel hogyn ar fordaith o Gaerdydd i Rio yn cludo glo ac yna o River Plate i St Nicholas mewn balast. Oddi yno cludwyd llwyth o wenith i Hamburg a thalwyd ef i ffwrdd yn Noc Y Barri.

Roedd y fordaith yn hir a diflas gydag ymdrechion diflino i gadw costau i lawr. Felly bu'r *Southsea* yn hwylio ar un bwyler ar gyflymdra o chwe not i arbed glo ac roedd y bwyd ar gyfer y criw y lleiafswm a ganiatawyd gan y Bwrdd Masnach. Nid oedd y llongau *deep sea* wedi creu argraff ffafriol ar fy nhad, felly penderfynodd mai yn yr *Home Trade* neu'n hwylio'r arfordir fyddai ei ddyfodol.

Ymunodd â'r *Elsie Thomas* fel *Ordinary Seaman* yn Lerpwl. Llong un hats oedd hon yn hwylio rhwng porthladdoedd bychain yn cludo llechi, glo a cherrig. Yna ymunodd â'r *Primrose* fel *Able Bodied Seaman*, cyn symud i'r *Guilder Rose* ac yna'r *Wild Rose*. Capten y *Wild Rose* oedd Tommy Jones, Penrallt, ewythr i fy nhad. Roedd y rhain yn perthyn i gwmni Richard Hughes o Lerpwl, sef yr enwog *Llongau Roses* neu, fel yr adwaenid y cwmni gan y fasnach forwrol, y *Welsh Navy* oherwydd bod mwyafrif y criwiau o siroedd Môn a Chaernarfon. Roedd y cwmni yn enwog am redeg ar nesaf peth i ddim gyda'r lleiafswm posibl o anghenion bywyd llong a llongwyr ar fyrddau'r llongau. Yn wir, fe ddywedwyd os oedd un o *Longau Roses* yn cyrraedd porthladd yna byddai pob un llong a oedd ochr yn ochr â hi yn rhoi popeth y gellid ei symud dan glo!

Y *Brereton* oedd ei long nesaf a'i chapten oedd Owen Roberts, Treflys, Moelfre. Ymunodd fy nhad â hi fel Ail Fêt yn Chwefror, 1932. Bu'n rhedeg rhwng porthladdoedd gorllewin Prydain Fawr a phorthladdoedd Iwerddon, yn cludo glo a cherrig yn bennaf. Tua diwedd 1932 ymunodd â'r *Yewpark*, unwaith eto fel Ail Fêt. Unwaith eto, gŵr o Foelfre oedd ei chapten, sef J. Bloom Roberts, Deanfield. Perchnogion y llong oedd James Stewart & Co, Glasgow ac Albanwyr a Chymry oedd criwiau llongau'r cwmni. Adwaenid y cwmni fel *Llongau Winnie* gan mai'r rheolwraig oedd dynes o'r enw Winnie a oedd yn dipyn o gymeriad yn ôl pob sôn.

Ym Medi 1933 gadawodd fy nhad yr *Yewpark* ac aeth i Goleg Morwrol Lerpwl i astudio ar gyfer ei *Diced* Mêt. Tra'n astudio cafodd syniad penigamp i ddatrys y broblem o gyllido'i gyfnod astudio a'i lety. Cafodd swydd fel gwyliwr nos ar longau a oedd yn aros yn Nociau Lerpwl. Gan fod y Dirwasgiad Mawr yn brathu'n galed roedd nifer o longau gwag yn y dociau. Golygai'r swydd arian, llety a chyfle iddo astudio!

Wedi derbyn ei *Diced* Mêt, ymunodd â'r *Yewbank* yn ei swydd newydd. Ei chapten oedd Capten R.J. Parry a'i olynydd ef oedd y Capten J. Bloom Roberts a fyddai'n symud i'r *Kestor* maes o law. Llong nesaf fy nhad, fodd bynnag, oedd yr *Yewhill*, unwaith eto fel Mêt a'i chapten oedd y Capten R Llew Jones, Tregele. Gadawodd ef i fod yn gapten yr *Yewmount* a byddai fy nhad yn ymuno ag ef arni maes o law.

Yna symudodd fy nhad i'r *Yewbank* fel Mêt rhwng Medi'r 5ed 1933 a Rhagfyr y 10fed 1934. Ar gefn paentiad o'r *Yewbank* ysgrifennodd fy nhad enwau'r criw. Y Capten R. Jones o Amlwch oedd ei meistr a'r Ail Fêt oedd R. Hughes o Bensarn. William

Pritchard o Foelfre oedd y cogydd – bu raid iddo roi'r gorau i'w swydd fel *Able Bodied Seaman* ac am yr un rheswm y bu raid iddo adael y môr.

Yr AB ar y llong oedd T. Williams o Foelfre. Efallai mai ef oedd y Tommy Williams rwy'n ei gofio'n byw ym Mhenrallt. Os felly ef oedd yr un a aeth ag un foneddiges o'r pentref allan am dro o amgylch y bae yn ei gwch. Roedd y foneddiges dan sylw yn ddynes fawr ac wrth iddi bwyso dros ochr y cwch, trodd y cwch drosodd gan daflu'r ddau ohonynt i'r môr. Cafodd y ddau eu hachub gan Long Peilot Lerpwl a oedd wedi angori yn y bae. Y stori yw i'r foneddiges dreulio tridiau ym mync y capten yn dod ati ei hun!

Bu fy nhad yn Fêt ar yr *Yewhill* a'r *Yewpark* cyn ymuno efo'r Capten Llew Jones ar yr *Yewmount*. Erbyn hyn roedd fy nhad wedi derbyn ei dystysgrif meistr ar Orffennaf y 23ain, 1935 yn 23 mlwydd oed. Yn 1937 gwerthwyd yr *Yewmount* i gwmni o Newcastle ac fe'i hailenwyd yn *Jim*. Arhosodd Capten Jones a fy nhad arni – fel y dywedodd, roedd gwaith yn brin ac nid oedd ganddynt lawer o ddewis. Roedd y cwmni wedi cynnig gwerthu'r llong iddo ef a Chapten Jones am £3,000 ond, fel y dywedodd, roedd y swm yn anferthol o gofio mai £3 yr wythnos oedd ei gyflog.

Yna yn 1937 cafodd gynnig swydd capten y *Kestor*, tua 600 tunnell. Llong o'r Isalmaen oedd hi ac yn anghyffredin iawn ar y pryd oherwydd mai llong modur oedd hi. Roedd hi'n un o dair llong debyg ym meddiant cwmni Harrissons o Lundain ar y pryd. Roedd y *Kestor* yn llong dau hats gyda'r criw yn byw yng nghefn y llong. Roedd fy nhad wedi cael ei gymeradwyo gan y Capten J. Bloom Roberts a oedd wedi bod efo'n nhad ar yr *Yewpark* a'r *Yewbank*. Roedd y Capten Roberts wedi gadael yr *Yewbank* am y *Kestor*, a oedd yn llong newydd, ac yn awr roedd yn symud i long newydd arall. Yn ei swydd newydd roedd fy nhad yn derbyn cyflog o £6 yr wythnos.

Yn 1939 gadawodd y *Kestor* ac aeth yn gapten yr *Hubbastone* ar Fedi'r 8fed, 1939. Ei pherchnogion oedd Stone & Rolfe Co., Abertawe. Bu arni am gyfnod byr ond nid oes gennyf unrhyw syniad pam y byddai'n gadael llong modur i fynd ar long llosgi glo – mwy na thebyg bod y cyflog yn well! Pan dorrodd yr Ail Ryfel Byd ym Medi 1939 roedd yr *Hubbastone* yn gweithio ar hyd arfordir dwyreiniol Lloegr, yn cludo glo i Lundain ac arfordir y de. Adwaenid yr un hwn fel *E Boat Alley* adeg y rhyfel. Yn 1940 cafodd y llong ei hawlio gan y Forlys i gludo cyflenwadau, a nwyddau meddygol ymhlith pethau eraill i'r B.E.F. (British Expeditionary Force a oedd yn cael eu hadnabod, yn annheg, fel y *Back Every Friday Brigade*). Golygai hyn hwylio i borthladdoedd Gwlad Belg yn bennaf, ac yna i borthladdoedd Ffrengig wrth i ymosodiad yr Almaenwyr gyflymu.

Roedd Dieppe wedi ei phenodi'n borthladd ar gyfer llongau ysbyty ac, o'r herwydd, wedi ei diogelu gan Gytundeb Genefa. Yn groes i'r cytundeb roedd yr Almaenwyr wedi gosod ffrwydron ym mynedfa'r harbwr ac roedd ei llu awyr yn bomio popeth yn yr harbwr. Roedd yr *Hubbastone* yn gorwedd rhwng dwy long ysbyty, y *Maid of Kent* a'r *Brighton*. Yn ystod un ymosodiad roedd fy nhad wrthi'n sgwrsio efo un o swyddogion y llynges oddi ar un o'r llongau ysbyty pan ysgubwyd ef oddi ar ei draed gan ffrwydriad uchel. Unig ôl y swyddog oedd ei gap – felly bu fy nhad yn ffodus iawn. Erbyn hyn roedd Dieppe wedi ei hamgylchynu ac roedd yr holl longau yn yr harbwr ar dân. Felly rhaid oedd gadael y llong ac anelu am Le Havre.

Roedd criw'r *Hubbastone* yn cynnwys chwe Chymro, dau Sais ac un gŵr o Norwy.

Llwyddodd y criw i ffoi o'r dref a thrwy deithio gyda'r nos, llwyddasant i basio drwy linellau'r Almaen. Ar yr 22ain o Fai, 1940, tri diwrnod wedi gadael Dieppe, cyrhaeddodd y criw'r Swyddfa Conswl Prydeinig yn Le Havre. Nid oes gennyf unrhyw gofnod manwl o sut y llwyddodd y criw i groesi Môr Udd, mae'r ddogfen swyddogol yn awgrymu iddynt hwylio ar long Brydeinig neu Ffrengig. Credaf mai ar gwch pysgota ddaru nhw groesi. Mae'n debygol mai hwy oedd rhai o'r llongwyr olaf i ffoi cyn i'r Almaenwyr feddiannu'r wlad.

Cyrhaeddodd fy nhad stesion Bangor ac yno i'w gyfarfod oedd ei frawd yng nghyfraith, Evan Owens. Rhoddodd ef lifft adref i fy nhad ar biliwn ei fotobeic. Treuliodd ef ei oriau hamdden yn ystod y pythefnos nesaf yn saethu poteli efo Hugh Roberts, Treflys yn yr ardd gefn. Mae'n siŵr bod y ddau yn dychmygu mai Almaenwyr oedd yn cael eu saethu! Ond nid oedd amser i laesu dwylo. Rhaid oedd chwilio am long arall achos y rheol yr oes honno oedd i longwr golli ei gyflog o'r eiliad y collwyd llong drwy weithred y gelyn. Felly ym Mehefn 1940 ymunodd fy nhad â'r *Monkstone* gan aros arni hyd nes iddo ymuno â'r *Royal Naval Reserve*. Roedd o wedi penderfynu dilyn ei gyfaill y Capten Llew Jones i'r llynges a dywedodd mai ei fwriad oedd dial ar yr Almaenwyr. Ar y pryd bu ymgyrch recriwtio dwys i berswadio dynion i weithio ar y llongau newydd.

Yn ystod y cyfnod hwn dechreuodd un o'i gyn longau, y *Jim*, ar un o fordeithiau gwiriona'r rhyfel. Ei chapten oedd y Capten Thomas Idwal Jones, Gwelfor. Roedd ef wedi angori ym mae Moelfre ac roedd yn chwilio am griw. Roedd y llong wedi gadael Corc ac roedd ar ei ffordd i Fleetwood. Yng Nghorc roedd yr ABs wedi mynd i yfed ac felly roedd y Capten Thomas Idwal Jones wedi gadael hebddynt ac roedd ef, y Mêt a'r Ail Fêt wedi ei hwylio i Fae Moelfre. Arwyddodd tri o hogia'r pentref fel criw – fy ewythr O.J. Hughes, Bob Evans ac Owie Jones. Lysenwau'r tri oedd Prince, Slim a Snowy.

Wedi iddynt gyrraedd Fleetwood cafodd y llong ei hawlio gan y Morlys. Golygai hyn fod swyddogion y llynges yn cymryd lle'r Capten Jones a'r ddau fêt. Hefyd, rhaid oedd i'r criw arwyddo erthyglau T124X a olygai eu bod yn griw o longwyr masnach ond dan orchymyn y llynges. Fel y dwedodd O.J. Hughes, nid oedd ganddynt fawr o ddewis – naill ai arwyddo neu ymuno â'r fyddin ac nid oedd ef yn awyddus i wneud hynny.

Darganfu'r criw eu bod i hwylio i Reykjavik yng Ngwlad yr Iâ i godi cargo o bysgod wedi eu rhewi ac yna i ddychwelyd i'r Deyrnas Unedig. Roedd rhywun wedi meddwl y byddai'n syniad da llwytho'r blychau pysgod yn llawn rhew yn yr howld flaen a'r gweddill yn yr howld yn y tu ôl, gyda gweddill y gofod yn cael ei lenwi gyda glo ar gyfer y fordaith gartref. Wedi hwylio heibio Ynysoedd y Gorllewin a chyrraedd gogledd yr Iwerydd wynebent dywydd dychrynllyd, megis gwyntoedd cryfion o'r gorllewin un ar ôl y llall. Yn ystod un o'r gwyntoedd hyn cafodd y caban llywio ei sgubo oddi ar y llong a bu bron i Owie Jones gael ei golli efo fo gan fod ef wrth y llyw ar y pryd.

Hanner can milltir cyn cyrraedd Reykjavik rhedodd y *Jim* allan o lo byncyr a rhaid oedd winsio glo i fyny o'r howld er mwyn cwblhau'r fordaith. Tra bo'r criw yn winsio'r glo roedd y llong yn gorwedd yn ei hunfan yn darged perffaith ar gyfer llong danfor Almaenig. Pan ddywedais hyn wrth O.J. Hughes ei ateb oedd bod yr Almaenwyr naill ai yn dosturi drostynt neu fod un torpido yn werth mwy na'r llong.

Wedi cyrraedd Reykjavik darganfuwyd fod yr holl rew wedi toddi ac, oherwydd bod y llong wedi symud cymaint ar y fordaith, fod y blychau pysgod wedi cael eu malurio'n racs. Roedd slwtsh ffiaidd wedi blocio sympiau pibellau gwaelod y llong i gyd. Rhaid oedd i'r criw glirio'r llanastr drwy ddefnyddio drymiau deugain galwyn wedi eu hongian o'r dericiau.

Ar y pryd roedd Gwlad yr Iâ yn wlad 'sych', hynny yw roedd alcohol wedi ei wahardd. Wrth gwrs, roedd y boblogaeth wedi llwyddo i dorri'r gyfraith drwy fragu eu diod eu hunain. Yr enw arno oedd y *Black Death* – diod a oedd mor gryf nes, yn ôl yr hanes, roedd yfed dŵr drannoeth yn eich meddwi eto! Dywedwyd wrthyf mai un o'r cynhwysion oedd ceilliau gafr wedi ei sychu a'i falu ond ymddengys fod pawb yn mwynhau'r ddiod!

O'r diwedd llwyddwyd i drosglwyddo'r cargo o bysgod i'r llong. Ni chafwyd unrhyw ddigwyddiadau dramatig ar y fordaith yn ôl i Fleetwood. Wedi cyrraedd y porthladd trosglwyddwyd y llong yn ôl i ddwylo'r Capten Jones. Dywedodd OJ Hughes nad oedd y swyddogion llyngesol yn medru cael oddi ar y llong yn ddigon sydyn. Gwnaeth y criw ddwy fordaith eto i Wlad yr Iâ, hyd nes i'r Morlys sylweddoli nad oedd y llong yn addas ar gyfer y gwaith.

Wedi i fy nhad ymuno â'r RNR yn Awst 1940 anfonwyd ef i Portsmouth ar gyfer hyfforddiant sylfaenol. Cafodd ei anfon i ddociau'r llynges yn Sheerness i weithio yn yr adran diogelu bwmiau. Roedd yn siomedig iawn – ei obaith wrth ymuno â'r llynges oedd saethu awyrennau'r Almaenwyr i'r llawr neu suddo eu llongau, nid trwsio rhwydau haearn! Ei long gyntaf efo'r llynges oedd y *Princess Margaret Rose*.

Yn Sheerness roedd yn lodjio yng nghartref dynes o'r enw Mrs Fox a hynny ar y prom. Roedd ganddi ddau fab a'r ddau yn beilotiaid yn *Spitfires* yr RAF. Aeth mam â fi a fy chwaer Val ar wyliau yno. Gan fod y *blitz* ymlaen roeddem yn treulio'r rhan fwyaf o'r amser yn y lloches rhag bomiau yn y seler. Nid oedd mam yn wirion – ond ychydig yn ecsentrig. Rhaid oedd i dad gael caniatâd arbennig i ni gael mynd i aros efo fo achos fod plant lleol wedi cael eu hanfon i ffwrdd er mwyn eu diogelwch.

Medi 1941 cafodd fy nhad ei ddyrchafu'n Is Gomander a'i anfon i Wlad yr Iâ fel capten *HMS Barhead*. Roedd hi'n *flower class corvette* a oedd ymddangos am y tro cyntaf ar y pryd. Eu gwaith oedd hebrwng y confois a oedd yn hwylio i Rwsia, ond nid oedd y corfetau'n gallu hwylio'n bellach na Phenrhyn y Gogledd. Gan eu bod yn llongau bychain mewn moroedd stormus iawn credaf ei fod yn fordaith ofnadwy heb sôn am ymosodiadau'r gelyn.

Wedi cyrraedd Gwlad yr Iâ rhaid oedd delio efo problem y *Black Death* y cyfeiriwyd ato eisoes. Roedd dull y llong o bysgota yno yn ddiddorol. Byddai'r criw yn cymryd cwch y llong i bysgota yn harbwr Reykjavik ei hun gan ddefnyddio bomiau llaw yn hytrach na lein neu rwydau. Roedd y bomiau llaw hyn wedi eu 'rhyddhau' o afael storfeydd y fyddin. Roedd y dechneg yn syml. Tynnu'r pin, taflu'r bom llaw cyn belled ag oedd yn bosibl a chasglu'r pysgod marw a oedd wedi dod i'r wyneb.

Yn 1942 trosglwyddwyd fy nhad i Scapa Flow. Bu ar ddwy long, y *Cape Trafalgar* a'i gyn llong y *Princess Margaret Rose* a'u gwaith oedd clirio ffrwydron a dyletswyddau gosgordd. Disgrifiodd Scapa fel y twll mwyaf yn y byd. I ddod adref i Foelfre ar wyliau rhaid oedd croesi'r Portland Firth gyda fferi ac yna teithio am o leiaf 24 awr ar drên.

Wrth groesi'r Portland Firth un tro nid oedd yn medru deall pam fod y fferri yn rowlio cymaint â hithau'n ddiwrnod mor braf. Wrth gael brecwast yn y cantîn dim ond fy nhad a rhai o'r criw oedd yno – roedd y rhai nad oeddynt yn llongwyr i gyd yn sâl môr. Dywedodd un o'r criw wrtho y byddent bob amser yn gobeithio cael ychydig o dywydd gwael gan na fyddai neb yn bwyta prydau a oedd yn eu galluogi hwy i werthu'r bwyd a oedd drosodd ar y farchnad ddu. Yn y Portland Firth ceir moroedd uchel cyson oherwydd y cerrynt cryfion ac roedd gwybodaeth leol yn gallu bod yn ddefnyddiol i osgoi neu ddarganfod perygl.

Hydref 1943 fe anfonwyd fy nhad eto i Sheerness, y tro yma fel capten *HMS Wildfire*. Llong ysgubo ffrwydron oedd hon yn gweithio yn Aber y Tafwys ac ar lwybrau confois arfordir y dwyrain. Yn Ionawr 1944 symudodd fy nhad i *HMS Laomedon*, un o longau cwmni'r *Blue Funnel Line* a oedd wedi ei meddiannu gan y llynges oherwydd y rhyfel. Ef oedd *No.1* y llong, hynny yw'r swyddog mordwyaeth – yn iaith y llynges *Jimmy the One* ac yn iaith y llongau masnach *Chief Officer*. Ei chapten oedd Capten Wilson a oedd hefyd yn gapten arni cyn y rhyfel ond ef oedd ei Chomander rŵan a rheng fy nhad oedd Is Gomander. Roedd hi yn Langton Dock yn Lerpwl un tro yn llwytho offer y fyddin ar gyfer y dwyrain pell a'r bwriad oedd galw yn Bombay yn gyntaf gan hwylio heibio Penrhyn Gobaith Dda mewn confoi. Cafodd Val a minnau hawl i fynd ar ei bwrdd ychydig ddyddiau cyn iddi hwylio. Rhoddodd un o'r criw fanana i ni – y cyntaf i mi ei weld. Roeddym yn aros mewn gwesty bychain yn ardal Mount Pleasant ac rwy'n cofio cael glasiad o lefrith cyn mynd i fy ngwely.

Hwyliodd y *Laomedon* yn Ionawr 1944 ac rwy'n cofio fy nhad yn dweud iddo glywed ffrwydriad pan roeddynt ryw ddeugain milltir o Bombay. Yr achos oedd llong ffrwydron yn chwythu i fyny yn harbwr Bombay. Achosodd ddifrod mawr a chafwyd hyd i un o'i hangorion ugain milltir i ffwrdd!

Wedi diwrnod VJ dychwelodd y llong i'r Deyrnas Unedig a chafodd fy nhad ei dalu i ffwrdd ar Dachwedd 2ail 1945 a'i dimobio. Rwy'n ei gofio yn cyrraedd adref yn ei siwt dimób, sef siwt streipen fain glas efo tei'r un fath â het. Yr unig ddewis mae'n debyg oedd streipen fain glas neu frown.

Nid mater hawdd oedd cael gwaith yn y llynges masnach wedi'r rhyfel. Un rheswm dros hynny oedd i nifer o longau gael eu colli ac, yn ail, i gymaint o ddynion nad oeddynt wedi bod ar y môr o'r blaen benderfynu aros yn y swydd. Yn wahanol i swyddog eraill ar y pryd, fel gweithwyr mewn llywodraeth leol er enghraifft, nid oedd llongwyr yn cael dychwelyd i'w swyddi blaenorol yn syth.

Ond yn Ionawr 1947 daeth fy nhad yn gapten ar *VIC. 57* yn Portsmouth. Ystyr VIC oedd *Victualling Inshore Craft* ac fe'u defnyddiwyd ym mhorthladdoedd y Llynges i gludo offer ac arfau i'w llongau. Roedd fflyd o 64 o'r llongau hyn a'u dylunio yn seiliedig ar y *Clyde Puffers* enwog. Y Weinyddiaeth Drafnidiaeth Rhyfel oedd yn rhedeg y llongau hyn dan y Faner Las.

Mae'n siŵr fod ymuno â hi yn dipyn o sioc achos nid oedd ond 80 troedfedd o hyd a chan tunnell – a rhaid cofio i fy nhad fod yn Is Gomander ar y *Laomedon* oedd yn 15,000 tunnell. Roedd gan y *VIC. 57* griw o bump, sef y Capten, Mêt, Peiriannydd a dau AB. Dau oedd yn byw arni, sef fy nhad a Bob Evans y Mêt, gan fod gweddill y criw yn byw'n lleol ac felly'n mynd adref bob nos. Dywedodd fy nhad fod y llong mor fach fel y byddai ef, oedd yn byw yn y cefn a Bob Evans, oedd yn byw yn y tu blaen, yn ysgwyd llaw bob bore ar draws yr hats flaen.

Yn 1947 ymunodd â'r *Yewmount 2* fel Mêt ond o fewn ychydig fisoedd fe'i gwerthwyd i'r Queenship Navigation Company, is gwmni i Coast Lines Ltd. Cafodd ei hailhenwi'n *Saxon Queen* a dyrchafwyd fy nhad yn gapten arni. (Hon oedd yr ail *Yewmount* iddo hwylio arni achos fe ailenwyd y llall yn *Jim* yn 1939.) Roedd y *Saxon Queen* yn llong modur dau hats ac yn 12 not eithaf cyflym ac yn llong dda. Hon oedd y llong gyntaf i mi fynd ar fy ngwyliau arni wedi'r rhyfel gan hwylio o Blyth i Hamburg i Lundain.

Bu fy nhad yn gwasanaethu fel capten ar longau'r Queenship Navigation Company o 1947 hyd at 1972 pan ymddeolodd. Hwyliodd ar y llongau canlynol: *Saxon Queen, Nordic Queen, Richmond Queen 1, Celtic Queen, Highland Queen, Norman Queen, Windsor Queen, Sandringham Queen, Osbourne Queen, Tudor Queen, Richmond Queen 2.* Y llongau iddo dreulio'i amser arnynt hiraf oedd y *Nordic Queen* a'r *Richmond Queen* 2 rhwng 1963 ac 1972. Fe ddywedodd droeon mai'r *Nordic* oedd ei ffefryn oherwydd ei haddasrwydd i'r môr beth bynnag yr amgylchiadau. Fe'i gwerthwyd yn 1963 i sheikh Arabaidd i'w newid i fod yn iot.

Adeiladwyd y *Richmond Queen 2* ar gyfer cwmni Coastlines yn wreiddiol dan yr enw *Dorset Coast* er nad oedd fy nhad na finnau'n gwybod ar y pryd mai dyna enw llong fy nhaid a gollwyd yn 1916 o'r enw *Arbonne.*

Yn 1963 daeth y *Queenship Navigation Company* i ben a chwalwyd yr holl longau stêm a gwerthwyd y tair llong modur oedd yn weddill, sef y *Richmond Queen*, y *Sandringham Queen* a'r *Osbourne Queen* i'r Eskglen Shipping Co a oedd yn cael ei rheoli gan Comben Longstaff & Co.

Ymddeolodd fy nhad yn 1972 wedi 46 mlynedd ar y môr a bu'n gapten am 35 o'r rheiny ac eithrio rhai cyfnodau byr adeg y rhyfel. Ymunodd efo'r Rheilffyrdd Prydeinig yn 1972 fel Ail Fêt wrth gefn ar longau Caergybi. Fel y dywedodd, roedd y gwaith yn hawdd – yr oll yr oedd yn rhaid i rywun ei wneud oedd cadw'n glir o longau eraill a chael hyd i Ddulyn. Roedd y cyflog yn dda ond heb yr un cyfrifoldeb. Ymddeolodd yn 1977 ac wedi hynny disgrifiodd ei hun fel pysgotwr – yr oedd wedi cwblhau'r cylch.

John Hughes:
erthygl i'w chyhoeddi yn *Cymru a'r Môr/Maritime Wales*

Hanes Un o Gapteiniaid Môn

Wynne Lewis

Hwyrach y bydd hanes gyrfa fy nhad, Capten John Owen Lewis, o ddiddordeb i ddarllenwyr *Cymru a'r Môr*.

Ganwyd fy nhad ym Moelfre yn 1890, a'i dad Capten Owen Lewis ar y pryd yn feistr ar y sgwner *Glyn Aeron*. Ar ôl salwch a marwolaeth ei fam fe godwyd John Owen gan fodryb ac ewythr mewn bwthyn o'r enw 'Bryn Llwyd' wrth ymyl Cwt y Bad Achub, ac erbyn mis Medi 1905 yr oedd yn barod i wynebu ei dynged ar y tonnau, ac fe aeth allan i weithio fel cogydd ar long ei dad y ketch *James* a oedd ar angor ym Mae Moelfre. Bywiog oedd symudiad y llong mewn gwynt cryf o'r Dwyrain ond nid oedd ofn ar un o lanciau Moelfre, yn enwedig a'i dad wrth y llyw! Erbyn diwedd 1906 yr oedd y criw i gyd ar y llong yn feibion i Gapten Lewis, sef John Owen y mêt, William yr AB a'r hogyn Hugh yn gogydd!

Bu ar longau hwyliau am bedair blynedd, gan gynnwys y sgwner *Ellen Ann* o Aberystwyth – meithrinfa ardderchog oedd hynny, ond fe ddaeth ysfa i hwylio ar led, ond ffawd (yn hytrach na'i ddymuniad) a'i harweiniodd nid i un o'r llongau hwyliau mawrion oedd ar ôl, ond i agerlongau Lerpwl. Fe ymunodd fel A.B. â'r llongau White Star a aeth allan ar y *Cufic* i Awstralia yn 1909, ac wedyn ar yr *Ionic* a hwyliodd allan heibio Capetown a Hobart efo ymfudwyr a llythyrgodau i Seland Newydd, ac yn ôl heibio'r Horn, Montevideo a Rio.

Yn ystod y mordeithiau hyn fe gafodd amser i astudio Saesneg, mathemateg a morwriaeth ond nid oedd yn hawdd i un a oedd wedi gadael Gogledd Cymru yn llanc bron yn uniaith Gymraeg heb fwy nag addysg elfennol. Cafodd fwy o gyfle wedyn fel is-swyddog (cwarterfeistr) ar y *City of Dunkirk* a'r *City of Birmingham* yn masnachu ar arfordir India.

Erbyn dechrau'r Rhyfel yn 1914 yr oedd wedi ymuno â chwmni Houston yn Lerpwl ac am wyth mlynedd yn gwasanaethu ar y *Homeries, Hostilius, Hydaspes, Herminus, Haleartus, Harmonides* a'r *Halesius* [gweler Aled Eames *Meistri'r Moroedd*, (tud. 172) a'r Ian Skidmore *Lifeboat VC*, (tud. 42)] yn hwylio i'r Ariannin, Canada a'r Unol Daleithiau, ac am gyfnod o dan y Llywodraeth yn 1917 yn cludo nwyddau a milwyr o Marseilles i Alexandria.

Erbyn 1917 yr oedd wedi cael Tystysgrif y Bwrdd Masnach fel 'Llong-Feistr yn y Farchnad Dramor'. Ymhlith Cymry Lerpwl a'u capeli yr oedd hefyd wedi cwrdd â mam a weithiai mewn swyddfa yno, ond ei chartref yn 'Berlin House' ym Mhorth Amlwch. Collodd hithau ei thad o fwrdd y *Jane Douglas* yn 1895 a chafodd ei magu gan ei thaid,

Wynne Lewis
Bu Wynne Lewis yn gwasanaethu yn y Bwrdd Masnach a'r Swyddfa Gymreig rhwng 1937 ac 1980. Rhwng 1941 ac 1946 bu'n gwasanaethu yn y Llynges a chofnododd ei brofiadau yn ei lyfr *At Ynysoedd yr Haul*. Wedi ymddeol ymgartrefodd ym Moelfre er iddo hefyd barhau i grwydro'r moroedd. Yn gasglwr ac archifydd heb ei ail bu'n cyfrannu'n gyson i lu o gylchgronau a phapurau newydd a bro, yn aml ar destunau morwrol.

Ishmael Williams, yntau wedi'i eni yn Boldon, Moelfre yn 1836 ac a gafodd ei dystysgrif fel llongfeistr yn Belffast yn 1863. Bron trwy gydol ei yrfa bu ar longau hwyliau braf James Fisher o Barrow, ac y mae sôn amdano yn gadael Rio Grand do Sul yr un adeg â llong arall o'r cwmni, colli golwg ar ei gilydd yn union ond yn cyrraedd Lerpwl, chwe mil o filltiroedd i ffwrdd, ar yr un diwrnod.

Wedi bwrw cyfnod ar y *Roses* o Lerpwl symudodd fy nhad a'r teulu i lawr i Benarth ac ar ôl ambell fordaith i Ogledd Amerig ar y *Essex County* ac i Bortiwgal efo glo ar y *Tintern Abbey*, ymunodd yn 1928 â chwmni Lewis Lougher, Caerdydd. Ar yr SS *Lady Lewis* aeth i'r Ariannin ac ar yr Afon Rio de la Plata fe gafodd ei unig wrthdrawiad difrifol efo llong arall fel meistr, ond dyfarnodd y Llys Morwrol yn Llundain bod y bai i gyd ar y llong arall wrth oddiweddyd yn gyflym heb ganiatâd. Wedyn fe aeth ar fordaith ar y *Lady Lewis* i'r Môr Tawel i Ynysoedd Tahiti, Fiji, Pitcairn, Nauru, ac eraill, fel y mae amryw gofroddion yma yn tystio, a hefyd llythyr a ddaeth oddi wrth Mrs Constance Young o Bitcairn – ei gŵr yn debyg o fod yn un o ddisgynyddion y Midshipman Young a wynebodd Bligh!

Erbyn hyn yr oedd cyfnod ofnadwy y Dirwasgiad Mawr wedi ein llethu. Nofiai'r *Lady Lewis* yn segur ar y Torridge ger Bideford a 'nhad yn edrych ar ôl y llong, a'i ddyletswyddau yn cynnwys naddu a pheintio'n ddiddiwedd yn y frwydr yn erbyn rhydu. Rhamantus a chyffrous oedd Appledore a Westward Ho i fachgen ar ei wyliau ond dyddiau diflas i ddynion a'u galwedigaeth i hyrwyddo masnach y byd. Wedyn dyddiau troedio dociau y De gan alw ar bob cwmni morwrol i erfyn am waith, y 'Prawf Moddion' erchyll, a gwerthu pob dim i gadw'r teulu rhag dioddef yn ormodol. Ond yn nechrau 1932 fe ail-ymunodd â chwmni yr Abbey Line a sefydlasid gan Frederick Jones, Cymro o Gaerdydd a chyn-beiriannydd môr. Yr oedd Frederick Jones wedi ymweld â Rwsia yn y gorffennol i weld beth oedd eisiau yn y Gogledd pell ac wedyn fe aeth ei longau bob haf ar 'Siarter dros Gyfnod' i'r Rwsiaid. Yn y gwanwyn y byddent yn hwylio dan faneri o segurdod Doc y Dwyrain yng Nghaerdydd i Leningrad ac Archangel a thrwy Fôr Kara i Novi Port ac Afonydd Ob a'r Yenisei yn Siberia. Ar fordeithiau felly yr aeth fy nhad i gario allan nwyddau amrywiol ac yn llwytho coed, pren pyllau glo a phwlp, ac yn ogystal llwythau fel 17,000 baril o ysgadan o Ynys Karmo i Leningrad yng Ngorffennaf 1932. Yn amlwg yr oedd yr Abbey Line wedi ennill parch ac ymddiried y Rwsiaid, ac yn wir yr oedd lliwiau llongau masnach yr USSR yr un â lliwiau cyrn llongau'r Abbey – fe achosodd hynny dipyn o drwbwl yn nes ymlaen yn Las Palmas o dan Franco! Yn sicr yr oedd y fasnach yn gymorth i gwmnïau a morwyr Caerdydd yn gynnar yn y tri degau, pan oedd yn bosibl prynu llong o 1,500 tunnell am £5,000 – a llawer yn mynd i'r Groegiaid ac eraill. Gyda llaw, Rwsia oedd yr unig wlad i stampio ei 'Lyfr Discharge'.

Daeth dyddiau gwell i'r farchnad llongau erbyn 1936 a gwerthwyd y *Singleton Abbey*, ac o 1936 yr oedd Capten Lewis ar y *Rossington* a'r *Mersington Court* yn hwylio i Vancouver, yr Ariannin, y Gulf ac Iquiqui (lle cas ganddo). Hefyd fe aeth i Orllewin Affrig. Soniodd wrthyf am godi 63 Kroo Boys yn Freetown a masnachu hyd yr Arfordir, yn y Gold Coast, Togo a Nigeria gan godi'r llwythi o gychod y feiston neu i fyny'r afonydd. I hogyn ysgol yr oedd yn swnio fel 'Trader Horn'. Soniodd hefyd am achlysur yng Nghanada mewn cinio i swyddogion y llongau gan wŷr busnes pn ofynnwyd iddo beth oedd am yfed, ac yntau'n ateb 'llaeth enwyn os oes modd' – ac fe'i cafodd! Mae'n amlwg bod peth o hen biwritaniaeth Methodistiaeth Môn yn aros yn llongwyr y cyfnod. Parhaodd ar y môr ar fodurlongau llai (yn perthyn i T.E. Evans, Llundain) trwy gydol yr Ail Ryfel Byd, a ninnau erbyn hyn yn byw fel teulu yn Harrow ar ôl i mi ymuno â'r Bwrdd Masnach yn 1937. Euthum o'r 'Home Guard' i'r Llynges[1] ym Mehefin, 1941 trwy'r hen *HMS Ganges* gan adael mam i wynebu'r bomiau ar ei phen ei hun o hynny ymlaen. Yr oedd fy nhad fel capten y *Loanda* wrth y traethau yn Normandy ar 8fed Mehefin fel rhan o Lynges y Goresgyniad ond yr oedd yn ffodus i beidio colli un llong yn ystod ei yrfa ac yntau heb fedru nofio un llathen.

Ar ôl y rhyfel daeth cyfnod hapus ar fodurlongau F.T. Everard ar y *Seriality*, yr *Actuality* ac eraill yn hwylio o gwmpas yr ynysoedd hyn a'r cyfandir. Fe gafodd ei siâr o oriau pryderus mewn storom a niwl, neu oherwydd diffyg ar y llong, ac yn 1956 ar y *Georgina V. Everard* ar ôl ugain diwrnod yn sownd yn yr iâ yr oedd wedi cael hen ddigon o Odense, yn enwedig ar ôl cael morwyr go anhydrin yn y carchar.

Yr oedd ei lais Cymreigaidd yn gyfarwydd iawn i ddynion Radio y Glannau am flynyddoedd lawer tan ei ymddeoliad yn Rhagfyr, 1961. Diddorol yn awr yw edrych trwy ei nodiadur gwybodaeth a ddechreuwyd yn 1919 a darllen nodiadau am lwytho siwgr yn Ciwba a Fiji; grawn hadau a chig yn yr Ariannin, copar yn y trofannau; a choed ar y dec yn Siberia; am y rhaffau a pheintio; busnes capten; a sut y dylai llongfeistr o feddyg drin annwyd a'r ddannodd. Hyn oll yn gymysg â barddoniaeth Burns a rhigymau am yr hen longau hwyliau (gan gynnwys y Barque *Serena* yr oedd ei frawd arni ar un adeg). Trist yw sylwi mai dim ond naw gwaith allan o wyth Dydd Nadolig a deugain rhwng 1913 ac 1961 y bu adref gyda ni. Dyna hanes yr hen forwyr ynte – peryglon, caledi, unigrwydd a diweithdra, a'u teuluoedd yn dioddef hefyd, ond o leiaf fe ddaeth Capten Lewis adref yn saff, yn wahanol iawn i gymaint o'i berthnasau, a'i gyd forwyr o Fôn ac o Gymru. Diolch i Aled Eames ac eraill am sicrhau y bydd hanesion 'hen werin y graith' ar y môr, yn ogystal ag ar y tir ac mewn pwll a chwarel, ar gof a chadw i'r dyfodol.

Bu farw fy nhad ym Mae Colwyn yn 1973 a'm mam yno yn 1975, a gorwedd y ddau ym Mynwent Amlwch. Goroesi o gyfnod y llongau fyw i brofi bendithion radar a Decca nid oedd yn gwybod am y rhyfeddodau a welais yn Adran Forwrol mewn coleg yn Lerpwl y llynedd. Gobeithio y bydd yna gyfle i hogiau o Gymru sydd eisiau bod yn forwyr eu defnyddio yn y dyfodol. Ond hyd yn oed mewn oes dechnegol, bydd rhaid iddynt hwythau fel fy nhad fedru deall a pharchu elfennau natur – a'u cyd ddynion.

Wynne Lewis, 'Hanes Un o Gapteiniaid Môn'
Cymru a'r Môr/Maritime Wales, 18 (1984), 144-147

---

[1] Ceir hanes un fordaith yn y Llynges yn fy llyfr *At Ynysoedd yr Haul.*

Y BAD ACHUB

Y Llywiwr Dic Evans (Dwy Fedal Aur)

Gyrrodd i stormydd geirwon – yn ŵr dewr
Â gair Duw'n ei galon,
Am ei dasg yn llam y don
Erys am byth yn wron.

Machraeth

Cofeb

Uwch creigiau Moelfre'n edrych tua'r wawr
Mewn ystum heriol o huodledd mud,
A'i ddwylo ar y llyw, mae cerflun cawr
A wyddai am y môr a'i driciau i gyd.
Fe'i carodd, ac fe'i heriodd droeon gynt
Gan omedd i'w greulondeb fynych brae
Pan ymorffwyllai'r tonnau i sgrech y gwynt,
A'i ddwyn i ddiogelwch pell y bae.

Gyn amled y dychwelodd pan oedd gwrec
Yn yfflon sarn yn nannedd creigiau briw,
Heb ddim ond amdo gynfas ar y dec
A gweddi ar y gwynt dros rai o'r criw.
Cyfartal oedd-hi, medd y gofeb dlos,
Yn ffeit Dic Ifas versus Dafi Jos.

Dic Jones

Enillodd Dic Evans ddwy Fedal Aur a safai ymhlith enwogion y gwasanaeth bad achub yn Ynysoedd Prydain. Yn ogystal â'i wasanaeth hir ac anrhydeddus fel cocsyn bad achub y pentref, bu'n llysgennad diflino ar ran yr RNLI gan deithio yn bell ac agos i hyrwyddo achos y gwasanaeth ac i godi arian iddi. Mae'r cerflun a luniwyd gan Sam Holland, cerflunwraig sydd â'i llinach deuluol yn ymestyn i aelodau o griw bad achub Moelfre, yn deyrnged i arweiniad eofn Dic Evans mewn sawl achubiaeth ond hefyd yn dysteb i ddewrder di-ildio gwŷr bad achub Moelfre dros y canrifoedd.

Ofnadwy Nos

Robin Evans

Roedd noson 28 Hydref 1927 yn un o'r nosweithiau mwyaf stormus mewn cof yng ngogledd Cymru. Cafwyd difrod ar dir a môr wrth i wyntoedd cryfion ysgubo arfordir y gogledd ar gyflymder o 80 i 90 milltir yr awr. Bu llifogydd mawr ym Mhorthmadog a thaflwyd y sgwner *Thora* o Norwy ar draeth yr harbwr yno. Yn dilyn ffrwydriad suddwyd y llong hwyliau *Fortuna* o ddinas Buenos Aires a oedd newydd gychwyn o Lerpwl yn cludo glo a chyflenwadau i Dde Georgia. Galwyd ar fad achub stêm Caergybi i gynorthwyo'r *Dorset Castle* yn ogystal â bad achub hwyliau'r dref. Ar hyd arfordir yr ynysoedd Prydeinig, bu naw bad achub allan ar y moroedd stormus dros nos. Ymhlith y badau a alwyd allan oedd bad achub Moelfre ac erys ei orchestion y noson honno yn un o uchafbwyntiau hanes y gwasanaeth bad achub.

Ar brynhawn 28 Hydref roedd y *ketch Excel* o Kilkeel, Swydd Down, yn Iwerddon ar ei ffordd o Benbedw i Iwerddon gyda llwyth o lo ar ei bwrdd. Cyn cyrraedd Pen Bryn yr Eglwys, a thua tair milltir a hanner oddi wrth oleudy Trwyn Eilian, y dechreuodd ei thrafferthion. Yn ôl adroddiad swyddogol Sefydliad Brenhinol y Badau Achub (RNLI):

> *A whole gale was blowing from the S. W. with a very heavy sea, and the weather was very cold.*[1]

Yn ôl Capten Ballance, capten yr *Excel*:

> *We started shipping water and some of the bulwarks went. Then the water poured into the engine room and flooded the machinery. We tried to get her into Moelfre. Then we started shipping water again, and more bulwarks went, so did the main gaff, leaving us clear out of control, and by this time the sea was running over us. We did her up as well as we could, and I told the mate to put up the flag.*[2]

Gwelwyd ei baner argyfwng gan wylwyr y glannau Trwyn Eilian a gyrrwyd neges i bentref Moelfre ychydig wedi tri o'r gloch y prynhawn.

Yn y cyfamser, ym mhentref Moelfre ei hun, roedd eraill wedi sylwi ar drafferthion yr *Excel*. Roedd Huw Owen yn gweithio yn chwarel 'R Aber ac yn aelod o griw'r bad achub ers tua blwyddyn. Roedd ef yn y pentref y prynhawn hwnnw efo William Williams, Beach Brow (sef y Crown and Anchor sydd ar lan môr Moelfre heddiw) bowman y bad achub. Yng ngeiriau Huw Owen:

> ... dyma fi'n mynd i ben y bonc felly a gweld rhyw *fishing boat* bach ... medda fi wrth William Williams 'Wyddwch chi be'' medda fi 'bydd ishio *lifeboat* at hwnna gewch chi weld.' ... 'Wyt ti'n meddwl?' medda fo. 'Ydw wir' medda fi. 'A i i lawr 'ta' medda fo. 'O mi ddo'i efo chi' medda fi wrtho fo. A pwy oedden ni yn

cwrdd ni at ben lôn ond Auntie Nellie, gwraig Yncl John y *coxswain* 'te, a dyma
hi'n rhoid y goriadau cwt (y bad achub) i mi . . . [3]

Roedd John Matthews, y *coxswain*, cigydd o ran galwedigaeth yn ymweld â'i
gwsmeriaid yn y wlad y prynhawn hwnnw.[4] Jabas Owen oedd yn gyfrifol am wins y bad
achub yn y cwt ac ef a gododd y marŵn. Huw Owen agorodd ddrws cwt y bad achub y
diwrnod hwnnw. Y drefn yn y pentref oedd mai'r pymtheg dyn cyntaf i gyrraedd y cwt
a chael gwasgod amdanynt fyddai aelodau'r criw. Nid oedd Huw Owen ei hun ar frys
mawr byth achos roedd y *coxswain* yn ewythr iddo ac roedd Huw Owen felly yn gallu
cuddio gwasgod iddo ef ei hun, ac i un o'i gyfeillion, o dan y rhaffau yn nhrwyn y bad.
Ar ôl i'r dynion gyrraedd y cwt:

> Wel welsoch chi fathwn ffeit erioed. Oedd ddigon i lenwi'r *lifeboat* bedair gwaith
> ar hugain . . . oedd cymaint o growd . . . ishio mynd i'r *lifeboat* 'te. Ond oeddwn
> i yn y cwch ers meitin, fi oedd 'di agor y drws 'te ac oedd gen i ffrindia, Robin Dic
> (Robin Richard Francis) . . . gadwsh i wasgod iddo fo . . . Hogia ifanc oedd
> ynddo fo i gyd jyst, wrth trugaredd 'te . . . [5]

Yr unig eithriad oedd William Roberts a oedd bron yn 70 mlwydd oed. Er mai criw
ifanc oeddynt, rhai yn hwylio yn y bad am y tro cyntaf, roedd y criw hefyd yn cynnwys
dynion profiadol.

Cwch hwyliau a rhwyfau oedd y bad achub. Felly, wedi i bob dyn sicrhau gwasgod
iddo'i hun, gollyngid y bad y tu allan i ddrysau'r cwt cyn codi'r hwyliau. Ond rhaid oedd
codi'r hwyliau cyn i'r bad gyrraedd gwaelod y llithrfa, achos unwaith y byddai'n
cyrraedd y môr, yn arbennig adeg tywydd mawr, yna teflid y bad i ganol y creigiau oni
bai fod yr hwyliau i fyny. Gwisgai'r dynion ddillad oel, sef trowsusau mawr a siacedi, ac
wrth gwrs gwasgod wedi ei wneud o gorc. Unwaith y cyrhaeddai'r bad waelod y llithrfa
ac ar ei fforddd, byddai'r criw yn dal eu gafael ar y rhaff ddiogelwch. Yn ôl Robert Owen,
byddai'r dynion ar un ochr i'r cwch yn cael eu diogelu ychydig rhag ewyn y môr
oherwydd cysgod yr hwyliau. Y *coxswain* a'r ail *coxswain* oedd yn arwain y criw gyda'r
bowman ym mhen blaen y bad gyda chyfrifoldeb am yr angor.

Oherwydd absenoldeb y *coxswain* arferol, yr ail *coxswain*, Capten William Roberts
Crown House, nai i'r William Roberts y cyfeiriwyd ato eisoes, oedd yn arwain y criw.
Yn ddirprwy ar yr achlysur hwn felly oedd Capten Owen Jones, Bryn Hyfryd, gŵr
profiadol. *Charles and Eliza Laura* oedd y bad achub a oedd wedi dod i Foelfre pan
agorwyd cwt newydd ar gyfer bad achub y pentref yn 1910. Fe'i hadeiladwyd yn iard
Thames Ironworks yn 1910 ar gost o £1,589 ac roedd o ddosbarth Watson o ran
gwneuthuriad. Fel y cyfeiriwyd eisoes bad tynnu a hwyliau oedd y *Charles and Eliza
Laura* ac nid y math o fad a oedd yn unioni ei hun. Bu'n gwasanaethu ym Moelfre o 27
Mehefin 1910 hyd at 11 Chwefror 1929. Yn ôl adroddiad blynyddol Pwyllgor Môn o
Sefydliad Cenedlaethol Brenhinol y Badau Achub dyma'r bad achub mwyaf hyd hynny
i wasanaethu arfordir yr ynys. Yn ôl yr adroddiad:

> *She is forty feet in length, and eleven feet in beam, and weighs without her gear, no
> less than nine tons and twelve hundred weights.*[6]

Gan mai cwch tynnu a hwyliau oedd y bad nid oedd peiriannau o unrhyw fath ar ei fwrdd. Wrth gwrs, fe geid amrywiaeth o offer megis cit cymorth cyntaf, rhaffau, bwyell a chyllyll, dau fwi achub ac, fel arfer, bisgedi caled a rym ar gyfer argyfwng sylweddol ar y bad. Cludid nifer o fflachiau hefyd ar gyfer galw am gymorth, rhai gwyrdd ar gyfer dangos eu bod yn dychwelyd efo dynion ar y bwrdd a gwyn er mwyn helpu'r criw weld yn y tywyllwch.[7] Un o ragoriaethau'r bad arbennig hwn oedd ei gyflymdra. Un o griw'r bad achub y noson honno oedd Robert Owen, a adwaenid gan drigolion y pentref fel Bob Boldon neu Bob Cross. Treuliodd ef ei oes ar y môr ac aeth yn un o'r criw i gynorthwyo'r *Excel* oherwydd ei fod adref o'r môr ar y pryd. Cafodd ei eni a'i fagu yn y pentref ac roedd ganddo gof plentyn o weld y *Charles and Eliza Laura* yn mynd allan ym mhob tywydd ac yn hwylio'n gyflym ar draws bae Moelfre. Yn ei farn ef, heb unrhyw amheuaeth, dyma fad achub cyflym iawn. Yn ôl pob son nid oedd gwylwyr y glannau Trwyn Eilian wedi gweld yr un cwch yn hwylio cyn gyflymed o Foelfre i gyfeiriad Trwyn Eilian â'r adeg y bu'r *Charles and Eliza Laura* yn hwylio i gynorthwyo'r *Excel*.

Roedd cyflymder y bad yn ffactor bwysig yn achubiad criw'r *Excel*. Roedd hi tua hanner awr wedi pump pan gyrhaeddodd y bad yr *Excel* a oedd erbyn hyn yn cael ei thuo gan long Almaenig. Pan welodd hi'r bad achub, gollyngodd ei rhaff. Golygai hyn fod yr *Excel* yn awr yn ddiymadferth a'i bod hi'n llawer anoddach i'r bad achub hwylio at ochr y *ketch* fach. Erbyn hyn hefyd nid oedd fawr o'r *Excel* yn dangos uwchben y môr – roedd y bad wedi cyrraedd mewn pryd! Yn ôl Tom Williams, a hwyliai gyda'r bad achub am y tro cyntaf:

> Yr oedd y criw – tri oedd ohonynt – ar y dec yn gwneud arwydd arnom i'w cymryd oddiyno. Yr oedd hynny'n ddigon, ond y cwestiwn oedd sut i gael atynt yn y fath fôr. Ymluchai'r tonnau dros y llong fach , ac yr oedd fel ar suddo.[8]

Roedd y criw yn llwyr ymwybodol o'r problemau a oedd yn eu hwynebu. Yn ôl Robert Owen, ar rai achlysuron:

> Oedd o'n job ofnadwy i gwch hwyliau yn y bae yma efo llongau hwyliau a gwynt yn y gogledd ond efallai bod gwynt y *tide* yn erbyn y gwynt ac ishio mynd *alongside* â hi ynte.[9]

Ar adegau eraill:

> . . . byddai'r *lifeboat* yn gorfod dropio'i angor tu allan iddi . . . a setio y jib 'te, hwyl bach ymlaen 'na . . . a'i gantio fo yn ara deg *alongside* â hi, 'da chi'n gweld, a wedyn cael rhaff i ddal o.[10]

Felly pan gyrhaeddodd y bad achub yr *Excel* gwyddai'r criw'n iawn fod peryglon mawr yn eu hwynebu wrth geisio achub y tri oddi ar ei bwrdd. Y prif berygl oedd y gallai'r bad golli ei hwylbren wrth geisio cyrraedd y *ketch*, trwy daro bolsbryd y llong er enghraifft. Bu bron i hynny ddigwydd ar yr achlysur hwn. Torrodd y rhaff a oedd yn cysylltu'r bad a'r llong a gorfu i griw'r bad achub godi'r hwyl flaen yn sydyn ac, wrth i'r gwynt gantio'r bad, llwyddwyd i osgoi bolsbryd yr *Excel*.

Ond, y cwestiwn mawr oedd sut y gellid achub y criw ar fyrder. Cytunodd y criw efo'r Capten William Roberts a Chapten Owen Jones mai'r unig ddewis oedd anelu'r bad yn syth at yr *Excel* a rhedeg ar ei dec hi. Yn ôl Robert Owen roedd y criw yn sylweddoli'r perygl oherwydd pe baent yn methu '. . . oedd o'n beryg i bymtheg ohonom ni 'toedd.'[11] Ond eto, heb feddwl ddwywaith am eu diogelwch eu hunain, cytunodd y criw yn unfrydol ar y cynllun. Felly y bu. Wedi i'r bad hwylio ar yr *Excel* llwyddwyd i gael gafael ar y tri ar ei bwrdd – er nad achubwyd y ci! Yna, yn ffodus, golchwyd y bad oddi ar yr *Excel* gan y môr. Roedd y criw wedi'u hachub ond dim ond megis dechrau oedd helyntion y *Charles and Eliza Laura* y noson fawr honno.

Wrth hwylio at yr *Excel*, ni chredai Huw Owen fod ganddo ofn o gwbl a hynny oherwydd ffydd pawb yn y bad. Wrth hwylio at yr *Excel*:

> oedd y cwch yn iawn yn toedd ond pan aethon ni ar ei dec hi 'te, i gael y criw . . .
> oedd ei waelod o (y bad achub) 'di gael ei ripio.[12]

Malwyd trwyn y bad ond roedd hefyd wedi ei dyllu mewn pum lle wrth lanio ar ddec yr *Excel*. Mewn gwirionedd, roedd y bad achub wedi suddo a'r unig beth a'i cadwai ar wyneb y môr oedd ei danciau aer. Nid hwylio dros y môr oedd y bad achub mwyach ond drwyddo. Roedd pawb yn y bad achub felly at eu canol mewn dŵr. I wneud pethau'n waeth i'r dynion, collwyd popeth oddi ar y bad, gan gynnwys y fflachiau. Disgrifiodd Huw Owen eu sefyllfa:

> . . . fath yn union a welsoch chi fôr yn torri dros rhyw greigan 'te. Toedd 'na ddim
> bywyd yn y cwch 'da chi'n gweld, nacoedd. Oedd o wedi sincio 'toedd, heblaw
> bod y tanciau'n ei ddal o i fyny 'te.[13]

Problem fawr arall a wynebai'r criw erbyn hynny, oedd bod yr hwyliau llai – y jib a'r *muzzle*, sef yr hwyl flaen a'r hwyl ôl – wedi cael eu rhwygo a'u bod yn debycach i 'criau 'sgidiau' nac i hwyliau. Roedd y brif hwyl yn dal fodd bynnag – am y tro o leiaf. Roedd yr awel oedd yn chwythu yn ddigon i'r bad ond oherwydd ei fod yn llawn dŵr, anodd oedd dyfalu beth fyddai'n digwydd. Gwyddai'r criw bod y bad yn rhedeg o gyfeiriad Trwyn Eilian ond ni wyddent i ble oherwydd, ymhlith yr offer a gollwyd, oedd y cwmpawd. Gwyddent fod y gwynt yn chwythu o'r de ddwyrain a bod y tir ar un ochr iddynt. Er mwyn osgoi mynd i'r lan, rhaid oedd newid tac, a hynny'n aml. Ond, pan ddaeth y gwynt o'r gorllewin yn sydyn sylweddolodd y criw eu bod yr ochr anghywir i olau Penmon ac y byddent ar y creigiau o fewn dim. Er mai ond un hwyl oedd ganddynt, llwyddwyd i hwylio'r bad yr ochr iawn i olau Penmon. Erbyn hyn, gyda'r llanw yn rhedeg i lawr Afon Menai a chydag ond un hwyl a'r bad ei hun yn llawn dŵr, roedd y bad yn debycach i blanc mewn dŵr nag yr oedd i gwch hwyliau. Yn syml, ni allai'r bad achub wneud dim mwyach! Yr unig ddewis, felly, oedd ceisio symud i gyfeiriad Llanfairfechan ar y tir mawr a gollwng yr angor. Gollyngodd y bad ei angor ger Ynys Seiriol. Roedd hi'n ddau o'r gloch y bore erbyn hynny.

Ymhell cyn i'r bad ollwng ei angor fodd bynnag roedd dau ar ei bwrdd eisoes wedi marw, un o griw'r bad ac un o griw'r *Excel*. Fel hyn y cofiai Huw Owen:

A mi ddoth yna un ohonyn nhw i eistedd rhwng yr hen Bob a finnau a wedyn pan oedd o'n môr oedd o'n disgyn ar fy nghefn i a finnau'n rhoi hwyth iddo fo'n ei ôl ... dyma fi'n deud wrth Bob 'Mae hwn yn beth cas fel hyn.' medda fi fel'na 'te wrtho fo ond, Duw, toedd y dyn 'di marw ylwch. Mi ddisgynnodd yn y diwedd ar ei wyneb i'r dŵr te a'r hen fachgen William Roberts hefyd. Buodd o farw yn, ddaru o ddal dim jyst. Oedd o drost ei *sixty* chi.[14]

Un o'r ddau a fu farw oedd Henry McGuinness o Kilkeel o fewn rhyw dair i bedair awr wedi'r achubiaeth. Mae'n ymddangos iddo farw o ganlyniad i anafiadau a gafodd wrth iddo gael ei dynnu i'r bad achub o'r *Excel*. Bu farw William Roberts o *'exposure aggravated by being washed against the stancheon of the lifeboat'*.[15] Credai Huw Owen mai wedi taro ei ben rhywsut oedd William Roberts. Roedd Robert Owen yn cofio'r digwyddiad. Daeth un moryn a sgubo William Roberts yn erbyn yr hwyl a thrwy hynny achubwyd ef rhag cael ei golli i'r môr. Er bod y *running gear* ar y bad yn newydd sbon, oherwydd eu bod yn wlyb gwrthodent redeg drwy'r blociau ac felly pan oedd angen newid tac nid oedd yr hwyl yn mynd allan cyn belled ag y dylai. Ataliodd yr hwyl William Roberts rhag disgyn i'r môr. Tommy Williams afaelodd yn William Roberts a'i godi a'i osod ar ei eistedd. Ni fu William Roberts fyw yn hir. Yn ôl Tom Williams:

Eisteddwn i tua'r pen ôl a'r dŵr hyd fy ngheseiliau bron ac yn fy ymyl yr oedd yr hen Will Roberts druan. Yr oedd wedi anafu ei ben yn rhywle ac yn bur wan. Rhywbryd yn y nos fe'i golchwyd dros y bwrdd, ond gallodd ddal ei afael yn ei raff a thynnodd John Owen a minnau ef yn ôl. Ni ddaliodd yn hir wedyn ... Siaradai â mi hyd y diwedd, ac un o'i eiriau olaf oedd cais am faco i'w gnoi.

Wedi i'r bad gyrraedd ei safle bu'r dynion yn eistedd yno am oriau. Rhuai'r môr fel taran ac nid oedd neb yn medru clywed y naill na'r llall. Wrth gwrs, roedd hi'n amhosibl i'r criw gysylltu efo'r lan na galw am gymorth. Yr hyn a oedd yn digalonni'r criw drwy'r oriau hyn, yn ôl Huw Owen, oedd '. . . gweld y ddau gorff yma'n mynd a dwad yng ngwaelod y cwch 'te . . .'

Chysgodd neb y noson honno a'r cyfan a allai'r dynion ei wneud oedd, 'dal eich gafael rhag ofn i chi gael eich golchi dros bwrdd.'[16] Dal eu gafael yn y rhaff ddiogelwch a olygai Huw Owen. Byddai'r dynion yn eistedd mewn parau fesul sedd a phob pen i'r sedd byddai darn o raff efo corcyn ar ei phen. Eisteddai'r criw felly gan groesi eu breichiau a gafael yn y rhaff ddiogelwch honno. Fe gofiai Robert Owen yn fyw iawn amdanynt yn cofleidio'i gilydd er mwyn cadw'n gynnes.

Trannoeth gwelwyd bad achub Biwmares yn chwilio amdanynt. Ond bu camddealltwriaeth. Gofynnodd bad achub Biwmares os oedd criw bad Moelfre yn iawn. Sicrhaodd criw bad Moelfre eu bod yn iawn ac felly aeth bad Biwmares yn ei blaen yn lle rhoi cymorth i fad Moelfre. Pan ddaeth yn olau dydd o'r diwedd nid oedd gan y *Charles and Eliza Laura* y modd hyd yn oed i godi'r angor. Yr unig ddewis ganddynt oedd rhedeg y bad i gyfeiriad Conwy oherwydd ni fyddai'n bosibl ei rhedeg i fyny Afon Menai heb gymorth y gwynt. Yn ffodus daeth bad Biwmares allan eto. Sylweddolwyd nad oedd bad achub Moelfre wedi symud o gwbl a'r tro hwn cafodd ei duo i mewn i Fiwmares. Ar ôl dros ddwy awr ar bymtheg roedd antur y *Charles and Eliza Laura* ar ben.

Cyrhaeddodd y bad dref Biwmares am hanner awr wedi wyth y bore. Cafodd y criw groeso a phob cymorth yng Ngwesty'r Bulkeley. Wrth gwrs, roedd yn wyrth bod y bad a'r criw wedi'u hachub o gwbl. Cadernid yr hwyl fawr achubodd y dynion ac fe gofiai Huw Owen fod y *round hole* a oedd yn tynnu'r hwyl i fyny ac i lawr yr hwylbren bron â gwisgo drwy'r mast. Cofiai hefyd i rywun o iard gychod Dickie's ym Mangor ddweud ei bod yn wyrth fod y dec wedi dal pwysau'r tanciau aer o gwbl. Roedd y dynion i gyd yn dioddef oherwydd y dŵr heli yn eu llygaid a bu arweinydd y criw, Capten William Roberts, yn ddall am rai oriau wedi cyrraedd y lan.

Dywedodd Huw Owen a Robert Owen i nifer o bobl feirniadu criw'r *Charles and Eliza Laura* wedi'r digwyddiad yn gryf a gofyn pam nad oeddynt wedi defnyddio'u rocedi i geisio cymorth bad achub Biwmares. Byddai'r bad yn sicr wedi eu gweld, ac wedi eu cyrraedd, yn llawer cynt. Os oedd bad achub Biwmares wedi bod allan drwy'r nos yn chwilio am fad achub Moelfre, yn bendant, nid oedd criw bad Moelfre wedi eu gweld o gwbl. Byddai'n anodd i fad Moelfre saethu rocedi a phopeth wedi ei olchi oddi ar ei fwrdd. Ond eto, pan oedd bad Moelfre ar fwi ym Miwmares roedd rocedi yn y bad!

Yn ystod y noson honno bu'r *coxswain*, John Matthews, ac Ysgrifennydd lleol y Gymdeithas, Cyrnol Lawrence Williams, yn chwilio am unrhyw arwydd o'r bad. Y nhw anfonodd neges i Fiwmares yn galw ar fad achub y dref i fynd i chwilio am fad Moelfre. Roedd y Cyrnol yn adnabod y criw yn dda oherwydd byddai'n mynd allan efo'r dynion yn ystod ymarferion. Bu Cyrnol Williams allan drwy'r nos, o hanner awr wedi wyth y nos hyd naw o'r gloch y bore. Bu trigolion Moelfre hwythau, yn naturiol, yn disgwyl am newyddion drwy'r nos.

Yn y bore cludwyd neges gan fotobeic i Foelfre i ddweud fod y bad yn ddiogel ym Miwmares. Trefnwyd bws i gludo'r criw i Foelfre. Wrth fynd drwy Borthaethwy gwelodd y criw bennawd papur newydd yn datgan *'Moelfre Lifeboat lost with all hands'.* Wrth deithio tuag at Foelfre roedd olion y storm i'w gweld ym mhobman gyda choed wedi eu chwythu ar hyd y ffyrdd. Pan gyrhaeddodd y criw Moelfre roedd torf yn eu disgwyl y tu allan i dafarn Tanfron (y Kinmel Arms heddiw). Roedd Huw Owen yn cofio gweld gwraig William Roberts yn rhedeg at y bws a bu'n rhaid torri'r newydd drwg iddi am farwolaeth ei gŵr.

Cymerodd amser i'r criw wella wedi'r profiad. Cofiai Huw Owen, llanc deunaw mlwydd oed ar y pryd, ei fod wedi mynd i'w wely yn syth ar ôl cyrraedd adref a'i fod yn 'teimlo fatha sy'n i yn y môr o hyd, y gwely'n mynd.' Cafodd dabled gan Dr Trounser, y meddyg lleol, iddo gysgu yn syth. Bu Huw Owen adref am tua phump i chwe diwrnod wedyn. Bu'n rhaid i bob un o'r criw dderbyn sylw meddygol ac nid oedd yr un ohonynt yn ôl yn eu gwaith am wythnos o leiaf tra bod eraill adref am bythefnos i dair wythnos. Heb unrhyw amheuaeth roedd eu gorchest yn un nodedig iawn. 'Y Gwaith Goreu Gyda Bywydfad ers 5 Mlynedd' oedd y dyfyniad yn *Y Clorianydd*, sef datganiad gan brif

swyddfa Sefydliad Cenedlaethol Brenhinol y Badau Achub.[17] Dywedodd Capten
Ballance, meistr yr *Excel*:

> *There could never have been a better crew. The man in charge of the tiller (yr ail
> coxswain, Capten William Roberts) stood bareheaded – his sou'wester had been
> blown away – from three o'clock on Friday until nine o'clock this morning with his
> hands on the tiller.*

Yn gwbl haeddiannol felly y cyflwynwyd Medal Aur (sef Croes Fictoria'r
Gwasanaeth) i'r ddau a arweiniodd y bad y noson honno, sef Capten William Roberts
a Chapten Owen Jones. Cyflwynwyd Medalau Efydd i weddill y criw. Cyflwynwyd
Medal Efydd hefyd i weddw William Roberts, ynghyd â Thystysgrif Coffa ac fe
dderbynodd bensiwn gan fod ei gŵr wedi marw wrth wasanaethu'r Gymdeithas, a
lwfans i'w hwŷr a oedd yn ddibynnol arni. Yn ogystal â hyn derbyniodd Cyrnol
Lawrence Williams, Ysgrifennydd Anrhydeddus Cangen Moelfre o'r Sefydliad, a
Chapten R. R. Davies, Ysgrifennydd Pwyllgor Lleol Môn, faromedr yr un wedi ei
harysgrifennu oherwydd i'r ddau ohonynt fod allan drwy'r nos wrth geisio sicrhau
cymorth i'r bad achub.

Wedi'r holl ddigwyddiad cafodd y criw gryn sylw am gyfnod eithaf maith. Cafwyd
apêl yn y wasg am danysgrifiadau i gronfa i helpu'r rhai a oedd yn ddibynnol ar y
diweddar William Roberts. Mewn llythyr at olygydd *Y Clorianydd* dywedodd gŵr o'r
enw George Jones ei fod ef wedi rhoi arian a'i fod yn deall bod swm sylweddol wedi ei
gasglu. Nododd hefyd bod bad achub Moelfre wedi achub 462 o fywydau yn barod. Yn
ddiddorol, ychwanegodd '... ac y mae gennyf atgof plentyn ... (am) rhuthrwynt o'r un
cyfeiriad adeg suddo'r *Royal Charter* yn 1859.'[19]

Ar brynhawn Mercher, yr ail o Dachwedd 1927 bu torf fawr yn talu'r deyrnged olaf
i William Roberts. Bu'r ysgol ar gau yn y prynhawn er mwyn i'r disgyblion gael mynychu
angladd *'a lifeboat hero.'* Roedd yn 68 mlwydd oed ac wedi bod ar y môr ar hyd ei oes.
Yn ôl *Y Clorianydd:* 'Golygfa hardd oedd gweled 14 o'r dynion oedd yn y bywydfa
wedi cael gwaredigaeth ac yn cerdded o flaen yr elorgerbyd i'r gladdfa.' Talwyd
teyrnged i William Roberts gan y Cyrnol Lawrence Williams a nodwyd bod *'Telegrams
and letters of sympathy, received from all parts of the country.'* Cafwyd angladd cwbl
deilwng felly i un o 'Ddewrion y Don.'

Talodd trigolion Moelfre a'r cylch eu teyrnged hwythau i'r criw ac i deulu William
Roberts mewn swper a drefnwyd gan bobl ifanc y cylch yn yr Institiwt ym Moelfre.
Ymhlith y rhai a wahoddwyd oedd y criw a theulu William Roberts ynghyd â'r Cyrnol
Lawrence Williams fel Ysgrifennydd Anrhydeddus Bad Achub Moelfre. Yn y swper
hwn, cynigiwyd y dylid codi cofeb deilwng ar fedd William Roberts. Bu'r criw hefyd yn
ymweld â'r ysgol leol yn Llanallgo, tua milltir y tu allan i'r pentref. Yn ôl llyfr log yr ysgol
'The children gave them a rousing welcome.' Er nad oedd Cyrnol Williams ei hun yn
bresennol, roedd Mrs Williams yno a nifer o foneddigesau eraill. Agorwyd yr achlysur
efo emyn Cymraeg. Dywedodd y Prifathro, Mr Williams, am y criw 'nad oedd lawer o
flynyddoedd er pan oedd rhai ohonynt wedi gadael yr ysgol.' a chymharu eu
gorchestion efo gwrhydri gwŷr mawr y môr adeg oes Elisabeth I. Yna canwyd *'O God,*

our help in ages past.' Darllenwyd llythyr gan gapten yr *Excel*. Diolchodd Capten William Roberts i'r athrawon a'r plant am eu croeso gan ddatgan ei fod wrth ei fodd yn cael bod yn yr ysgol unwaith eto. Roedd William Roberts yn un o gymeriadau amlycaf pentref Moelfre – fe'i adwaenid fel 'Yncl Bila' – a hawdd i'r rhai sy'n ei gofio yw cytuno efo'r hyn a nodwyd yn llyfr log yr ysgol: *'He told a thrilling tale, which was much applauded.'* Yna canwyd Hen Wlad Fy Nhadau a'r anthem Brydeinig i ddiweddu. Ar fore Mawrth, y seithfed o Chwefror 1928, bu William Roberts a Chapten Jones ar ymweliad arall â'r ysgol. Y tro hwn: *'The children saw the gold medals awarded them, by the Institute, as well as the silver medals, of the Liverpool Humane Society.'*

Mae i fad achub Moelfre hanes hir a disglair, hanes sy'n parhau hyd heddiw. Er i'r *Holyhead Chronicle* nodi: *'Certain it is that long years will pass away before the gallantry of that little crew from Moelfre fade from our memory'*, dylid nodi bod y criw hwnnw hefyd yn adlewyrchu'r hyn sydd wastad wedi bod yn wir am griwiau badau achub Moelfre: *'the simple tale of heroic men.'*

Criw'r *Charles and Eliza Laura* a oroesodd helyntion noson achub criw'r *Excel*

Capten Owen Owen. Aeth i'r môr fel saer coed ond, yn ddiweddarach, bu'n dal tocyn *Foreign Master.*

Capten Tommy Jones. Roedd o yn gapten ar longau Roses ym mlynyddoedd olaf ei oes. Pan oedd o yn hogyn ifanc, bu'n Gapten yr *Elizabeth Hyam.*

Capten Robert Richard Francis. Bu ef yn gapten ar y *Stanley Force.*

Huw Owen. Chwarelwr wrth ei alwedigaeth, er iddo dreulio cyfnod byr ar y môr hefyd. Roedd yn aelod ffyddlon o'r bad achub gan ennill tair medal, Medal Efydd am ei ran yn achub criw'r *Excel*, Medal Arian y Frenhines am ei ran yn achub criw'r *Hindlea* yn 1959 ac ail Fedal Efydd fel aelod o'r bad a achubodd griw'r *Nafsiporos* yn 1966.

John Lewis Owen. Roedd o yn llongwr ers yn ifanc iawn. Dechreuodd ei yrfa efo cwmni Macivers ond ar ddiwedd ei oes bu'n gweithio yn nociau Penbedw.

Capten Hugh Lloyd Matthews. Mêt oedd o ond bu hefyd yn gapten ar longau carthu'r *(dredgers)* Dock Board yn Lerpwl.

Robert Owen. Bu ef yn llongwr ar hyd ei oes. Dechreuodd gyda chwmni Monks ac, ymhlith y cwmnïau eraill y bu'n gweithio iddynt oedd WS Kennaugh. Ond y cwmni iddo weithio hwyaf, a'r gorau yn ei farn ef, oedd cwmni John Sumners.

Richard Thomas. Roedd ef yn fab i Hugh Thomas. Llongwr oedd ef, sef *cuckoo sailor*, hynny yw roedd yn gweithio ar longau Porthaethwy yn yr haf ac yn pysgota yn y pentref yn y gaeaf.

William Williams. Bu'n gweithio yn chwarel 'R Aber ac aeth ar y *whalers* adeg y dirwasgiad.

Capten Owen Jones. Roedd o wedi bod yn gapten y *Tryfan* (*ketch* neu fflat oedd hi). Boddodd ym mae Moelfre ar ei ffordd adref ar ôl bod allan yn pysgota ar ei ben ei hun. Ni chafwyd hyd i'w gorff.

Capten William Roberts. Collodd ei dad pan oedd yn un ar bymtheg oed a bu'n pysgota am gyfnod er mwyn cadw'r teulu. Prynodd ddwy long, *Mary Goldsworthy* a *Frances*.

Thomas Williams. Hen longwr oedd o a oedd wedi bod yn hwylio llawer efo cwmni Blue Funnel. Roedd o yn llongwr da iawn a bu'n hwylio'r glannau yn ystod ei flynyddoedd olaf. Roedd ef yn un o ddisgynyddion yr enwog Twm Penstryd.

Owen Jones. Hen longwr arall oedd ef.

Hugh Thomas. Roedd ef hefyd yn llongwr ac mae'n debyg iddo hwylio ar longau hwyliau ar un adeg cyn troi at bysgota am benwaig adref ym Moelfre.

William Roberts – a fu farw wrth achub criw'r *Excel*. Roedd yn hen longwr a oedd wedi treulio oes yn hwylio ar longau Bangor yn cludo llechi i'r cyfandir gan hwylio cyn belled â Rwsia. (Diolch i'r cyn-gocsyn Will Roberts am y wybodaeth am ei hen, hen daid)

Robin Evans, 'Ofnadwy Nos'
Trafodion Cymdeithas Hynafiaethwyr a Naturiaethwyr Môn (1997), 49-62

1   *The Lifeboat*, 1927.
2   *Holyhead Chronicle*, 4 Tach. 1927.
3   Cyfweliad efo Huw Owen, 21 Gorff. 1993.
4   Yn nhafodiaeth Moelfre mae unrhyw un sydd wedi mynd i gefn gwlad y tu allan i'r pentref wedi mynd i'r 'wlad'.
5   Cyfweliad efo Huw Owen, 2 Rhag. 1993.
6   Dyfynwyd gan Aled Eames yn *Moelfre Lifeboats Rescue* (1980), t. 19.
7   Rwy'n ddiolchgar iawn i Jeff Morris, Archifydd y *Lifeboat Enthusiasts' Society* am y manylion hyn ac am ei gymorth wrth baratoi'r erthygl hon.
8   *Y Clorianydd* 2 Tach. 1927.
9   Cyfweliad efo Robert Owen, 17 Chwef. 1993.
10 Ibid.
11 Ibid.
12 Cyfweliad efo Huw Owen, 21 Gorff. 1993.
13 Cyfweliad efo Huw Owen, 2 Rhag. 1993.
14 Cyfweliad efo Huw Owen, 21 Gorff. 1 993.
15 *Holyhead Chronicle*, 4 Tach. 1927.
16 Cyfweliad efo Huw Owen, 2 Rhag. 1993.
17 *Y Clorianydd*, 23 Tach. 1927.
18 *Holyhead Chronicle*, 4 Tach. 1927.
19 *Y Clorianydd*, 30 Tach. 1927.

Arwyr Moelfre:
Stori anhygoel achub yr *Hindlea* yn 1959

Robin Evans

Cymuned ddewr â heli yn ei gwaed

Yn ystod ail hanner yr 19eg ganrif datblygodd Moelfre'n gymuned lan môr ac âi mwyafrif y bechgyn a'r dynion i weithio ar y môr. Teithient mewn pob math o longau i bob cwr o'r byd a chludai'r llongau bob math o nwyddau. Roedd rhai yn forwyr cyffredin, eraill yn forwyr profiadol, prif swyddogion, seiri, gwŷr a ofalai am lampau'r llong, cogyddion, pysgotwyr, capteiniaid yr arfordir a chapteiniaid llongau mawrion. Roedd gwŷr Moelfre yn gwneud pob math o swyddi ar y môr. Gwnaeth rhai eu ffortiwn, ond collodd eraill eu bywydau gan adael gwragedd gweddwon, plant amddifad a mamau mewn galar.

O ystyried cysylltiadau'r pentref â'r môr, nid yw'n syndod iddo ddod yn gartref i fad achub. Mae'n bosibl bod bad achub ym Moelfre mor gynnar â 1830. Erbyn y 1850au roedd gan y pentref ei gorsaf bad achub ei hun. Roedd yn ddigon cyffredin i longau o bob math gysgodi rhag stormydd ym mae Moelfre a châi bad achub Moelfre ei alw allan yn aml i helpu llongau mewn trafferth. Waeth beth oedd yr argyfwng, roedd y bad achub bob amser yn barod ei ymateb – boed i achub morwr sâl neu forwr wedi'i anafu, i helpu ymwelwyr mewn trafferth, neu i gymryd rhan mewn ymgyrch chwilio ac achub fawr. Er mai ychydig o sylw sy'n cael ei roi i waith y bad achub o ddydd i ddydd, mae ambell ddigwyddiad wedi hoelio sylw'r byd, a hynny oherwydd dewrder y criwiau. Un o'r digwyddiadau hynny oedd yr hyn a ddigwyddodd ger creigiau Moelfre ar bnawn Mawrth 27ain o Hydref, 1959.

Cysgodi rhag y storm

Ddydd Gwener 23ain o Hydref, 1959 roedd nifer fawr o longau'n cysgodi rhag tywydd stormus ym Mae Moelfre. Chwythai gwynt cryf Grym 9 o'r de-orllewin ar gyflymder o tau 50-55 milltir yr awr. Yng nghyfnod y llongau hwyliau a'r llongau modern roedd hon yn olygfa eithaf cyffredin gan fod bae Moelfre mor gysgodol. Un o'r llongau a oedd wedi angori yn y bae oedd yr *Hindlea*, stemar 506 tunnell, oedd yn eiddo i ŵr o Gaerdydd, a oedd yn hwylio o Fanceinion i Gasnewydd yn Ne Cymru. Ar y dydd Gwener hwnnw daeth criw yr *Hindlea* i'r lan i nôl nwyddau, oedd yn arferiad digon cyffredin os byddai'r llongau wedi'u hangori yn y bae am gyfnod amhenodol. Bu Evan Owens, peiriannydd y bad achub, yn siarad gyda'r criw wrth iddynt lwytho eu nwyddau ar y cwch a dywedodd rhai o'r criw wrtho nad oedd yr *Hindlea*'n ddibynadwy iawn mewn tywydd mawr. Dywedodd y dynion hefyd eu bod yn bwriadu symud y llong i lecyn mwy cysgodol ger gwylfa'r glannau, a dyna a wnaed yn ddiweddarach y diwrnod hwnnw.

Yn oriau mân y bore ar 27ain o Hydref roedd yn dywydd mor stormus nes bod yr holl bentref yn crynu i'w seiliau. Er bod gwylwyr y glannau a chriw'r bad achub yn gwybod y gallai tywydd o'r fath greu problemau, nid oeddent yn pryderu'n ormodol. Ond buan y newidiodd y sefyllfa pan drodd cyfeiriad y gwynt yn sydyn o'r de-orllewin i'r gogledd. Ni fyddai hyn yn digwydd yn aml, ond pan ddigwyddai byddai'r llongau ar y môr mewn perygl mawr. O fewn ugain i dri deg munud roedd yr holl longau a gysgodai yn y bae mewn sefyllfa beryglus dros ben. Nid mewn llecyn cysgodol yr oedden nhw bellach, ond yn hytrach mewn bae oedd yn agored i'r gwynt gyda thonnau enfawr yn dod o gyfeiriad Môr y Gogledd. Fu'r Capteiniaid fawr o dro cyn ymateb a dechreuodd y llongau gyda'r peiriannau mwyaf pwerus frwydro yn erbyn y tonnau a symud yn araf allan i'r môr. Ond nid felly yr *Hindlea.*

Yr *Hindlea* mewn perygl

Capten Owen Roberts oedd yn digwydd bod ar ddyletswydd yn yr wylfa y diwrnod hwnnw. Roedd wedi ymddeol fel capten llong ac roedd ganddo brofiad helaeth o'r môr. Erbyn hyn roedd yr *Hindlea* yn union i'r gogledd-ddwyrain o'r wylfa, rhwng chwarter a hanner milltir o'r lan. O'i safle yn yr wylfa, gallai weld y llong yn glir ac roedd yn amlwg y byddai'n cael ei tharo a'i hysgwyd yn ddidrugaredd gan y gwynt nerthol a'r tonnau enfawr ac y byddai'n cael ei llusgo'n nes ac yn nes at y lan.

Roedd yr *Hindlea* yn siglo fel pendil ar gadwyn ei hangor gyda'r gwynt oddeutu 80–90 milltir yr awr. Yn ôl yr hyn a gofnodwyd gan orsaf yr RAF yn y Fali ac mewn ambell orsaf arall ar yr ynys, roedd cyflymder y gwynt cymaint â 104 milltir yr awr ar adegau. Yn ôl pob sôn, roedd y tywydd mor stormus nes bod y pellter rhwng gwaelod y tonnau a'u brig yn mesur pum troedfedd ar hugain ac roedd yn anodd iawn gweld gan fod ewyn a lluwch yn chwyrlio o'r tonnau gwyllt. Nid oedd unrhyw gysgod i'r *Hindlea* bellach, yn hytrach roedd ar drugaredd y storm, yn gwbl agored i'r gwynt ac yn dibynnu ar un angor. Wrth i angor yr *Hindlea* ddechrau ei llusgo, daeth yn gwbl amlwg ei bod mewn perygl dirfawr o gael ei gyrru tuag at y creigiau.

Am 11.50 a.m. hysbyswyd y Llywiwr Richard Evans (Dic Evans i bobl Moelfre) gan y Capten Owen Roberts o'r trychineb posibl oedd yn wynebu'r *Hindlea.* Roedd hi mewn cymaint o berygl fel y lansiwyd bad achub Moelfre ar unwaith.

Bad achub Moelfre ar y pryd oedd y *Watkin Williams*, bad achub dosbarth Watson 42 troedfedd. ond gan ei fod yn y broses o gael ei ail-ffitio ym Miwmares, bad achub dros dro oedd ym Moelfre y noson honno. Roedd yr *Edmund and Mary Robinson* yn fad achub dosbarth Watson 41 troedfedd wrth gefn ac ychydig ddyddiau'n unig oedd ers iddo gyrraedd Moelfre. Roedd y bad yma dair blynedd ar hugain yn hŷn na'r *Watkin Williams* heb unrhyw offer morlywio modern yr oedd Dic Evans mor gyfarwydd â'i ddefnyddio. Ar ben hynny, nid oedd gan y criw unrhyw brofiad o wendidau a chryfderau'r bad hwn.

Ond roedd y Peiriannydd Evan Owens, cyn iddo gael ei benodi yn beiriannydd amser llawn ym Moelfre, wedi bod yn gweithio fel peiriannydd wrth gefn ar gyfer yr RNLI ac roedd hynny'n golygu bod ganddo wybodaeth helaeth am beiriannau'r gwahanol fadau achub, ac yn ffodus, fe wyddai ychydig am gefndir yr *Edmund and Mary Robinson.* Heb os roedd y cwch wedi bod yn fad achub penigamp yn ei gyfnod, ond roedd yn amlwg wedi gweld ei ddyddiau gwell. Er hynny roedd Evan Owens wedi bod yn brysur yn ei archwilio'n drylwyr, a'r diwrnod cynt roedd wedi treulio oriau'n gosod plygiau tanio newydd wedi'u harchebu o Lundain.

Criw'r bad achub

Er gwaethaf gwendidau a chryfderau'r *Edmund and Mary Robinson*, roedd y criw yr un mor barod eu hymateb ag arfer, a chafodd y bad achub ei lansio am ddeuddeg o'r gloch ar ei ben.

Dim ond y ddau aelod o'r criw a enwyd uchod oedd yn gweithio'n llawn amser i'r RNLI ym Moelfre. roedd Dic Evans yn hanu o Foelfre, yn forwr ac yn gigydd yn y pentref ac roedd yn aelod gwerthfawr o'r bad achub. Ar y llaw arall roedd Evan Owens wedi priodi merch o Foelfre ac wedi ymgartrefu yn y pentref ac ef oedd peiriannydd yr orsaf ers 1946.

Roedd yr *Edmund and Mary Robinson* gan amlaf angen criw o wyth, neu saith o leiaf. Y diwrnod hwnnw roedd nifer o'r dynion i ffwrdd yn gweithio. Erbyn hyn roedd llawer llai o ddynion yn mynd i weithio ar y môr ac o ganlyniad roedd llai o forwyr profiadol yn y pentref. Ond doedd dim amser i'w golli oherwydd byddai'r *Hindlea* ar y creigiau o fewn dim. Pan lansiwyd yr *Edmund and Mary Robinson* y noson honno, nid criw o wyth oedd arni, na chriw o saith hyd yn oed – ond yn hytrach criw o bump!

Yn ogystal â Dic Evans ac Evan Owens, y tri aelod arall o'r criw oedd Murley Francis, Huw Owen a Hugh Jones.

Roedd Murley Francis, gŵr o Foelfre, yn ffitiwr peirianyddol ac yn ail lywiwr. Roedd yn gweithio yn Amlwch, tua wyth milltir i ffwrdd pan glywodd y newydd fod angen i unrhyw wylwyr y glannau a gweithwyr cynorthwyol fynd i Foelfre ar unwaith. I ffwrdd ag ef ar ei feic modur heb oedi.

Roedd Huw Owen, y bowman, hefyd yn un o wŷr Moelfre ac roedd wedi bod yn aelod o griw'r bad achub am ddegawdau lawer. Saer maen oedd Huw Owen yn ôl ei alwedigaeth ond gweithiai ar y pryd i'r cyngor sir. Gwyddai Dic Evans lle'r oedd yn digwydd gweithio y diwrnod hwnnw ac aeth i'w nôl. Yn ei gwmni roedd gŵr arall a oedd yn gweithio i'r cyngor, sef Hugh Jones.

Roedd Hugh Jones, fel arfer yn gwirfoddoli i gynorthwyo ar y llithrfa yng ngorsaf y bad achub. Pan gyrhaeddodd y dynion roedd peiriannau'r *Edmund and Mary Robinson* eisoes wedi'u tanio a chytunwyd i lansio'r bad heb oedi. Dyma'r tro cyntaf yn ei fywyd i Hugh Jones fod ar fad achub, ond cytunodd er hynny i fod yn un o'r criw. Dyma fedydd tân fel y dywedodd Evan Owens:

Mi fydd gen i barch tuag ato fo hyd y dydd heddiw am yr hyn wnaeth o.

Y Lansio

Gwisgodd y dynion eu siacedi achub gan ddringo ar fwrdd y bad a chlymodd Dic Evans ei hun yn sownd yn y llyw. Dilynwyd y drefn arferol cyn lansio ond gwyddai pawb yn ei galon nad digwyddiad 'arferol' fyddai hwn.

Gyda'r môr yn chwythu tua'r lan roedd yr amodau ymhell o fod yn ddelfrydol, a dweud y lleiaf. Lansiwyd y bad achub gyda Dic Evans wrth y llyw. Cyn gynted ag yr oedd y bad yn y dŵr, aeth y criw ati i osod y mast radio. Llywiodd Dic Evans i'r gogledd i ddannedd y gwynt cryf, gyda'r *Edmund and Mary Robinson* yn brwydro'i ffordd drwy'r tonnau garw. Câi Dic Evans fymryn o gysgod gan y sgrin fechan o'i flaen, ond er hynny roedd yn chwythu'n lluwch a dawnsiai'r ewyn a'r llwch dŵr gan ei daro'n ddidrugaredd. Roedd y tonnau'n chwipio a'r môr yn berwi i'r fath raddau nes bod y criw'n cael eu lluchio'n gyson o dan y canopi.

Ond er gwaethaf y gerwinder y môr ac oed y cwch, roedd gan yr *Edmund and Mary Robinson* ei gryfderau. Roedd yn fad arbennig gyda fforcas uchel, ac er ei fod yn dringo'r tonnau uchel 35 troedfedd ac yn plymio drachefn, roedd y cwch yn 'berffaith sych' yn ôl Evan Owens. Cyn pen dim roedd cryfder y bad achub a sgiliau a dewrder ei chriw yn cael eu profi i'r eithaf.

Pawb o'r llong?

Ar ôl pasio Ynys Moelfre, anelodd yr *Edmund and Mary Robinson* i gyfeiriad yr *Hindlea* a oedd erbyn hyn tua milltir a hanner i'r gogledd o'r ynys. Ar ôl hanner awr o frwydro yn erbyn y tonnau uchel, fe gyrhaeddodd yr *Hindlea*. Gallai criw'r llong weld y bad achub erbyn hyn, er ei bod yn diflannu o'r golwg bob hyn a hyn wrth i donnau enfawr gau amdanynt. Erbyn hyn roedd y llong yn gwyro i'r chwith mewn wyth gwrhyd o ddŵr ac nid oedd un angor yn ddigon cryf i'w dal. Roedd ei pheiriannau'n gweithio i'w heithaf er mwyn tynnu peth o'r pwysau oddi ar gadwyn yr angor. Roedd yn rowlio'n ddireolaeth o ochr i ochr ac roedd tonnau enfawr yn torri uwch ei phen.

Dyma eiriau Aled Eames:

> The coaster was yawing some 90 degrees and the engines were racing violently, which did little to reduce the weight on her cable. Because of the violent motion the cable was constantly whipping clear of the rough broken water. Heavy seas breaking over the Hindlea made it impossible for her crew to come forward to let go the second anchor.

Wrth sylweddoli eu bod yn symud yn araf tua'r creigiau a'r dŵr bas, gorchmynnodd y Capten Roland Chipchase, o Tyneside, i bawb adael y llong. Symudodd y criw'n ofalus ar hyd ochr chwith y llong gan ymgynnull ar ochr chwith pen ôl y llong. Roedd bad achub Moelfre wedi bod yn aros gerllaw ers dros awr a hanner ar ochr dde'r *Hindlea*. Sylweddolai Dic Evans y byddai oedi fel hyn yn gwneud y gwaith o achub y criw yn llawer mwy peryglus. Pe baent 500 llath ymhellach allan i'r môr yna byddai wedi bod yn llawer haws eu hachub.

Pam nad oedd y Capten yn fodlon gadael y llong? Roedd yr ateb yn syml. O safbwynt y Capten, ef oedd yn uniongyrchol gyfrifol am y llong, y criw a'r cargo. Roedd yn rhaid iddo fod yn driw ac yn deyrngar i berchnogion y llong. Roedd yn bosibl y byddai'r gwynt yn newid cyfeiriad, a'r perygl yn cilio; ac yr oedd yn bosibl hefyd y byddai rhywrai'n dod i ysbeilio'r nwyddau ar fwrdd y llong drannoeth. Roedd y Capten mewn cyfyng gyngor – roedd yn rhaid iddo bwyso a mesur y risgiau a gwneud penderfyniadau sydyn dan bwysau mawr. Oherwydd hyn fe gollwyd ychydig o amser tra bu'n disgrifio'r sefyllfa i berchnogion y llong ac yn disgwyl am gyfarwyddyd. Yn wir, Evan Owens gafodd y gair olaf pan anfonodd neges i'r capten ar radio'r bad achub.

Os na adewch chi'r llong rŵan mae arna i ofn na fyddwn ni'n gallu eich achub chi. Mi fydd hi'n rhy hwyr.

Un oedd wedi bod yn gwylio'r cyfan o'r wylfa oedd Jabez Francis, brawd Murley Francis, oedd yn gwneud gwaith gwirfoddol fel gwyliwr y glannau. Roedd wedi cymryd lle Capten Owen Roberts am un o'r gloch ac roedd ganddo olygfa arbennig o'r *Hindlea* a'r *Edmund and Mary Robinson*. Gwelai Jabez Francis fod y llong a'r bad achub erbyn hyn yn agos iawn i'r creigiau ac y byddai'n rhaid iddo o bosibl geisio achub y criw o'r creigiau. Roedd yr offer achub bywyd a gedwid yn y pentref wedi cael ei ddanfon i'r wylfa rhag ofn y byddai'r môr tymhestlog yn atal y bad achub rhag cyrraedd yr *Hindlea*. Ond gan fod y gwynt mor gryf byddai ymgais i gyrraedd y llong gyda rhaff o'r traeth wedi bod yn anodd dros ben, os nad yn amhosibl.

Achub

Tua dau o'r gloch gorchmynnodd Capten Chipchase i bawb adael y llong. Erbyn hyn roedd y môr o gwmpas yr *Hindlea* yn 'un berw gwyllt'. Roedd y llong erbyn hyn tua 200 llath o'r creigiau.

Sylweddolodd Dic Evans nad oedd llawer o le rhwng pen ôl y llong a'r lan, felly penderfynodd lywio'r bad achub yn agos rownd pen ôl y llong er mwyn dod at ei hochr chwith. Roedd y peiriannau'n gweithio i'w heithaf wrth iddo frwydro yn erbyn y gwynt ond cyn gynted ag yr oedd yr *Edmund and Mary Robinson* yn gostwng cyflymder câi ei daflu'n ôl gan rym y tonnau. Roedd yn straen aruthrol ar freichiau Dic Evans wrth iddo geisio rheoli'r llyw i atal y bad achub rhag cael ei daflu'n ôl gan y môr. Wrth lywio'r bad achub o gwmpas yr *Hindlea* sylweddolodd ei fod mewn perygl mwy fyth gan ei fod erbyn hyn yn agos iawn at bropelor yr *Hindlea*. Roedd y propelor yn naw troedfedd mewn diamedr ac mor uchel uwchben y tonau nes ei fod yn uwch na phennau criw'r bad achub!

Yna trawyd y bad achub gan donnau enfawr, fe'i taflwyd ar ei ochr ac aeth y mast dan y dŵr. Ond trwy nerth a sgil Dic Evans llwyddwyd i sefydlogi'r bad pan ddaeth ton arall i'w lwybr a'i daflu'n ôl.

Yn y cyfamser, roedd Jabez Francis yn yr wylfa yn ofni y byddai angen yr offer achub bywyd i arbed bywydau'r criw ar y llong a'r bad achub. Ond yn ffodus, nid felly y bu hi.

Yn y diwedd llwyddodd Dic Evans i lywio'r bad achub at ochr chwith yr *Hindlea*. Nesaodd ar ongl o 25 gradd a neidiodd un dyn i'r bad achub. Rhuthrodd Huw Owen allan o'r canopi a chydiodd ynddo. Yna heb oedi llywiwyd y bad achub yn ôl yn gyflym yn ddigon pell o'r propelor.

Wrth i'r *Edmund and Mary Robinson* gael ei dynnu allan i'r môr sylweddolodd Dic

Evans mai dyma'r unig ffordd i achub y criw. Byddai'n rhaid iddo fynd yn ôl dan y propelorau a gobeithio y gallai gadw'r bad achub wrth ymyl y llong yn ddigon hir nes bod pob dyn wedi neidio ar y bad achub.

Symudodd y bad achub eilwaith ond erbyn hyn roedd y llong wedi cael ei hysgwyd cymaint gan y gwynt nes bod ei hochr chwith yn agored i holl rym y corwynt. Gan ei bod erbyn hyn mewn dŵr bas roedd y tonnau hyd yn oed yn uwch. Codwyd yr *Edmund and Mary Robinson* gan y tonnau nes iddo daro yn erbyn yr *Hindlea*. Bron na allai criw'r bad achub gydio yng nghriw'r llong, ond buan y plymiodd y bad achub o dan don arall. Yn ffodus ni wnaed unrhyw ddifrod difrifol a llywiodd Dic Evans y bad achub yn ei ôl er mwyn gwneud ymgais arall i achub y dynion.

Roedd angen sgil, dewrder ac amseru arbennig i lywio'r bad dan y fath amodau. Y tro cyntaf bu bron i'r bad achub gael ei godi ar ddec yr *Hindlea* gan nerth y tonnau gan fod ochr chwith y llong yn gwbl agored i'r gwynt cryf. Llywiodd Dic Evans y bad achub yn ddeheuig a llwyddodd i fynd at y llong ddeg gwaith nes bod pob aelod o'r criw, yr wyth ohonynt, wedi'u hachub.

Pan aeth Capten Chipchase dan ganopi'r *Edmund and Mary Robinson* teimlai'n siŵr na chyrhaeddai'r un ohonynt y lan yn fyw. Roedd yn llongwr profiadol, ond ni wyddai am gryfder y bad achub a phenderfyniad y criw. Dywedodd Evan Owens, y peiriannydd wrtho y byddai'r bad achub yn gofalu eu bod yn cael eu cludo'n ôl yn ddiogel i'r lan.

Fel y dywed adroddiad gwreiddiol yr RNLI:

> By 2.11, when there was only a hundred yards between the stern of the Hindlea *and the shore, the whole crew had been taken off.*

Cwblhawyd y gwaith o achub y criw mewn un munud ar bymtheg. Nid oedd unrhyw un wedi'i anafu, er bod un o'r dynion a achubwyd wedi torri ei ffêr.

Tua ugain munud yn ddiweddarach clywodd y rhai a wyliai yn safle'r wylfa sŵn dychrynllyd wrth i'r *Hindlea* daro yn erbyn y creigiau a chael ei ddryllio.

Dagrau o lawenydd

Er hynny nid oedd y cyfan drosodd eto. Wedi'r cyfan roedd hen fad achub yr *Edmund and Mary Robinson* yn dal mewn sefyllfa beryglus ac yn gwbl agored i'r tywydd. Roedd canol Dic Evans yn gignoeth ac yn gwaedu gan fod y rhaffau a oedd wedi'i glymu'n sownd yn y llyw wedi torri i mewn i'w gnawd. Roedd ei ddwylo wedi fferru ac roedd y bad achub yn isel yn y dŵr gyda'r môr yn bygwth ei lyncu unrhyw eiliad. Gydag wyth dyn ar ei bwrdd, yn ogystal â'r criw, nid oedd lle i symud ar y bad achub. Doedd dim amdani ond anelu tuag ochr ddwyreiniol Ynys Moelfre lle byddai mwy o gysgod. Llwyddodd i frwydro yn erbyn y tonnau ffyrnig nes cyrraedd tir.

Yn ôl yr arfer aethpwyd a'r criw a'r rhai a achubwyd i festri Capel Carmel lle'r oedd merched y pentref wedi paratoi bwyd a diodydd cynnes iddynt.

Yna dychwelodd Dic Evans i'r llithrfa. Wrth iddo eistedd yno, llifodd dagrau o lawenydd i lawr ei ruddiau wrth iddo sylweddoli'r hyn yr oedd ei griw ac yntau newydd ei gyflawni.

Arwyr Moelfre!

Cafodd dewrder a dycnwch y criw cyfan ei gydnabod gan yr RNLI a ledled y byd. Dangoswyd dewrder diflino gan griw'r *Edmund and Mary Robinson* y diwrnod hwnnw. Roedd y modd y meistrolodd Dic Evans y bad achub yn allweddol i lwyddiant y pnawn hwnnw, a'r feistrolaeth honno'n deillio o'r amser a dreuliodd yn gweithio gyda chriwiau bad achub profiadol a'r cyn-lywiwr John Matthews. Rhaid cydnabod hefyd sgil Evan Owens, y peiriannydd. Nid yn unig bu'n rhaid iddo weithio mewn lle cyfyng wrth i'r bad achub gael ei daflu o don i don, ond roedd hefyd wedi dangos rheolaeth lwyr o'r peiriannau ac amseru perffaith. Wrth gwrs, roedd y bad achub ei hun, yr *Edmund and Mary Robinson*, o gofio ei oed, hefyd yn allweddol.

Derbyniodd y Llywiwr Dic Evans Fedal Aur yr RNLI am Ddewrder, sef y wobr bennaf y gellir ei chael. Cyfeirir ati'n aml fel '*The Lifeboat VC*', a dyma'r tro cyntaf mewn deng mlynedd iddi gael ei rhoi. Roedd yn un o ddau achlysur lle derbyniodd Dic Evans y fraint hon.

Derbyniodd Evan Owens y Peiriannydd, y Fedal Arian.

Derbyniodd yr Ail-lywiwr Donald Murley Francis (yr ail beiriannydd yn ystod yr achlysur hwn) y Fedal Efydd. Ef yn ddiweddarach a olynodd Dic Evans fel Llywiwr bad achub Moelfre.

Derbyniodd Huw Owen glasb i'w Fedal Efydd a dderbyniodd am ei ran yn y gwaith o achub criw'r *Excel* yn 1927, dri deng mlynedd ynghynt.

Derbyniodd Hugh Jones, a newidiodd ei rôl fel cynorthwyydd ar y llithrfa i fod yn aelod o'r criw mewn llai na thair awr, hefyd Fedal Efydd.

Cyflwynwyd y medalau gan lywydd yr RNLI, y Dywysoges Marina, Duges Caint. Yn 1961 derbyniodd y pum Fedal Arian am Ddewrder ar y Môr gan y Frenhines Elizabeth II ym Mhalas Buckingham.

Dim llaesu dwylo . . .

Er gwaethaf y profiad anhygoel a ddaeth i ran y pum gŵr wrth achub criw'r *Hindlea*, ychydig a ŵyr i'r *Edmund and Mary Robinson* a'r criw gael eu galw allan eilwaith ar ddyletswydd y pnawn hwnnw!

Ar ôl gwneud yn siŵr bod criw'r *Hindlea* yn ddiogel, hysbysodd Dic Evans yr RNLI o gyflwr yr *Edmund and Mary Robinson* a dywedwyd wrtho am beidio â mentro allan i'r môr gyda'r bad nes ei fod wedi'i archwilio'n drylwyr. Ond ni fu'n bosibl cadw at y cyfarwyddyd hwnnw.

Roedd peiriannau'r tancer *Essar 1* wedi stopio bron yn yr union fan â'r *Hindlea* ond oherwydd y llanw cafodd ei hysgubo i fae Moelfre. Roedd wedi gollwng y ddau angor ond nid oedd ganddi ddigon o bŵer serch hynny. Aeth yr *Edmund and Mary Robinson* allan ati nes cyrhaeddodd bad achub Biwmares.

Y noson honno aeth Dic Evans ac Evan Owens i gwt y bad achub i drwsio'r bad achub er mwyn gwneud yn siŵr y byddai'n barod i fynd allan drannoeth. Pan alwyd y bad achub i sefyll ger *Essar 1* y bore canlynol, yr 28ain o Hydref, roedd pob un a fu'n gwasanaethu arni'r diwrnod cynt yn bresennol. Gyda'r nos daeth tŷg i dowio *Essar 1* i ffwrdd. Ni ddaeth gwaith y dydd i ben tan 5 o'r gloch pan aeth y dynion o'r diwedd adref.

Yn gynharach y diwrnod hwnnw daeth aseswr yswiriant at Jabez Francis i'r wylfa i gadarnhau bod yr *Hindlea* wedi cael ei llongddryllio. Roedd cadarnhau bod llong wedi'i cholli yn ergyd drom i'r busnes llongau. Roedd capten yr *Hindlea* wedi gwneud popeth o fewn ei allu: roedd wedi ceisio achub ei long, ond pan welodd fod hynny'n amhosibl, y flaenoriaeth oedd achub ei griw. Yna daeth bad achub Moelfre i'r adwy a'u hachub.

Robin Evans, *Arwyr Moelfre: Stori anhygoel achub yr Hindlea yn 1959*
(Moelfre, Partneriaeth Moelfre, 2004)

Llyfryddiaeth:

Eames, Aled: *Rescue: 150 years of Moelfre Lifeboats* (Moelfre, 1980)
Jones, I. Wynne: *Shipwrecks of North Wales* (Ashbourne, 2001)
Parry, H.: *Wreck and Rescue on the North Wales II: the Story of the North Wales Lifeboats* (Truro, 1973)
Skidmore, I.: *Lifeboat VC: the story of Coxswain Dick Evans* (Llanrwst, 2001)
Wake-Walker, E.: *Gold Medal Rescues* (Newton Abbot, 1992)
Cyfweliad â Evan Owens, Prosiect Hanes Llafar Gwynedd, WM/T/13 Archifdy Môn
Cyfweliadau â Dic Evans, Jabez Francis ac Evan Owens (casgliad yr awdur)
Papurau Teuluol Evan Owens

Coxswain John Matthews a'r *George Wade*

Robin Evans

Erbyn canol y bedwaredd ganrif ar bymtheg roedd Môn wedi cychwyn ar y broses o sefydlu canolfannau badau achub ar hyd ei harfordir. Pentref Moelfre fyddai cartref un o'r badau achub gan gychwyn traddodiad sydd yn parhau heddiw. Gellid dadlau mai achub yr *Excel* yn 1927, yr *Hindlea* yn 1959 a'r *Nafsiporos* yn 1966 sydd wedi sicrhau mai bad achub Moelfre yw un o'r enwocaf yng Nghymru a thu hwnt. Serch hynny, mae gwaith diflino criwiau'r badau achub o ddydd i ddydd yr un mor bwysig â'r hanesion enwog am achub rhai mewn perygl ar y môr. Yn yr erthygl hon bwriadaf adrodd hanes un *coxswain* bad achub Moelfre sydd heb gael y sylw dyledus y mae'n ei haeddu, er iddo ennill cydnabyddiaeth gan yr RNLI.

Roedd John Matthews yn un o deuluoedd creiddiol yn hanes bywyd Moelfre, teulu a adwaenid fel 'y Mathawiaid' ar lafar gwlad. Roedd y Mathawiaid ymhlith y rhai cyntaf i ymsefydlu yn y fro cyn i dreflan Moelfre dyfu i fod yn bentref ar ddechrau'r bedwaredd ganrif ar bymtheg. Roedd trigolion y pentref yn llafurwyr, chwarelwyr, pysgotwyr a llongwyr ac ymddengys mai gallu pysgotwyr Moelfre i drin cychod oedd un o'r rhesymau dros ddewis Moelfre fel canolfan i fad achub. Mewn sawl ystyr roedd John Matthews yn crynhoi'r traddodiad hwn, gan ei fod yn bysgotwr ac yn gychwr a oedd yn adnabod yr arfordir o amgylch Moelfre cystal ag unrhyw un.

Roedd ei dad, Richard Matthews yn gymeriad unigryw. Bu'n is lywiwr bad achub y pentref, ac er mai cigydd ydoedd o ran ei alwedigaeth, adeiladodd nifer o dai yn y pentref. Fel mwyafrif dynion y pentref roedd yn bysgotwr o fri a oedd yn adnabod yr arfordir i'r dim. Roedd John Matthews, fel ei dad, yn ddyn ei filltir sgwâr, yn gigydd ac yn bysgotwr. Roedd yn ddyn teuluol, a bob bore byddai'n gofalu bod tân ar yr aelwyd ac yn paratoi brecwast i'r teulu, sef ei wraig Nel a'r plant Wil, Dic a Madge. Yna byddai'n mynd allan i bysgota neu i godi cewyll cimychod. Fel nifer o'i gyfoedion ym mhentref morwrol Moelfre, roedd ei grefydd yn bwysig iawn iddo. Roedd yn ddiacon a chodwr canu yng Nghapel Carmel (Annibynwyr) a darllenai ei Feibl yn ddyddiol. Fe roddodd wasanaeth i fad achub Moelfre am bron i ddeugain mlynedd. Ond er ei ddawn fel llywiwr a'i ffydd yn y bad a'i griw, roedd yn arferiad ganddo weddïo bob tro cyn mynd allan yn y bad.

Roedd yn gymeriad unigryw, yn amlwg yn addas ar gyfer oes y badau achub rhwyfau a hwyliau. Yn 1929, ac yntau yn ei bum degau, enillodd John Matthews fri mewn modd unigryw sydd heb ei efelychu hyd heddiw. Roedd yn ei gartref ar ddiwrnod gaeafol pan glywodd fod y bad achub wedi llithro o'i angorfa ac yn cael ei chwythu i gyfeiriad y creigiau gan wynt cryf. Er ei fod yn gwisgo ei ddillad a'i *seaboots* neidiodd John Matthews i'r môr a nofio'r 400 llath at y bad. Er ei fod yn nofiwr arbennig nid oedd y rhai a oedd ar y lan yn gallu credu eu llygaid wrth iddo gyrraedd y bad, mynd ar ei fwrdd ac yna gollwng ei angor a thrwy hynny ei achub. Derbyniodd wats aur gan yr RNLI am y weithred honno, yr unig adeg yn ei hanes i'r gymdeithas gyflwyno'r fath gydnabyddiaeth.

Yn 1930 daeth bad achub newydd i Foelfre. Y bad oedd y *George Wade* ac roedd hwn yn fad a oedd yn cael ei yrru gan beiriant petrol. Roedd oes yr hen fadau achub rhwyfau a hwyliau a hwyliau yn dod i ben. Teithiodd John Matthews i Cowes ar Ynys Wyth i gymryd cyfrifoldeb dros y bad achub newydd. Roedd pedwar aelod arall o griw Moelfre ar ei fwrdd, gan gynnwys peiriannydd. Y bowman oedd nai i John Matthews, gŵr ifanc o'r enw Richard Matthews Evans, yr enwog Dic Evans. Wedi gadael Cowes cymerodd y *George Wade* bum niwrnod i gyrraedd Moelfre ac roedd torfeydd eiddgar yn disgwyl i weld y bad achub peiriant cyntaf i weithio ym Môn. Dyma wir gychwyn cyfnod newydd yn hanes bad achub Moelfre.

Roedd y *George Wade* yn gymynrodd Mrs E.H. Smith a'r Dr D.T. Richards o Langadoch gyda'i beiriant yn rhodd gan Gronfa Canmlwyddiant Bad Achub Northampton. Adeiladwyd y *George Wade* yn Cowes, a dyma'r bad a fyddai'n gwasanaethu Moelfre am y chwe blynedd ar hugain nesaf hyd nes cael ei ddisodli gan yr enwog *Watkin Williams* yn 1956. Roedd y bad newydd wedi costio £5,886, bron i bedair gwaith cost ei ragflaenydd y *Charles & Eliza Laura* oedd yn adlewyrchu'r ffaith bod y badau newydd modern yn llawer drutach na'u rhagflaenwyr hwyliau a rhwyfau.

Cafwyd sawl dadl ddiddorol rhwng dynion Moelfre ynglŷn â pha fad oedd y gorau, yr hen gwch rhwyfau a hwyliau neu'r bad efo peiriant. Er bod John Matthews yn cefnogi'r hen ddull, yr oedd hefyd yn cydnabod rhagoriaethau amlwg bad ag iddi beiriant – gallai deithio'n hirach, ni ddibynnai ar y gwynt a gallai hwylio ar gyflymder sylweddol heb oedi. Amlygwyd manteision y bad ar ei antur gyntaf pan achubwyd criw cetsh fach, *Henrietta* o Kilkeel, a oedd mewn trafferthion rhyw wyth milltir i'r gogledd o Foelfre. Sylweddolodd John Matthews na fyddent wedi cyrraedd y cetsh mewn pryd oni bai am y peiriant.

Datgelwyd mantais arall yn ystod y dasg o achub y criw hefyd. Yn hytrach na cheisio tynnu'r criw oddi ar y cetsh, penderfyniad a allai fod wedi peryglu'r *George Wade* ei hun oherwydd gallai fod wedi taro yn ei herbyn, penderfynodd John Matthews fanteisio ar beiriant y bad a thuo'r cetsh. Er mwyn gwneud hyn roedd yn rhaid lleihau'r rhaff tuo ac ychwanegu ail raff i sicrhau eu bod yn gallu hwylio heibio Ynysoedd y Moelrhoniaid heb daro'r creigiau. Ond, wedi deng awr llwyddwyd i gyrraedd diogelwch Caergybi.

Yn 1933 llwyddodd y *Coxswain* John Matthews a'r *George Wade* i achub criw'r sgwner *Kate*. Yr hyn oedd yn arbennig yn yr achos hwn oedd bod y *Kate* ar dân pan gyrhaeddodd y bad achub hi. Roedd fflamau'n codi oddi ar ei bwrdd, roedd mwg ym mhobman ac roedd y criw wedi ymgasglu yng nghanol y sgwner lle nad oedd y fflamau wedi cael cymaint o afael. Nid oeddynt yn barod i neidio i'r môr gan fod pobman yn ymddangos fel pe bai ar dân. Byddai wedi bod yn her enfawr i achub y criw dan amgylchiadau cyffredin, ond roedd y ffaith fod y *George Wade* yn cael ei yrru gan beiriant petrol a bod 80 galwyn o betrol ar ei bwrdd yn peri mwy o bryder fyth.

Er y peryglon amlwg, anelodd y *Coxswain* John Matthews yn syth at ganol y llong ac wedi cyrraedd ar ei hochr neidiodd y cyntaf o'r criw i mewn i'r bad achub. Rhaid oedd dychwelyd ddwywaith eto i achub gweddill criw'r sgwner. Dim ond wedi cyrraedd Moelfre y sylweddolodd criw'r bad achub pa mor ffodus y buont. Roedd y paent ar flaen y bad wedi ei losgi ac roedd gweddill y gwaith coed yn ddu. Ond roeddynt wedi cyflawni eu dyletswydd.

Llwyddodd y *Coxswain* John Matthews a'i griw i achub criw sawl llong gyda'r *George Wade*, ac i dderbyn cydnabyddiaeth am eu gweithredoedd. Y cyntaf oedd achub criw'r *Lady Windsor*, un o longau Caerdydd, yn 1937. Stemar fach oedd y *Lady Windsor* a'i gwaith oedd gosod ac atgyweirio targedau ar gyfer ymarferion bomio'r Llu Awyr (yn ystod ail hanner y 1930au dylid cofio bod paratoadau gan luoedd ar draws Ewrop ar gyfer gwrthdaro posibl ar y cyfandir). Yn gynnar yn y bore ar Hydref y 24ain, cafwyd adroddiad fod y *Lady Windsor*, a oedd yn hwylio i Bwllheli, mewn trafferthion i'r gogledd-gogledd-ddwyrain o'r Leinws. Wedi lansio'r *George Wade* bu'r bad achub mewn trafferthion bron yn syth wrth iddo anelu i lygaid y dymestl gyda'r môr yn aml yn llenwi'r bad, er bod hwnnw ddim yn aros yn hir. Gobaith y *Coxswain* John Matthews oedd cyrraedd y cwch peilot er mwyn gallu cael manylion pellach ynglŷn â lleoliad a chyflwr y stemar. Ond hon oedd yr oes cyn y radio a'r unig ffordd y gallai'r *Coxswain* John Matthews a'r peilot gysylltu oedd drwy ddefnyddio lamp. Yn anffodus, gyda'r tonnau yn codi ac yn gostwng y naill gwch a'r llall, nid oedd yn bosibl cadw golwg ar ei gilydd yn ddigon hir i allu gweld neges y lampau yn glir. Penderfynodd y *Coxswain* John Matthews anelu'r *George Wade* i'r cyfeiriad a roddwyd iddo yn y lle cyntaf gan wylwyr y glannau.

Tair awr yn ddiweddarach ar ôl iddo adael Moelfre, llwyddodd y bad achub i gyrraedd y *Lady Windsor*. Gobaith y capten oedd y byddai'r stemar fach yn gallu cyrraedd cysgod Bae Moelfre ac felly ei benderfyniad ef oedd y dylai'r bad achub aros gerllaw rhag ofn y byddai'r ymdrech i gyrraedd cysgod yn methu. Wedi dwy awr arall rhaid oedd i gapten y *Lady Windsor* gydnabod methiant ei ymdrech a galwyd am gymorth y bad achub. Nid mater hawdd oedd achub y criw. Roedd y tonnau yn sgubo dros y *George Wade* a hawdd credu y gallai'r bad ei hun fod wedi suddo. Serch hynny, llwyddodd y *Coxswain* John Matthews i gael y bad achub yn ddigon agos at y *Lady Windsor*, a'i gadw yno'n ddigon hir, i alluogi'r criw i neidio o'r llong i'r bad achub. Wyth awr yn ddiweddarach ar ôl gadael Moelfre cyrhaeddodd y *George Wade* yn ddiogel gyda phum aelod criw'r stemar yn ddiogel ar ei bwrdd. Mewn ymateb i ddewrder a gallu'r *Coxswain* John Matthews gwobrwywyd ef â medal efydd gan Sefydliad y Badau Achub.

Yn ystod yr Ail Ryfel Byd Lerpwl oedd porthladd pwysicaf y wladwriaeth Brydeinig a golygai hyn fod llawer mwy o longau yn hwylio heibio Môn. Roedd Bae Moelfre yn aml yn llawn llongau o bob math. Roedd hynny'n arbennig o wir yn ystod y paratoadau ar gyfer *D-Day*. Golygai prysurdeb parhaol y blynyddoedd hyn fod llawer mwy o waith i fad achub Moelfre. Roedd y gwaith yn llawer anos yn y cyfnod hwn oherwydd amodau fel y blacowt. I ychwanegu at waith y bad achub, golygai'r rhyfel yn yr awyr fod galw am wasanaeth y bad achub i chwilio am awyrennau a oedd wedi disgyn i'r môr. O blith yr wyth ar hugain o achlysuron y galwyd am gymorth y *George Wade* yn y blynyddoedd hyn, roedd deunaw ohonynt yn geisiadau i chwilio am awyrennau a gollwyd. Methu fu hanes ymdrechion y bad achub a'i griw bob tro, a hynny er chwilio am oriau maith. Nid oedd y methiant i ddarganfod yr awyrennau'n syndod, o ystyried y blacowt, y peryglon o du'r gelyn a'r ffaith ei bod yn llawer haws – er nad yn hawdd – darganfod llong neu gwch mewn trafferthion nac awyren oedd wedi plymio i'r môr.

Ar 28 Ionawr 1940, a'r rhyfel ar ei anterth, digwyddodd un o'r hanesion enwocaf yn hanes bad achub Moelfre. Dyma'r achlysur pryd yr achubwyd y nifer fwyaf o bobl mewn unrhyw un diwrnod gan fad achub. Roedd y stemar *Gleneden* yn hwylio o Saigon i Lerpwl gyda llwyth o india corn. Yn agos at Ynys Enlli fe'i trawyd hi gan fom. Ar y cychwyn nid oedd dim rheswm dros alw am gymorth. Er bod dŵr yn llifo i mewn iddi, roedd ei phympiau yn llwyddo i ymdopi heb lawer o drafferth. Penderfynodd y capten barhau â'r fordaith ond wedi pasio Caergybi daeth yn amlwg nad oedd y pympiau yn ymdopi mwyach. Er mwyn achub y cargo penderfynodd y capten lanio'r *Gleneden* ar Dutchman's Bank, sef banc tywod, i'r de o Ynys Seiriol yn aber Afon Menai. Bu yno am dridiau gan wrthod cymorth gan fad achub Llandudno. Yn ddirybudd galwodd y capten am gymorth bad achub Moelfre. Roedd yn awyddus i'r bad fod wrth law am gyfnod o ddwyawr, ar adeg llanw uchel, oherwydd ei bryder y gallai'r llong dorri'n ddwy.

Mewn ymateb i'r alwad, gadawodd y *Coxswain* John Matthews a'r *George Wade* gwt bad achub Moelfre am naw o'r gloch y nos. Ond pan oeddent ar fin gadael cafwyd neges arall; roeddynt i brysuro ar unwaith i achub y criw oddi ar fwrdd y *Gleneden*. Fel *coxswain* profiadol roedd gan John Matthews ei gynllun. Tybiodd y byddai digon o fôr ar adeg llanw uchel i'w alluogi i'w chyrraedd a thynnu'r criw oddi arni, er bod perygl y byddai'r bad ei hun yn mynd yn sownd ar y tir. Roedd hyn yn destun pryder amlwg gan nad oedd sicrwydd bod y *George Wade* yn ddigon mawr i gludo criw llong mor fawr yn ddiogel. Felly galwyd am gymorth bad achub Caergybi hefyd. Roedd y ffaith bod y tywydd yn gwaethygu yn ychwanegu at eu problemau gan fod gwyntoedd cryfion erbyn hyn yn chwythu o'r gogledd-ddwyrain, roedd y môr yn arw ac roedd hi'n rhewi. Wrth hwylio am y llong roedd dŵr yn llifo i mewn i'r bad yn rheolaidd. Nid mater hawdd oedd cyrraedd y *Gleneden*.

Erbyn i'r *George Wade* gyrraedd y stemar roedd hi'n hanner nos a sylweddolodd y *Coxswain* John Matthews nad oedd amser i'w golli ac mai ffolineb fyddai disgwyl am y llanw uchel. Aeth yn syth at ochr y llong gan lwyddo i gael y criw *lascar* (llongwyr o Is-gyfandir India) oddi ar y llong yn ddiogel, roedd 49 ohonynt! Roedd un ar ddeg swyddog yn dal ar ei bwrdd ond eu penderfyniad hwy oedd aros efo'r llong. Mewn gwirionedd roedd penderfyniad y swyddogion yn fendith. Fel y nodwyd uchod roedd *George Wade* yn anaddas i gludo cymaint o ddynion, yn arbennig o gofio'r tywydd a'r moroedd oedd yn wynebu'r bad. Penderfynodd y *Coxswain* John Matthews anelu am borthladd Biwmares yn hytrach na Moelfre a llwyddwyd i lanio'r 49 yno'n ddiogel. Yna hwyliodd yn ôl at y *Gleneden* ac achubwyd yr un ar ddeg swyddog oedd yn weddill. Dic Evans oedd yr ail *goxswain* a bu'n rhaid iddo fynd i fyny'r ysgol i'r llong i berswadio'r capten i'w gadael. Cydnabodd yr RNLI orchest y *George Wade* drwy gyflwyno medal arian i'r *Coxswain* John Matthews a medal efydd i'r peiriannydd Robert Williams. Canmolwyd y criw am eu dycnwch a John Matthews am ei fedrusrwydd wrth y llyw.

Ond nid dyma orchest olaf y *Coxswain* John Matthews a'r *George Wade*. Ar 21 Hydref 1943, a'r rhyfel ar ei hanterth, cafwyd adroddiad gan wylwyr y glannau fod awyren wedi disgyn i'r môr oddi ar Ynys Dulas. Erbyn i'r bad achub gyrraedd y dynion roedd criw'r awyren wedi llwyddo i lansio'r dingi rwber ymhell o'r awyren. Yn anffodus iddynt hwy roeddynt yn wynebu peryglon eraill. Yn gyntaf roeddynt yn agos iawn at y creigiau ac, yn waeth fyth, roedd y tonnau cryfion yn eu hysgubo'n nes at yr ynys. Yr ail broblem oedd ei bod hi'n ganol nos ac felly roedd yn anodd i'r *Coxswain* John Matthews a'i griw weld y dingi. Hefyd roedd yn bosibl y gallai'r bad yrru dros y dingi os na fyddai'r bad achub yn ofalus iawn. Yn ogystal â hyn roedd y môr yn arw ac roedd gwyntoedd cryfion iawn.

Ateb y *Coxswain* John Matthews oedd llywio'r bad i'r man lle credai yr oedd y dingi. Aeth yr ail *goxswain*, Dic Evans, i ben blaen y bad gan orwedd yno a gafael yn dyn ar y bad oherwydd byddai'n hawdd iawn iddo gael ei daflu i'r môr. Drwy orwedd fel hyn gallai Dic Evans arwain y bad achub yn ofalus ymlaen. Cyraeddasant y dingi mewn pryd. Erbyn hyn roedd un dyn wedi ei daflu o'r dingi ond llwyddodd Dic Evans i'w dynnu i'r bad yn ddiogel. Yna taflwyd rhaff at y dingi a dechreuodd y *Coxswain* John Matthews ar y gwaith anodd o yrru'r bad at yn ôl gan dynnu'r dingi yn araf deg. Wedi iddynt gyrraedd moroedd mwy diogel cafodd y dynion eu tynnu i'r *George Wade*. Derbyniodd tri aelod o griw'r bad achub gydnabyddiaeth yr RNLI: rhoddwyd clasbyn at fedal arian y *Coxswain* John Matthews ac at fedal efydd y peiriannydd Robert Williams. Derbyniodd yr ail *goxswain* Dic Evans fedal efydd am ei gyfraniad ef; nid hwn fyddai'r tro olaf iddo ennill cydnabyddiaeth am ei waith dros fad achub Moelfre.

Wrth gofio cyfnod y rhyfel a'r holl drafferthion a wynebai'r bad achub bu Dic Evans yn talu teyrnged i'r *Coxswain* John Matthews am ei allu i fordwyo a'i adnabyddiaeth o'r moroedd o amgylch Moelfre. Rhaid cofio nad oedd gan y bad radio ac nid oedd gan neb olau wrth gwrs. Wrth hwylio gyda'r nos roedd 35 o longau clirio ffrwydrynnau yn gweithio ym mae Moelfre bob nos ac roeddynt yn symud yn gyflym. Yn sicr roedd John Matthews a'i griw yn haeddu pob clod am eu gwaith yn ystod y blynyddoedd hyn.

Mae hanes y *George Wade* yn adlewyrchu profiadau badau achub a chriwiau Moelfre yn gyffredinol. Er i'r bad a'r criw ennyn sylw am waith rhagorol yn achub pobl a sylw'r wasg yn sgil hynny, roedd y bad hefyd yn cyflawni llawer yn ddistaw ac yn ddisylw. Er enghraifft, yn dilyn yr Ail Ryfel Byd prif waith y *George Wade* fyddai cynorthwyo cychod pleser, yn arbennig felly'r iotiau oedd yn prysur ddod yn rhan annatod o arfordir gogledd Cymru. Arwydd arall o newid oedd wedi digwydd erbyn y cyfnod hwn oedd bod y Peiriannydd, Robert Williams, wedi derbyn cydnabyddiaeth am ei waith ef. Badau achub yn cael eu gyrru gan beiriannau oedd gan Foelfre wedi hyn a rhaid oedd hefyd gwerthfawrogi pwysigrwydd y peiriannydd i lwyddiant unrhyw achubiaeth. Roedd rôl y *coxswain* yn allweddol ac roedd y bad achub wedi bod yn ffodus iawn i fod yn nwylo *coxswain* heb ei ail yn John Matthews. Roedd parhad traddodiad o achub bywydau yn bwysig i drigolion Moelfre ac felly roedd yn addas iawn i'r *Coxswain* John Matthews profiadol ennill ei glesbyn olaf pan roedd Dic Evans yn ennill ei fedal gyntaf. Byddai ef yn olynydd teilwng iawn i John Matthews.

Yn 1956 daeth gyrfa'r *George Wade* fel bad achub Moelfre i ben. Roedd hi wedi gwasanaethu'r pentref am 26 o flynyddoedd. Fe'i lansiwyd ar 71 achlysur gan achub 147 o fywydau. Daeth gyrfa John Matthews fel *coxswain* i ben yn Ebrill 1954 wedi 36 mlynedd o wasanaethu ar fadau achub Moelfre. Gallai edrych yn ôl dros ei yrfa â balchder. Enillodd gyfanswm o dair medal arian, dwy efydd a sawl anrhydedd ychwanegol. Gydag ymddeoliad y *Coxswain* John Matthews a'r *George Wade* daeth un bennod yn hanes bad achub Moelfre i ben. Ond byddai'r gwaith o achub bywydau yn parhau.

Robin Evans, '*Coxswain* John Matthews a'r *George Wade*'
Trafodion Cymdeithas Hynafiaethwyr a Naturiaethwyr Môn (2006), 81-86

Llyfryddiaeth:

Eames, A.: *Rescue: 150 years of Moelfre Lifeboats* (Moelfre, 1980)
Jones, Gwilym: *A Brief History of the Moelfre Lifeboat* (Penrhyndeudraeth, dd)
Jones, Ivor Wynne: *Shipwrecks of North Wales* (Ashbourne, 2001)
Parry, Henry: *Wreck and Rescue on the Coast of Wales 2: The Story of the North Wales Lifeboats* (Truro, 1973)
Pamffled: 'Moelfre Lifeboat Station' (RNLI)

Rwy'n ddiolchgar i Mrs Linda Thomas am ei chymorth wrth baratoi'r erthygl hon.

Y *MOELFRE ROSE*

(Penillion wedi'u hanfon at Mrs Francis, Cerrig Ddewi ynglŷn â'i mab Roland
a fu farw tra'n gwasnaethu ar y Dudley Rose yn 1930.)

'Mynd yn llawen oddi cartref
Heb un gofid dan ei fron
Ni feddyliodd na ddychwela
Pan yn cefnu ar y don.
Clwyfwyd ef yn nhir yr estron
Megis llawer gwron gynt;
Ac yn naear Ffrainc mae'n gorwedd,
Wedi'r holl flinderus hynt.

Byw mewn gobaith hyd y diwedd
Wnaethoch, deulu dan eich pwn;
Gweled Rolant wedi gwella
Fuasai'n well na'r byd yn grwn
Siomir ni gan ein gobeithion
Tra yr ydym ar ein taith,
Ac mae beunydd yn yr anial
Rywrai gyda'u gruddiau'n llaith.

Er na chawsoch weini arno
Pan mewn poen ymhell o'i wlad
Meddwl nos a dydd am dano
Yr oedd cariad mam a thad.
Ond rhaid bellach ymdawelu
Iach heb boen na chlwyf yw ef,
A chewch eto gydgyfarfod
Dan deyrnasiad Brenin Nef.

Anhysbys

Roedd y wasg Gymreig yn rhan bwysig o fywyd cymdeithasol a diwylliannol cymunedau ar hyd a lled Cymru. Ar ddiwedd y bedwaredd ganrif ar bymtheg ac yn ystod degawdau cynnar yr ugeinfed ganrif bu'r *Clorianydd* yn cael ei ddarllen ar sawl aelwyd ar draws Ynys Môn. Disgwyliai sawl cartref yn eiddgar i ddarllen colofnau megis 'Rhys Dafydd Sy'n Deyd', gyda'i straeon tabloid. Roedd newyddion o'r pentrefi yn boblogaidd ac un elfen amlwg oedd barddoniaeth ar destunau, ac o safon, amrywiol. Roedd y gerdd anhysbys uchod yn nodweddiadol o'r cyfnod, er bod y digwyddiad yn un anghyffredin.

Llongwyr *'Roses'* Moelfre

Robin Evans

Cyflwyniad

Ar ddiwedd y bedwaredd ganrif ar bymtheg, ac yn ystod hanner cyntaf yr ugeinfed ganrif, roedd enw Richard Hughes yn adnabyddus ar hyd arfordir Cymru a thu hwnt. Ef oedd perchennog cwmni llongau'r arfordir mwyaf Cymru a Lerpwl. I nifer fawr o bobl ei lynges ef oedd y Welsh Navy ond adwaenid hwy'n well fel llongau'r *'Roses'*.[1]

Yn wreiddiol, rhoddodd Richard Hughes enwau blodau'n unig ar ei longau ond wedi 1911 daeth yn arferiad ganddo roi'r enw *'Rose'* ar ddiwedd enw pob llong.[2] Gallai'r gair *'Rose'* ddilyn enw arweinydd milwrol, *Haig Rose* er enghraifft, enw teuluol, *Maurice Rose* ar ôl un o wyrion Richard Hughes, neu enw lle megis y *Moelfre Rose*. Rhoddwyd yr enw *Moelfre Rose* i gydnabod bod cymaint o longwyr a gyflogwyd gan Richard Hughes yn dod o'r pentref bychan hwn ar arfordir Môn. Yn yr erthygl hon, ceisir adrodd hanes profiadau rhai o'r morwyr hynny ar longau'r *'Roses'*.

Ymuno efo'r *'Roses'*

Roedd cwmni Richard Hughes yn masnachu yn ystod cyfnod o newid, cyfnod pan oedd y llongau stêm yn diorseddu'r llongau hwyliau hyd at ddyfodiad y llong modur. I rai o drigolion Moelfre, felly, roedd mynd ar longau'r *'Roses'* yn gychwyn gyrfa, tra bod eraill wedi cychwyn ar longau hwyliau ac yna'n wynebu'r her o addasu i'r llongau stêm modern. Roedd addasu i'r drefn newydd yn dod ar ddiwedd gyrfa hir rhai llongwyr a dreuliodd bron i oes ar y llongau hwyliau.

Un o'r rhai a gychwynnodd ei yrfa forwrol ar ddiwedd oes y llongau hwyliau oedd Thomas Evans, Penrallt. Roedd yn fab i forwr ac yn un o naw o blant, wyth ohonynt yn fechgyn a phob un yn llongwyr. Adlewyrcha ei brofiad ef o fynd i'r môr am y tro cyntaf yr hen ffordd o gael gwaith. Roedd ef, fel nifer o hogiau ifanc y pentref, wedi arfer chwarae ar longau hwyliau a laniai'n gyson ar draeth y pentref. Un tro, aeth criw ohonynt, tua naw neu ddeg mlwydd oed, ar sgwner a oedd ar y gro i ddangos eu hunain. Wrth ddringo i fyny'r mast syrthiodd Thomas Evans a thorri ei fraich.

Rhagbaratoad oedd y math yma o chwarae ar gyfer y diwrnod pan fyddai'r bechgyn yn mynd i'r môr eu hunain. Dyma sut y disgrifiodd John Evans, mab Thomas Evans, ei dad yn mynd i'r môr am y tro cyntaf:[3]

> Dwi'n cofio'n nhad yn dweud fel yr oedd o wedi mynd i'r môr gyntaf . . . fel y byddai'r sgwners yma yn dŵad i Bae Moelfre hefo glo, a wedyn oedden nhw'n dadlwytho'r glo a pobl yn mynd yno, 'chi, efo troliau i nol y glo . . . a wedyn roedd yr hogiau'n ysgol wrth gwrs, yn dod o'r ysgol, oedden nhw bedwar ar ddeg neu beth bynnag oedd hi, 'te, a wedyn, wedi bod yn siarad efo rhai o'r criw oedd wedi dŵad i'r lan, 'te, a wedyn fy nhad yn rhedeg adre 'te, a fy nhad, fel o'n

i'n deud wrthych chi, oedd y fenga ohonyn nhw amser hynny . . .at nain a deud 'Mam, dwi'n goro mynd i'r môr.'

Wrth gwrs doedd hynny ddim byd amser hynny, dyna lle oedd pawb yn mynd . . . a'r hen wraig yn deud:

'Dwy ti'm ishio mynd. 'Di o'm yn beth da, tydi o ddim. Sbïa dy dad . . .' a hyn a llall . . .

'Na. Dwi ishio mynd. Dwi 'di bod yn siarad efo peth'ma a mi ga'i fynd efo nhw.'

'Pryd wyt ti'n mynd?'

'Dwi ishio mynd heno. Mae'n hwylio heno.'

. . . A dyma wneud y pac . . . oedd yr hen wraig yn gwybod beth oedd o eisiau 'toedd, achos roedd yr hogiau eraill i gyd wedi mynd o'i flaen o . . . Ew, ac yn llanc medda fo, 'te, mynd i lawr o dop yr allt rŵan ac i lawr yr allt, a'r hogia eraill, a pawb yn sefyll yn gwatsiad Tom neu Tommy'n mynd rŵan.

A minnau'n llanc yn mynd yn y cwch rŵan, a'r lleill yn deud 'Ew, braf arnat ti'n cael mynd.'

Roedd Thomas Evans yn byw yn un o dai Penrallt sy'n wynebu'r môr ac wrth hwylio o'r bae roedd ei fam ar y bonc yn ei wylio'n mynd ac yntau'n 'codi law ar ei fam'.

Anyway dyma gychwyn rŵan a mynd rownd y Leinws a cyn iddo fo gyrraedd y Leinws dyma fo'n torri'i galon 'te. Hiraeth 'te. Ond yr hen gapten yn deud:

'O fyddi di'n olreit ysdi. Mae pawb wedi bod yr un fath a chdi.'

A sâl môr 'te. A dim cwyn i'w gael . . . 'gosa wyt ti ishio'r bwyd, wel rhaid i ti fyw hebddo.'

Wrth gwrs addasodd Thomas Evans i'w fywyd ar y môr yn fuan iawn a llongwr bu ef ar hyd ei oes. Gyda diflaniad y llongau hwyliau, rhaid oedd troi at y llongau stêm a threuliodd flynyddoedd maith ar longau stêm yr arfordir, gan gynnwys cyfnod ar yr *Anglesea Rose*, a hynny fel mêt.

Aeth Huw Owen, Morawelon, i'r môr pan roedd yn 13 mlwydd oed hefo'i bac ar ei gefn. Mae'n bosib' iawn mai ar y *Belt*, un o longau Moelfre, yr aeth i'r môr gyntaf.[4] Yn ôl merch Capten Owen, y diweddar Margaret Williams, aeth i Fangor i ymuno â'r llong ac yna dychwelyd yn syth oherwydd hiraeth. Ond ymateb ei fam oedd rhoi paned o de a brechdan iddo a'i yrru yn ôl i Fangor! Fel Thomas Evans, troi at y stemars wnaeth yntau a bu ef yn ddiweddarach yn gapten ar y *Dorrien Rose*.[5]

Dechrau ar yr hen longau hwyliau cyn symud i'r stemars wnaeth dynion fel Thomas Evans a'r Capten Huw Owen. Dechrau eu gyrfa forwrol efo'r stemars oedd hanes y rhai a aeth i'r môr yn y 1920au a'r 1930au, fodd bynnag. Er nad oedd o'n un o Foelfre'n wreiddiol, pan aeth Evan Owens ar y môr am y tro cyntaf yn 1929 ar un o longau'r 'Roses', sef y *Wild Rose*, oedd hynny. Roedd y tridegau'n gyfnod anodd iawn oherwydd y dirwasgiad ac er bod nifer o gapteiniaid llongau Coastlines yn ardal Pengraigwen, sef cartref Evan Owens, nid oedd gobaith i neb gael gwaith gyda'r llongau hynny.[6] Drwy gyswllt personol, sef drwy ofyn i Gapten Tommy Jones, Penrallt y cafodd

Evan Owens fynd i'r môr am y tro cyntaf. Cofia ef fel yr oedd llawer o'r llongau hwyliau wedi dod i ben pan aeth ef ar y môr, ac eithrio rhai Gwyddelig, ac felly roedd morwyr yr hen longau hwyliau yn awr yn gorfod gweithio ar y stemars. Roedd hyd yn oed rhai a oedd wedi bod yn gapteiniaid ar y llongau hwyliau yn awr yn llongwyr cyffredin neu'n gogyddion ar y stemars.[7]

Digon tebyg fu hanes fy nhad, Capten Robert Owen Evans, wrth gychwyn ei yrfa ar y môr. Roedd ef hefyd wedi holi ei ewythr, Capten Harry Evans am le ar long (sef brawd y Thomas Evans uchod). Aeth fy nhad i'r môr am y tro cyntaf ar un o longau'r *'Roses'*, sef y *Sturdee Rose*, ac roedd ei brofiad ef yn adlewyrchu cymwynasgarwch cymuned forwrol.

> . . . nes i gael dillad gan ddynion y pentref 'ma . . . trowsus *'dungaree'* gan un, siaced *'dungaree'* gan llall, bag llongwr gan hwn a *'seaboots'* gan llall a chuddio nhw i gyd yn y sied yn y cefn . . . 'doedd gennyf ddim pres hyd yn oed i fynd i ffwrdd, dim ond digon o bres i fynd i Stesion Bangor 1/3d . . . ar fys . . . ac Yncl Harri yn fy nisgwyl i yno a thalu'n *'fares'* i i'r Barri..'[8]

Ond, nid mynd i'r môr am y tro cyntaf efo llongau stemars yr arfordir oedd hanes pob un o longwyr Moelfre yn ystod oes y llongau stêm. Rhan, yn unig, o yrfa forwrol hir ac amrywiol oedd cyfnod rhai o forwyr y pentref ar longau'r *'Roses'*. Dechreuodd y Capten William John Hughes, Rowena, ei yrfa forwrol drwy fynd fforen hefo Capten Griffiths, y Fron, ac wedyn aeth ar longau'r *'Roses'* tan yr Ail Ryfel Byd pryd y bu'n swyddog yn y Llynges.[9] Yn yr un modd aeth ei frawd Owen Jones Hughes i'r môr gyntaf efo Capten Jones, Ardmore. Wedi dod adref o dde America bu adref ar ei wyliau am ychydig wythnosau cyn mynd ar y *Wild Rose*. Roedd y profiad a gafodd wrth deithio dramor yn sicr o gymorth iddo oherwydd erbyn iddo gyrraedd y *Wild Rose* nid *deck boy* oedd Owen Jones Hughes mwyach ond yn 'AB mawr erbyn hyn . . . llongwr mawr'.[10] Yn ddiweddarach yn ei yrfa bu Owen Jones Hughes yn gweithio i Gorfforaeth Trinity House.

Eu Trâd

Llongau'r arfordir oedd llongau'r *'Roses'* ac felly roedd morwyr Moelfre a weithiai i'r cwmni yn cael y cyfle i weithio ar nifer o lwybrau masnach fyrion.

Dywed Dic Evans, y *coxswain* enwog, mai cario glo o dde Cymru i Ffrainc oedd gwaith pennaf llongau'r *'Roses'*. Yn ôl ef roedd yna 'trâd ofnadwy' yn ystod y degawdau cyn yr Ail Ryfel Byd.[11] Er yn llai o ran maint na nifer o'r dociau eraill, roedd dociau'r Barri yn un o'r llefydd prysuraf, gyda 'llond y lle yn llawn o longau' a'r eiliad yr oedd y lwmpyn diwethaf o lo wedi'i lwytho rhaid oedd hwylio er mwyn gwneud lle i long arall. Er bod y tridegau yn gyfnod y Dirwasgiad Mawr, cofia Evan Owens iddo fod ar bont lywio'r *Wild Rose* yn mynd i lawr am Ynys Wair *(Lundy Island)* ar nos Sadwrn a hithau'n noson reit glir a chyfrif trigain o longau yn hwylio o borthladdoedd de Cymru ar lanw'r noson honno. Byddai cymaint â phymtheg i ugain yn mynd allan o un harbwr mawr fel Abertawe a phob un yn cario glo.[12]

Yn y fasnach lo yr oedd John Matthews Owen hefyd, a hynny yn ei gyfnod ar y *Sturdee Rose*, er ei fod yn fwy adnabyddus yn y pentref fel un o'r rhai a oedd ar y llongau pysgota morfilod.[13] Roedd y *Sturdee Rose*, fu'n cario glo o Fôr Hafren i lefydd fel Calais, Rouen, Brest a Boulogne yn bennaf, yn dychwelyd yn wag bob amser.[14]

Yn achos llongau Lerpwl llwytho glo yn Garston neu fynd i Gamlas Llongau Manceinion i lwytho pyg neu hwylio o Benbedw efo llwyth o flawd am yr Iwerddon oedd y drefn. Er mai glo oedd prif gargo llongau'r '*Roses*', byddent hefyd yn cludo clai llestri o Foey, yng Nghernyw, i Runcorn.[15] Fel hyn y disgrifiodd fy nhad waith llongau'r '*Roses*':

> Cario glo i bob man, '*china clay*', '*in between*' felly a chario '*Woolworth Stores*' i Garston o Antwerp . . . cario pob dim gawn ni . . . fu's i ar y ryn yna am ddwy flynedd . . . wedyn roeddwn i ar ei chwaer hi am dipyn, honno'r un fath. Llwytho glo yn Ne Cymru i Ffrainc, wedyn ...... o Ffrainc i Antwerp. '*Woolworth Stores*' i Garston ar ôl hynny. Pythefnos oedden ni'n gymryd ... os nad oedd hi'n dywydd mawr.[16]

Y criw a'u gwaith

Mae atgofion John Matthews Owen am ei gyfnod efo llongau'r '*Roses*' yn rhoi darlun o fywyd ar longau'r arfordir i ni. Bu ef ar y *Sturdee Rose* efo'i 'D Ewyrth Harry' (sef yr Harry Evans y cyfeiriwyd ato eisoes). Roedd criw o rhyw unarddeg neu ddeuddeg ar long fel y *Sturdee Rose*, sef Capten, mêt, tri llongwr, hogyn, dau daniwr, dau beiriannydd a chogydd. Roedd gwaith y dynion hyn yn amrywio.

Roedd y peirianwyr yn yr ystafell beiriant wrth gwrs a'r ddau daniwr yn y stoc howld. Pan oedd y llong yn y porthladd ac angen gwneud rhywbeth i'r bwyler, 'job fudr wrth gwrs, byddai'r ddau daniwr druan yn gorfod ei neud o bydda, llnau tiwbia a rhyw bethau felly.'[17] Os nad oedd gwaith felly i'w wneud yna rhaid oedd 'llnau yr injan ei hun, ei pholishio hi efo cadachau 'te. Gwneud hi'n lan a'r injan *room* ei hun yn lan 'te. Neu fyddai ishio tynnu'r *cylinder head* neu rhyw bwmp ishio'i drin neu rhyw beth 'te.'[18]

Pan roedd Owen Jones Hughes ar longau'r '*Roses*', gwaith llongwr wrth hwylio oedd llywio, cadw golwg a pheintio. Roedd disgwyl i longwyr baratoi eu bwyd eu hunain, ac roedd llongwyr yn gweld hynny'n drafferth, a hwy'u hunain oedd wedi gorfod prynu eu bwyd eu hunain yn y lle cyntaf. Ond, pan oedd y llong yn y porthladd yna rhaid oedd peintio a chrafu a glanhau rhwd. Nid oedd y llongwyr yn gwneud dim efo'r cargo. Roedd y llongwyr yn agor yr hatshus yn barod, eu cau nhw ac yn eu peintio, felly roedd digon o waith.[19]

Yn ôl John Matthews Owen eto, gwaith llongwyr oedd:

> . . . peintio a chipio rhwd ac yn port, pan fyddai'n llwytho, fyddai ishio'i symud hi (y llong). Byddai'r hen *drimmers* yn South Wales 'na'n ddiawlad chi, wnaethon nhw ddim strôc o waith dim ond gweiddi '*Shift ship*' 'te rhyw ychydig o droedfeddi i sbario nhw shovelio.[20]

Gwaith y *trimmers* oedd trimio'r cargo yn yr howld, sef lluchio'r glo i bob congl rhag i'r llong symud y glo i un ochr a capseisio.

Fyddech chi'n dŵad o Ffrainc, dywedwch, a cael i Bristol Channel wel ddywedan ni bump, chwech saith o'r gloch y nos 'te, *straight* o dan y tip. Bwrw'r glo iddi. Oeddech chi'n mynd am y blydi *lock gates* wedyn cyn bod hi wedi dyddio wedi llwytho. Lle bynnag oeddech chi'n mynd fydda 'na rhyw *storekeeper, shopkeeper* bob amser yn y *locks*. Wedyn oeddech chi 'di sgwennu be oeddech chi ishio i fwyd, roi o i hwnnw a fydda hwnnw yn y locks yn disgwyl chi pan oeddech chi'n mynd allan efo nhw. A dim un geiniog am 'neud. Dim ond y'ch *lousy two pound eighteen* a prynu bwyd eich hun a'i gwcio fo.

Gwaith arall y llongwyr oedd glanhau'r howld. Roedd faint o amser yr oedd hynny'n ei gymryd yn dibynnu ar y cargo. Ar gyfartaledd byddai'n cymryd rhyw bedair awr i dri neu bedwar o longwyr i lanhau'r howld. Yn ôl fy nhad yn y porthladd fyddai'r gwaith caled yn digwydd.

Wedyn yn y port roeddet ti'n gweithio drwy'r dydd a thrwy'r nos weithiau. Yn Ne Cymru, pan oeddem yn llwytho glo'r adeg hynny roeddem yn gweithio ddydd a nos. Pedwar diwrnod fu's i fwyaf ar fy nhraed, yn Abertawe – dim ond gorwedd ar y llawr ac os caet ti hanner awr roeddyt yn lwcus iawn. (Roedd) eisiau 'shifftio'r' llong . . . cael rhyw un wagan o lo . . . eisiau '*heavio*' hi yn ei hôl wedyn . . . mynd hefo cwch a rhedeg weiars i'r lan, a rhyw hanner awr fuost ti yno, eisiau '*heavio*' hi'n ôl . . . a llongau eraill (ym mhobman) a phawb ar draws ei gilydd. Roedd yn dda gen i fynd allan i'r môr i gael dipyn bach o *rest*. Roeddet ti'n medru cerdded dros y top yn Abertawe, pan oedd y '*trade*' glo ar ei orau.[21]

Prif waith y mêt oedd llywio a cadw golwg. Os oedd y mêt ar ddyletswydd, dyweder rhwng wyth a hanner nos yna nid oedd yn symud oddi ar y bont lywio. Byddai llongwyr hefyd yn cadw golwg ac yn llywio, sef awr wrth y llyw ac awr wrth gefn gyda'r nos. Ond yn ystod y dydd, wedi gwneud awr wrth y llyw, roedd y llongwyr yn gorfod mynd i beintio neu crafu rhwd ac eithrio ar ddydd Sadwrn a dydd Sul – llywio'n unig fyddai'n rhaid yr adeg hynny.[22]

Nid oedd y môr yn ddieithr i ddynion Moelfre. Ond, nid oedd hynny'n wir am rywun fel Evan Owens o gefn gwlad.[23] Cychwynnodd ei yrfa forwrol fel llongwr gan ddysgu trwy brofiad. Ei waith cyntaf oedd rhawio glo a gwneud gwaith llongwr – trin gwifrau, peintio, a thrin cwch. Roedd ef wedi arfer gwneud hynny oherwydd roedd ganddo gwch yn Dulas, traeth ychydig filltiroedd i'r gogledd o Foelfre. Roedd gallu trin cwch yn bwysig yn y tridegau oherwydd diswyddwyd y dynion cwch a gyflogwyd fel arfer yn yr harbwr i glymu'r llong i fwi. Felly yn lle cael cwch o'r lan, roedd yn rhaid i gapten ddefnyddio cwch o'r llong hefo dau o'r criw ynddi i wneud y gwaith. Gallai hynny fod yn waith peryglus iawn. Os oedd eisiau rhoi'r llong ar y bwia ar Afon Llundain a hithau'n ganol nos ac yn chwythu a bwrw yna byddai dau o'r criw yn mynd efo cwch, dan y bow a chymryd y weiren a'i rhedeg hi'n bell i'r bwi. Nid oedd tâl ychwanegol i'w gael a rhaid cofio mai un rhwyf oedd gan y llongwyr a rhaid oedd rhodli

– ac nid oedd hynny'n hawdd bob amser, yn enwedig lle'r oedd llanw mawr.

Fel arfer roedd rhyw dri thaniwr ar y llongau, er yn ystod y dirwasgiad dau yn unig, un ar gyfer pob gwyliadwriaeth, oedd gan sawl llong.

> Oedd taniwr da yn *skilled job* 'te . . . Fyddwn i'n arfer meddwl mai mater o luchio glo i'r tân oedd o ynte. Ew, naci. Mi oedd hi'n grefft . . . Oedd y taniwr profiadol yn gwybod sut i drin glo, trafod glo, dywedwch glo de Cymru . . . a mewn llong, uwch ben y boileri . . .(roedd) *grating*, oeddech chi'n sbïo i lawr ar y taniwr pan oeddech chi'n cael smoc oddi ar y *bridge*, yn oer yn y gaeaf, mynd i fanno a sbïo i lawr ar y taniwr a gweld o yn fanno yn ei *singlet*, pedwar tân mawr a drws yn chwyrnu tynnu a tu allan oeddech chi'n gweld y cymylau o fwg yn mynd ohoni 'te . . . mae yna rhywbeth arbennig mewn injan stêm, yn mesmereiddio chi. Mae'n troi yn ddistaw, 'does ganddi ddim sŵn, ar wahân bod sŵn y môr ac ati 'te, ambell i glep. Ond injan stêm mewn cyflwr da, mae'n mynd a toes 'na ddim mymryn o sŵn ynddi, a'r nerth sydd ynddi. A'r taniwr, mae eisiau lot o lo, mae'n llosgi tunelli o lo yn dydd, ond pentyrrwch chi lo mi ddiffoddwch y tân. Fyw i'r tân 'na fod i fyny ormod ac mae'r *gauges*, ar y ddau foiler, mae nhw i fod i fyny rhwng fanna a fanna. Os eith o i fyny o'r marc coch mi chwythith y *safety valve* ac mae sŵn dychrynllyd, yn gwastraffu, ac mae hynny'n golygu'r *chief* yn mynd o'i go ynte. Mewn harbwr, mae hi'n *offence* 'te, i long chwythu allan . . . Rŵan pan fyddo ar yr *east coast*, dywedwch, glo yr amser hynny yn llosgi'n gyflym a dim *steam coal* (ond) *house coal* digon rhad, eisiau lluchio lot o hwnnw a'i drin o, clinkers mewn ambell i lo, oedden nhw'n gwybod yn union sut i drin o 'te. Y dyn profiadol 'te.[24]

Roedd yna *donkeyman* hefyd. Ar y stemars, ef oedd uwchben y taniwr ac roedd yn gyfrifol am y bwyleri yn yr harbwr ac yn atebol i'r ail beiriannydd. Os oedd tri neu bedwar taniwr ar long yna roedd y *donkeyman* yn gyfrifol am wylio rhwng 8-12, y bore a'r nos, bob amser.

Fel arfer gwneud bwyd i'r caban yn unig oedd y cogydd, er weithiau byddai capteiniaid go dda yn cael y cogydd i wneud bwyd i'r llongwyr hefyd, hyd yn oed ar rai o longau'r 'Roses'. Nid oedd y cogyddion, ac roedd nifer ohonynt mewn oedran, yn gwneud unrhyw waith arall heblaw paratoi bwyd ac edrych ar ôl y gali. Roeddynt yn gwneud bwyd i'r swyddogion am ei fod yn wastraff amser iddynt hwy orfod gwneud eu bwyd eu hunain, fe roddai dipyn mwy o statws iddynt hwy hefyd. Er y byddai ambell i gogydd yn rhoi help llaw i'r criw, roedd hynny ar eu gwaethaf. Yn y gali roedd tanc copr mawr sgwâr, yn llawn o ddŵr poeth, ar ben y stof, gyda thân ynddi bob amser. Byddai'r taniwr yn cyflenwi byncar y gali a'r cogydd yn cadw'r tân. Yn gyffredinol, fe dderbynnid mai pwy bynnag oedd ar y cyfnod gwylio rhwng pedwar ac wyth y bore fyddai'n gorfod glanhau tân y gali a rhoi glo ffres a'i danio fo a hynny tua pump o'r gloch y bore. Wedyn roedd sosban fawr a thecell anferthol a byddai'r rheiny yn berwi bob amser. Byddai'r cogydd yn codi tua chwech o'r gloch ac os nad oedd y llongwr ar ddyletswydd wedi edrych ar ôl y tân yna byddai'r cogydd yn gwneud bywyd yn annifyr i unrhyw longwr a oedd yn defnyddio'r gali.[25]

Amodau byw a gwaith

Roedd gweithio ar longau'r *'Roses'* yn waith caled, diddiwedd ac fel y dywed Frank Rhys Jones, *'To make them pay their way they had to be run hard on a shoestring'.*[26] O'r herwydd, roedd llongau Richard Hughes yn enwog am eu cynildeb.

Erbyn yr 1920au roedd nifer o gwmnïau'r arfordir wedi rhoi'r gorau i'r hen drefn o gael y criw yn prynu a choginio eu bwyd eu hunain a bellach cyflogid cogydd llawn amser. Roedd Richard Hughes, fodd bynnag, yn tynnu cost y bwyd o gyflogau'r criw ac oherwydd hyn fe'i hadwaenid fel 'Hungry Dick'.[27] Er bod cwynion am fwyd yn amlwg yn un o'r prif gwynion ynglŷn ag amodau gwaith, nid yw cwmni Richard Hughes yn wahanol i weddill y cwmnïau o safbwynt atgofion llongwyr Moelfre.

Fel y nodwyd uchod roedd y cogydd yn paratoi bwyd ar gyfer y capten, y peirianwyr a'r mêt – roedd rhaid i 'bawb arall cymryd eu siawns' a chyfrifoldeb y llongwr unigol oedd prynu a pharatoi ei fwyd ei hun:[28]

> Pan oeddech chi yn yr harbwr oeddech chi'n trio prynu digon i neud i chi am y trip 'te. Ella bod chi dri diwrnod ar y trip, ella bod chi bedwar . . . oedd hi'n iawn os oedd pethau'n mynd yn iawn ond tywydd mawr o'chi'n cael dal i fyny, oeddech chi'n llwgu adeg honno.'[29]

Un o ddynion Moelfre a oedd wedi bod ar y sgwners ac yna wedi symud i'r stemars oedd Lewis Francis, a oedd yn dipyn o gymeriad. Nid oedd William Evans erioed wedi bod ar long stemar a dyma Lewis Francis yn ei roi ar ben ffordd ar sut i wneud bwyd ei hun yn y gali – gan bwysleisio nad oedd angen prynu *bacon* dim ond wyau. Bore drannoeth, wrth i'r cogydd adael y gali efo llwyth o fwyd i'r caban, dyma Lewis Francis yn cymryd dwy sleisen o *facon* gan ddweud wrth William Evans i wneud yr un fath.

Roedd dulliau eraill gan Richard Hughes o arbed arian hefyd. Roedd disgwyl i'r criw fod yn wylwyr gyda'r nos pan oedd y llong mewn porthladd am nad oedd ef yn barod i gyflogi gwylwyr nos y porthladd ei hun. Yn yr un modd roedd yn well ganddo gyflogi capteiniaid efo tocyn peilot ar gyfer y porthladdoedd hynny yr oeddynt yn ymweld â hwy'n aml er mwyn arbed cost i'r cwmni.[30] Er na chyfeiriodd llongwyr Moelfre at hyn yn sicr roedd pwysau eraill ar aelodau'r criw.

> Llongau *Roses* oedd sôn amdanyn nhw . . . munud bydda 'na long yn gweld llong *Roses alongside* oedd bopeth dan glo wyddoch chi. Toedd na'm byd arnyn nhw, 'toedd na'm *heaving line* arni i daflu i'r lan yn lot ohonyn nhw neu os oedd yna oeddech chi fod i iwshio hi i halio *lamp navigation* i fyny yn nos. 'Toedd na'm brwsh paent iddyn nhw, 'mond lwmp o ??? Oedden nhw'n gythreulig.[31]

Ategwyd hyn gan fy nhad:

> . . . a fyddai'r llongau eraill yn dweud: 'Mae llongau *Roses* yn dod i mewn – fydd yn rhaid i ni gloi bob dim i fyny rŵan' . . . dwyn nhw ti'n gweld . . . dwyn rhaffau nhw a phob dim . . .[32]

Yn ôl John Matthews Owen:

> ... byddai *mates* y llongau eraill yn dweud *'watch out the Rose boats are coming in'* yn enwedig os oedd hi'n mynd *alongside* â hi. Dwi'n cofio ni *alongside* un o longau Elder Dempster yn Lerpwl hefo'r *Sturdee* a doedd dim *signal hauliers* na dim na *heaving line* arni ac mi oedd gan honna (y llong arall) ??? mawr ar ei *foremast* a dau *signal hauliers* bob ochr ac roedden nhw wedi rhoi y peilot *ladder* reit wrth ochr *rigging* honno ac wedyn roeddem ... yn mynd i'r llong daffod y cwlwm a mynd i lawr hefo pren hon hefo ni a dwyn eu *signal hauliers* nhw ... nid oedd byth baent ychi ... Mi sinciodd yr hen *Sturdee*, roedd hi wedi bod yn cnocio yn rhywle ac roedd na dwll ynddi ac mi oedd y mêt wedi rhoi *cement box* i gau y twll ac mi oedd yn mynd yn wag o Lerpwl i'r Bristol Channel, diwrnod braf, ac mi aeth i lawr fatha carreg.[33]

Wrth gwrs mewn sawl ystyr doedd byw ar long *'Roses'* ddim gwahanol i nifer o longau eraill, fel y disgrifiai fy nhad:

C.   Ym mhle roeddech chi'n cysgu ar y llong?

R.E.   Reit yn ei phen blaen hi i chdi, y *'bow'* ... pawb yn cysgu hefo'i gilydd yn yr un lle, y *'chain'* angor a phob dim yn y canol yn llawn baw ... 'doedd dim caban na dim ... *'bunks'* ar hyd ochr y llong a honno'n gollwng dŵr ar dy ben di a bob dim.

Hefyd:

> ... yr adeg yna roedd yn rhaid ... byw mewn *'seaboots'* ac *'oilskins'*, dim ond gorwedd ar y llawr, dim ots beth oedd yno. Roeddet ti wedi blino gormod. Gwneud pryd o fwyd wedyn. Y rhan fwyaf (o'r criw) dim ond yn gorwedd ar y dec, wedi blino gormod. *'Bugs'* ... yn dy fwyta di'n fyw ... a llygod mawr ... ond roedd rheiny ar bob llong (a 'doedd y criw) ddim yn cymryd sylw o'r rheiny ...

C.   Oedd gennych chi le i folchi?

R.E.   Na, dim ond pwced ... roedd pawb hefo pwced. Yn y gaeaf roedd yn rhaid i ti fynd i ... lle roeddynt yn tanio. Roedd yn boeth yno. Dim ond newydd ddod allan oedd *lavatory* yr adeg yna pan es i i'r môr ... ac roedd eisiau eistedd ar y pan yna a hithau'n dywydd mawr a'r dŵr yn dod i fyny'r pan ac yn wlyb at dy groen.[34]

Yn ôl Evan Owens nid oedd yn hawdd cysgu yn nhu blaen y llong ychwaith achos bod cheini'r angor yn mynd i lawr yn y fan honno ac yn cnocio'n swnllyd yn erbyn y beipen adeg tywydd mawr. Gellid mynd i lawr i'r *peak* i lashio nhw hefo'i gilydd ond roedd rhaid i hwnnw fod ddigon gwan i'w dorri'n syth pe bai angen. Problem ychwanegol yn y porthladdoedd glo oedd y ffaith y byddai llwch glo yn dew ym mhobman, a rhaid oedd rhoi papur ar y gwelyau.

Yn sicr roedd amodau byw ar longau'r *'Roses'* yn parhau yn gyntefig – roedd rhaid disgwyl tan wedi'r Ail Ryfel Byd i weld gwella safon amodau byw llongau'r arfordir drwyddynt draw.

Colledion

Oherwydd natur eu galwedigaeth fe wynebai llongwyr beryglon parhaol. Tad Eleanor Lloyd Owen, Bryn Cydafael, Llanallgo oedd Huw Owen, un o deulu Penbonc yn Moelfre. Roedd ef ar y *Gronant Rose* pan suddodd hi yn Ffrainc yng nghanol tywydd braf a hithau'n llong newydd sbon. Roedd gŵr arall o Lanallgo, David Owen, gydag ef. Dwy esgid yn unig llwyddodd Huw Owen i'w achub o'r llong a rheiny ar gyfer yr un troed! Wedi cyrraedd Bangor llwyddodd y ddau i gael lifft efo fan bost i Lanallgo. Nid oedd David Owen yn barod i gerdded adref oherwydd roedd y ddau ohonynt yn gwisgo dillad doniol yr olwg gan y Ffrancwyr, ac felly aeth David Owen drwy'r caeau heibio Bryn Cydafael i'w gartref.[35]

Er iddo oroesi suddo'r *Gronant Rose*, daeth diwedd Huw Owen ar un arall o longau'r cwmni. Tra roedd yn disgwyl am long newydd gofynnwyd iddo os y buasai'n barod i aros ar y *Welsh Rose* am un fordaith arall. Ond yng Ngorffennaf 1939 gosododd yr IRA fom arni a phan agorodd Huw Owen ddrws ei gaban cafwyd ffrwydrad a lladdwyd ef.[36]

Bu farw tri neu bedwar o Moelfre ar longau *Roses* yn Nghernyw. Yn ôl yr hanes adroddwyd gan Dic Evans, roedd rhai o Foelfre, hogiau ifanc i gyd, wedi mynd i'r lan ac wedi bod yn yfed ac wrth fynd yn ôl at y llong mewn cwch fe'u boddwyd.[37]

Nid oes tystiolaeth mai diod oedd yn gyfrifol am y ddamwain uchod ond yn sicr roedd yn amlwg mewn un hanesyn bach arall. Roedd y *Briar Rose* wedi hwylio efo llwyth o lo i Ddulyn ac roedd trawstiau arni i ddal yr hatshus ar y llong. Yn anffodus roedd y criw wedi meddwi i gyd ac mae'n ymddangos bod rhai o Foelfre yn eu plith. Wedi iddi hwylio allan o Ddulyn sylweddolwyd eu bod wedi gadael y trawstiau ar y cei a rhaid oedd mynd yn ôl i Ddulyn. Ni chafwyd damwain y tro hwn ond nid oedd y math yma o ddigwyddiad yn hollol ddieithr wrth hwylio'r glannau.[38]

Os oedd marwolaeth Huw Owen yn nwylo'r IRA yn wahanol i'r mathau o ddamweiniau y cysylltid efo llongau'r arfordir yna gellid dweud yr un peth am farwolaeth Roland Francis yn Rouen. Fel hyn y disgrifiwyd yr hanes gan *Y Clorianydd*.[39]

Saethu Morwr o Foelfre

Digwyddiad Cyffrous yn Rouen

Gorwedd Roland Francis, morwr ieuanc, a brodor o Foelfre, mewn ysbyty yn Rouen, mewn canlyniad, fo honnir, i gael ei saethu, ac y mae mewn cyflwr difrifol. Yr oedd yn un o ddwylo'r llong (946 tunnell) *Dudley Rose*, oedd yn cario glo o Abertawe i Ogledd Ffrainc.

Dywedodd Capten Hughes mai'r cyfan a allai ef ei ddweud oedd i Francis, brynhawn Sul, fod ar y lan a'i fod, yn ôl yr hyn a glybu, yn dychwelyd ar fwrdd y llong pan yr aeth yn dipyn o ffrwgwd rhyngddo ef a Ffrancwr ar y cei. Beth ddigwyddodd rhyngddynt ni wyddai, ond dywedir i'r Ffrancwr dynnu llawddryll a saethu Francis. Gan weiddi 'Yr wyf wedi fy saethu' syrthiodd ar y cei, lle y griddfanai. Galwyd ef (Capten Hughes) i'r lle, a chludwyd Francis i'r ysbyty. Galwyd ar swyddogion y *'Customs House'* a dau heddwas a deallai y cymerwyd y Ffrancwr i'r ddalfa.

Disgrifiai Capten Hughes, Francis fel dyn distaw a dymunol.

Awgrymai newyddiaduron Ffrainc fod gan Francis gyllell ond gwrthddywedodd ef hynny gan na arferai gario un. A pheth arall deallai fod Francis ar y pryd ar y cei tua phum llath oddiwrth y llestr pan daniwyd y llawddryll.

Yr oedd gwraig y Ffrancwr ar y llestr ar y pryd. Nid oedd Francis gyda'r un o'r dwylo eraill.

Yn ôl tystiolaeth lafar trigolion Moelfre, roedd Roland Francis wedi gweld y Ffrancwr yn curo'i wraig ac wedi ceisio ei atal rhag gwneud hynny. Wedi misoedd o ddioddef yn dawel, bu farw Roland Francis yn Rouen ac fel hyn yr adroddwyd yr hanes yn *Y Clorianydd*.[40]

Penillion wedi'u hanfon at Mrs Francis, Cerrig Ddewi ynglŷn â'i mab Roland a fu farw wythnos yn ôl 'wedi misoedd o ddioddef tawel' yn 28 mlwydd oed. Roedd hi wedi derbyn llythyr gan y Parch. Arthur Field, caplan yn Rouen, 'yn dweud ei fod ar gais Roland wedi gweinyddu y sacrament sanctaidd o Swper yr Arglwydd iddo cyn ei farw.

'Mynd yn llawen oddi cartref
Heb un gofid dan ei fron
Ni feddyliodd na ddychwela
Pan yn cefnu ar y don.
Clwyfwyd ef yn nhir yr estron
Megis llawer gwron gynt;
Ac yn naear Ffrainc mae'n gorwedd,
Wedi'r holl flinderus hynt.

Byw mewn gobaith hyd y diwedd
Wnaethoch, deulu dan eich pwn;
Gweled Rolant wedi gwella
Fuasai'n well na'r byd yn grwn
Siomir ni gan ein gobeithion
Tra yr ydym ar ein taith,
Ac mae beunydd yn yr anial
Rywrai gyda'u gruddiau'n llaith.

Er na chawsoch weini arno
Pan mewn poen ymhell o'i wlad
Meddwl nos a dydd am dano
Yr oedd cariad mam a thad.
Ond rhaid bellach ymdawelu
Iach heb boen na chlwyf yw ef,
A chewch eto gydgyfarfod
Dan deyrnasiad Brenin Nef.

Wrth gwrs chwaraeodd llongau'r *'Roses'* eu rhan mewn achub bywydau hefyd. Cofiai Evan Owens fel y bu yn hwylio ar y *Wild Rose* yn 1931 o Port Talbot i ???? efo llwyth o lo. Roedd hi'n ddechrau'r gaeaf ac yn dywydd mawr ac roedd ef a gŵr o Ynysoedd Heledd (Hebrides) ar wyliadwriaeth tua phedwar o'r gloch y prynhawn wrth Benrhyn Gwaedd (Land's End). Gwelodd y ddau long mewn trafferthion, sef yr *Opal*, un o longau cwmni Robinsons o Glasgow. Roedd y llong eisoes ar ei hochr, ac un ochr i'r bont lywio eisoes yn y môr. Roedd mwyafrif y dynion wedi llwyddo i ddianc i un o gychod y llong ond fe'i taflwyd wyneb i waered gan foryn mawr. Bu Evan Owens a gweddill criw y *Wild Rose* yn eu codi nhw o'r môr. Achubwyd pawb ond y capten a'r prif beiriannydd oedrannus a arhosodd efo'r llong. Roedd yr ail beiriannydd, fodd bynnag, wedi neidio i'r cwch arall, heb rwyf na dim, a thrwy ryw wyrth ni throdd y cwch drosodd. Wrth i'r *Wild Rose* symud tuag ati codwyd y cwch at y llong a chamodd yr ail beiriannydd i'r *Wild Rose* heb iddo wlychu dim bron![41]

Pam fod cymaint o longwyr o Foelfre ar longau'r *'Roses'*?

Roedd y rhan fwyaf o longwyr Moelfre yn negawdau cynnar yr ugeinfed ganrif wedi bod ar longau'r *'Roses'* meddai'r Capten Harry Owen Roberts. Ategwyd hyn gan Evan Owens ac ychwanegai, am y *Briar Rose*, 'oedd Moelfre i gyd wedi bod yn honno.'[42] Mae'n ymddangos mai'r prif resymau dros hynny oedd oherwydd eu bod yn llongau Lerpwl ac felly'n gyfleus ond yn ychwanegol at hyn roedd cymaint o Foelfre yn gapteiniaid arnynt. Roedd y capteiniaid hyn yn mynd â nifer fawr o longwyr Moelfre gyda nhw oherwydd bod y cwmni'n cael ei ystyried yn gwmni Cymreig.

Hwylustod amlwg bod yn llongwr efo cwmni Richard Hughes oedd hwylio yn rheolaidd o Lerpwl gan roi cyfle iddynt ddod adref yn aml. Byddai Huw Owen, Bryn Cydafael yn dod adref ar nos Wener os oedd ei long wedi cyrraedd Lerpwl mewn pryd ac yna byddai'n mynd yn ôl pump o'r gloch ar fore dydd Llun. Roedd gŵr lleol yn rhedeg siop ym Mangor ac felly byddai Huw Owen yn cael ei gario i Fangor ac yna dal y trên yn ôl i Lerpwl.[43]

Mae'n ymddangos hefyd fod nifer o longwyr Moelfre yn gallu cael gwaith yn hawdd ar longau'r *'Roses'* ac roedd hynny'n fanteisiol i'r rhai a oedd yn gadael y llongau i bysgota dros y gaeaf. Roedd Robert Owen yn arfer pysgota. Mae'n cofio, er enghraifft, gadael y *Blush Rose* rhywbryd yn yr 1920au yn Runcorn i ddod yn ôl i Moelfre i bysgota.[44]

Byddai nifer fawr o'r llongwyr adref yn y gaeaf yn pysgota, dyna oedd eu bywoliaeth nhw yn y gaeaf, ac roedd diwydiant pysgota gref yn y pentref.[45] Ond nid oedd hynny wedi ei gyfyngu i'r llongwr cyffredin. Roedd William Owen yn beiriannydd ar longau'r *'Roses'* ond byddai'n dod adref i bysgota penwaig bob gaeaf.[46] Roedd Richard Jones yn fêt efo llongau *Roses* a *Monks* ond mae ei ferch, Eluned Coy, yn ei gofio yn dŵad adref i bysgota.[47]

Fel y soniwyd eisoes, rheswm amlwg arall pam yr oedd cymaint o longwyr o Foelfre yn gweithio ar longau'r *'Roses'* oedd oherwydd bod nifer o ddynion y pentref yn gapteiniaid arnynt. Roedd yn arferiad yn y pentref i ddynion holi capten adref ar ei wyliau am waith ac wrth gwrs roedd gan gymaint o ddynion Moelfre, yn gapteiniaid neu beidio, ddigon o gysylltiadau i allu sicrhau gwaith. Fel y nodwyd eisoes, drwy holi ei ewythr yr aeth fy nhad ar y môr am y tro cyntaf. Roedd mamau yn chwarae rhan bwysig hefyd wrth sicrhau swydd gyntaf i'w mab. Byddai nifer o famau hogiau a oedd yn barod i fynd i'r môr yn holi gwraig i gapten am le ar long, a hynny'n llwyddiannus ar y cyfan.

Ar y llaw arall mantais ychwanegol, o ran cyfeillgarwch y tro hwn, oedd bod cymaint o ddynion o Foelfre, neu o gyfeiriad Amlwch, ar y llongau. Bu Bob Matthews Owen ar y *Fullerton Rose* a Tom Jones, 'R Ivy, oedd capten honno.[48] Mae'n bosib mai oherwydd bod y capten o Foelfre y cafodd Bob Matthews Owen waith arni ac roedd dau neu dri arall o Foelfre ar honno.

Tra roedd Owen Jones Hughes ar y *Wild Rose* roedd fy nhad arni hefyd.[49] Yn sicr roedd cael cyfaill yn bwysig iawn i lawer ac, yn arbennig os oeddech chi'n mynd i'r môr am y tro cyntaf roedd adnabod rhywun yn help i gael traed dano. Ni ddylid gorbwysleisio hyn, fodd bynnag, achos roedd hogyn ifanc yn mynd i ffwrdd am y tro cyntaf yn mwynhau bywyd ac os oedd rhywun ar long gwbl ddieithr yna byddai'r dynion, ar y cyfan, yn gorfod deall ei gilydd.[50]

Ond, nid oedd y ffaith bod pawb yn dod o Foelfre yn golygu bod popeth yn gytûn ar y llong fodd bynnag. Fel y nodwyd eisoes roedd Lewis Francis yn gymeriad amlwg yn y pentref. Roedd o ar y *Wild Rose* neu'r *Briar Rose* efo'r Capten Tommy Jones yn St Malo. Roedd Lewis Francis wedi bod i'r lan i gael diod a phan aeth yn ôl i'r llong rhoddodd gnoc ar ddrws y capten a dweud wrtho beth i'w wneud efo'i long! Roedd y ddau ohonynt yn byw wrth ymyl ei gilydd yn Moelfre. Wedi i'r llong gyrraedd arfordir gogledd Cymru dyma'r Capten Tommy Jones yn talu Lewis Francis i ffwrdd.

Ymateb ef oedd 'Ew, ti'm yn rhoi sac i mi?' Yn sicr nid peth hawdd oedd bod yn gapten ar gymydog.[51]

Merched

Nodwyd uchod bod mamau yn chwarae rhan amlwg mewn sicrhau gwaith i longwr ifanc. Roedd Richard Hughes, fodd bynnag, yn adnabyddus am beidio â gadael i ferched fynd ar fwrdd ei longau. Mae R.S. Fenton yn rhoi enghraifft y *Dunmore* yn gorwedd ym mhorthladd Runcorn am ddwy flynedd ond pan aeth gwraig y capten o Amlwch i'w weld nis gadawyd iddi fynd ar fwrdd y llong.[52] Mae trigolion Moelfre yn cadarnhau'r agwedd hon. Byddai merched Moelfre, gwragedd i gapteiniaid rhan amlaf, yn mynd ar y llongau gyda'u gwŷr ac yn ôl Robert Owen ('Bob Boldon' neu 'Bob Cross' ar lafar gwlad) roedd hynny'n digwydd ar longau *Roses* ond ataliodd 'Dic Hughes,

Roses' yr arferiad. Yn ôl Robert Owen roedd hyn oherwydd bod rhyw ferched o Amlwch wedi cwyno wrth Richard Hughes fod 'hwn a hwn' yn feddw ac yn mynd â merched hefo nhw ar y llongau.

Cawn gadarnhad o brofiad y *Dunmore* gan Robert Owen hefyd gan iddo gofio bod ar y *Blush Rose* yn Preston a gwraig y Capten ar y cei. Ond er ei bod yn tywallt y glaw, ni chafodd hi fynd ar y llong.[53]

Agweddau

Mae'n amlwg bod llongau'r *'Roses'* wedi bod yn bwysig iawn i bobl Moelfre oherwydd eu bod yn rhoi gwaith i drigolion y pentref. Ond, roedd yr amodau byw a gwaith caled yn rhoi enw drwg i'r cwmni.

Prif fantais llongau'r *'Roses'* i ddynion Moelfre oedd y ffaith eu bod yn rhoi gwaith cyson iddynt. Roedd hynny'n wir hyd yn oed yn y tridegau llwm.[54] Pryd hynny yr aeth fy nhad i'r môr am y tro cyntaf gan dreulio blynyddoedd ar longau'r *'Roses'* heb fod yn segur o gwbl. Ond, er yn ifanc, roedd realiti'r sefyllfa gyflogaeth yn amlwg i fy nhad

> ... roeddwn i yn y bae 'ma [Bae Moelfre] bob pythefnos ... bydda'r peilot ... wrth y cwt *'lifeboat'* ... a chefais i ddim awr adref, dim ond sbïo ar y lle ... 'doedd fyw i neb, roedd rhywun arall yn disgwyl i wneud ei waith o.[55]

Roedd Owen Jones Hughes yn lwcus bod mewn gwaith drwy'r 1930au i gyd ond roedd ewythr i Owen Jones Hughes yn gapten felly roedd hynny'n help.[56] Er bod llawer iawn o ddiweithdra yn yr 1930au llwyddodd Owen Jones Hughes i gael gwaith y rhan fwyaf o'r amser – hynny ar longau'r *'Roses'* yn bennaf oherwydd bod y capteiniaid o Foelfre ac o Amlwch, a Chymry oedd y mwyafrif llethol ohonynt. Ychydig iawn y bu Owen Jones Hughes allan o waith a gellir diolch yn rhannol i longau'r *'Roses'* am hynny.[57] Mae Evan Owens yn cytuno. Roedd yr un bobl arnynt am flynyddoedd, meddai, a rhaid cofio bod llongau cwmnïau eraill yn gorwedd i fyny ac y byddai rhes o bobl ar y *gangway* ym mhobman yn gofyn am waith – felly roedd y cysylltiadau lleol yn amlwg o fantais i longwyr Moelfre.

I Evan Owens nid oedd yr amodau fawr gwaeth ar longau'r *'Roses'* o'u cymharu â llongau eraill.[58] Y gwahaniaeth oedd bod llongau'r *'Roses'* yn cael eu rhedeg ar y nesaf peth i ddim costau. Felly tra bod gan longau cwmni Kennaugh, er enghraifft, ddigon o baent roedd llongau'r *'Roses'* yn rhwd i gyd. Ond, ar wahân i hynny doedd dim gwahaniaeth rhwng gweithio ar longau'r *'Roses'* a gweithio ar unrhyw long arall.

> 'Toeddech chi dim ond slafs i'r *shipowner* nacoeddech, wrth i chi feddwl am y peth ... *twenty four hours a day, seven days a week, anything over, over time* 'te.[59]

Yn ôl Dic Evans roedd llongau'r *Roses* yn llongau ofnadwy.[60] Byddai nifer nad oeddynt yn addas i fod yn gapteiniaid yn cael eu penodi'n gapteiniaid arnynt. Yn ychwanegol at hyn, roedd y cwmni yn adnabyddus am gam-drin capteiniaid drwy, er enghraifft, ostwng capten o'i swydd uchel ar y llong i swydd llongwr cyffredin. Ar ben popeth, roedd y cwmni hefyd yn diswyddo'u gweithwyr am y nesa' peth i ddim.

Ar y llaw arall, un o ragoriaethau llongau'r *'Roses'*, a hynny'n arbennig mewn cyfnod o ddirwasgiad oedd y ffaith eu bod yn cymryd dynion a oedd heb gymwysterau ffurfiol, nes daeth y to ifanc. Wrth gwrs roedd hynny'n fanteisiol i'r cwmni hefyd. Roedd y dynion hŷn yn ddynion da a phrofiadol a oedd yn adnabod yr arfordir fel cefn eu llaw. Nid oedd angen iddynt edrych ar y siartiau o gwbl. Mae Evan Owens yn cofio fel y bu ar y bont lywio efo'r Capten Tommy Jones pan ddaeth y peilot ar ei bwrdd. Rhoddodd y peilot y cwrs ond edrychodd y Capten ar y cwrs a holi os oedd y cwrs yn iawn. Er bod y capten yn amau dilynwyd cyfarwyddiadau'r peilot. Rhedodd y llong i fwd a methu a mynd ymhellach.[61]

Mae'n debyg bod Richard Hughes yn cadw ei forwyr am gyfnod maith os oeddynt yn ffyddlon iddo ef.[62] Brawd i'r Capten Harry Evans a Thomas Evans y cyfeiriwyd atynt eisoes oedd y Capten Hugh Evans. Bu ef yn byw yn Foey ac efo llongau *Roses* bron ar hyd ei oes gan dreulio cyfnod ar y *Blush Rose* ac ar yr *Haig Rose* a ystyrid yn llong fawr yr adeg yna. Yn ôl Dic Evans, roedd o'n 'coblyn o ddyn da' ac roedd y cwmni yn crefu arno beidio â'u gadael.[63]

Dic Evans sydd hefyd yn adrodd yr hanes am ei ewythr, y Capten Huw Owen.[64] Mae'r hanes hwn yn crynhoi i raddau helaeth iawn agwedd ddeuol y berthynas rhwng y cwmni a'i weithwyr. Roedd Huw Owen, neu Huw Gorlan ar lafar gwlad, yn gapten ar y *Dorrien Rose*, 'llong smart iawn'. Yn sicr 'roedd ganddo fo feddwl mawr ohoni'. Ond roedd y cwmni am ei symud i'r *Pansy* a oedd yn scrap hollol gyda'i pheiriannau yn torri yn gyson. Wedi cyrraedd Llundain aeth Huw Owen i swyddfa Thomas Cook, y brocwyr, ac yno roedd llythyr iddo yn dweud wrtho am ymuno efo'r *Pansy* yn Foey. Tra roedd o yn y swyddfa, canodd y ffôn a dyma Huw Owen yn clywed y clerc yn dweud ar y ffôn nad oedd ganddo hanes unrhyw gapten ar y pryd ond y byddai'n eu galw yn ôl pe bai'n cael gwybod am rywun. Holodd Huw Owen pwy oedd ar y ffôn ac atebodd y clerc bod cwmni Fisher o Barrow yn chwilio am gapten. *'Give me that phone'* meddai fo *'I'm just the man you want.'* Wedyn cysylltodd Huw Owen efo swyddfa cwmni Richard Hughes yn Lerpwl a gŵr o Fôn atebodd y ffôn:

'Who's speaking?'

'Huw Gorlan fyddi di'n fy ngalw i' meddai fo 'ac Eban Efail Fawr wyt tithau. Ishio fi fynd i'r *Pansy* wyt ti 'te?' meddai fo.

'Ydych chi'n gwybod hefo pwy da chi'n siarad?'

'Dwi'n gwybod.' meddai fo. 'Rho dy *Bansy* yn dy din' meddai fo.

Oedd o wedi cael job rŵan te'.

'A dwi'n mynd adre rŵan,' meddai fo . . .

'Fedrwch chi ddim' meddai fo 'mae ishio roi *24 hours notice*'.

'Dim un awr' meddai fo. 'Dwi'n mynd rŵan.'

Y job orau wnaeth o erioed oedd gadael y *Roses*.

Mae i gwmni Richard Hughes le rhamantus yn hanes morwrol Cymru, yn arbennig felly yn ardaloedd megis Moelfre, Amlwch a Phen Llŷn.[65] Wrth edrych ar y rhan a chwaraewyd gan forwyr Moelfre, er mai cipolwg yn unig a geir yma, gwelwn fod profiadau llongwyr y pentref efo'r cwmni yn arddangos realiti caled bywyd morwrol y cyfnod.

Atodiad

Dyma restr o longwyr Moelfre a fu ar longau'r *Roses* gan gynnwys y rhai a enwyd yn yr erthygl. Mae'n siŵr bod bylchau felly ni ellir honni fod y rhestr yn gyflawn. Diddorol yw nodi nad oedd yr un o longwyr Moelfre wedi bod ar y *Moelfre Rose!*

Capten Harry Evans, Penrallt – capten y *Sturdee Rose* a chapten ar longau arfordir dwyrain Lloegr.

Hugh Evans, Penrallt – bu ef ar y *Blush Rose, Haig Rose* a bu'n gweithio ar longau Foey, yng Nghernyw, hyd ddiwedd ei oes.

Capten Thomas Evans, Penrallt – capten y *Dorrien Rose.*

Capten William Evans – er iddo fod yn llongwr ar longau'r *'Roses'* ni fu'n gapten arnynt.

Capten Robert Owen Evans – fy nhad a nai i'r pedwar uchod. Bu ef yn llongwr ar y *Sturdee Rose, Wild Rose, Foch Rose.*

Capten Willy Jones Francis, Bodawen – yn sicr nid oedd ef yn gapten ar longau'r *'Roses'* ond roedd yn gapten efo llongau'r *'Forces'.*

Henry Francis – peiriannydd ar y *Welsh Rose.* Gweithiodd yn ddiweddarach ar y llongau a hwyliai rhwng Plymouth a Tor Point.

Roland Francis – brawd i'r ddau uchod. Fe'i saethwyd wrth wasanaethu ar y *Dudley Rose* a bu farw o'i anafiadau.

Lewis Francis – un o gymeriadau'r pentref ac un eang iawn ei brofiad. Ymddengys iddo hwylio ar o leiaf trigain o longau yn ystod ei yrfa, gan gynnwys y *Wild Rose* neu'r *Briar Rose* yn ogystal â llongau *'Moncks'.*

Thomas Hughes, Pencae – bu ef yn *?donkeyman* o bosib ond eto ni wyddys os oedd hynny efo llongau'r *'Roses'.* Roedd yn gapten ar y *Shelley*, un o longau Monroes, ac yna bu ar longau olew'r arfordir hyd ddiwedd ei yrfa. Bu'n byw yng Nghaergybi.

Owen Jones Hughes – bu'n llongwr ar y *Wild Rose.*

Capten William John Hughes, Rowena – bu ef yn llongwr ar longau'r *'Roses'* am gyfnod byr cyn yr Ail Ryfel Byd.

Capten Owen Jones, Arlanfor neu *Capten Owen Jones Stanley House* – roedd ef yn gapten ar longau'r *Roses* gan gynnwys y *Joffre Rose, Sturdee Rose.* Roedd yn frawd i Capten William Jones, Seiriol View.

Richard Jones – un o feibion Ivy Cottage neu 'R Ivy. Mae Evan Owens yn meddwl iddo fod yn gapten ac yn brif beiriannydd rhai o longau'r *'Roses'* ac yn brif beiriannydd yn y ?????

Richard Jones – mêt ar longau'r *'Roses'.*

Capten Tom Jones, Arosfa neu *Tom 'R Ivy.* Roedd ef yn gapten ar nifer o longau'r *'Roses'*, megis y *Jellicoe Rose, Foch Rose, Fullerton Rose.* Roedd yn byw yn Garston.

William Owen Jones – sef mab i'r Capten Tom Jones uchod. Bu ef ar y *Wild Rose* a bu'n gapten y Petertown yn ddiweddarach. Gorffennodd ei yrfa efo cwmni 'Everrards'.

Capten Tommy Jones, Penrallt – a fu ar y *Wild Rose.* Yn hogyn ifanc, bu'n gapten sgwner o'r enw *Elizabeth Hyam.*

Capten William Jones, Seiriol View – bu ef yn gapten ar y *Guelder Rose.*

Capten John Owen Lewis,[66] bu ef yn fêt ar y *Dorrien Rose* yn 1923, ar y *Louie Rose, Gronant Rose* yn 1924 ac ar y *Fullerton Rose* yn 1925. Bu hefyd yn gapten ar y *Hayle* yn 1924 ac ar y *Foch Rose* yn 1925.[67]

Capten Thomas Owen Lewis ('Twm Swnt') – yn gapten y *Moss Rose* a nifer o longau eraill mewn gyrfa forwrol hir. Ef oedd yr ieuengaf o'r pentref i gael Tystysgrif Meistr Forwr ar y pryd. Derbyniodd bedair medal yn ystod yr Ail Ryfel Byd yn cynnwys yr enwog *Atlantic Star,* a hynny hefo clasp (sef ei anrhydeddu ddwywaith).[68]

Owen Lewis, sef brawd y Capten John Owen Lewis – bu ef yn ail fêt ar y *Dorrien Rose* am flynyddoedd. Bu'n hwylio ar y *Cornish Rose* a'r *Foey Rose* yn ogystal.

Hugh Lloyd Matthews. Roedd yn llongwr ar y *Wild Rose* ac aeth yn gapten ar longau Caerdydd gan ddiweddu ei yrfa yn y Dock Board.

Bob Matthews Owen – bu ef yn llongwr ar y *Fullerton Rose.*

David Pritchard Owen, Llanallgo – bu ef yn ail fêt ar yr *Haig Rose* a'r *Foch Rose* ac yn llongwr ar y *Gronant Rose, Guelder Rose* yn ystod yr 1920au. Yn ystod yr 1930au bu'n llongwr ar y *Pink Rose, Cornish Rose* a'r *Wild Rose* a threuliodd gyfnod fel cogydd arni hi. Bu ar y *Foch Rose* cyn ac yn ystod yr Ail Ryfel Byd gan weithio fel bosun, *lamptrimmer,* ac ail fêt.

Evan Owens – bu ef yn llongwr ar y *Wild Rose.* Bu ef yn beiriannydd bad achub Moelfre gan ennill nifer o fedalau am ei ran mewn sawl achubiad, gan gynnwys yr *Hindlea* yn 1959.

Capten Huw Owen, Morawelon – bu'n gapten ar y *Dorrien Rose.* Roedd o wedi bod ar y *Blush Rose* hefyd a gorffennodd ei yrfa efo llongau 'Fishers of Barrow'.

Huw Owen, Llanallgo – fe'i lladdwyd gan fom ar y *Welsh Rose.*

John Matthews Owen – bu ef yn llongwr ar y *Sturdee Rose.*

Capten John Owen, Gwynle – mae'r Capten Harry Owen Roberts yn amau ei fod wedi bod yn grydd ar un adeg. Aeth ar y môr yn ddiweddarach a daeth yn gapten ar y *Foey Rose* ac ar y *Cornish Rose.*

Owen Edwin Owen – bu ar longau'r *Roses* gan dreulio cyfnod yn pysgota morfilod. Boddwyd ef yn ystod yr Ail Ryfel Byd tra ar y *Rydal Force.*

Robert Owen, Boldon – bu ef yn llongwr ar y *Blush Rose.*

William Owen, Glandon – bu ef yn beiriannydd ar longau'r *'Roses'* a'i fab *William Owen Glandon* – bu ef ar y *Wild Rose* efo Evan Owens am gyfnod. Bu'n gapten ar longau Poole am flynyddoedd.

Richard Roberts, neu *'Dic Tŷ Bricks'* – roedd ef yn gapten ar amryw o longau'r *'Roses'* gan symud o un i'r llall. Diweddodd ei yrfa fel *Quartermaster* ar y *Queen Elizabeth I.* Bu farw yn Southampton.

Dic Roberts, neu *'Dic Fawr'* – gŵr o Rosybol yn wreiddiol. Bu ef ar y *Dorrien Rose* ac ar y *Primrose* ac yn ystod ei yrfa bu'n llongwr, mêt, taniwr ac yn ?beiriannydd.

Capten Williams, Fron Villa

William Williams, Ty'n Coed – bu ef yn symud o un llong i'r llall. Yn ôl y Capten Harry Owen Roberts roedd ef yn 'daniwr ac yn *second engineer* bob yn ail.' Mae Evan Owens yn credu mai ef oedd y taniwr diwethaf i weithio i gwmnïau Lerpwl pan roeddynt yn sgrapio'r stemars ar ddiwedd y rhyfel. Yn ddiweddarach pan fyddai angen symud un o'r hen stemars gelwid ar William Williams i fod yn un o'r criw.

Robin Evans, 'Llongwyr "Roses" Moelfre'
Cymru a'r Môr/Maritime Wales, 21 (2000), 90-108

1   Am hanes gyrfa a llynges Richard Hughes gweler: 'Richard Hughes and Co.' gan R. Griffin ac R. Fenton yn *Mersey Rovers: The Coastal Tramp Ship Owners of Liverpool and the Mersey* gan R.S. Fenton [World Ship Society 1997] t.84-123.
2   Ibid t.122-123.
3   Cyfweliad efo John Evans 21/9/1994.
4   Sgwner 78 tunnell a adeiladwyd yn Beaver Harbour, New Brunswick oedd y *Belt.* Gweler Aled Eames, *Ventures in Sail,* [Caernarfon, 1987] t.41-42.
5   Cyfweliad efo Margaret Williams 28/10/1993.
6   Cyfweliad efo Evan Owens, 23/4/1998.
7   Cyfweliad efo Evan Owens 16/4/1992.
8   Robin Evans, 'Profiadau Cynnar Llongwyr yn y 1930au', *Cymru a'r Môr,* 14 (1991), t.129.
9   Cyfweliad efo Capten Harry Owen Roberts 10/12/1992.
10 Cyfweliad efo Owen Jones Hughes 2/6/1993.
11 Cyfweliad efo Richard Matthews Evans 18/9/1997.
12 Cyfweliad efo Evan Owens, 23/4/1998.
13 Robin Evans, 'Pysgota'r Morfil', *Cymru a'r Môr,* 18 (1996), t.73-87.
14 Cyfweliad efo John Matthews Owen 29/7/1992.
15 Cyfweliad efo John Matthews Owen 10/2/1993.
16 Robin Evans op. cit. t.130.
17 Cyfweliad efo John Matthews Owen 10/3/1993
18 Ibid.
19 Cyfweliad efo Owen Jones Hughes, op.cit.
20 Cyfweliad efo John Matthews Owen 10/3/1993.
21 Robin Evans op.cit. t.131
22 Cyfweliad efo John Matthews Owen op. cit.

23 Cyfweliad efo Evan Owens 23/4/1998.
24 Ibid.
25 Cyfweliad efo Evan Owens 27/4/1998.
26 Frank Rhys Jones, 'Richard Hughes', *Cymru a'r Môr*, XI, t.151.
27 R.S. Fenton op.cit.
28 Cyfweliad efo Owen Jones Hughes op. cit.
29 Ibid.
30 R. Griffin a R. Fenton op.cit. t.93.
31 Cyfweliad efo John Matthews Owen 29/7/1992.
32 Robin Evans op.cit. t.133.
33 Cyfweliad efo John Matthews Owen 20/6/1992.
34 Robin Evans, op. cit. t. 131-133.
35 Cyfweliad efo Eleanor Lloyd Owen 28/10/1992
36 Ibid.
37 Cyfweliad efo Richard Evans 18/9/1997.
38 Ibid.
39 *Y Clorianydd* 18/6/1930.
40 *Y Clorianydd* 19/11/1930.
41 Cyfweliad efo Evan Owens 23/4/1998.
42 Ibid.
43 Cyfweliad efo Eleanor Lloyd Owen 28/7/1992.
44 Cyfweliad efo Robert Owens 22/4/1992.
45 Robin Evans, 'Pysgotwyr Moelfre: Y Traddodiad Llafar', *Trafodion Cymdeithas Hynafiaethwyr a Naturiaethwyr Môn*, (1995), t.35-56.
46 Cyfweliad efo Betty Hughes 18/11/1993.
47 Cyfweliad efo Eluned Coy 10/3/1994.
48 Cyfweliad efo Bob Matthews Owen 1/8/1992.
49 Cyfweliad efo Owen Jones Hughes op.cit.
50 Cyfweliad efo Evan Owens 23/4/1998.
51 Ibid.
52 R. Griffin a R. Fenton op.cit. t.93.
53 Cyfweliad efo Robert Owens 2/6/1992.
54 Frank Rhys Jones, op.cit. t.148.
55 Robin Evans op.cit. t.130.
56 Cyfweliad efo Owen Jones Hughes, op.cit.
57 Frank Rhys Jones, op.cit. t.152.
58 Cyfweliad efo Evan Owens 23/4/1998.
59 Cyfweliad efo Bob Matthews Owen, op.cit.
60 Cyfweliad efo Richard Matthews Evans 18/9/1997.
61 Cyfweliad efo Evan Owens 23/4/1998.
62 R. Griffin a R. Fenton, op.cit. t.93.
63 Richard Matthews Evans op.cit.
64 Cyfweliad efo Richard Matthews Evans 18/9/1997
65 Beti Isabel Hughes, 'Cysylltiad Pen Llŷn a Llongau'r "Roses"', *Cymru a'r Môr*, XII, t.121-125.
66 Am fwy o hanes y Capten John Owen Lewis, gweler Wynne Lewis, 'Hanes un o Gapteiniaid Môn', *Cymru a'r| Môr*, VIII, t.144-147.
67 Rwy'n ddiolchgar iawn i Wynne Lewis, mab y Capten John Owen Lewis, am y wybodaeth uchod.
68 Rwy'n ddiolchgar iawn i Valerie Williams, merch y Capten Thomas Owen Lewis, am y wybodaeth uchod.

Profiadau Cynnar Llongwr yn y 1930'au

Robin Evans

Ym mis Tachwedd 1988 bu farw fy nhad, Capten Robert Owen Evans. Fel nifer fawr o'i gyfoedion ym mhentref Moelfre dechreuodd weithio ar y môr yn syth wedi iddo adael yr ysgol. Ym 1983 recordiais sgwrs efo fy nhad ar dâp a rhan o'r trafod oedd ei atgofion am ei ddyddiau cynnar ar y môr. Yr hyn a geir yma yw darlun o fywyd llongwr cyffredin y cyfnod, bywyd a oedd yn gyffredin i nifer o'i gyd bentrefwyr. Os nad yw'r cwestiynu'n treiddio'n ddwfn i fywyd morwrol y cyfnod rhai beio'r holwr am hynny. Yn ogystal, hyderaf nad yw'r golygu wedi amharu ar rediad yr hanes.

Nid oedd Robert Evans wedi dweud wrth ei fam am ei fwriad i fynd i'r môr hyd at ychydig ddyddiau cyn gadael. Cafodd help gan nifer o'r pentrefwyr cyn mynd . . .

R.E.   . . . nes i gael dillad gan ddynion y pentref 'ma . . . trowsus *dungaree* gan un, siaced *dungaree* gan llall, bag llongwr gan hwn a *seaboots* gan llall a cuddio nhw i gyd yn y sied yn y cefn . . . ` doedd gennyf ddim pres hyd yn oed i fynd i ffwrdd, dim ond digon o bres i fynd i Stesion Bangor 1/3d . . . ar fws . . . ac Yncl Harri yn fy nisgwyl i yno a thalu'n fares i i'r Barri, De Cymru, a finnau'n talu'n ôl bob wythnos. Doedd gennyf ddim byd . . . Fu's i i ffwrdd am saith mis a hanner . . . a fu's i adref am ryw bythefnos, dair wythnos . . . a mynd i ffwrdd am flwyddyn wedyn . . .

C.   Faint oedd eich oed chi?

R.E.   Pymtheg pan es i ffwrdd ac un ar bymtheg pan ddes i'n ôl.

C.   Ydych chi'n cofio'r llong?

R.E.   *Sturdee Rose.* Un o longau'r *Roses.* [Roedd] pawb o Moelfre, y rhan fwyaf ohonynt, ar y llongau . . . [yma] . . . achos Cymro . . . a adeiladodd [y llongau] i'r Cymry. Roedd ganddo naw deg, naw deg a naw o longau ond [roedd hynny] cyn i mi fynd i'r môr. Roeddynt yn dechrau mynd i lawr pan es i i'r môr . . . roeddynt mewn cyflwr ofnadwy . . . Os oedd unrhyw gwmni'n cadw cant o longau roedd yn rhaid iddo dalu *keep* o'r *Royal Naval Vessels* a dyna pam roedd y mwyafrif ohonynt yn cadw naw deg a naw o longau.

C.   Oedd yna lawer o griw ar y llong?

R.E.   Nacoedd . . . Capten, mêt, dau *engineer, cook* i'r *officers,* tua pedwar ar y dec a thri taniwr.

C.   I ble'r aethoch chi gyntaf?

R.E.   O'r Barri i . . . Ffrainc a *straight away, South West Gale* yn y *Bristol Channel,* a sâl 'te . . . dim ond y fi, y tro cyntaf i mi toedd, mor sâl roedd yn rhaid i mi fynd i gysgu.

C.   Beth oedd y cargo?

R.E.   Cario glo i bob man, *china clay, in between* felly a chario *Woolworth Stores* i
       Garston o Antwerp . . . cario pob dim gawn ni . . . fu's i ar y ryn yna am
       ddwy flynedd . . .. wedyn roeddwn i ar ei chwaer hi am dipyn, honno'r un fath.
       Llwytho glo yn Ne Cymru i Ffrainc, wedyn . . . o Ffrainc i Antwerp.
       Woolworth Stores i Garston ar ôl hynny. Pythefnos oedden ni'n gymryd . . .
       os nad oedd hi'n dywydd mawr.

       Wedyn roeddwn i yn y bae 'ma [Bae Moelfre] bob pythefnos . . . bydda'r
       peilot . . . wrth y cwt *lifeboat* . . . a chefais i ddim awr adref, dim ond sbïo ar y lle
       . . . 'doedd fyw i neb, roedd rhywun arall yn disgwyl i wneud ei waith o. Roedd yn
       rhaid gadael llong i gael mynd adref. Yn ystod y saith mis a hanner cyntaf
       daeth dipyn o hiraeth drostof . . . fu's i flwyddyn yr ail dro . . . ac [ar ôl hynny]
       roeddwn yn gwneud blwyddyn i flwyddyn a hanner i ffwrdd.

C.   Sut oedd bywyd ar y llong?

R.E.   Ofnadwy . . . gweithio ddydd a nos heb *overtime*. Doedd 'na ddim ffasiwn
       beth ag overtime . . . [y cyflog oedd] 25 swllt yr wythnos, . . . [a] . . . 'doedd Capten
       llong ond yn cael rhyw dairpunt a chweigian. Ac os oedd y Capten yn colli'i
       job ac yn mynd adref 'doedd o ddim yn cael dôl ychwaith – roedd o'n cael
       gormod o bres i gael dôl. Roedd ambell un [cyflogwr] yn talu mwy ond
       'doedd neb yn cael mwy na phedair punt.

C.   Ym mhle roeddech chi'n cysgu ar y llong?

R.E.   Reit yn ei phen blaen hi i, chdi, y *bow* . . . pawb yn cysgu hefo'i gilydd yn yr un lle,
       y *chain* angor a phob dim yn y canol yn llawn baw . . . 'doedd dim caban na dim
       . . . *bunks* ar hyd ochr y llong a honno'n gollwng dŵr ar dy ben di a bob dim . . .
       lot ohonynt [y dynion] o dan lefel y dŵr . . . yr un fath a bod mewn *submarine*.
       Fu's i ddim ond mewn dwy neu dair o'r rheiny ond roedd rheiny'n ofnadwy.
       Adeg rhyfel ddaru pethau altro.

C.   Beth am bethau fel eich diwrnod gwaith, bwyd ac yn y blaen?

R.E.   *Four on* a *four off* – pedair awr ar y *bridge* a phedair awr yn dy wely . . . i fod . . .
       ddydd a nos tra'r oedd y llong yn mynd. Wedyn yn y port roeddet ti'n gweithio
       drwy'r dydd a thrwy'r nos weithiau. Yn Ne Cymru, pan oeddem yn llwytho glo'r
       adeg hynny roeddem yn gweithio ddydd a nos. Pedwar diwrnod fu's i fwyaf ar fy
       nhraed, yn Abertawe – dim ond gorwedd ar y llawr ac os caet ti hanner awr
       roeddyt yn lwcus iawn. [Roedd] eisiau shifftio'r llong ... cael rhyw un wagan o
       lo . . . eisiau *heavio* hi yn ei hôl wedyn . . . mynd hefo cwch a rhedeg weiars i'r lan,
       a rhyw hanner awr fuost ti yno, eisiau *heavio* hi'n ôl . . . a llongau eraill [ym
       mhobman] a phawb ar draws ei gilydd. Roedd yn dda gen i fynd allan i'r môr i
       gael dipyn bach o rest. Roeddet ti'n medru cerdded dros y top yn Abertawe, pan
       oedd y *trade* glo ar ei orau. 'Doedden nhw methu a chael digon o longau i gario
       fo o'na. [Roedd] *cargoes* pawb yn dŵad ar draws ei gilydd ... ofnadwy ... digon
       a lladd neb, ond roeddwn yn ifanc ac yn meddwl dim am y peth . . . bywyd caled
       oedd hi a rhaid oedd i ti fod yn galed hefo fo neu fuasat ti ddim yn aros . . .
       . . . wna'i byth anghofio [mynd i'r môr y tro cyntaf] . . . roedd hi'n ddigon a

thorri calon unrhyw un, sbïo ar y lle roeddwn yn mynd i fyw, a hwnnw'n fydr. Wedyn *donkey's breakfast* oeddet ti'n gael i dy wely di . . . gwely'n llond o wellt . . . [a phan] . . . oeddet ti'n ei brynu o roedd o'n dew . . . ac ar ôl i ti orwedd arno fo am bedair awr roedd o fatha bord o galed.

C.　　　A oedd gennych chi glustog o gwbl?

R.E.　　Dim ond gwellt 'te. Wedyn roeddet ti'n cario'r rheiny a'r blancedi, cario pob dim adref hefo chdi, cyllell a fforc, plât, pob dim . . . [rhaid oedd] . . . prynu'r rheiny yn y Barri . . . a wedi i'r pethau fod gennyt ti am ryw fis roedd y rheiny i gyd wedi chipio, 'di disgyn ar llawr ac ati . . . [gan fod] . . . y llong yn neidio.

C.　　　Beth am y bwyd ?

R.E.　　. . . rhaid oedd gwneud bwyd i gyd dy hun, pob tamaid, nôl bwyd dy hun a'i gwcio fo dy hun . . . 'doedd 'na ddim ond *cook* i'r Capten, mêt a dau *engineer* . . . [y bwyd oedd] . . . bacon ag wy, tatws, yn aml iawn dim. Roedd hi'n dywydd mawr a rhaid oedd ei gario reit o tu ôl y llong ar hyd y dec . . . a honno'n neidio ac yn rowlio a'r gwynt yn chwythu'n gryf dan dy blât di a'r plat dros yr ochr – rhaid i ti wneud heb ddim wedyn [ond] diod o ddŵr. Wnes i ddim yfed te am ryw saith mlynedd 'dwi'n meddwl. 'Doeddwn i ddim yn lecio'r hen *condensed milk*, 'doeddwn i ddim yn lecio siwgr, wedyn 'doedd [y llefrith] ddim yn parhau, nac oedd, wedi i ti ei agor o, dim ond am ryw ddwy awr. Ac yn yr haf 'doedd na ddim byd ond dŵr. Wedyn adeg rhyfel ddaru ni ddechrau cael *cook* yn gwneud i bawb, *conditions* yn dechrau dod dipyn bach gwell ac wedyn ddaru ni gael dipyn o *overtime* . . .

　　　　. . . yr adeg yna roedd yn rhaid . . . byw mewn *seaboots* ac *oilskins*, dim ond gorwedd ar y llawr, dim ots beth oedd yno. Roeddet ti wedi blino gormod. Gwneud pryd o fwyd wedyn. Y rhan fwyaf [o'r criw] dim ond yn gorwedd ar y dec, wedi blino gormod. *Bugs* . . . yn dy fwyta di'n fyw . . . a llygod mawr . . . ond roedd rheiny ar bob llong [a 'doedd y criw] ddim yn cymryd sylw o'r rheiny, gosa fod nhw'n mynd am y lan . . . roeddet ti'n gwybod fod y llong yn mynd i sincio ac yn amser i tithau fynd hefyd.

C.　　　Oedd gennych chi le i folchi?

R.E.　　Na, dim ond pwced . . . roedd pawb hefo pwced. Yn y gaeaf roedd yn rhaid i ti fynd i . . . lle roeddynt yn tanio. Roedd yn boeth yno. Dim ond newydd ddod allan oedd *lavatory* yr adeg yna pan es i i'r môr ... ac roedd eisiau eistedd ar y pan yna a hithau'n dywydd mawr a'r dŵr yn dod i fyny'r pan ac yn wlyb at dy groen.

C.　　　Sut oeddech chi'n flushio'r toilet?

R.E.　　Pishyn o linyn yn ffast yn handlan y bwced a dros yr ochr a [defnyddio] dŵr o'r môr.

C.　　　Beth oedd eich gwaith chi ar y cychwyn?

R.E.　　Llywio yn y môr, ac os oedd hi'n braf paentio, neu chipio, [sef] tynnu'r rhwd hefo mwrthwl. Mynd i fyny'r mastiau a dim *safety measures* na dim byd . . . [yn paentio] . . . 'Doedd 'na ddim brwshys paent ar longau *Roses* dim ond . . . paent mewn bwced a rhoi lwmpyn o wad . . . hefo hwnnw oeddet ti'n paentio. Ar y dynion oedd y bai ynte. Un o'r cwmnïau gorau pan wnaeth Dic Huws ddechrau nhw . . . erbyn y diwedd roedda nhw wedi mynd, llongau'r *Roses*, mi ân i rywle a fyddai'r llongau eraill yn dweud 'Mae llongau *Roses* yn dod i mewn – fydd yn rhaid i ni gloi bob dim i fyny rŵan' . . . dwyn nhw ti'n gweld . . . dwyn rhaffau nhw a phob dim . . . [Pan sefydlodd Dic Huws y cwmni] . . . dim ond Cymry [oedd] ar y llongau . . . Pan wnes i ddechrau roedden nhw wedi dechrau dod a dipyn o *foreigners* 'ma i mewn . . . y rhan fwyaf o Ceylon . . . Fu's i hefo . . . [llongau'r *Roses*] . . . am saith mlynedd . . . tair llong fu's i arnynt yn y saith mlynedd . . . wedi bod ynddynt ddwywaith [neu] dair.

C.   Gan mai'r 1930'au oedd hyn roeddech chi'n lwcus cael gwaith.

R.E.   Oeddwn. Roedd hi'n uffernol o ddrwg. Fyw i ni fynd adref am wyliau neu byddai rhywun arall yn dy le di. Roedd yn rhaid i ti aros. Fyw i'r Capten . . . [fynd] . . . ychwaith.

C.   Oedd 'na undeb o ryw fath?

R.E.   Dim ffasiwn beth . . . dim ar y môr, wn i ddim am y lan. Adeg y rhyfel ddaru pob dim fel 'na ddechrau efo ni'n môr felly.

C.   Beth oeddech chi'n ei wneud hefo'ch 25 swllt yr wythnos?

R.E.   Gyrru pob dime fedrwn i adref.

C.   Oeddech chi'n cael rhywbeth ychwanegol cyn mynd adref, ynteu dim ond eich cyflog olaf?

R.E.   Ia, cyflog i'r diwrnod.

C.   A dim byd adref ychwaith? Dim dôl?

R.E.   Dim os oeddet ti'n gadael llong. Dim am chwech wythnos . . . [yna gorfod] . . . mynd o flaen *tribunal* . . . Ar ôl y chwech wythnos roeddet ti'n cael dôl ond dim ond am hyn a hyn 'te. Dim byd wedyn.

C.   Dywedwch dipyn am y tribiwnlys.

R.E.   Roedd yn rhaid i ti fynd i Gaergybi, unrhyw un o Sir Fôn. 'Mond gofyn i chi 'Wyt ti 'di gadael llong?' 'Do.' 'Wedyn chewch chi ddim dôl am chwech wythnos.' ac adref a chdi. Hynny oedd o. Roedd yn rhaid i ti fynd. 'Doedd llythyr yn da i ddim byd. Ac roedd yn rhaid i ti dalu dy *fare* a phob dim, i ffwrdd ac adref [yn ôl].

[Mae'r cyfweliad yn diweddu gydag atgofion Robert Evans am fywyd ym Moelfre yn ystod y 1930'au.]

Robin Evans, 'Profiadau Cynnar Llongwr yn y 1930au'
Cymru a'r Môr/Maritime Wales, 14 (1991), 129-134

Achub Criw Llong, 1931

Evan Owens

Roedd yr SS *Wild Rose* wrth gei dan dan dip glo ym Mhort Talbot pan ymunais â hi fel llongwr cyffredin; roedd yn barod i hwylio. Ddiwedd Medi 1931 oedd hi a'r gaeaf wedi dod yn gynnar a chwythai *gale* o'r de-orllewin. Nid oedd yr un llong am fentro i'r *Bristol Channel* ac roedd llawer o longau yn cysgodi dan Ynys (Lundy). Ni fuasai Capten Thomas Jones, Penrallt, Moelfre, byth yn *windbound* mewn llong lwythog, felly allan â ni ar ben y llanw tua wyth o'r gloch y nos.

Gwnaethpwyd cwrs ar ein ffordd i Honfluer ac ymhen dau ddiwrnod yr oeddym rhwng Cape Cornwall a'r Lizzard mewn môr mawr. Tua thri o'r gloch y prynhawn yr oeddwn ar y *twelve to four watch* gyda Will Yates, gŵr o'r Shetlands. Fe sylwom fod llong tri phwynt ar y *starboard bow* tua thair milltir i ffwrdd.

Yr SS *Opal* o Glasgow oedd hi ac yn amlwg mewn perygl o gapseisio. Galwyd y Capten a newidiwyd cwrs amdani. Yn fuan yr oeddym yn *hove to* i *leeward* â hi ac yn gwylio'r criw yn ceisio lansio'r *port lifeboat*. Yr oedd hyn yn anodd iawn am fod y llong ar ei hochr ac yn rowlio yn ofnadwy. Cafwyd y cwch i'r dŵr ar ôl cryn drafferth a chliriodd y llong. Yr oeddym yn meddwl mai deg dyn oedd ynddo ond yr oedd tri ar ôl yn y llong. Drifftiau'r cwch tuag atom, torrodd ton enfawr drosto ac nid oedd dim i'w weld ond rhwyfau, dynion a'r cwch benben uchaf yn isaf yn yr ewyn. Yr oedd y Capten wedi gyrru W.O. Jones o Foelfre a minnau i'r *well deck* a'r dynion hynaf ar y *focsle head* ar y dec uchaf. Lluchiwyd *heaving lines* i'r dynion yn y môr. Nid oedd Wil a minnau yn gwybod ar adegau p'run ai yn y môr neu ar y llong yr oeddym. Fe lwyddom i dynnu naw i'r llong fel yr oedd y dynion eraill yn eu tynnu at yr ochr.

Pan oedd y llong yng nghafn y môr gwelais ben moel gyferbyn â'r rêl a chythrais i afael yng nghrys belt dyn mawr. Cododd y llong efo'r moryn nesaf a meddyliais fod fy mreichiau yn datgymalu. Gwaeddais ar Wil ond roedd ef wedi cael ei olchi i'r ochr arall ac roedd yr ychydig eiliadau a gymerodd i ddod ataf fel oes. Clywais lais yn gweiddi 'Paid â'i ollwng. Fy nhad ydyw!' Cefais y nerth i ddal, yna daeth Wil ataf a thynnwyd y gŵr ar y dec.

Yna gwelodd y Mêt ben bach du yn y môr. Lluchiwyd rhaffau ato a thorrodd moryn mawr dros y llong. Pan gliriodd gwelwyd fod y dyn yn ddiymadferth ond yr oedd rhywfodd wedi clymu rhaff am ei fraich ac fe'i tynnwyd at y dec.

Yn y cynnwrf yr oedd pawb wedi llwyr anghofio am yr *Opal*. Gwelwyd yn awr ei bod mewn cyflwr enbyd. Roedd y môr wedi golchi'r *starboard lifeboat* yn glir dros ei *poop* a'r llong ar ei *beam ends*.

Roedd dyn yn ceisio torri'r cwch yn rhydd gyda chyllell a phan lwyddodd neidiodd i'r cwch. Ni symudodd y ddau ddyn arall. Trwy ryw wyrth ni throdd y cwch drosodd ac fe'i golchwyd yn erbyn ein hochr. Neidiodd y dyn ar y dec bron iawn heb wlychu ei draed. Mae pethau rhyfedd iawn yn digwydd ar y môr weithiau.

Roedd un o longau'r *Royal Navy* yn *hove to* yn ymyl yr *Opal* ond ni allai wneud dim yn y môr mawr. Roedd ganddi radio ac roedd wedi galw am gymorth yr RNLI.

Lansiwyd cwch Sennen Cove a Penlee.

Suddodd yr *Opal*. Cafodd cwch Sennen Cove o hyd i gorff un o'r criw a throsglwyddwyd criw'r *Opal* i gwch Penlee yn Mounts Bay. Cafodd Capten Thomas blât arian gan Lloyds o Lundain am ei fedrusrwydd morwrol. Roedd medal efydd yr RNLI ganddo yn barod am ei ran yn achub criw'r ketch *Excel* ym Mae Moelfre.

Rhan o hunangofiant Evan Owens.
Diolch i'w fab David Arbonne Owens am ei fenthyg.

TWRISTIAETH

4/9/1912
c/o Mrs Parry
Pant y Gaseg
Moelfre Bay
Anglesey

Dear Percy
  Have had good weather till today but it is very breezy and dull today. In fact
it is so rough that the fishermen wont take anybody out. I hope it will go calmer
    as I have not been out in the boat yet, but had a good swim yesterday.
    Will be home next Tuesday. This is a fine typical old fishing village
                and there is some grand scenery about.
                              George

                         Wish you were here...

Mae'n sicr i filoedd ar filoedd o gardiau post gael eu hanfon o Foelfre ers dyfodiad y
diwydiant twristiaeth. Ochr yn ochr â'r cwmnïau mawrion a gynhyrchai'r cardiau,
mewn sawl pentref cynhyrchwyd cardiau post gan wŷr busnes lleol – ym Moelfre y gŵr
hwnnw oedd Huw Williams, y Post. Tra bod y lluniau yn aml yn ddifyr, ond yn gallu
bod yn undonog hefyd, mae'r un peth yn wir am y negeseuon. Sylwadau am y tywydd
a dymuniadau da sydd fel arfer yn britho'r cynnwys, ond ambell dro ceir cyfeiriad at
ddigwyddiad arbennig neu sylw sy'n datgelu ychydig am natur a bywyd y pentref ar y
pryd.

'This is a fine typical old fishing village and there is some grand scenery about.' Canrif a hanner o hanes y diwydiant ymwelwyr

Robin Evans

Un o'r datblygiadau pwysicaf yn hanes arfordir Cymru dros y ddau gan mlynedd diwethaf oedd twf y diwydiant ymwelwyr. Fel yn hanes sawl diwydiant arall, mae union natur ac effaith y datblygiad hwn yn amrywio o ardal i ardal ac o gyfnod i gyfnod. Dros y deugain mlynedd diwethaf, yn enwedig yn ardaloedd mwyaf Cymreig ein gwlad, bu trafodaeth frwd ar fanteision a pheryglon y diwydiant ac ymchwil fanwl arnynt. I'r hanesydd morwrol, mae'r diwydiant yn destun astudiaeth o'r modd yr addasodd ein cymunedau morwrol, nid yn unig i dwf twristiaeth, ond i ddirywiad yng ngweithgareddau morwrol traddodiadol ein cymunedau a ddigwyddodd yr un pryd. Yn hyn o beth mae pentref Moelfre yn astudiaeth achos addas o'r berthynas rhwng y diwydiant newydd a phrofiadau cymuned forwrol draddodiadol ar drai.

Ond nid diwydiant newydd mohono chwaith gan mai yn ystod y ddeunawfed ganrif y dechreuodd ymwelwyr ddod i Gymru ar eu gwyliau. Dyma pryd y darganfu'r Saeson Gymru (Dodd, 1951) a bu dynion fel Thomas Pennant yn dangos i'r Saeson fod i Gymru werth deallusol. Fe apeliai'r tirlun gwyllt at arlunwyr a llenorion o Loegr ac yn ystod y rhyfeloedd yn erbyn y wladwriaeth Ffrengig (1793-1815) roedd hi bron yn amhosibl i Sais grwydro'r Cyfandir (Davies, 1990). Cynhyrchwyd toreth o lyfrau'n disgrifio teithiau yng Nghymru a rhoddwyd llawer o sylw ynddynt i Fôn.

Ond ar waethaf yr holl sôn am Gymru a Môn, digon araf oedd trafnidiaeth yng Nghymru (Dodd, 1951) er bod coetsys yn teithio'n gyflymach. Roedd safon y ffyrdd yn druenus a chan fod Môn yn fwy diarffordd na sawl rhan arall o'r wlad, y duedd oedd i deithwyr ymweld ag atyniadau mwyaf amlwg yr ynys yn bennaf, megis Biwmares a Mynydd Parys. Yn dra gwahanol i brofiadau Swydd Devon yn ystod y cyfnod 1750-1788, ni ddatblygodd twristiaeth ar arfordir yr ynys gan ychwanegu at incwm y cymunedau pysgota wrth i ymwelwyr rentu bythynnod y pysgotwyr yno (Travis, 1994).

Er nad oedd Llanallgo a'r cyffiniau heb eu hatyniadau fel heddiw – wedi'r cyfan roedd cromlech Llanallgo, Capel Llugwy ac yn sicr pentref hynafol Din Llugwy yn llefydd o ddiddordeb i'r math o ymwelwyr a droediai Fôn bryd hynny hefyd. Ond ymddengys mai'r unig un i ymddiddori yn y fro ddiarffordd hon oedd y Parch. J. Skinner (Skinner, 1802). Ond erbyn y 1850au fe fyddai tro mawr ar fyd yn hanes Moelfre a'i hymwelwyr.

'mawr oedd y cyrchu i bentref henafol Moelfre': Y *Royal Charter* a'r rheilffyrdd

Hanes suddo'r *Royal Charter* yn 1859 ddaeth â Moelfre i sylw'r byd rhyngwladol a hynny yn sgil adroddiadau'r gohebydd Charles Dickens a'i lyfr *The Uncommercial Traveller* yn croniclo'r digwyddiad. Ni thyfodd Moelfre yn gyrchfan i dwristiaid dros nos – ond yn dilyn y suddo, roedd rheswm arbennig gan y rhai a oedd eisoes wedi dod i Fôn, i ymlwybro i lawr yr allt ar hyd ffordd gul droellog i'r pentref bach di-nod. Bu'r *Royal Charter* yn atyniad am flynyddoedd lawer, a hynny'n bennaf oherwydd yr holl straeon am ei haur a'i thrysorau. Yn ogystal â hyn, roedd yr ymwelwyr yn gallu gweld gweddillion y llong. Cyfeiriwyd ati'n gyson yn nhaithlyfrau'r cyfnod. Fel yr adroddodd *Y Clorianydd* (*Y Clorianydd*, 1/4/1897) yn 1897 bu ugeiniau yn ymweld â'r mangre gyda rhawiau a phawb yn cael 'y fraint o eistedd ar ran o'r hen lestr.'

Os oedd hanes y *Royal Charter* yn denu ymwelwyr i Foelfre, yn ystod yr union gyfnod yma hefyd y daeth y trên cyntaf i Fôn gan hwyluso'r daith i'r union ymwelwyr hyn. Roedd Cymru eisoes wedi croesawu ymwelwyr a hynny am y tro cyntaf yn ystod y cyfnod 1775-1800 ond dyfodiad y rheilffyrdd rhwng 1850 a 1875 a roddodd fod i dwristiaeth fel diwydiant (Davies, 1990). Yn awr datblygodd nifer o ganolfannau ymwelwyr ar hyd a lled arfordir Cymru ond ni fyddai pob ardal yn elwa. Wrth edrych ar hanes twristiaeth yn Swydd Devon, gwêl Travis yn glir mai'r ardaloedd lle'r adeiladwyd rheilffordd a welodd y datblygiadau twristaidd mwyaf. Bu diffyg rheilffordd yn anfantais fawr i'r gweddill ac ni welwyd datblygu i'r un graddau (Travis, 1994). Adeiladwyd y rheilffordd gyntaf ym Môn yn eithaf cynnar ac yn 1844 cytunwyd i adeiladu'r lein i Gaergybi ar hyd arfordir gogledd Cymru a dechreuwyd ar y gwaith ar yr ynys yng nghanol 1846. Yn 1863 dechreuwyd adeiladu lein drwy ganol yr ynys ac erbyn 1867 roedd y lein wedi cyrraedd Amlwch (Richards, 1972). Erbyn diwedd y ganrif roedd galw am lein mewn sawl rhan arall o'r ynys gan gynnwys Moelfre a chynhaliwyd cyfarfod ar ddydd Gwener y 29ain o Dachwedd, 1895 ym Mhentraeth i drafod cael rheilffordd o Lanfairpwll i Foelfre (*Y Clorianydd*, 5/12/95). Ymhlith y manteision a nodwyd oedd gwell cysylltiadau, diogelwch teithio, codi gwaith masnachol yn y cylch a denu mwy o ymwelwyr yn yr haf. Bu'r wasg yn frith o straeon yn ystod y cyfnod hwn am y posibilrwydd o weld lein yn rhedeg i Lanallgo. 'Tybed nad ydyw y gwalch myglyd am dynnu ei gerbydau yn bellach na hynn? Beth a ddaw o drigolion Marian Glas, Penrhosllugwy a Moelfra.' (*Y Clorianydd*, 18/2/1897) Cawn gyfle i flasu ychydig ar hiwmor y bobl hefyd. Yn dilyn ymchwiliad gan swyddogion y London and North Western Railway yn y fro, yn ôl y gohebydd, roedd un Capten yn mynnu cael gorsaf yn Llanallgo er mwyn hwyluso ei deithiau ef ac un arall yn ychwanegu 'rhaid i minnau gael junction i droi am lan y môr.' (*Y Clorianydd*, 20/8/1896)

Er mai ofer fu'r ymdrechion i sicrhau lein cyn belled â'r pentref, does dim dwywaith nad oedd twristiaeth wedi cyrraedd y fro, trên neu beidio! Yn Medi 1900 adroddwyd bod y tymor wedi bod yn un prysur yn y fro ond y byddai mwy wedi aros pe bai mwy o lety ar gael. Awgryma'r gohebydd efallai y ceid gwell darpariaeth yn y dyfodol (Hughes, 2002). Mae'n amlwg felly bod rhai ymwelwyr wedi dechrau aros yng nghartrefi'r fro yn hytrach nag ymweld am y dydd yn unig. Roedd rhai yn aros mewn gwestai ar hyd y glannau – ceir un hanes am fonheddwr yn aros yng ngwesty Min y Don, yn Nhraeth Coch, a mynd ar goll yno. Aeth yr heddlu i Foelfre i ofyn am gymorth – 'a chafwyd gan amryw o'r morwyr i fyned gyda chychod, rhwydi a bachau i'w tynnu ôl a blaen yn y mannau mwyaf tebyg iddo fod.' (*Y Clorianydd*, 30/6/1898)

Ond ar ôl iddynt gyrraedd Moelfre, pa adloniant oedd ar gael i'r ymwelwyr? Ymddengys bod regata yn cael ei gynnal yn y Benllech ond gan nad oes cyfeiriad at yr un ym Moelfre gellir cymryd nad oedd y digwyddiad hwn yn achlysur yno eto (16/8/1894). Ar y llaw arall roedd rhai digwyddiadau eisoes yn denu pobl i'r pentref. Bu sioe neu ffair Walkers ym Moelfre a 'mawr oedd y cyrchu i bentref henafol Moelfre i gael golwg ar y 'swings' a'r 'stondings''. (*Y Clorianydd*, 5/5/98) Eto, fe ymddengys nad oedd trigolion Moelfre wedi ymateb o ddifrif i'r diwydiant newydd hwn.

'Coming again. I'll tell the world!':
y *visitors* yn cyrraedd (1900-1939)

Rhwng 1870 ac 1914 yn ôl N.J. Morgan, y datblygodd mynd i lan môr yn rhan o ddiwylliant y dosbarth gweithiol ond roedd pellter o adre'n ffactor allweddol o hyd (Morgan, 1994). Erbyn 1909 roedd y trên yn cyrraedd Benllech (Rear, 1994) ac felly wedi hyn roedd Moelfre o leiaf o fewn cyrraedd ymwelwyr.

Mewn ysgrif a barataodd Miss Kitty Griffiths (geni 1901), disgrifiodd hi hanes y teulu yn dechrau cadw *visitors* fel hyn (Griffiths, 1983):

> Gadawais yr ysgol yn 14 mlwydd oed gan fod mam yn sâl. Ddechreuon ni gadw *visitors* – dyma'r cyfnod y dechreuodd ymwelwyr ddod i Foelfre am y tro gyntaf. Roedd car a cheffyl yn cludo'r ymwelwyr o stesion Benllech i Foelfre. Mrs Lewis Aelwyd Isaf oedd yn gyfrifol am gyflwyno llythyr gan yr ymwelwyr i'r teulu yn y lle cyntaf. Roedd rhai pobl yn hysbysebu am *visitors* yn y papurau newydd.

Er bod yr ymwelwyr yn datblygu'n rhan o gylch bywyd Moelfre, nid oedd y pentref wedi dechrau tyfu yn sgil twristiaeth nac yn datblygu'n ormodol ar ei gyfer ychwaith. Roedd nifer o siopau bach yn y pentref sef Penstryd, Penrhyn, Siop y Post, Siop Tŷ Crwn a gwerthid te, siwgr a *groceries* yn y siopau hyn ac roedd siop Jane Jones (Pilgrim's Cottage) yn lle poblogaidd gyda'r dynion. Siopau ar gyfer y trigolion lleol oedd y rhain, ond yn arwyddocaol:

> Roedd caffi yn y pentref hefyd – y *Royal Charter* Tea Rooms (y perchnogion oedd Capten Owens a'i wraig). Daeth y *visitors* i'r caffi mewn *pony trap* i gael bwyd. Roedd cerdyn gyda *Royal Charter* Tea Rooms wedi 'sgwennu arno yn y ddwy ffenest. Gwerthid te a *scones*, bara menyn a jam yno. (Griffiths, 1983)

Wedi'r Rhyfel Mawr, datblygodd y diwydiant ymwelwyr ymhellach. Galluogai'r rheilffyrdd i bobl o ardaloedd daearyddol llawer pellach ymweld â'r glannau ac roedd y gost o fewn cyrraedd pobl hefyd. Roedd cyflogau'n codi a'r galw am wyliau ar yr arfordir (Travis, 1994). Er y problemau economaidd a wynebai pobl Cymru, a sawl rhan arall o Ewrop yn y 1920au, fe welid sawl arwydd o fywyd llewyrchus hefyd. Os oedd y modur yn beth prin iawn yng nghefn gwlad Cymru cyn y rhyfel yna erbyn diwedd y 1920au roedd amryw o'r dosbarth canol yn gallu ei fforddio. Erbyn hyn roedd cyfeiriad at Foelfre ar dudalennau *Throup's Illustrated North Wales Motorists' Guide* sef *'attractive, peaceful little village'* (*Throup's Illustrated North Wales Motorists' Guide* 1930).

Ond yr hyn a fyddai'n dylanwadu fwyaf fodd bynnag oedd dyfodiad y bws a'r charabanc oherwydd rŵan roedd ymwelwyr yn gallu cyrraedd mannau anghysbell iawn (Davies, 1990). Oherwydd y twf hwn daeth y gwasanaeth trenau i deithwyr rhwng Bangor a'r Benllech i ben yn 1930, ond yn arwyddocaol iawn ymddengys fod y gwasanaeth yn parhau ar Sadyrnau'r haf oherwydd prysurdeb o du'r ymwelwyr a hynny tan yr Ail Ryfel Byd (Rear, 1994).

Yn ystod y cyfnod rhwng y rhyfeloedd dechreuodd y diwydiant ymwelwyr ddatblygu'n amlwg yn y pentref, ond heb ddisodli cyflogaeth draddodiadol y cymunedau morwrol ac fel y pwysleisia Travis *'The holiday industry was grafted on to their established economies.'* (Travis, 1994) Erbyn y 1920au roedd mwy o bobl yn cadw ymwelwyr ym Moelfre ei hun. Fe honnodd y brodyr Robert a Richard Owen (geni 1903 a 1904) mai ychydig o ymwelwyr oedd yn dod i'r pentref ond er hyn eu bod yn cofio'u gweld erioed. (Owen, 1992) Yn ôl y Capten Harry Owen Roberts (geni 1914) yr un rhai oedd yn dod yn flynyddol, rhyw hanner dwsin o deuluoedd ar y mwyaf, ond i'r nifer gynyddu wrth i'r blynyddoedd fynd rhagddynt (Roberts, 1991).

Nid oedd cadw ymwelwyr wedi ei gyfyngu i'r pentref ei hun. Dros y ffin ym mhlwyf Penrhosllugwy fe drigai Henry a Grace Jones yn fferm 'R Aber. Yn ôl eu merch, Mrs Jane Lewis (geni 1906) byddai ei rhieni yn cadw *visitors* ac fe gawn ddarlun o'r patrwm cadw ganddi hi (Lewis, 12/1992). Byddai'r ymwelwyr yn aros am ryw chwe wythnos i ddau fis, megis Mehefin i Awst pan fyddai'r ysgolion ar gau. Roedd pedair ystafell wely yn 'R Aber ac roedd dwy ohonynt yn cael eu gosod, gyda jwg a basn ynddynt ar gyfer ymolchi. Byddai'r ymwelwyr yn dod â bwyd hefo nhw a byddai'r teulu lleol yn ei goginio iddynt. Roedd tatws a cyrainj yn yr ardd a byddai'r ymwelwyr yn prynu wyau, ymenyn ac ati gan y teulu a phrynu te, siwgr a bara yn siopau'r pentref. Llefrith oer neu gynnes byddai'r rhan fwyaf o'r *visitors* yn ei gymryd i swper. Er i drefn 'Gwely a Brecwast' ddatblygu maes o law parhau efo *full board* oedd y drefn yn 'R Aber. Yn ystod y cyfnod hwn roedd yn rhaid i'r ymwelwyr aros efo teuluoedd oherwydd dim ond Ann's Pantry oedd ar agor i wneud bwyd iddynt ym Moelfre a dim ond teisennau a salads ac ati oedd yno. Nid oedd na thai bwyta na gwestai i werthu prydau yn y fro ac er bod Tafarn Tan Fron yn westy, dim ond gwerthu diod oeddynt hwy.

Ond ar waethaf y prinder adnoddau, erbyn hyn roedd twristiaeth wedi dechrau effeithio ar y pentref. Roedd llawer o'r ymwelwyr hyn yn dod o ardal Crewe ac yn gweithio ar adeiladu peiriannau stêm yn eu gwaith bob dydd. Mae'n amlwg mai o ardal gogledd orllewin a diwydiannol Lloegr y deuai mwyafrif yr ymwelwyr. Weithiau roedd cysylltiad teuluol rhwng rhai o'r ymwelwyr a rhai o deuluoedd y pentref (Roberts, 1991).

Ymhen amser, datblygwyd cyfleusterau eraill yn y pentref ar gyfer y *visitors*. Yn bymtheg oed aeth Mrs Jane Lewis (geni 1906) i weithio i Capten a Mrs Owen i Arlanfor yn llnau tuniau ac fe gai bum swllt yr wythnos er mwyn 'dysgu crefft' gan Saesnes uniaith o Bolton, sef Miss Wright y *'cook'*. Byddai pawb o Foelfre yn mynd i Arlanfor i brynu bara gan nad oedd neb yn pobi erbyn hyn ond roedd yna gaffi'n gwerthu bwyd i'r ymwelwyr hefyd yn Arlanfor (Lewis, 1/1992). Yn achos Arlanfor felly gwelir mai ymateb i alw cynyddol y pentrefwyr a'r ymwelwyr oedd y datblygiadau cynnar hyn.

Erbyn dechrau'r ugeinfed ganrif, ac yn fwyfwy yn ystod y blynyddoedd rhwng y rhyfel, roedd mwyafrif cymunedau pysgota'r Ynysoedd Prydeinig yn wynebu newidiadau cymdeithasol, economaidd a diwylliannol mawr (Walton, 2000). Yn sicr roedd y tridegau yn gyfnod anodd iawn i drigolion y Gymru wledig i gyd (Davies, 1990) a doedd llongwyr ddim gwahanol i weithwyr eraill. Yn y cyswllt hwn onid oedd twristiaeth yn cynnig achubiaeth bosibl? Un o deuluoedd amlycaf Moelfre yn ystod y cyfnod anodd hwn oedd teulu Capten Hughes, Trem Don, gŵr a fu'n berchennog llongau hwyliau ei hun ar un adeg. Cofia ei fab, Idwal Hughes (geni 1910), fel yr oedd Moelfre yn 1931 yn llawn capteiniaid, llongwyr, tanwyr a hwythau i gyd heb waith. Ond roedd twristiaeth yn cynnig incwm ychwanegol i'r teulu. Roedd gan Trem Don storws (Saesneg: *storehouse*) fawr a byddent yn cadw ymwelwyr yn y tŷ a'r storws yn gartref dros dro i'r teulu dros yr haf. Nid y dynion yn unig oedd yn segur gan fod dwy o enethod y teulu adref yn ddi-waith hefyd ac felly roedd cadw ymwelwyr yn hwb ariannol mawr i'r teulu (Hughes, 1992).

Ond, mae'r ffaith fod yna ymwelwyr yn dod i Foelfre yn ystod cyni mawr y tridegau yn awgrymu nad oedd y Dirwasgiad Mawr yn taro pawb mor galed ac efallai'n cadarnhau mai'r dosbarth canol oedd yn dod bryd hynny. Fe gadwai Mr a Mrs Griffiths Bryn Peris ymwelwyr ac mae'u Llyfr Ymwelwyr wedi goroesi. Dechreuwyd ei gadw yn 1929, er na wyddys os oedd llyfr arall wedi ei gadw cyn hynny ond mae'n amlwg o rai o'r sylwadau ynddo eu bod yn cadw ymwelwyr cyn y dyddiad hwnnw (Griffiths, Teuluol). Byddai'r ymwelwyr yn nodi eu henwau a'u cyfeiriad ac yna'n rhoi sylw ar eu harhosiad yn y llyfr. Gan ei bod yn anodd gwybod os oedd unrhyw gofnod yn cyfeirio at un person yn unig neu at gwpwl neu efallai deulu, rhaid cyfeirio at bob cofnod fel uned.

1929 – 9 uned
1930 – 17 uned
1931 – 9 uned
1932 – 4 uned

ac yna ceir saib tan 1938 pan fu 5 uned yn aros efo'r teulu.

Ni ellir rhoi cyfrif am yr amrywiaeth o flwyddyn i flwyddyn yng nghyfanswm blynyddol yr unedau gan fod y cofnod cyntaf yn 1929 yn nodi'r dyddiadau Awst 3ydd i'r 13eg ac yna gellir cymryd bod llyfr cynharach wedi ei gadw a bod llawer mwy o ymwelwyr wedi aros ym Mryn Peris y flwyddyn honno. Yn sicr awgryma'r ffigurau bod 1930 yn gofnod llawn ac felly mae'n ymddangos bod tua 17 uned y flwyddyn yn arferol. Ar y llaw arall, gellir tybio'n gryf bod y dirywiad yn y niferoedd erbyn 1931 ac yn ddiweddarach ym 1932 yn ganlyniad i'r Dirwasgiad Mawr, er bod y cyfeiriad cynharach at brysurdeb y gwasanaeth trenau ar ddydd Sadwrn yn tueddu i wrthddweud hynny. Gellir cynnig esboniad arall ac mai penderfyniad personol y teulu i beidio â chadw ymwelwyr o bosibl sy'n esbonio'r bwlch wedyn tan 1939.

Yn ddigon naturiol mae'r llyfr yn cadarnhau mai misoedd Gorffennaf ac Awst oedd y rhai prysuraf. Byddai pobl yn aros am wythnos neu bythefnos fel arfer ond ceir cyfeiriadau at benwythnosau y tu allan i'r tymor arferol hefyd ac yn sicr nid oedd ymweliadau wedi eu cyfyngu i'r haf hyd yn oed yn y tridegau. A yw hi'n deg awgrymu mai aelodau o'r dosbarth canol oedd yr ymwelwyr hyn eto, neu o leiaf ganran uchel ohonynt oherwydd eu bod yn dod am benwythnos y tu allan i'r tymor yn groes i arferiad y dosbarth gweithiol?

Roedd mwy nag un uned yn aros ar unrhyw adeg ac yn sicr felly byddai gan Mrs Griffiths ddigon i'w chadw'n brysur a'i chroeso yn sicrhau bod sawl un yn dychwelyd yn flynyddol, ac fe nododd un PTP Herbert o Withington ym Manceinion yn falch iawn yn 1931 mai dyma ei *'Seventh Visit & still Coming.'* Roedd pob un o'r ymwelwyr ac eithrio un o Worcester yn dod o ogledd orllewin Lloegr ac o Fanceinion a'r cyffiniau yn bennaf. Byddai rhai yn dod o'r union un ardal gan awgrymu bod gwybodaeth am y pentref yn cael ei ledaenu ar lafar. Prin iawn yw'r enwau Cymraeg – ond efallai bod yr ymwelwyr hynny yn wreiddiol o'r fro neu o dras Gymreig.

Digon dinod yw'r sylwadau fel arfer ond maent i gyd yn ganmoliaethus, fel y gellid disgwyl mae'n debyg! Nodid yn gyntaf os mai hwn oedd y gwyliau cyntaf, ail ac ati ac un nodwedd gyffredin yw'r cyfeiriadau mynych at y croeso ym Mryn Peris.

> *'Coming again. I'll tell the world!'* meddai Rhys Davies, eto o Withington ym Manceinion *'Three Cheers for Wales!!!'*
>
> *'We have had a splendid time thanks to Mrs Griffiths. A Home from Home.'*
>
> *'Hope to come again next summer when the strawberries are in season.'*

Mae'r cyfeiriadau lu hyn at groeso Mrs Griffiths yn pwysleisio rôl bwysig gwraig y tŷ yn llwyddiant y fenter hon. Roedd cadw 17 uned o lety mewn blwyddyn yn golygu swm sylweddol o arian ychwanegol i deulu cyffredin ond y merched oedd yn ysgwyddo'r baich a hwy fyddai'n rhedeg y busnes cadw llety neu wely a brecwast maes o law. Yn ddiddorol iawn, un datblygiad newydd cyn y rhyfel oedd ymddangosiad tai haf ac er mai dim ond rhyw dri ohonynt oedd yn bod, megis un o ddau Dŷ Bricks y teulu Taylor, dyma ragflas o'r newid mawr a ddeuai yn ddiweddarach yn y ganrif.

Y Riverside Café a'r *'overseas voyage'*: Datblygiad twristiaeth wedi 1945

Yn ystod y blynyddoedd cyn yr Ail Ryfel Byd felly roedd y diwydiant ymwelwyr yn tyfu'n gynyddol amlwg ym mywydau trigolion Moelfre ac er nad oedd fawr ddim ymwelwyr yn ystod y rhyfel, efallai i'r sefyllfa newid ychydig yn ystod y ddwy flynedd cyn ei ddiwedd. Yn sicr cofiai Dafydd Arbonne Owens (geni 1934) 'bobl diarth' ar ddiwedd y rhyfel ac roedd llawer o Saeson yn y pentref adeg dathlu VJ Day, llawer ohonynt o Crewe (Owens, 2002). Bu'r cyfnod wedi'r rhyfel yn gyfnod o newid mawr yn hanes Cymru a'r byd a dyma'r cyfnod pan ddatblygodd y diwydiant ymwelwyr yn gyflogwr pwysig yn y pentref. Tua'r un pryd fe welwyd dirywiad mawr yn niwydiant pysgota'r fro a llai a llai o ddynion y pentref yn troi at y môr am eu bywoliaeth.

Er y caledi yn y blynyddoedd cynnar wedi'r rhyfel a'r dogni'n parhau er enghraifft, fe welwyd prysurdeb mawr yn y pentref yn yr haf oherwydd nifer yr ymwelwyr. Wedi 1945 roedd y dosbarth gweithiol yn tyfu'n fwyfwy economaidd bwerus ac un arwydd amlwg o hynny oedd poblogrwydd y modur erbyn y 1950au (Morgan, 1994). Pwy oedd yr ymwelwyr a ddeuai i Foelfre? I raddau roedd y patrwm a fodolai cyn y rhyfel yn parhau a'r dosbarth canol o ogledd orllewin Lloegr yn dal i ddod, ond erbyn hyn roedd y dosbarth gweithiol hwythau yn llawer mwy amlwg ar ôl y rhyfel. Mewn sawl teulu bellach roedd y wraig hefyd yn gweithio a'r gŵr efallai mewn swydd dda yn y ganolfan drenau yng Nghrewe, gan fod carfan uchel o'r ymwelwyr yn dod o'r dref honno (Owens, 2002). Nid oedd Moelfre yn ddieithr i nifer ohonynt gan fod ganddynt deulu ym Moelfre wedi i dad neu daid symud i Lerpwl neu Birmingham o'r pentref i weithio. Unwaith eto, yn gyffredinol yr un rhai fyddai'n dod dro ar ôl tro ac yn amlach na pheidio ar yr un dyddiad hefyd ac am un wythnos o'r flwyddyn byddai'r pentref yn llawn o bobl Crewe!

Er y byddai'r ymwelwyr cyntaf yn dod tua'r Pasg, ym mis Mai y byddent yn cyrraedd yn eu niferoedd a'r prysurdeb yn parhau wedyn tan ddiwedd Awst/Medi. Ymddengys nad oedd fawr neb yn dod yn y gaeaf nac ar benwythnosau. Deuai'r mwyafrif o ymwelwyr ar y trên i Fangor gan ddal y bws a deithiai bob hanner awr yn yr haf i Foelfre ac er bod y ffordd i Lanallgo wedi gwella erbyn hyn, fe gymerai awr i gyrraedd Moelfre! Hwyluswyd y daith i'r ymwelwyr gyda dyfodiad y *double decker* ac mae William Rowlands yn cofio teithio ar yr un cyntaf i Lanallgo – talu dime neu geiniog i fynd yno ac yna cerdded yn ôl i lawr i'r pentref (Rowlands, 2002). Nid oedd pawb yn dod ar fws wrth gwrs a deuai nifer yn eu ceir eu hunain a bellach roedd gwasanaeth tacsi yn y pentref hefyd. Roedd gan Mr Jones Hyfrydle ddau gar (Ford a Chevrolet) ac roedd gan John Roberts y Post gar, a byddai'r ddau yn brysur ar ddydd Sadwrn yn cludo pobl yn ôl ac ymlaen i Fangor gan mai ar ddydd Sadwrn fel arfer y byddai'r mynd a dod mawr.

Erbyn y 1950au oherwydd y twf yn nifer yr ymwelwyr nid oedd angen hysbysebu Moelfre a gorfodwyd ambell fusnes i basio ymwelwyr i eraill yn y pentref os nad oedd lle. Erbyn hyn roedd pawb yn cadw ymwelwyr os oedd ganddynt le ac i nifer o wragedd gweddwon neu hen ferched roedd yr hwb ariannol yn bwysig iawn. Wrth gwrs, roedd y dynion ar y môr yn y rhan fwyaf o'r cartrefi a chan nad oedd llawer o wyliau i'r llongwyr, roedd digonedd o le ar gael. Byddai rhai fel Kitty Griffiths, hen ferch yn byw ar ei phen ei hun, yn cadw dau deulu ar unwaith. Ailgynlluniwyd amryw o dai ar gyfer cadw ymwelwyr a gosod lle yn y cefn i'r teulu gael byw ynddo yn yr haf. Gan fod dogni dal mewn grym am nifer o flynyddoedd ar ôl y rhyfel, byddai'r ymwelwyr yn dod â'u bwyd efo nhw ond yn disgwyl i'r teulu lleol goginio'r bwyd iddynt. Hunanarlwyaeth o fath oedd y drefn felly a rhannu'r tŷ hefo'r teulu, heblaw am yn Swnt lle'r oedd un neu ddau o *chalets*. Roedd teulu Dafydd Arbonne Owens yn cadw visitors a chan fod y tad i ffwrdd yn yr RAF a'r teulu yn byw ym Morannedd, yn yr atig mawr yno yr arferai'r teulu gysgu yn ystod yr haf a gosod gweddill y tŷ. Ond nid pobl y pentref yn unig fyddai'n cadw pobl ddiarth gan fod y ffermwyr hefyd yn eu croesawu ac ar fferm y Bryn roedd ganddynt ddigon o le gan fod y tŷ mor fawr ac ystafelloedd gwag y morynion a'r gweision ar gael hefyd.

Un o nodweddion amlycaf pentrefi pysgota wedi'r Ail Ryfel Byd oedd y dirywiad yn y gweithgaredd hwnnw a'r ffordd y gorfodwyd y cymunedau hyn i addasu a manteisio ar ddiwydiannau newydd megis twristiaeth. Roedd y diwydiant pysgota, a fu mor allweddol i'r pentref yn y gorffennol, wedi dod i ben i bob pwrpas erbyn hyn (Evans, 1995) er bod pysgota ar raddfa llai yn digwydd. Rwan dim ond hen ddynion oedd ar ôl i bysgota ond fe fanteisiai pysgotwyr fel Tomos Owen, Tŷ Pwdwr, William Owen, Angorfa, William Roberts neu Yncl Bila ar yr ymwelwyr hefyd gan mai iddynt hwy y gwerthwyd y pysgod. I'r pwrpas hwn gosodid bocs o bysgod o flaen Boldon, tŷ ar lan môr Moelfre, i bobl ddiarth, ar ôl i'r pysgotwyr fod allan yn pysgota yn gynnar iawn. Un o gymeriadau'r pentref oedd Yncl Bila ac un o'i driciau ef oedd blingo cŵn môr a'u gwerthu i'r ymwelwyr fel *rock salmon!* Gwerthid y pysgod i eraill hefyd a gweithredai Mr Hollins o'r Kinmel Arms fel asiant a'u gwerthu nhw i'r Glanrafon Hotel ym Menllech ac i gwmni Hogans os oedd digon o ddalfa i gyfiawnhau'r daith o Fangor. Un o bysgod yr haf oedd mecryll ac fe'u gwerthwyd hwy hefyd i'r ymwelwyr a'r plant fyddai'n mynd i bysgota mecryll mewn cwch gan nad oedd neb yn pysgota oddi ar y creigiau'r adeg yna. Byddent yn eu gwerthu am ddwy neu dair ceiniog yr un fel pres poced. Roedd traeth y pentref yn llawn pobl ond arferai'r plant fynd hefyd i werthu o amgylch y tai ac i'r carafannau o amgylch Llugwy.

Ond nid y trigolion yn unig oedd yn pysgota ym Moelfre ac un gweithgaredd a ddatblygodd yn ystod y cyfnod hwn oedd arfer yr hen ddynion o fynd â'r ymwelwyr i bysgota mewn cychod rhwyfo i ynys Moelfre. Yn hogyn fe âi Dafydd Arbonne Owens â phobl ddiarth rownd Ynys Dulas i bysgota gan ddilyn trefn yr hen longau hwyliau a hawlio *third share*, sef *third* i'r llong, *third* i'r ownar a *third* i'r Capten (Owens, 2002) a hynny ar ôl codi hanner coron yr un arnynt am fynd 'rownd yr ynys.'

Un o'r cyfleoedd newydd prin hynny a ddaeth i'r hen bysgotwyr yn sgil datblygiad twristiaeth oedd mynd â'r ymwelwyr o amgylch y bae mewn cwch rhwyfo neu hwylio. Ond erbyn y 1950au gweddnewidwyd y busnes hwn hefyd gydag ymddangosiad y peiriant *seagull*, sef peiriant allanol (*outboard engine*), rhyw un a hanner i ddau a hanner *horse power* ac yn awr gellid mynd â'r ymwelwyr ymhellach, sef i Ynys Dulas, ond a adwaenid bellach yn Seal Island. Yn yr oes honno prin oedd y sôn am fesurau diogelwch ac roedd y daith yn ddigon peryglus yn arbennig gan nad oedd y môr o gwmpas yr ynys yr hawsaf bob tro ac wrth fynd i Ynys Dulas, ychydig o'r cwch oedd uwch ben y dŵr a doedd gan neb *life jacket*. Ond dylid cofio hefyd mai dynion profiadol oedd y rhain, yn gwylio ac yn adnabod y tywydd ac ni fyddent yn hwylio os oedd tywydd gwael ar y gorwel. Fe gymerai'r daith tua awr a hanner a'r cwch yn cludo deg neu fwy o bobl weithiau! Roedd tripiau llai o amgylch Ynys Moelfre neu i Draeth Bychan a Benllech ar gael hefyd a hynny sawl gwaith mewn diwrnod. Roedd sawl amrywiaeth ar y trip i Fenllech sef eu cludo yno a'u gadael yno i gerdded adref, eu nôl nhw yn ddiweddarach yn y prynhawn, neu eu bod nhw'n mynd adref naill ai ar fws, neu'n cael eu cludo'n ôl gan hogiau Benllech. Ond mynd i Ynys Dulas oedd yr '*overseas voyage*' (Hughes, 2002). Er nad oedd yr hen longwyr hyn i gyd yn mynd â'r bobl i bysgota, roedd pob un ohonynt yn cofrestru fel pysgotwyr er mwyn hawlio'r tanwydd oedd ar gael iddynt yn sgil y dogni. Roedd y traddodiad o bedwar yn rhannu cwch wedi marw erbyn hyn, cwch yr un oedd hi bellach ac roedd rhai fel Wil Lewis a Will Roberts yn llogi dau neu dri o gychod rhyw naw i ddeg troedfedd i bobl ddiarth. Roedd arian da i'w gael amdanynt wrth gwrs a'r gost am fynd allan drwy'r dydd yn 12 swllt a dylid cofio mai dim ond £5 oedd cyflog wythnos wedi'r rhyfel.

Yn naturiol ddigon, fe amharwyd ar weithgareddau'r haf, megis y regata a'r diwrnod bad achub yn ystod y rhyfel ac ni threfnwyd y regata wedi'r rhyfel, ond ail ddechreuwyd cynnal diwrnod y bad achub (yn y 1950au?) ar yr hen ŵyl y banc, sef y penwythnos cyntaf yn Awst. Pwrpas y diwrnod oedd dangos y bad wrth ei waith a chasglu pres. Byddai'r diwrnod yn denu llawer o bobl, nid yn unig ymwelwyr ond pobl o bob cwr o'r ynys fel Llannerch-y-medd a Chemaes. Wedi gorffen ei arddangosfa yn y bae, byddai'r *George Wade*, bad injan betrol, hwyliau a chwe rhwyf a chriw o naw, yn mynd â phobl o amgylch y bae. Mawr oedd y prysurdeb fel arfer a chiw o bobl yr holl ffordd o Arfor yn disgwyl eu tro a thua 50 o bobl yn mynd allan ar y tro. Roedd gan ferch y Cyrnol Parciau, Ysgrifennydd y bad achub, gaffi yn Nhraeth Bychan felly byddai'r bad achub yn galw yno ac, ar ôl yr arddangosfa, fe âi'r dynion i'r lan i hel pres.

Ateb gofyn oedd y rheswm gwreiddiol dros gadw ymwelwyr sef yr angen i gael dau ben llinyn ynghyd ac roedd yn fodd i ychwanegu at gyflog neu'n gymorth mawr i rywun ar ei bensiwn. Nid oedd pensiwn Capten yn un sylweddol yn yr oes honno a doedd dim gwrthwynebiad i'r ymwelwyr gan fod angen eu harian ac roedd dynion Moelfre hefyd wedi hen arfer cymysgu hefo pobl ddiarth ar eu teithiau. Yr un rhai fyddai'n dod bob blwyddyn, yn aros yn yr un cartrefi a hynny ar yr un wythnos bob blwyddyn. Roedd gan ambell un gysylltiadau teuluol â Moelfre, un o'r teulu efallai wedi priodi un o'r ymwelwyr a naill ai wedi aros yn y pentref neu wedi symud i ffwrdd i fyw.

Un newid yng nghymeriad pentref Moelfre yn sgil twf y diwydiant ymwelwyr oedd datblygiad nifer o siopau a busnesau lleol wedi'r rhyfel. Roedd rhai siopau ar agor ers cyn y rhyfel, megis Siop lysiau Penstryd, y siop gig, Hyfrydle a'r becws yn y cefn, siop ddafad Mary Lewis a Siop Frondeg yn Llanallgo. Agorwyd ambell i siop newydd cyn y rhyfel, fel y fferyllfa, ac roedd nifer o rai eraill a fanteisiai ar y tymor ymwelwyr yn bennaf dal ar agor megis Arlanfor ac Ann's Pantry. Ond datblygodd rhai eu busnesau ymhellach ar ôl y rhyfel, megis busnes Deanfield a arferai gadw ymwelwyr cyn y rhyfel ond a agorodd gaffi yn ddiweddarach (Thomas, 2002) ac erbyn y cyfnod hwn roedd gan Mr a Mrs Jones Hyfrydle siop ar y traeth hefyd. Roedd siop groser Glandon hefyd ar lan y môr yn gwerthu hufen iâ ond defnyddid rhan o'r adeilad bellach ar gyfer lletya ymwelwyr. Newidiwyd hen siop Mrs Francis, y Penrhyn Castle, yn Peddlar's Pack yn gwerthu manion – botymau, gwniaduron, rils, sigaréts a Saesnes oedd y perchennog bellach. Ond efallai mai'r arwydd mwyaf arwyddocaol o ddatblygiad twristiaeth ym Moelfre oedd agor y siop sglodion gyntaf! Cwt sinc a chartref Capten Francis oedd y siop yn wreiddiol a chan fod ganddo ddau doiled fe godai geiniog yr un ar yr ymwelwyr i'w ddefnyddio gan sicrhau incwm da yn yr haf! Wedi iddo farw chwalwyd y toiledau ac addaswyd y cwt sinc yn siop sglodion, sef y Riverside Café a gosod dau neu dri o fyrddau yno. Perchennog y siop oedd gwraig y Capten Francis ac roedd ganddi ddwy sosban fawr i wneud y sglodion cyn cael *range* bach i'r siop i wneud sglodion iawn a chynnig 'gwerth chwech' ohonynt i'w chwsmeriaid.

Yn ystod y cyfnod hwn felly, gwelwyd fod twristiaeth, ymhlith ffactorau eraill hefyd mae'n sicr, yn dechrau effeithio ar fywyd traddodiadol y gymuned ac un ffactor yn y newid ers 1945 oedd y trai ar grefydd (Davies, 1990). Yn draddodiadol, roedd busnesau'r pentref ar gau ar y Sul, ond manteisiai un Saesnes a drigai yn un o dai'r Swnt, Miss Harrap, ar y drefn i werthu siocled i'r plant ar y Sul yn ei thŷ. Fe ddeuai papurau'r Sul i'r pentref erbyn tua 2 o'r gloch y pnawn a rhywun o Benllech yn eu gwerthu a chofia William Rowlands fynd hanner ffordd i'r anallgo i'w gyfarfod.

Er hynny, roedd gofyn i'r ymwelwyr ddifyrru eu hunain yn ystod eu gwyliau ac un atyniad poblogaidd oedd Tafarn Tan Fron (y Kinmel Arms yn ddiweddarach) a'r plant a'r pramiau yn cael eu gadael tu allan. Byddai pobl hefyd yn cael *afternoon teas* yn Ann's Pantry – ond heblaw am y rhai le yma roedd gofyn i'r ymwelwyr wneud fel pobl Moelfre a diddanu'u hunain. Cymysgai'r plant lleol a phlant yr ymwelwyr drwy'i gilydd a rhai ohonynt yn aros dros yr haf i gyd ac fel y gellid disgwyl Saesneg a siaredid gan nad oedd yr ymwelwyr yn dysgu Cymraeg. Yn oes Dafydd Arbonne Owens byddai hogiau Moelfre yn chwarae pêl-droed yn erbyn pobl Crewe a chenhedlaeth William Rowlands yn chwarae pêl-droed yn erbyn dynion Trinity House pan oedd eu llongau yn y bae. Roedd gan yr hogiau sawl cae pêl-droed ac roedd ychydig o denis hefyd ond dim rygbi. Roedd plant Moelfre wrth eu boddau yn gweld yr ymwelwyr yn cyrraedd er mwyn iddynt gael chwarae ar lan môr, yn y cychod neu yn pysgota oddi ar y creigiau a daethant i adnabod nifer ohonynt yn dda. Trefnai bobl Crewe gêm griced bob nos a hynny yn Y Waun.

Yn wahanol i rannau eraill o'r arfordir, nid oedd maes carafannau na maes pebyll yn y pentref yn y blynyddoedd cynnar wedi'r rhyfel, er efallai i ambell i garafán neu babell aros yng nghaeau fferm. Ond roedd carafannau a gwersylla wedi cyrraedd y fro erbyn hyn, megis ymweliad Girl Guides o Manchester yn Nant Bychan ac ymwelwyr eraill yn gwersylla yng nghae Tŷ Mawr er nad oedd cyfleusterau yno. Dylid cofio hefyd bod ychydig o dai haf ar gael yn y pentref yn y cyfnod hwn. Roeddynt hwy'n arwydd o'r newid mawr a fyddai'n dod yn sgil datblygiad twristiaeth yn y pentref.

Clannish village learns to give and take: pen llanw'r 1960au a'r 1970au cynnar

Yn ystod y 1960au, gwelwyd newid mawr ym mhentref Moelfre o ran maint a natur y gymdeithas, ac yn sicr chwaraeodd y diwydiant ymwelwyr ran amlwg yn y newid hwn. Adeiladwyd stad dai cyngor Ffordd Llugwy a hynny'n bennaf er mwyn cartrefu'r gweithwyr a oedd yn adeiladu gorsaf ynni niwclear cyfagos Yr Wylfa. Ond, yr un mor sylweddol oedd adeiladu ystadau tai preifat wrth i fwy a mwy o bobl o Loegr ymgartrefu yn y pentref, yn sgil twf y diwydiant ymwelwyr. Yn ôl Cyfrifiadau 1961 ac 1971, fe ddyblodd maint y plwyf bron o 520 i gyfanswm o 840! Doedd y datblygiadau hyn ddim gwahanol i'r hyn a oedd yn digwydd mewn sawl rhan arall o Gymru a Phrydain ac yn ôl John Davies (Davies, 1990) 'Y car, wrth gwrs, oedd yr allwedd i dwf y dosbarth hwn.' Gwelwyd adeiladu mawr mewn nifer o bentrefi a threfi glannau'r gogledd yn sgil twf twristiaeth ond hefyd i ateb gofyn pobl wedi ymddeol. Wrth gwrs fe ddatblygodd diboblogi yn broblem hefyd ymhlith y trigolion ifanc lleol. Ond golygai datblygiad y diwydiant ymwelwyr newid cymdeithasol enfawr mewn rhannau o Gymru (Davies, 1990).

Erbyn ail hanner y chwedegau, roedd cymeriad y pentref yn amlwg yn newid a cheir awgrym clir nad oedd pawb yn hapus. Dan y pennawd *'Clannish village learns to give and take'* adroddodd y *North Wales Chronicle* yn 1968 fod hanner y pentref yn Saeson erbyn hyn, ac awgrymodd yr adroddiad fod gwrthwynebiad wedi ymddangos ond bod y brodorion yn awr yn fodlon (*North Wales Chronicle*, 25/7/1968). Y gwir syml fodd bynnag yw bod y mewnlifiad o bell dros 60% mewn llai na deng mlynedd wedi cael effaith andwyol ar y gymuned, yn arbennig o ran yr iaith Gymraeg.

Arwydd amlwg o ddatblygiad twristiaeth oedd i'r dafarn gael ei weddnewid a hysbysodd y papur lleol mai'r Kinmel Arms (nid Tan Fron oedd yr enw mwyach) oedd *'Anglesey's newest, most modern, luxuriantly comfortable pub'*. Arwydd arall o'r newid oedd y ffaith fod mwy o fewnfudwyr yn rhedeg busnesau yn y pentref ac fe adeiladodd Mr a Mrs Veritty siop sglodion newydd yng ngardd yr hen siop sglodion. Cyfeiriodd y *North Wales Chronicle* mewn erthygl ar ferched ym myd busnes at Mrs Evelyn Horner yn agor y Ship's Bell ym Moelfre sef caffi a siop ddillad a gwlân (*North Wales Chronicle*, 26/9/1968). Gwelwyd newid ar y traeth hefyd a nodai William Rowlands fod hen ddynion Moelfre yn rhoi'r gorau i fynd ag ymwelwyr allan o amgylch y bae oherwydd ei bod hi'n ormod o drafferth edrych ar ôl y cychod a llusgo nhw i dop y gro yn enwedig o gofio bod yr ymwelwyr wedi dechrau prynu eu cychod eu hunain neu yn pysgota oddi ar y creigiau.

Yn sicr roedd y diwydiant ymwelwyr yn ffynnu. Yn ôl Melville Richards 'Oherwydd harddwch naturiol y glannau, hinsawdd weddol dyner yr ynys, a'i hanes a'i chymeriad diddorol, fe ddatblygodd diwydiant twristiaeth bwysig ym Môn.' (Richards, 1972) Gymaint fu'r datblygiad yn ardal Moelfre fel, ar sail patrwm gwario ymwelwyr, roedd ardal Benllech-Moelfre yn un o saith ardal lle gwelwyd datblygu mawr. Yn 1970 gwariodd ymwelwyr dros £6 miliwn ar yr ynys – ac wrth i'r arian ailgylchredeg creuwyd incwm o tua £1.5 miliwn.

Roedd dros hanner yr ymwelwyr a drefnodd wyliau yn ardal Benllech-Moelfre yn aros mewn llefydd aros dros-dro, megis carafanau a phebyll erbyn hyn. Yn sicr y 1960au welodd ddatblygiad gwasanaethau i garafanau a phebyll ym Moelfre a'r cylch. Er i'r plwyf lwyddo i osgoi'r pla o feysydd carafannau a dyfodd mewn plwyfi cyfagos, roedd gan faes carafannau yn Consuello ar gyrion y pentref 30 o garafannau a chaniatawyd tair yn Nant Bychan. Roedd maes llawer mwy yng Nglanrafon Uchaf a Gell Bach ar ffin y plwyf. Yn yr ymdrech i fanteisio ar y diwydiant ymwelwyr, fe gadwai tri ar ddeg o gartrefi eraill garafán ar eu tir (GAYM WCC/358). Fe arhosai ychydig llai na chwarter yr ymwelwyr mewn tai gwyliau ac ychydig yn llai eto yn aros mewn llefydd pwrpasol megis gwestai a thai gwely a brecwast a chanran isel iawn oedd yn aros efo ffrindiau neu berthnasau (Richards, 1972). Ar y llaw arall, dylid cofio bod llawer iawn o gartrefi yn cynnig gwely a brecwast yn answyddogol er mwyn osgoi talu trethi. Ond un o'r prif ddatblygiadau oedd y cynnydd yn nifer y tai haf yn yr ardal.

Yn sgil yr holl ddatblygiadau uchod, gwelwyd penllanw'r diwydiant ymwelwyr ar ddiwedd y 1960au a hanner cyntaf y 1970au ym Moelfre. Roedd pob haf yn brysur ac i rai tyfodd y diwydiant yn fusnes llawn amser bron. Roedd llu o dai preifat yn cynnig gwely a brecwast ac ambell gartref a gysgai wyth o bobl mewn tair ystafell wely hefyd yn cynnig lle ar ben y grisiau ac ar lawr y parlwr oherwydd y galw a'r prinder lletty!

Bu'r awdur hwn yn gweithio yn nhafarn y pentref yn y 1970au a gwelodd y prysurdeb mawr ac yna'r dirywiad yn nifer yr ymwelwyr. Teg yw dweud bod y Kinmel Arms yn orlawn bob nos, ac eithrio'r Sul pan oedd y dafarn ar gau, a chymaint â dwsin o bobl yn gweithio y tu ôl i'r bar! Ond os oedd yr hyn a welwyd yn y dafarn hon yn adlewyrchu'r diwydiant yn gyffredinol yna roedd y dirywiad yn ystod y ddegawd yn llawn mor amlwg. Erbyn y 1970au daeth gwyliau tramor yn fwy cyffredin (Davies, 1990) a chyda'r sicrwydd o dywydd poeth dramor, deuai llai o bobl i Foelfre. Diwedd y gân yw'r geiniog ac yn sicr roedd gwyliau ym Môn, mae'n ymddangos, yn parhau'n gystadleuol o ran pris. Ond rhwng 1979-82 bu dirwasgiad amlwg yn yr economi (Morgan, 1994) ac fe sylwodd Bill Jowett ar hyn yn y Kinmel Arms. Cofiaf iddo ddweud fel y byddai'r un bobl yn dod yn flynyddol bron ond eu bod yn gwario llawer llai ac yn bodloni ar un ddiod yr un i'r teulu lle cynt y byddent yn yfed drwy'r nos! Ei ateb ef i'r broblem oedd troi'r bar bach ac un stordy yn ystafell fwyta ac ymfalchïai yn y ffaith mai'r bwyd oedd yn dod â'r elw iddo erbyn y 1980au.

Trai: diwedd y ganrif

Erbyn y 1980au fe ddaeth trai ar y diwydiant ymwelwyr yng Nghymru a gweddill yr Ynysoedd Prydeinig oherwydd cystadleuaeth gwyliau tramor a'r ffaith fod pobl yn gallu teithio'n haws gan agor cyrchfannau gwyliau newydd lle disgwylid cyfleusterau ac adloniant o safon uwch i'r cwsmer mwy soffistigedig. Ymatebodd y diwydiant mewn amryw o ffyrdd, megis cynnal gwyliau antur, cynadleddau, ysgolion iaith a denu ymwelwyr o dramor. Ond, ni welwyd datblygiadau o'r math yma ym Moelfre a dirywio bu hanes y diwydiant yn y pentref a'r fro. Er na ddaeth y diwydiant ymwelwyr i ben ym Moelfre ac er bod llai o bobl yn aros mewn tai gwely a brecwast fe gynyddodd nifer y tai haf. Aeth ambell un ati i sefydlu atyniadau newydd yn y fro megis tafarn y Getws Dderw a chodi'r Wylfan fel atyniad i ymwelwyr. Un o ddatblygiadau'r cyfnod ar lefel genedlaethol oedd bod ail wyliau a phenwythnosau yn apelio fwyfwy (Morgan, 1994). Roedd hynny'n wir ym Moelfre ond ymddengys fodd bynnag bod yr allwedd i ddyfodol twristiaeth y fro ymhell y tu draw i Foelfre.

Wrth i dwristiaeth ddatblygu a thyfu a ffynnu ym Moelfre yn ystod blynyddoedd cynnar a chanol yr ugeinfed ganrif nid oedd yn bosibl rhagweld ei effaith ar y pentref a'r bobl ar y pryd. Yn yr un modd, wedi'r penllanw a'r trai yn negawdau olaf y ganrif, roedd yn anodd ymateb i'r dirywiad a sgil effeithiau'r llanw a thrai.

Robin Evans, 'Canrif a hanner o hanes y diwydiant ymwelwyr ym Moelfre'
Cymru a'r Môr/Maritime Wales, 24 (2003), 53-71

Cyfeiriadau

Davies, J.: *Hanes Cymru*, Llundain 1990
Dodd, A.H.: *The Industrial Revolution in North Wales*, Caerdydd 1951
Evans, R.: 'Pysgotwyr Moelfre: Y Traddodiad Llafar', *TCHM*, 1995

Griffiths, G.: Papurau Teuluol Gwilym Griffiths

Griffiths, K.: ysgrif gan Kitty Griffiths ar gyfer yr awdur 22/11/83

GAYM WCC/358 Arolwg Carafanau Blynyddol

Hughes, I.: Cyfweliad efo Idwal Hughes 21/10/92

Hughes, J.: Cyfweliad efo John Hughes 7/2/02

Hughes, M.: *Anglesey 1900*, Llanrwst, 2002

Lewis, J.: Cyfweliad efo Jane Lewis 27/11/91, 08/01/92, 16/04/92, 9/12/92

Morgan, N.J.: 'Devon Seaside Tourism since 1900' yn Duffy, M.; Fisher, S.; Greenhill, B.; Starkey, D.J.; Youings, J. (gol.): *The New Maritime History of Devon* Vol. II, Llundain, 1994

Owens, D.A.: Cyfweliad efo Dafydd Arbonne Owens 28/2/02

Owen, R. ac R.: Cyfweliad efo Richard a Robert Owen 25/06/92

Rear, W.G.: *Anglesey Branch Lines*, Stockport, 1994

Richards, M.: *Atlas Môn*, Llangefni, 1972

Roberts, Capten H.O.: Cyfweliad efo'r Capten Harry Owen Roberts 14/11/91

Rowlands, W.: Cyfweliad efo William Rowlands 13/3/02

Skinner, Parch. J.: *Ten Days' Tour through the Isle of Anglesey 1802*, ail.arg. Llundain 1908

Throup's Illustrated North Wales Motorists' Guide 1930, GAYM

Travis, J.: 'The Rise of the Devon Seaside Resorts', 1750-1900 yn Duffy, M.; Fisher, S.; Greenhill, B.; Starkey, D.J.; Youings, .J (gol.): *The New Maritime History of Devon* Vol. II, Llundain, 1994

Thomas, L.: Cyfweliad efo Linda Thomas 14/3/02

Walton, J.K.: 'Fishing Communities, 1850-1950', yn Starkey, D.J.; Reid, C. & Ashcroft, N. (gol.): *England's Sea Fisheries: The Commercial Sea Fisheries of England and Wales since 1300*, Llundain 2000

Y Clorianydd

Talfyriad

GAYM   Gwasanaeth Archifau Ynys Môn

TCHM   Trafodion Cymdeithas Hynafiaethwyr a Naturiaethwyr Môn

Cofio Moelfre

Dot Thompson

Ann Tucker oedd fy hen fodryb. Yn anffodus ni chwrddais â hi nag unrhyw aelod arall o fy nheulu Cymreig. Ond cawsent effaith fawr arnaf. Bu farw 'Auntie Tucker' yn Rhagfyr 1941, blwyddyn cyn i mi gael fy ngeni. Y noson cyn yr angladd, roedd ei chorff yn gorwedd yn ei chartref, Pen Bonc, tra bu rhai o'r teulu, gan gynnwys fy rhieni, yn aros y noson yn Nhrem y Don, cartref teulu'r Hughesiaid a ffrindiau mawr i fy modryb. Wrth iddi wawrio cerddodd fy rhieni i gyfeiriad Pen Bonc gyda'r awyr yn olau o ganlyniad i'r holl dannau oedd yn llosgi ar draws y bae yn Lerpwl – canlyniad noson arall o fomio trwm. Ar ei thaith olaf o Ben Bonc, cludwyd fy modryb ar draws y cae gan y dynion, gyda'r merched yn aros yn y tŷ. Fe'i claddwyd wrth ochr ei gŵr ym mynwent Eglwys Gallgo Sant, Llanallgo.

Roedd Ann Tucker, a anwyd yn Ann Jones ym Mhen Bonc yng Ngorffennaf 1848, yn bedwerydd o chwech o blant Hugh a Jane Jones. Dim ond wedi i mi ymddiddori yn hanes fy nheulu y cefais wybod am ei brawd Owen a'i chwaer Elizabeth. Pan oeddwn yn blentyn y straeon a adroddwyd wrthyf cyn i mi glwydo oedd hanes y teulu hwn: John, Ann, Jane fy hen nain a briododd John Parr o swydd Nottingham ac a fagodd tri o blant yn Crewe, a Hugh. Fel hyn cefais wybod am Auntie Tucker – fel y gallai hi wella'r eryr – a'i gŵr Uncle Alf, yn wreiddiol o Sheerness yng Nghaint ac a fu'n daniwr yn y Llynges Frenhinol cyn dod yn wyliwr y glannau yn Amlwch. Roedd y straeon amdanynt hwy – a fy Ewythr John a welodd ei long yn suddo ac a gyrhaeddodd trothwy cartref fy nain heb ddimai goch – yn hud a lledrith i fi a minnau wedi fy magu yng nghanol ardal ddiwydiannol Sir Gaerhirfryn. Roedd fy Ewythr John yn ddafad ddu'r teulu – ymddengys iddo adael ei long yn Callao yn Ne America ac na chlywyd dim o'i hanes fyth wedyn! Wrth gwrs, clywais nifer o straeon am y *Royal Charter* ac mae'n siŵr i'r llongddrylliad hwnnw gael effaith mawr ar Auntie Tucker a oedd yn 11 mlwydd oed adeg y drychineb. Roedd Auntie Tucker hefyd yn adrodd hanesion gwrhydri bad achub Moelfre wrthyf, yn arbennig *The Star of Hope*. Roedd fy hendaid, Hugh, a hen ewythr Hugh ill dau yn aelodau o griw'r bad achub a gwobrwywyd Auntie Tucker efo model o ŵr bad achub am ei hymdrechion i godi arian i'r sefydliad. Felly rwy'n cofio'n iawn y cadw-mi-gei bad achub ar y wal y tu allan i Ben Bonc yn llawn ceiniogau a dimeiau wedi'u hel at y sefydliad. Ond yn ogystal â'r holl straeon a drosglwyddwyd i mi gan fy nhad a'i frawd Hugh, mae fy mywyd wedi ei gyfoethogi gan fy ymroddiad i Foelfre ac, wrth gwrs, atgofion plentyndod o wyliau yn y pentref.

Dorothy Thompson
Mae nifer o'r ymwelwyr sy'n dod i Foelfre yn ddisgynyddion i rai a adawodd y pentref flynyddoedd maith yn ôl neu'n rhai a ddeuai ar eu gwyliau efo'u rhieni pan oeddent yn blant. Un o'r ymwelwyr hyn oedd y diweddar Dot Thompson o Swydd Derby a ymddiddorai mewn hel achau, ac yn arbennig felly hanes ei theulu o Foelfre. Cytunodd i ysgrifennu'r pwt hwn am ei hatgofion o ddod i Penbonc pan yn blentyn yn arbennig ar gyfer y llyfr hwn.

Roedd y daith i Foelfre o Barrowford, pentref bychan yng ngogledd-orllewin Sir Gaerhirfryn, yn un hir. Roedd yn cymryd diwrnod cyfan i bob pwrpas ac roedd rhaid newid o drên i fws ac o fws i drên droeon. Y Sadwrn cyntaf yng Ngorffennaf oedd dechrau gwyliau Nelson a byddai ein pentref ni bron yn wag wrth i bobl symud i'r arfordir am yr haf. Yn gynnar ar fore Sadwrn byddai teuluoedd yn cludo cistiau mawrion oedd yn cynnwys bwyd yn ogystal â dillad, i'r orsaf fws neu drên. Blackpool oedd y gyrchfan fwyaf poblogaidd gyda gweddill cyrchfannau arfordir Sir Gaerhirfryn yn dilyn. Yn sicr roedd taith ein teulu ni, teulu Parr, yn un o'r rhai hiraf ac roeddem yn aml yn cael ein cyfweld gan y wasg leol ac yn cael ein hystyried ychydig bach yn od! Y man aros cyntaf ar ein taith oedd Manceinion. Os oeddem wedi teithio yno ar fws yna roeddem yn cael ein gollwng y tu allan i garchar Strangeways, adeilad hyll iawn. Roedd Manceinion yn llawn olion bomiau, roedd yn ddinas lom iawn ac roeddem yn teimlo'n anghyfforddus yn ein dillad gwyliau. Ni fyddem yn aros yn hir. Roedd trên Bangor yn ein disgwyl a byddai'r hud a lledrith yn dechrau.

Roeddwn i'n rhoi croes drwy enwau Rhyl, Bae Colwyn, Cyffordd Llandudno, Deganwy nes cyrraedd Bangor a byddwn yn cerdded i lawr y grisiau i fyd arall. Ar adegau, os oedd arian yn caniatáu, byddwn yn llogi tacsi ar gyfer rhan ola'r daith – ond fel arfer cael bws o Fangor i Foelfre oedd yr unig ddewis. Pwy fyddai'n gweld Ynys Moelfre a Phen Bonc gyntaf? Roedd cystadlu brwd! Yn iaith Sir Gaerhirfryn roedd hi'n *tidy step* o'r arosfa bws i fyny i'n lletyond rhywsut roedd ein blinder wedi diflannu'n llwyr erbyn hynny a ninnau wedi cyrraedd yn ddiogel unwaith eto.

Un o'r llefydd cyntaf i mi gofio i ni aros ynddo oedd cartref Capten a Mrs Francis, sef Bodawen, ac yna symud i Monfa y drws nesaf efo Mrs Williams cyn cyrraedd Pen Bonc ei hun. Yr un oedd y drefn ar bob aelwyd, sef i ni ddod â'n bwyd ein hunain a'r lletywraig yn ei goginio. Roedd siopau bychain y pentref yn cyflenwi ein holl anghenion a phur anaml y teimlem reidrwydd i deithio yn bell i lefydd fel Amlwch. Beth bynnag, pam trafferthu – Moelfre oedd fy myd a'r unig fyd yr oeddwn i ei angen. I blentyn o Gaerhirfryn ddiwydiannol, dyma beth oedd nefoedd!

Galwai cyfeillion am de, chwarae mewn cychod, dal pysgod a chrancod a'u coginio a, fy ffefryn i, tripiau mewn cychod i gael abwyd neu i weld y morloi yn Nulas.

Ar ben hynny, roedd fy ymdrechion i ymdopi â'r Gymraeg yn rhan annatod o'r gwyliau. Yn y capel ar y Sul rhoddwyd llyfr emynau Cymraeg i mi ond yr adeg honno roedd ymarfer canu emynau yn rhan o gwricwlwm ysgol felly roeddwn yn gwybod y geiriau p'run bynnag. Roedd prynu nwyddau yn Swyddfa'r Post yn anoddach, yn arbennig gan mai un archeb reolaidd oedd: *The Daily Herald*. 'If you are from Pen Bonc you can speak Welsh'. Roedd y geiriau yn atseinio yn fy nghlustiau. Ond mi wnes i drïo!

Yn anffodus nid oedd fy ngwyliau ym Moelfre fyth yn ddigon hir. Ar fachlud noson ola'r gwyliau byddwn wastad yn cerdded ar hyd y traeth am y tro olaf, cyn pacio'r bagiau yn anfoddog. Un tro olaf drwy'r pentref i ffarwelio ac yna'r daith hir yn ôl i realiti. Yna gweld yr ynys am y tro olaf wrth i'r bws fynd dros y bryn ac roedd yr hud drosodd am flwyddyn arall.

Does dim byd yn aros yr un fath a heddiw rwy'n teithio i Fôn efo carafán modur ac rwy'n treulio amser yn Archif dy Llangefni yn ymchwilio i hanes fy nheulu Cymreig yr ydw i mor falch ohono. Ond mae yna rai pethau na fydd byth yn newid. Hyd yn oed wedi chwe deg mlynedd, mae gweld Ynys Moelfre am y tro cyntaf, a bwthyn bach gwyngalchog yn swatio ger y creigiau, yn hollol wefreiddiol.

Dot Thompson

CYMDEITHAS A DIWYLLIANT

Twll Bach y Clo

'Roedd cap nos o eira ar gopa pob bryn,
A'r rhew wedi gwydro pob ffos, dŵr a llyn;
'Roedd Gwenno'n gwau hosan wrth olau'r tân glo,
A Huwcyn oedd yn specian trwy dwll bach y clo.

Y gath oedd yn gorwedd yn dorch ar y mat,
A'r tad yn pesychu wrth smocio ei gat,
Y fam oedd yn ffraeo fel dynes o'i cho',
A Huwcyn oedd yn clywed trwy dwll bach y clo.

Y fam oedd yn synnu fod Gwenno mewn gwanc,
Mor wirion â charu rhyw leban o lanc,
A Huwcyn yn gwybod mai hwnnw oedd o,
A'i galon fach yn crynu wrth dwll bach y clo.

Y tad aeth i fyny i'r lloft oedd uwch ben,
A'r fam roes agoriad y drws, dan ei phen,
Ond Gwenno arhosodd i 'nuddo'r tân glo
A disgwyl am lythyr trwy dwll bach y clo.

'Roedd sŵn y dylluan fel bwgan mewn coed,
A'r ci bach yn cyfarth wrth glywed sŵn troed,
A Huwcyn yn dianc fel lleidr ar ffo
'R ôl dwedyd gair yn ddistaw trwy dwll bach y clo.

A chyn pen dwy flynedd 'roedd Gwen Jôs yn wraig,
A Huw Jôs yn hwsmon i Ffowc Tan-y-graig,
A chanddynt un plentyn, y glana'n y fro,
Ac arno fan-cyn-geni – llun twll bach y clo!

John Williams ('Glanmor')

Bu nifer o feirdd enwog yn gysylltiedig â'r fro gan gynnwys Syr Dafydd Trefor, o gyfnod y Tuduriaid, a bu Goronwy Owen, bardd pwysicaf y ddeunawfed ganrif, yn ddisgybl ysgol yn y plwyf am gyfnod.

Ganwyd John Williams yn y Foryd ger y Rhyl. Bu'n dilyn gyrfa fel ysgolfeistr cyn ei ordeinio'n offeiriad yn 1867. Daeth yn rheithor Llanallgo a Llaneugrad yn 1883 a bu'n gwasanaethu yno hyd ei farwolaeth yn wyth deg mlwydd oed yn 1891. Mae ei fedd ger y wal yn y fynwent sydd i'r chwith i'r brif fynedfa i dir Eglwys Llanallgo. Bu'n cystadlu mewn eisteddfodau, yn feirniad eisteddfodol a chyhoeddodd sawl llyfr gan gynnwys *Hanes yr Eglwys yng Nghymru, ynghyd a Tharddiad ac Amldaeniad Anghydffurfiaeth* ac *Awstralia a'r Cloddfeydd Aur* ac ef hefyd oedd golygodd *Carolau gan Brif Feirdd Cymru a'i Phrydyddion.* Cofir ef yn bennaf am 'Twll Bach y Clo' a gyhoeddwyd yn *Gwaith Glanmor* yn 1865.

Môr Moelfre

Mae lliw y môr o ben Ponc Singrig
Yn wyrddlas, lonydd.
Yn denu a dweud wrthyf i: 'Dôs!'
Ond rhybudd hen forwr ar lwybr Porth Nigwl
Sy'n galw'n glir:
Paid byth â chroesi Dafydd Jôs.

Mae haul Mehefin yn sgleinio ar donnau
Yn siglo, hudo
A'r llambedyddiol yn gaddo hâf.
Mae'r gwynt yn y gwaed yn gwthio drwof
Rwy'n neidio, plymio
Yn rhydd o'r creigiau nofio'n braf.

Heibio'r Wylfan, mae cwt Bad Achub
Ac enwau llongau
Aeth i helbulon yn nrycin y nôs.
Mae lleisiau'r gorffennol ar restrau iasoer
Mae'r waliau'n siarad:
Paid byth â chroesi Dafydd Jôs.

Cyfansoddwyd gan rai o ddisgyblion Blynyddoedd 5 a 6 Ysgol Gymuned Moelfre ar y cyd efo'r Prifardd Myrddin ap Dafydd a Linda Thomas ar y 13eg o Fehefin 2003. Pennaeth yr ysgol ar y pryd oedd T. Arfon Jones.

Bu Linda Thomas yn tywys y disgyblion a'r Prifardd o amgylch y pentref gan dynnu sylw at enwau lleol, hanes y pentref, dywediadau gan ei thaid, y Cocsyn John Matthews, ac atgofion o'i phlentyndod. Adlewyrchir yr holl elfennau hyn yn y gerdd.

'. . . siaradodd Mr William Hughes ar y pwysigrwydd o gael dwfr iach i bobl Moelfre. Fod y dwfr a arferir yn bresenol yn ddim amgen na heli môr. Dywedwyd y dylid cael tair ffynon o leiaf er hwyluso dwfr i'r pentref, eithr gwrthwynebwyd tair, am y credid y deuai pawb, y pell a'r agos, i godi a chludo dwfr pur ac iach o un ffynon, ac addawyd gwneud yr oll yng ngallu y Cynghor er dyrchafu cysur a mwynhad y dosbarth gweithiol.'

Robin Evans

Mae dŵr yn un o hanfodion bywyd ac, ar ei fod yn hanfodol i bobl ac anifeiliaid, gall achosi problemau sylweddol iddynt hefyd. Ni ellir ei osgoi. Roedd dŵr wrth law adeg geni plant ac wrth eu bedyddio ac roedd ei angen hefyd wrth olchi corff marw. Ond os yw dŵr yn amlwg ym mywyd pob unigolyn a chymuned yna mewn sawl ystyr mae'n fwy amlwg os yw cymuned yn un arfordirol, fel yn achos Moelfre. Yn ddigon naturiol mae enwau nifer o dai y pentref a'r fro yn ymwneud ag amryw fathau o ddŵr. Saif Boldon a Glandon gyferbyn â thraeth y pentref tra bod enwau eraill hefyd yn amlwg eu hystyr, megis Bay View, Sea View Terrace, Trem y Don, Craig Môr, Glanrafon, Nant Bychan, Ty'n Ffrwd i enwau dim ond ychydig. Pwrpas yr ethygl hon felly yw tynnu sylw at un o'r hanfodion hynny a gaiff ei gymryd mor ganiataol a chynnig braslun o bwysigrwydd 'dŵr' yn hanes y pentref a'i thrigolion yn y cyfnod ca.1850-1950.

Yr arfordir

Mae yna lawer o sôn erbyn heddiw am erydu arfordiroedd ond nid peth newydd mo hyn. Nid yw'r arfordir yn aros yn ddigyfnewid. Cafodd y moroedd a dyn effaith ar ei siap a'i lun dros y canrifoedd. Lluniwyd sawl rhan o'r arfordir ger Moelfre gan gloddio a ffrwydro yn yr amryw chwareli ar ddiwedd y ddeunawfed ganrif a hanner cyntaf y bedwaredd ganrif ar bymtheg, newid mawr mewn cyfnod byr. Cafwyd newid tymor hir hefyd wrth i'r môr erydu'r arfordir dros y canrifoedd, ond o fewn cof gwelwyd newid yn nhirwedd yr arfordir wrth i'r môr hawlio rhan o'r tir.

Yn ogystal â hyn, gellid dadlau fod y môr, sydd mor gyfnewidiol, hefyd yn olygfa a fyddai'n plesio'r llygaid yn oesol, yn arbennig gyda'r pentref wedi ei lleoli ar hyd arfordir difyr ei thirwedd. Nid yw'r môr yr un fath o un dydd i'r nesaf, ac er i bobl Moelfre ddadlau nad oes blino ar edrych arno, yn sicr mae wedi chwarae rhan llawer pwysicach na fel cefndir yn unig.

Bu dyn yn ychwanegu at harddwch y môr yn weledol wrth i longau hwylio drwyddo ac, er nad mor niferus heddiw, mae goleuadau llongau gyda'r nos hefyd wedi ennyn sylw'r bobl:

Nos Wener yr 21ain roedd Bau Moelfre wedi ei frithio gan oleuadau . . . yn sicr, golygfa ardderchog geir yn aml oddiwrth Ty'nyberth ar noson dywyll – y llongau lluosog wedi codi eu goleuadau er rhoddi rhybudd i longau eraill rhag dyfod i wrthdrawiad â hwynt. Nid wyf yn gwybod faint o agerlongau a llongau hwyliau oedd yn y Bau y noson dan sylw.[1]

Ond er harddwch y môr a'r arfordir fel cefndir, roedd perthynas y bobl a dŵr yn llawer mwy ymarferol yn eu bywydau o ddydd i ddydd.

Ffynhonnau

Mae dŵr yn hanfodol ar gyfer angenrheidiau ymarferol bywyd megis yfed, coginio, ymolchi a golchi. Ganrif a hanner yn ôl, rhaid oedd dibynnu ar ffynhonnau neu bwmp a thanciau i gyflenwi'r dŵr i'r gymuned. Roedd nifer o ffynhonnau yn y fro a thair yn arbennig yn gwasanaethu'r pentref.

> siaradodd Mr William Hughes ar y pwysigrwydd o gael dwfr iach i bobl Moelfre. Fod y dwfr a arferir yn bresenol yn ddim amgen na heli môr. Dywedwyd y dylid cael tair ffynon o leiaf er hwyluso dwfr i'r pentref, eithr gwrthwynebwyd tair, am y credid y deuai pawb, y pell a'r agos, i godi a chludo dwfr pur ac iach o un ffynon, ac addawyd gwneud yr oll yng ngallu y Cynghor er dyrchafu cysur a mwynhad y dosbarth gweithiol.[2]

Roedd y cyntaf, a ddisodlwyd gan bwmp yn ddiweddarach, ar y gro ei hun, ychydig yn is na thafarn Tan Fron (y Kinmel Arms heddiw). Roedd yn rhaid mynd i'r ffynnon efo bwced neu biser mawr. Roedd deuddeg cam i lawr i'r ffynnon agored a'r oll fyddai angen ei wneud oedd rhoi piser yn y ffynnon i godi'r dŵr. Pan fyddai'r gwynt o'r dwyrain byddai neb yn codi'r dŵr oherwydd heli môr. Felly byddai gofyn gofalu bod digon o ddŵr gan y teulu cyn i'r gwynt newid. Cedwid y dŵr wedyn mewn potiau pridd mawr. Yn ddiweddarach, pan ddaeth y pwmp i ddisodli'r ffynnon wrth Tan Fron ymddengys mai pwmp digon gwael oedd o achos bod gofyn mynd â phiser o ddŵr yno i'w gychwyn. Roedd cerrig o'i flaen er mwyn rhwystro'r môr rhag cael ato. Er hynny llwyddai Magi Rowlands (Magi'r Fuwch) i fynd â'i buwch at y pwmp bob dydd. Dylid nodi, fodd bynnag, ei bod hi'n bechod mawr nol dŵr ar y Sul!

Os oedd dŵr heli wedi effeithio ar ffynnon y gro, yna byddai'r trigolion yn cerdded hanner ffordd i fyny Allt Ffatri, troi i'r chwith i gyfeiriad Dalar at bistyll bychan a lifai o'r creigiau. Byddai'n rhaid mynd i lawr grisiau mawr ato. Roedd y dŵr yma'n ddŵr pur yn ôl y son. Roedd hefyd yn fan cyfarfod poblogaidd gan yr arferai trigolion fynd yn chwech neu saith hefo'i gilydd i sgwrsio am oriau. Nid oedd yn bosibl gosod y piser o dan y graig i godi'r dŵr gan ei fod yn rhedeg mor araf deg a defnyddid deilen neu lechen i gyfeirio'r dŵr yn gyflymach i'r piser. Byddai'n well gan rai pentrefwyr ddŵr y pistyll hwn ar waetha'r anhawster o orfod mynd i lawr at y creigiau i gyrraedd ato.

Roedd trydedd ffynnon i'r gogledd o'r pentref ym Mhorth Helaeth, heb fod ymhell o safle trychineb y *Royal Charter* ac er ei fod cryn bellter o'r pentref ei hun byddai nifer o drigolion gogledd y pentref ac ardal Penbonc a'r Swnt yn mynd yno. Mae'r rhai sy'n cofio'r ffynnon hon yn cofio sgwâr o gerrig o'i hamgylch a byddai'r dŵr yn hollol glir. Hefyd byddai berw'r dŵr yn tyfu yno at ddefnydd y bobl leol. Adroddai Eunice Hughes (g. 1908) fel y bu i'w chwaer gofio un wraig yn cerdded ar draws y caeau o'r ffynnon hon yn ôl i'r pentref efo piser o ddŵr ar ei phen ac yn gwau bob cam o'r daith!

Roedd llefydd eraill ar gael hefyd i gael dŵr. Byddai rhai'n mynd i Tan Bryn tra bod gan fferm Nant Bychan ei ffynnon ei hun ger y fferm ac roedd ffynnon ar dir Ty'n Ffrwd hefyd.

Wrth gwrs roedd gan bob tŷ ei danc dŵr – boed hynny yn rhai mwy modern megis tanciau mawr pwrpasol (erbyn hanner cyntaf yr ugeinfed ganrif) neu gasgenni y tu allan i'r tŷ. Defnyddid y dŵr hwn yn bennaf ar gyfer ymolchi a golchi er y byddai dŵr o danc hefyd yn cael ei ferwi ar gyfer yfed. Mae tai Penrallt ar ben creigiau yn wynebu gwyntoedd y dwyrain ac, yn union fel ffynnon y gro, wedi stormydd mawrion byddai dŵr heli hefyd wedi ei gymysgu efo'r dŵr glaw yn y tanciau yno.

Cynhaliaeth

Roedd dŵr yn amlwg yn ddiod ynddo'i hun i bobl bryd hynny ac yn bwysig wrth baratoi diodydd eraill hefyd megis te ac yn ddiweddarach coffi. Ac nid y trigolion yn unig oedd angen diod ond y planhigion a'r llysiau yn tyfu oedd yn rhan bwysig o fwyd y bobl. Roedd dŵr yn allweddol wrth baratoi'r bwyd a arferai'r pentrefwyr eu bwyta megis cwstard ŵy, tatws popty, lobsgows, penwaig, ymenyn, llefrith, stwnsh ffa neu bys, llaeth enwyn, uwd, bara llaeth ac yn y blaen. Roedd dŵr yn allweddol ac yn gymorth i gynnig amrywiaeth – drwy roi dŵr berwedig dros llaeth enwyn ceid posal dŵr er enghraifft. Ceid math o fwyd cymunedol yn yr ysgol – yno byddai gan bob ddisgybl lobsgows mewn piser a gan bod coelcerth o dân mewn un congl o'r ystafell byddai'r lobsgows i gyd yn cael ei gynhesu yno.

Ar y llaw arall, nid mater hawdd oedd paratoi paned bob amser fel y mae'r dyfyniad hwn o hanes cyfarfod o Gymdeithas y Friallen yn yr Ysgoldy pan gafwyd gwledd o fara brith a gwyn a tê.

> Cafodd y gwr a oedd yn gofalu am ddwfr berwedig gryn lafur, a mwy na digon o fwg, canys allan yn y gwynt a'r 'storm yr oedd yn darparu ar ein cyfer.[3]

Mae'n beryg mai panad go fyglyd gafwyd y diwrnod hwnnw. Ond yn fwy difrifol, roedd dŵr yn bwysig iawn mewn agweddau eraill ar gynhaliaeth, megis cynnal bywyd mewn cyfnod o salwch. Cofiai Mair Parry (g.1921) ei brawd bach Idris yn naw mis oed yn dioddef o *diptheria*. O dan orchymyn y meddyg gosodwyd *sheet* wen ar y nenfwd, ac ar y *range* roedd *kettle* yn berwi dŵr drwy'r adeg. O'r *kettle* roedd tiwban yn mynd i wyneb Idris. Ond ni fu'r ymdrech yn ddigon i'w achub.

Glendid

Roedd dŵr yn hanfodol o ran glendid. Y drefn arferol ym mwyafrif y cartrefi oedd i bawb ymolchi yn y bore ac yn y nos gyda jwg a basn ar fwrdd ymolchi pwrpasol. O ran baddon, twb sinc o flaen y tân oedd yr arfer i rai tra bod nifer eraill ond yn cael 'bath sefyll.' Roedd yn bosibl mynd i'r môr am fath yn yr haf! Byddai trochfa annisgwyl i rai. Byddai Siôn Ifan, llongwr a hwyliai'r arfordir, yn torri gwalltiau'r plant yn ei gartref. Wedi gorffen byddai'n gwthio pennau'r plant i fewn i gasgen o ddŵr oer gan ddatgan na fyddai'r plant yn cael anwyd o'r herwydd! Roedd Huw Thomas yn waliwr ardderchog ac fe'i adwaenid yn lleol fel Wil Tri Chwarter oherwydd ei fod yn codi'n hwyr ac felly'n colli chwarter y dydd. Felly pan fyddai'n codi byddai'n mynd allan o'r tŷ ac yn rhoi ei ddwylo yn y gasgen y tu allan i'r drws a rhoi dŵr dros ei wyneb ac yna defnyddio godra'i got i'w sychu ac yna i ffwrdd a fo i'w waith.

Roedd toiledau mwyafrif y cartrefi yn yr ardd ac roedd y gwastraff yn cael ei wagio i dwll neu ffos yn yr ardd neu gae. Ym Mhen Lon ym Moelfre roedd math o lithrfa lle y gallai'r bobl daflu eu gwastraff i'r môr ac roedd tomen arbennig yno cyn yr ugeinfed ganrif. Yr oedd angen dŵr i lanhau'r toiledau hefyd ond yn raddol daeth y newidiadau modern i'r pentref a dŵr i'r tai. Mae'n debyg bod yr ymgyrch wedi dechrau yn y 19eg ganrif gyda'r

> angen am *closets* yn Moelfre, fod yn warth i'r taifeddianwyr nad oeddynt yn meddwl dim am gysur ac anghysur y tenantiaid yn hyn o beth.[4]

Y wraig gartref

Yn amlwg roedd angen dŵr ar gyfer golchi llestri, golchi dillad, sgwrio lloriau ac amryw orchwylion eraill o amglch y tŷ. Mae'n werth felly talu sylw neilltuol i waith beunyddiol di-ddiwedd gwraig y cartref ac iddi hi roedd cyflenwad digonol o ddŵr yn allweddol.

Dydd Llun oedd y diwrnod golchi traddodiadol i fwyafrif gwragedd Moelfre fel ym mhob pentref arall, er nad oedd golchi wedi ei gyfyngu i'r diwrnod hwnnw. Roedd angen galwyni o ddŵr a byddai gwragedd a phlant yn treulio rhai oriau yn cludo dŵr o'r ffynnon er mwyn sicrhau fod digon o ddŵr ar gael. Nid dillad yn unig oedd yn cael eu golchi gan y byddai gan bob cartref bron fatiau llongwyr, sef matiau wedi eu gwneud o raff gan y llongwyr ar eu mordeithiau. Byddai'r rhain yn cael eu golchi yn yr afon a'u gadael i sychu ar y caeau neu'r creigiau. Un diwrnod diflanodd mat Mary Jones a hithau wedi bod yn ei sgwrio ac wedi ei roi i sychu ym Mhorth Llydan. Roedd plant 'o'r wlad', sef o gefn gwlad yr ynys, wedi bod yn y Gymanfa Blant ac wedi cymryd y mat gan feddwl ei fod wedi ei olchi i'r lan. Rhaid oedd dweud yn y Capelydd eraill am y digwyddiad a dyna sut y cafwyd y mat yn ôl.

Dyma fel y disgrifiai Eunice Hughes ddydd Llun ei mam.

> Bore Dydd Llun, codi a llenwi'r y boilar, rhoi ffagl o dani, a thra byddai'r dŵr yn berwi brwsio dillad Dydd Sul a'u cadw, glanhau yr esgidiau a'u cadw tan y Sul nesaf. Yna, golchi'r cyfan o'r dillad a'u rhoi allan i sychu, startso'r coleri caled a'u smwddio hefo Haearn Fflat poeth iawn ac wedyn eu tywynnu efo sebon o ryw fath neillduol (tebyg i floc o sebon a'i rwbio). Smwddio'r cyfan o'r dillad a'u heiro o flaen y tân. Dyna'r orchwyl wedi ei gwblhau. Roedd mangl yn y cartref ac roedd yn beth hwylus iawn ar ddiwrnod golchi. Roedd dau bwrpas i'r mangl

– gwasgu'r dŵr o'r dillad a'i rhoi allan yn y gwynt i'w sychu ac yna, ar ôl hynny, ei rhoi drwy'r mangl i'w rwydd smwddio.

Magwyd Jane Lewis (g. 1906) ar ddwy fferm ar gyrion y plwyf. Dyma fel y disgrifiai Jane Lewis agweddau ar wythnos waith ei mam, gyda dŵr unwaith eto yn chwarae rhan amlwg mewn amryw ffyrdd. Byddai mam Jane Lewis yn codi i wneud y tân bob dydd er mwyn paratoi'r brecwast. Byddai hi'n cael paned (ac efallai frechdan) ac yna byddai'n mynd i'r beudy i odro. Wedyn byddai'n dod i'r tŷ a pharatoi brecwast i bawb. Byddai'n paratoi paned i bawb am ddeg o'r gloch, gyda brechdan, oedd yn bwysig iawn ar fferm a phawb wedi dechrau gweithio mor gynnar. Am hanner dydd byddai cinio a byddai mam Mrs Lewis yn mynd i chwibanu ar y gweithwyr – nid oedd gweiddi am eu bod yn bell yn y caeau – ac roedd ganddi chwiban arbennig ar gyfer hyn. Byddai mam Mrs Lewis yn golchi hefo twb bob dydd Llun, yn smwddio ar Ddydd Mawrth, yn pobi ar Fercher a Sadwrn. Byddai ganddi waith o ryw fath ar hyd y dydd. Byddai'n plicio tatw ac weithiau'n gwneud bwyd gyda'r nos erbyn drannoeth. Byddai hi'n corddi, trin ymenyn, golchi, glanhau a smwddio. Roedd angen cario dŵr a'i ferwi ar ddiwrnod golchi. Gallai hynny fod yn anodd – un *cistern* oedd yn Tŷ'n Lon ond roedd un *cistern* ac hen *cistern* garreg yn 'R Aber. Rhaid cofio fod angen dŵr ar gyfer 12 o ddynion yn 'R Aber i ginio a the. Cofiai Jane Lewis fel y byddai lle tân yn y 'R Aber yn cael ei ddefnyddio yn yr haf a'r gaeaf er mwyn cynhesu dŵr. Roedd gan y teulu 3 *kettle* ar y pentan a chro. Roedd un *kettle* mawr, un *kettle* llai a'r lleiaf ar haearn bach ar y cro. Ar amser cynhaeaf ac isio paned roedd y *kettles* mawr yn gynnes er mwyn llenwi'r un bach rhag nol dŵr oer i'r *cistern*.

Roedd sawl gorchwyl arall gan ferched. Byddent yn golchi lloriau a byddai'r llawr ym mhobman yn lan wedi eu sgwrio. Roedd angen y dŵr, er enghraifft pan roedd yn fater o lanhau'r *cistern* ac wrth ddisgwyl am law rhaid oedd cario dŵr o'r ffynnon. Fel y gwelwyd ar ddechrau'r ysgrif hwn roedd y ffynnon yn ganolbwynt bywyd y pentref – i ferched yn arbennig.

Môr – gwaith

Os oedd dŵr yn hanfodol i ferched yn eu bywyd beunyddiol yna, mewn pentref morwrol, roedd yn llawn mor allweddol i'r dynion. Er nad oes ond un cofnod o long yn cael ei hadeiladu yn y plwyf, yn sicr yr hyn a roddodd Moelfre ar y map oedd ei llongwyr a'u llongau. Chwaraeodd llongwyr Moelfre ran ym mhob un o ddatblygiadau morwrol y cyfnod – o fod yn llongwyr cyffredin mewn llongau hwylio'r arfordir, i fod yn gapteiniaid ar longau hwyliau mawrion a hwyliai 'fforen'; o longau stêm i longau olew, o hwylio'n lleol i rowndio'r Horn; o weithio ar longau pysgota morfil i weithio ar y llongau a gludai teithwyr o Gaergybi i'r Iwerddon; bu llongwyr Moelfre ar bob math o longau, ym mhob rhan o'r byd gan gyflawni bob math o swyddi. Yn sicr bu'r môr yn cynnig bywoliaeth i drigolion Moelfre.

Yn y cyswllt hwn bu'r môr hefyd yn fodd i drigolion cyffredin Moelfre godi mewn statws yn y byd. O fod yn llongwr cyffredin gallai llongwr godi i fod yn fêt neu'n gapten. Er mai bodloni ar ennill dyrchafiad ar longau'r cwmnïau mawrion oedd dynion y

pentref erbyn canol yr ugeinfed ganrif, yn ystod ail hanner y bedwaredd ganrif ar
bymtheg yn arbennig bu nifer o drigolion y fro'n buddsoddi'n uniongyrchol mewn
llongau lleol ac roedd sawl un yn berchen ar ei long, neu fflyd bach o longau, ei hunan.

Roedd hwylio'r moroedd nid yn unig yn fywoliaeth i ddynion – roedd yn gyfle
iddynt weld y byd ac ehangu eu gorwelion a'u profiadau. Nid oedd hynny wedi ei
gyfyngu i ddynion y pentref! Byddai cyfle euraidd i wragedd a phlant i gapteiniaid i
hwylio'r glannau ac ymhellach. Llwyddodd sawl gwraig i hwylio i bellfaoedd byd gyda'i
gŵr a bu nifer o blant yn hwylio efo'u tadau yn ystod gwyliau'r haf.

Ond roedd i weithio a hwylio ar y môr ei pheryglon parhaol, fel y cofiai'r llongwr
profiadol Robert Owens (g.1903), neu Bob Boldon i'r pentrefwyr. Bu'n hwylio un tro
gyda'r Capten Henry Roberts, hefyd o Foelfre, ar y *Dalegarth*. Roedd y *Dalegarth* wedi
angori ym mae Moelfre a gofynnodd y Capten Roberts i Bob Boldon, ac un arall o'r
pentref, ymuno â hi. Cytunodd y ddau. Hwyliodd y *Dalegarth* i Ghent i lwytho *steel
billets* ac mewn gwirionedd roedd gormod o lwyth arni, gyda gwyntoedd cryfion yn
broblem arall. Y cam nesaf oedd codi hwyl gyda chymorth peilot o Flushing a'r drefn
arferol oedd ei ollwng ac yna cael cymorth ail beilot a'i roi o i lawr yn Zeebrugge. Ond
nid oedd ail beilot ar gael achos fod y tywydd yn rhy arw. Wrth i'r *Dalegarth* groesi Môr
Udd, dechreuodd gael trafferthion efo'i thiwbiau ond llwyddodd i gyrraedd y Downs,
wrth Dover. Roedd y gwynt yn chwythu o'r de orllewin ond parhau ar ei thaith oedd y
Dalegarth, unwaith eto'n cael trafferthion efo'r tiwbiau. Llwyddodd y *Dalegarth* i
gyrraedd Falmouth. Ar ôl byncro yno, hwyliodd oddi yno ac er i long arall rybuddio'r
Dalegarth am y tywydd, yr oll a wnaeth y Capten Henry Roberts oedd codi ei law!

Aeth y *Dalegarth* rownd y *Longships* hefo gwynt teg ac yna gwneud cwrs am y
Smalls – tua 100 milltir o ffordd i gyd. Roedd y *Dalegarth* yn rhedeg hefo gwynt o'r de
o'r *Longships* am bedair awr pan ddywedodd Tomos Roberts, a oedd wedi bod yn fêt
arni ers tro, ei bod hi'n amser *heave-to*. Er i'r llong geisio mynd yn ei blaen, rhaid oedd
gorfod *heave-to* eto. Erbyn hyn roedd pawb eisiau bwyd a chysgu ac felly rhaid oedd trio
cyrraedd tu blaen y llong i gael rhywbeth i'w fwyta. Cofiai Bob Boldon fel y byddai'r
rhai a oedd ar y *bridge* yn gweiddi i'w rybuddio pan roedd moryn yn dwad er mwyn
iddo fod yn barod i redeg ar draws yr *hatch* i gyrraedd tu blaen y llong. Roedd ganddo
ei *soul and body lashing* amdano – sef ei got a rhaff rownd ei ymyl. Roedd dŵr ym
mhobman ar y llong, ac roedd difrod ym mhobman gan fod y dŵr wedi mynd i mewn
drwy'r *ventilators*. Wedi iddi *moderatio* tipyn bach, llwyddodd y *Dalegarth* i glirio'r môr
mawr a chyrraedd cysgod arfordir yr Iwerddon. Erbyn i'r *Dalegarth* gyrraedd Enlli
roedd hi'n cario lot o ddŵr a rhaid oedd pwmpio'n galed. Yr unig ddewis felly oedd cau
pobman – y drysau a'r *skylights* – gyda phawb ar y *bridge*. O'r diwedd dyma gyrraedd
Ynys Lawd ac yna rhedeg fel gwylan i fewn i Gaergybi – ac roedd y lle yn llawn o longau!
Drannoeth roedd hi wedi *moderatio* a chafwyd cyfle i'r criw fynd i'r lan. Yng Nghaergybi
dywedodd un swyddog wrthynt am y storm oedd wedi bod gan ddweud: '*You couldn't
see the ships here. It was lifting it.*' Ond cafodd y swyddog sioc pan ofynnodd ble roedd y
Dalegarth wedi bod. '*At sea,*' oedd yr ateb.

Yn sicr nid wrth chwarae bach y byddai dyn yn gwneud ei fywoliaeth o'r môr.

Pysgota

Yn agosach i gartref, mae'n debygol fod i bysgota a Moelfre gysylltiadau sydd yn mynd ymhell yn ôl mewn hanes. Byddai trigolion yr arfordir yn aml yn dibynnu ar fwyd y môr, megis amrywiaeth o bysgod, ond roedd y bwyd hwnnw hefyd yn cynnwys crancod, cimychod, cerrig gleision a gwichiaid. Roedd pysgod o bob math yn gynhaliaeth allweddol mewn cymunedau tlawd iawn yr arfordir dros y canrifoedd. Ond, ar gyfnodau bu pysgota hefyd yn cynnig bywoliaeth sylweddol. Cawn hanesion am nifer o ddynion y pentref yn pysgota drwy'r flwyddyn a hynny tu hwnt i'r bae tra, ar adegau, bu pysgota tymhorol yn rhan bwysig o drefn gwaith trigolion y pentref. Yn sicr dyma un rheswm pam y bu Moelfre'n enwog – roedd 'penwaig Moelfre' yn adnabyddus drwy Fôn a bu'n gynhaliaeth pwysig i'r bobl.

Bad achub a llongddrylliadau

Mae'r môr o amgylch Moelfre yn enwog am ei longddrylliadau – y *Royal Charter* yw'r enwocaf, ond ymhell o fod yn eithriad. Mae hyn yn ein hatgoffa o beryglon y môr a'i thonnau. Daeth llewyrch i'r pentref o longddrylliadau hefyd. Daeth llong hwyliau o'r enw *John Ewing* i'r bae (tua 1924-25?). Oherwydd i'r gwynt ostegu cyn i'r llong adael y bae, fe ddrifftiodd i'r lan ym Mhorth Llydan. Aeth hi'n wrec yno. Roedd hi'n cario glo ac fe wagiodd pobl Moelfre hi o fewn ryw bythefnos a malu'r llong hefyd gan yr esgus bod yn rhaid ei gwagio a'i thorri er mwyn diogelu llithrfa'r bad achub.

Mae bad achub Moelfre'n enwog. Peryglon y môr fu'n gyfrifol am y galw am fad achub ond roedd cael bad yn y pentref hefyd yn gaffaeliad i'r bobl. Wrth gwrs roedd y gwaith yn beryglus ac roedd achub bywyd yn gallu golygu colli bywydau pobl y pentref, fel yn hanes yr *Excel* yn 1927 er enghraifft pan gollodd William Roberts ei fywyd. Roedd mantais mawr hefyd – roedd y criw yn cael eu talu ac mewn oes pan roedd cyni yn broblem barhaol, roedd pob dime yn help.

Cafwyd un digwyddiad nodweddiadol yn hanes y bad achub yn Rhagfyr 1894. Roedd llawer o longau yn y bae oherwydd stormydd mawrion.

> oddeutu unarddeg bore Sadwrn gwelwn ysgwner dri mast yn drifftio ei hangorion, ac ar drawiad dacw flag of distress yn cael ei chodi . . . a chyn pen ychydig funudau gwelwn y *'Star of Hope'*, bywydfad Moelfre.[5]

Y llong dan sylw oedd y *John Wiggon*. Bad achub Moelfre ar y pryd oedd y *Star of Hope* a'r *coxswain* oedd y *Coxswain* Thomas Owens, 70 mlwydd oed. Llwyddwyd i daflu lein ar fwrdd y llong ond cafwyd gwrthdrawiad a chafodd y *Star of Hope* ei thyllu. Er hynny llwyddwyd i achub y criw.

> Cafwyd y dwylaw i dir yn ddiangol, a rhoddodd caredigion Moelfre iddynt bob ymgeledd a'r derbyniad mwyaf croesawgar.[6]

Ond nid dyna ddiwedd yr hanes. Rhaid oedd i'r bad achub fynd allan eto, y tro hwn i helpu'r sgwner *Christiana Davies* ac unwaith eto llwyddwyd i gael ei chriw hithau o ddau i'r lan yn ddiogel.

Yn sicr nid gormod dweyd fod yn Moelfre y bechgyn mwyaf medrus i drin cwch, yn forwyr profiadol, a'r hen batriarch Owens fel tad iddynt oll yn eu harwain a'u cyfarwyddo.[7]

Cludo nwyddau

Bu'r môr hefyd yn fodd i gludo nwyddau i, ac o'r, pentref. Un enghraifft oedd cludo glo ar y *Tryfan*. Roedd iard lo ar y traeth, safle'r maes parcio heddiw, er bod y glo hefyd yn cael ei ddadlwytho yn syth i geirt ar y traeth ei hun. Dibynnai rhai o chwareli'r fro, megis Chwarel 'R Aber dros y ffin ym mhlwyf Penrhosllugwy, ar wagenni neu lori i gludo cerrig i lan môr y pentref. Byddai'r dynion yn adeiladu llithrfa dros dro ar Benrallt, uwchben y traeth, a byddai'r meini yn cael eu gollwng i lawr y llithrfa i howld llong.

Busnesau

Nid yn y cartref yn unig yr oedd angen dŵr glan. Byddai angen dŵr mewn sawl gwaith arall hefyd. Byddai gan John Matthews, cigydd y pentref ar ddechrau'r ugeinfed ganrif, ladd-dŷ a byddai angen llawer o ddŵr i olchi'r lladd-dŷ wedi lladd yr anifeiliad. I bysgotwyr y pentref roedd dŵr glan yn bwysig i olchi'r cychod wedi iddynt orffen pysgota am y dydd – ni fyddai'r un pysgotwr yn mynd adref heb sicrhau fod ei gwch yn lan. Y drefn arferol oedd tynnu plwg y cwch ac yna lluchio bwcedad o ddŵr dros y cwch i gael popeth i ffwrdd ac yna ei sychu gyda chadach. Yn yr un modd byddai'n rhaid wrth ddŵr glan i olchi'r rhwydi a'r rhwydi hynny wedyn yn cael eu gosod ar y lleiniau i sychu. Cofiai Bob Boldon fel y byddai pobl yn golchi rhwydi a matiau llongwyr yn yr afon. Dydd Sadwrn oedd dirwnod golchi'r rhwydi gan na fyddai pysgota ar y Sul.

Roedd yr afon yn bwysig iawn yn hanes Moelfre gan fod gan y pentref felin ers yr oesoedd canol a ffatri yn y bedwaredd ganrif ar bymtheg. Yn amlwg felly byddai diffyg llif yn yr afon yn achos trafferthion yn yr haf. Dywedir y byddai math o gronfa ddŵr ar rhan o'r safle bws presennol yn y pentref er mwyn sicrhau bod digon o ddŵr yn croni i droi olwyn y ffatri.

Gwymon

Ni ddylid anghofio bod gwymon hefyd yn cael ei gasglu gan y pentrewyr fel gwrtaith i'w roi ar eu cnydau tlawd yn eu lleiniau bychain. Un lle y byddent yn mynd iddo'n aml iawn i hel gwymon oedd Trwyn Morcyn, i gyfeiriad Traeth Bychan, a defnyddiwyd cryman i'w dorri. Byddai cychod mawr, ar y llaw arall, yn mynd i Ynys Dulas. Wedyn byddent yn dychwelyd i Foelfre a disgwyl nes oedd y llanw ar ei uchaf ac yna defnyddio picwarch neu fforch i'w gario i dop y gro. Roedd gan y pentrefwyr leiniau bychain ar gyfer tatw cynnar a gwneud cyrnan datws. I drigolion y pentref felly roedd gwymon yn allweddol.

Drec

Ond nid gwymon yn unig oedd yn cael ei gasglu oddi ar yr arfordir. Dibynnai pobl yn fawr iawn hefyd ar ddrec môr. Ar hyd arfordir Moelfre, yn arbennig wedi gwynt dwyrain, byddai pob math o nwyddau, blychau llawn nwyddau, coed ac ati yn cyrraedd y lan. I drigolion tlawd byddai'r rhain yn gallu bod yn werthfawr iawn – yn sicr mae mastiau sawl llong yn y pentref o hyd, a hynny fel rhan o drawstiau toau rhai o'r tai.

Y traeth a'r afon – hamdden a nofio

Roedd yr afon hefyd yn lle i blant chwarae – byddai gollwng cwch pig a'i rasio i lawr yr afon yn hwyl i'r plant. Yn uwch i fyny'r afon yn Bonc Cwg, yn Llanallgo, byddai tramps a arferai ymweld â'r cylch yn cyfarfod i sgwrsio, i fwyta ac i yfed. Roedd y môr oddi ar Moelfre yn cynnig cyfle i drigolion y fro hamddena, megis pysgota, hwylio, rhwyfo, nofio a phopeth y gallai'r môr ei gynnig. Bu'r agweddau hyn wrth gwrs yn ddigon i sicrhau fod Moelfre'n datblygu'n ganolfan twristiaeth maes o law ac ymwelwyr yn mwynhau'r un pethau â'r bobl leol tra'n ychwanegu at incwm y pentrefwyr. Roedd dŵr glan yn hollbwysig yn naturiol i gaffis y pentref wrth eu gorchwylion beunyddiol ond roedd eraill a ddibynnai arno. Byddai hufen iâ cartref yn cael ei werthu yn rhai o'r siopau!

Tywydd garw

Eisoes gwelwyd bod tywydd garw yn hunllef i longwyr ar y moroedd mawr, ond roedd y tywydd yn achosi llawer o broblemau yn agosach i gartref hefyd, gyda dŵr yn ei amryw ffurf yn chwarae rhan.

Byddai tywydd stormus a glawog yn golygu llifogydd i dai ar y gro yn Moelfre. Byddai glaw hefyd yn amharu ar addysg y plant – roedd taith o tua milltir i Lanallgo, lleoliad yr ysgol – ac felly nid oedd pobol mor barod i anfon eu plant ar yr adegau hynny. Yr oedd yr un peth yn wir i'r rhai a fynychai Eglwys y plwyf neu Gapel y Methodistiaid. Llawer gwaeth wrth gwrs fyddai cael eich dal mewn glaw trwm tra'n teithio i Lanallgo neu i'r pentref.

Roedd nifer o ddynion y pentref yn longwyr a physgotwyr profiadol yn gallu cyrraedd pen eu mordaith yn llwyddiannus hyd yn oed yn y tywyllwch. Nid oedd hynny'n wir am bob un a beth bynnag oedd profiad llongwr byddai niwl yn broblem fawr.

Roedd cenllysg ac eira hwythau'n gallu achosi problem – er bod eira wrth gwrs yn hwyl i lawer. Ond cofiai Jane Lewis eira at ben clawdd yn 1947, pan roedd hi'n byw yn 'R Aber. Roedd hi am fynd i Llugwy a dyma hi'n mynd dros ben gamfa ac roedd digon o eira wedi caledu nes ei bod hi'n bosibl iddi gerdded dros y gamfa heb ei dringo!

Amaethyddiaeth[8]

Er bod Moelfre yn gymuned forwrol rhaid cofio bod y plwyf hefyd yn cynnwys nifer o ffermydd a thyddynod ac roedd dŵr yn amlwg yn allweddol i'r amaethwyr.

Roedd yr anifeiliad yn dibynnu arno. Roedd ffynnon rhwng Nant Bychan a Tŷ'n Ffrwd ac yn yr haf rhaid oedd mynd i'r ffynnon yn rheolaidd bob dydd ar gyfer anghenion y tŷ ac hefyd i gael dŵr i'r lloeau. Roedd angen profi'r dŵr i weld os oedd dŵr y ffynnon yn ddigon da i'r gwartheg oherwydd bod pobl yn yfed eu llefrith nhw. Roedd y gwartheg yn cael eu dŵr hwy o'r afon oedd yn rhedeg i'r môr yn Porth 'R Aber. Roedd y gwartheg yn cael eu pori'n fwriadol yn y caeau agosaf at yr afon. Roedd gwyddau a hwyiaid yn yr afon hefyd. Hefyd roedd dwy gaseg a merlan gan Nant Bychan ac roedd y ceffylau yn gweithio drwy'r haf. Yn y gaeaf byddai'r defaid yn yfed yn y ffosydd. Roedd pwll bychan ger Nant Bychan a byddai'n rhewi yn y gaeaf. Byddai'r hogiau'n ei dorri er mwyn i'r anifeiliad gael ato. Byddai'n sychu yn yr haf.

Roedd angen dŵr ar gyfer sawl gorchwyl arall hefyd. Roedd angen dŵr poeth ar gyfer *feed* ar gyfer y moch a'r lloeau gan nad oedd dim eisiau rhoi llaeth/*feed* oer iddynt. Roedd angen dŵr i gorddi i wneud menyn. Roedd angen dŵr i oeri llefrith hefyd (gan gynnwys ei gadw yn oer i'r *visitors*). Roedd tri can mewn twb o ddŵr i gadw'r llefrith yn oer. Roedd angen golchi'r bydai. Roedd angen dŵr wrth halltu mochyn. Rhaid oedd llenwi bwyler golchi efo dŵr ac roedd angen dŵr berwedig i sgaldio'r mochyn i dynnu'r blew. Yn y caeau roedd angen glaw i'r cnydau dyfu ac os yn hau rwdins ac eisiau eu tyneuo yna roedd cael digon o ddŵr yn allweddol.

Ond mae glaw yn gallu bod yn felltith i'r amaethwr. Oherwydd glaw trwm byddai ŷd yn disgyn ac yn gorwedd ac roedd hyn yn creu gwaith ychwanegol ac roedd yn cymryd llawer mwy o amser. Roedd glaw yn gwneud cario gwair yn waith trwm ac roedd tas wair yr adeg yna. Rhaid oedd gwisgo sach dros eich ysgwydd er i gôt oil ddod hefyd yn ddiweddarach. Yn ddiddorol, mae'r ffaith fod gan yr amaethwyr hyn dir ger yr arfordir hefyd hefo'i fanteision a'i anfanteision. Un fantais bod wrth y môr oedd y gellid tyfu tatws cynnar – nid oeddynt yn cael barrug fel yn ffermydd yng nghanol yr ynys. Roedd Gell Fawr yn plannu tatws cynnar iawn. Ar y llaw arall, roedd y dŵr heli'n deifio'r gwelltglas gyda gwynt dwyrain a'r glaswellt yn dechrau llosgi/brownio fel y mae'r dyfyniad hwn o'r Clorianydd yn ategu:

> Y mae'r tywydd gwlyb diweddar wedi taflu y gwaith amaethyddol gryn dipyn yn ôl, ac ofnir gan lawer am ddyfodol du a thywyll, ac yn bresenol y mae y dwyreinwynt yn deifio pob planhigyn.[9]

Clo

Yn yr oes sydd ohoni tuedda'r lleygwyr yn ein rhan ni o'r byd i gymryd dŵr yn ganiataol gyda'r amaethwr a'r llongwr yn eithriad. Hyderaf fod yr erthygl hon wedi cynnig cipolwg ar rai o'r ffyrdd y bu i ddŵr chwarae rhan mor allweddol ac mor amrywiol ym mywyd un cymuned arfordirol.

Robin Evans, 'Dŵr'
Trafodion Cymdeithas Hynafiaethwyr a Naturiaethwyr Môn (2005), 51-62

1　*Y Clorianydd*, 3/1/1895
2　*Y Clorianydd*, 7/2/1895
3　*Y Clorianydd*, 2/12/1895
4　*Y Clorianydd*, 3/1/1895
5　*Y Clorianydd*, 3/1/1895
6　*Y Clorianydd*, 3/1/1895
7　*Y Clorianydd*, 3/1/1895
8　Rwy'n ddiolchgar i David ac Eirys Evans, Nant Bychan am eu cymorth wrth baratoi'r uned hon.
9　*Y Clorianydd* 4/3/1897

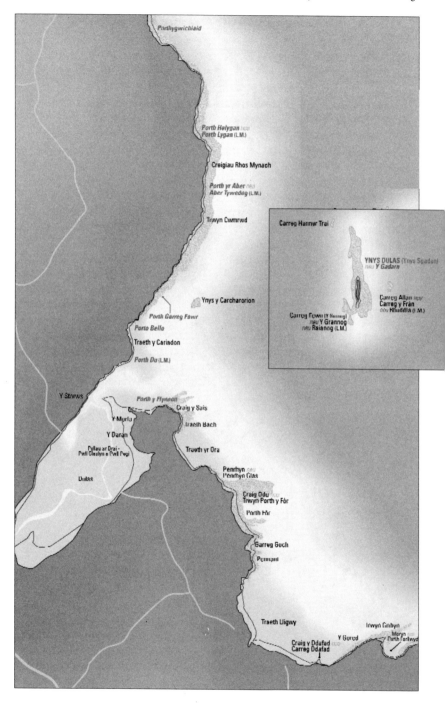

Porthygwichiaid

Porth Helygan neu
Porth Lygan (L.M.)

Creigiau Rhos Mynach

Porth yr Aber neu
Aber Tywedog (L.M.)

Trwyn Cwmrwd

Carreg Hanner Trai

YNYS DULAS (Ynys Sgadan)
neu Y Gadarn

Ynys y Carchariorion

Carreg Allan neu
Carreg y Frân
neu Hiwadia (L.M.)

Carreg Fewn (Y Rannog)
neu Y Grannog
neu Raianog (L.M.)

Porth Garreg Fawr

Porto Bello

Traeth y Cariadon

Porth Du (L.M.)

Y Storws

Porth y Flynnon

Craig y Sais

Y Muria

Traeth Bach

Y Daran

Pyllau ar Drai -
Pwll Olaslyn a Pwll Pegi

Traeth yr Ora

Dulas

Penrhyn neu
Penrhyn Glas

Craig Ddu
Trwyn Porth y Fôr

Porth Fôr

Garreg Goch

Pennant

Traeth Lligwy

Trwyn Gribyn

Y Gored

Moryn neu
Porth Forllwyd

Craig y Ddufad
Carreg Ddafad

Map o Enwau Arfordir Moelfre a'r Cyffiniau

Aeron Rees

Fel nifer fawr o blant y pentref o'm cyfnod i, cefais fagwraeth arbennig ym Moelfre. Gyda'r môr ar drothwy ein drws, roedd rhinwedd i bob traeth a chilfach, i bob clogwyn a phentir – mewn cylch dylanwad a ymestynnai o Draeth Bychan i Forfa Dulas a thu hwnt. Lleoedd i chwarae, i guddio, i bysgota a dringo – a'r cyfan wedi ei fframio gan gynfas ysblennydd Eryri, Ynys Seiriol a Phen y Gogarth.

Roedd enwau ein milltir sgwâr yn gyfarwydd i ni – rhai arweddion wedi eu bathu trwy gyfrwng ein chwarae ein hunain, yn hysbys i griw bychain yn unig ac mor frau a byrhoedlog â glaslencyndod. Ar y llaw arall, roedd llawer o enwau yn waddol canrifoedd ac yn fyw ar enau tô hŷn y pentref. Dyma genhedlaeth fy nhaid, y diweddar Gapten William John Hughes, Rowena. Roedd ef a nifer o'i gyfoedion yn gyn-forwyr a oedd wedi ymddeol ym mro eu mebyd ac yn parhau i ymddiddori yn y lli drwy gadw cychod pysgota bychain. Treuliais oriau lawer gyda 'nhaid yn yr 'Hamdden', yn cynorthwyo wrth drin ei rwydi penwaig a'i gewyll lu. Breintiedig oeddwn i fwynhau sawl orig yn ei gwmni, cyfnod o addysg wrth iddo fy nhrwytho yn nirgelion crefft y pysgotwr ac wrth iddo ymhelaethu ar y byd o'n cwmpas – a'r chwedlau a'r hanesion a oedd yn britho'r fro. Defnyddiai enwau cynhenid y morlun yn gwbl llithrig a naturiol, enwau a ddaeth, drachefn, yn rhan annatod o'm geirfa innau yn ogystal.

Pan oeddwn yn fy nhrydedd flwyddyn yn yr Ysgol Uwchradd yn Amlwch, gosododd fy athro Cymraeg, Mr Geraint Percy Jones, waith cartref hynod ddiddorol ryw ddydd. Y dasg oedd ymchwilio yn lleol i enwau Cymraeg a Chymreig broydd dalgylch yr ysgol. Mae gen i frith gof bod dewis gennym, sef i enwi naill ai caeau neu draethau. Yn naturiol, fe wnes i fwrw ati i nodi yr enwau a oedd yn hysbys i mi o safbwynt yr arfordir trwy law fy nhaid a rhai o'i gyfoeswyr megis y diweddar Gapten Harry O. Roberts, Myfyrian, a'r diweddar John Matthews, Stad Tŷ'n Coed. Felly, wedi tynnu map o'r ardal, fe eisteddais i lawr gyda Taid i gofnodi.

Cefais adborth reit dda gan Mr Jones yn yr ysgol, ffaith a'm hysbrydolodd i gadw'r map yn ddiogel. Flynyddoedd yn ddiweddarach, a minnau bellach yn athro fy hunan, penderfynais wneud copi taclusach na'r memrwm gwreiddiol, ac mae'r copi diwygiedig yma yn hongian hyd heddiw yn y stydi yn fy nghartref yn Nyffryn Tywi. Nid wyf yn honni iddo fod yn gopi cwbl gynhwysfawr. Yn wir, wrth drafod drachefn gyda David

John Aeron Rees
Yn brifathro Ysgol Gyfun Ddwyieithog Dyffryn Teifi, Llandysul, daw ei gysylltiadau morwrol ar ochr ei fam, yn ŵyr i'r diweddar Gapten William John Hughes, Rowena, Moelfre ac yn or-ŵyr i'r diweddar Gapten William Rowlands, Auckland Villa, Penysarn. Treuliai'r rhan fwyaf o'i amser hamdden yn ei gwch modur, 'Un funud fwyn', sydd wedi ei hangori ym Mhorth Tywyn, Llanelli, yn pysgota moryd afon Llwchwr ac arfordir Penrhyn Gŵyr. Mae diddordebau eraill Aeron yn cynnwys cerdded mynyddoedd ac arfordiroedd (gyda diddordeb mewn tirwedd, enwau lleoedd, diwylliant a hanes bro) a chanu efo Côr Meibion Bois y Castell, Llandeilo. Mae hefyd yn ddeiliad tocyn tymor ym Mharc y Scarlets, Llanelli.

Arbonne Owens, Gwynfa, rhagblaen o gyhoeddi'r gyfrol hon, daeth ambell enw arall i'r fei nad oeddwn wedi ei gynnwys yn ôl ym 1979. Ffrwyth gwaith yr adolygu diweddaraf yma yw'r fersiwn a gynhwysir yn y llyfr yma.

Dwi'n hynod falch o'r cyfle i roi yr enwau yma ar gof a chadw ac yn diolch am weledigaeth a haelioni Robin Evans wrth ddwyn y maen i'r wal. Mawr obeithiaf y bydd y map yn cyfrannu ryw ychydig at gyfoethogi ein gwerthfawrogiad a'n dirnad o ardal sydd mor agos i galonnau llawer iawn ohonom, frodorion ac alltud.

J. Aeron Rees

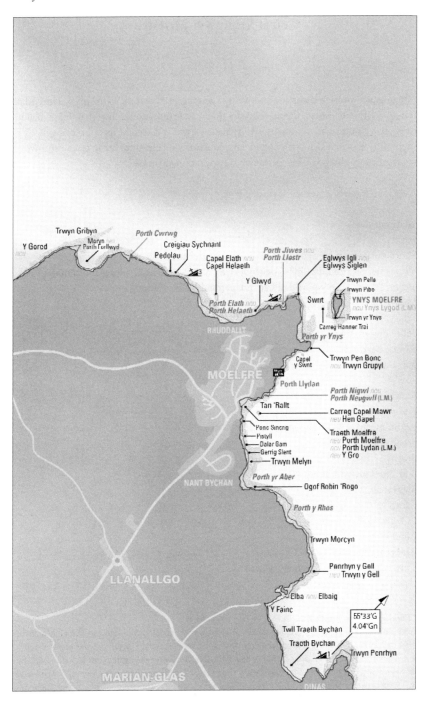

Geirfa Llongwyr Moelfre

T. H. Smith

Y mae gan y morwr lawer o eiriau sy'n Gymraeg pur, ond ar yr un pryd defnyddia amryw o eiriau Saesneg. Cymreigiwyd y rhain, ac fe'u defnyddir hwythau fel pe baent yn rhan o'r iaith, gan ychwanegu terfyniadau atynt a'u treiglo fel y bo'r angen. Er enghraifft: 'Pan oeddwn i yn y channel mi ddechreuodd chwythu brisin cry o'r sou-west ac mi gollais 'nghargo. 'Ches i erioed basej gwaeth na hwnnw.'

Wele rai o'r geiriau Saesneg-Cymreig hyn:

Abandon ship
Adrift
Allotment: y rhan o'r cyflog a delir yn uniongyrchol i deulu'r llongwr.
Alongside: Ni cheir dim byth 'ochr-yn-ochr' â rhywbeth arall, 'alongside' y mae.
Areifio: 'Areifio' yn y porthladd ac nid 'cyrraedd' a wna'r llong.
Astern
Balast
Bêlio: gwagio dŵr o'r cwch
Berins: bearings
Boi: Buoy
Bow
Brecars: tonau dŵr bas
Bridge
Brisin: gwynt cryf. Weithiau defnyddir 'awel'.
Broadside
Brocars: brokers
Buncars: tanwydd llong
Bwlwarcs
Cargo
Cêl: gwaelod y cwch
Chart
Clocsan: rhan o gwch
Cniw: rhan o gwch. Saesneg: 'Knee'
Côstio: cadw ar hyd y glannau.

Y Parchedig T. H. Smith B.A., B.D.
Brodor o Ddinbych a fu yn weinidog doeth, gweithgar ac ysbrydoledig yn Eglwys Carmel, Moelfre o 1944 hyd 1971. Amlygai ei ddawn fel llenor drwy gyfansoddi sgriptiau gwych ar gyfer plant ac oedolion. Yn wir ysgolhaig bu'n ddarlithydd gyda'r W.E.A. ar amryw bynciau gan gynnwys hanes lleol. Bu hefyd yn aelod brwd o Wŷr Achub Gwylwyr y Glannau (y 'Life Saving Apparatus') ac am flynyddoedd yn Ysgrifennydd y *Fishermen's Club* gan gasglu tâl aelodaeth ac apelio am nodded i forwyr anghenus ac/neu eu teuluoedd.

Customers: Swyddogion y tollau

Cwrs

Cyrent: current

Dec

Deep Sea

Dischage

Drec Môr

Ffast: gwneir y llong, a popeth o ran hynny, yn 'ffast' ac nid yn 'dyn'.

Fog-bound

Fforcast: rhan o'r llong, a hefyd rhagolygon y tywydd.

Fforen: Eir 'i ffwrdd fforen' pan eir i'r dyfnfor – yn wahanol i 'costio'. Y mae capten llong fawr yn 'Fforen Master'.

Ffowlio: 'Ffowlio' a wna rhaff pan ddrysir hi.

Ffowndro: to founder

Ffreit: llwyth

Full steam ahead, astern

Gêl, Hanner Gêl

Giali: cegin y llong

Giangwê

Halio: to haul. 'Halio' ac nid 'tynnu' rhaff a wneir

Hatches

Head-on

Heafio: to heave

Hitch, Half-hitch, Clove-hitch, Figure of Eight, a llawer o eiriau i ddisgrifio cylymau.

Home Trade: masnach ar hyd y glannau i'r Cyfandir.

Iardie: yards

Jansi: Rhan o wisg y llongwr – ei 'jersey'.

Joinio: Nid 'ymuno' â llong a wneir ond ei 'joinio'.

Landio

Lansio

Lasho: rhwymo pethau'n 'ffast'.

Lee

Leg go: Pan ollyngir rhywbeth rhoddir 'leg go' iddo.

Lein: rhaff denau

Leitws

Log

Mashar, Mash-w-ar: un wedi ei wisgo'n dda. Tybed ai o Monsieur y daw?

Mastie

Moderêtio: 'Roedd dyn y box yn riportio y byddai'r gêl yn moderêtio o force 6 i force 3 heno'.

Mwrins, Starn-mwrins: moorings

Oilskins

Onars: perchenogion y llong

Ordors, Gordors: Yr 'onars' sy'n rhoi 'ordors' i'r capten.

Pasej
Port
Rec, Total Rec
Rel: rhan uchaf y cwch neu'r llong
Riportio
Roloc: rowlock
Scylio: rhwyfo un rhwyf
Sea-anchor
Sea-boots
Shipio: Os daw dŵr i mewn y mae'r llong yn 'shipio'. Hefyd, y mae'r criw yn 'shipio'
      gyda'i gilydd, ac yn 'shipmates'.
Signaleisio: Nid yw 'signalo' yn ddigon o lond ceg.
Soundings
Sou Wester: y gwynt a'r het
Spleisio: rhwymo dwy raff
Sprays: ewyn
Starn
Starnpost: rhan o gwch
Stores
Storgadjio: bwyta'n dda
Stowio: Llwytho, neu gadw rhywbeth, neu ei roi o'r golwg. Pan fydd un yn 'storgadjio'
      dywedir: 'Wn i ddim lle mae o'n stowio'r holl fwyd na.'
Supplies
Survey: Gwneir 'survey' o'r llong mewn 'dry doc' yn achlysurol.
Swel: ymchwydd y môr
Teit
Teligrafft: y cysylltiad rhwng y 'whilws' a'r peiriannau.
Tradio
Watch, Watch Below, Cadw Watch, Watchws
Whîl, Whîlws: y llyw
Weatherbound, Windbound
Winch

T.H. Smith, 'Geirfa Llongwyr Moelfre'
yn J.E. Caerwyn Williams (gol.), Llên a Llafar Môn
(Llangefni, 1963), 105-107

Cwmpawd Cymraeg Llafar

Capten Gwyn Pari Huws

Er cymaint fu cyfraniad llongwyr Cymru i fyd a bywyd llongau masnach y Deyrnas Unedig, – mae lle i ddadlau na fu'r Cymry yn genedl forwrol fel y cyfryw.

Hynny yw, ni fu'r genedl yn un arloesol ym myd morwriaeth – mewn cymhariaeth â'r Llychlynwyr er enghraifft, neu frodorion Portiwgal neu'r Iseldiroedd. Mae diffyg geirfa morwrol Cymraeg yn beth dyst i hyn gan nad oes prin ddwsin o eiriau brodorol y gellir eu defnyddio ym myd gwaith ymarferol llongwyr a llongau, rhai fel:-

hwyl, rhwyf, llyw a llywydd, gwryd, llanw

Does dim geiriau Cymraeg am, er enghraifft, *gaff, bilge, stern tube, bulwark, flying jib, binnacle, starboard, ballast, running fix, bunkers* – ac yn y blaen, y cannoedd ar gannoedd o eiriau 'technegol' sy'n rhan o iaith naturiol dynion môr. Nid geirfa'r Saeson yn unig mohono, ond geirfa a gyfrannwyd iddo gan nifer fawr o wledydd morwrol Ewrop, dros rai canrifoedd, ac a ddaeth yn eirfa ryngwladol i raddau helaeth.

Ym myd meddygaeth, crefydd, natur, barddoniaeth, amaethyddiaeth neu'r gyfraith, cafwyd nid yn unig geirfa Cymraeg llafar – ond hefyd digonedd o ddeunydd ysgrifenedig, ac mae llond llyfrgelloedd o dystiolaeth i hynny.

Mewn cymhariaeth, ystyriwch un o longau Porthmadog yn oes euraidd y porthladd hwnnw – ei pherchnogion a'i chriw yn Gymry Cymraeg, rhai bron yn uniaith Gymraeg – ond Saesneg oedd iaith yr *'Articles of Agreement'* a'r *'Log Book'*, a Saesneg hefyd oedd iaith y *'Manifest'* y rhestrid y cargo arno.

Cyhoeddiadau'r Admiralty oedd y *charts* angenrheidiol i'w theithiau i Newfoundland a phobman arall, yn Saesneg eto, ac felly hefyd y *'Nautical Almanac'* lle ceid y wybodaeth am symudiadau'r haul, lleuad a'r sêr – a'r *'Navigational Tables'* a ddefnyddid i ddatrys lleoliad y llong.

Mae Aled Eames wedi dwyn ein sylw at y nifer cwmnïau Insiwrans Cymreig a ffurfiwyd tua chanrif yn ôl – ond yn y maes yma eto, Saesneg oedd iaith y gweithredoedd a'r dogfennau.

Ym mis Chwefror 1991 roeddwn yn sgwrsio ym Morfa Nefyn efo cwmni o bobl a diddordeb ym mhethau'r môr – a mentrais ddilyn y trywydd uchod, gan bwysleisio fy syniad trwy ofyn 'pwy erioed a welodd *compass* a llythrennau Cymraeg arno?' – neu o

Capten Gwyn Pari Huws
Yn uchel ei barch ymhlith morwyr proffesiynol a'r rhai a ymddiddorai ym mhethau'r môr, treuliodd y Capten Gwyn Pari Huws oes ar y môr gan ddiweddu ei yrfa yn gyfarwyddwr cwmni Ocean. Ymddiddorai yn hanes morwrol a bu'n gyfrannwr cyson i *Cymru a'r Môr/Maritime Wales* o'r cychwyn a chyhoeddodd ei gampwaith *Y Fenai* yn 2002. Bu hefyd yn gyfrifol am sefydlu'r Cofrestr o Ddynion Môr Cymru er mwyn cofnodi hanes llongwyr Cymru 'a sicrhau iddynt eu lle priodol yn hanes y genedl'.

ran hynny, pwy erioed a welodd geiliog gwynt 'Cymraeg'?

Doedd neb ddigon anghwrtais i anghytuno a mi ar y pryd, ond ar y diwedd daeth gŵr dymunol iawn ataf, a dwyn fy sylw at y Cwmpawd Cymraeg Llafar a ddefnyddiwyd yn hollol naturiol ar ei long gyntaf pan aeth ef i'r môr yn y tri degau.

Yn yr oes honno, (ac wedi hynny ar rai llongau arbennig) roedd *coasters* a llongau bychain eraill, yn dal i ddefnyddio y *'Compass Points'*, a'u rhannau llai, y *'quarter points'* i setlo cyfeiriad y llong ac i'w llywio. Mewn llongau mwy, a'r llongau mwy newydd, defnyddiwyd graddau, h.y. *'degrees'* gan eu bod yn feinach mesur ac yn haws i'w cyfrif a'i dilyn.

Mae 32 pwynt o gylch cyfan cwmpawd, ac o gyfri y *'quarter points'* mae 128 o raniadau; dan drefn y *'degrees'* ar y llaw arall mae 360 o raniadau.

Ers talwm felly, allasai'r Capten ddweud *'Steer North East by East and a half East'* *(Nor East b'East 'n half East)* lle dan y drefn newydd fe ddywedai *'Steer 062 degrees'*.

I hogyn o Gymro yn cychwyn i'r môr heb lawer o Saesneg roedd cymhlethdodau trefn y *'quarter points'* Saesneg yn anodd i'w drin a dyna, mae'n debyg paham y daeth y 'Cwmpawd Cymraeg Llafar' i fod.

Yn enedigol o Aberdaron, fe fagwyd Hugh Morris Williams ar Ynys Enlli er pan oedd yn bump oed hyd nes aeth i'r môr yn ddwy ar bymtheg oed yn 1938. Wedi cael *'pass'* o'r Sarn i Lerpwl ar gefn lyri, rhaid oedd cerdded y dociau i 'mofyn gwaith o long i long – a chael lle yn y diwedd fel *'Ordinary Seaman'* ar y *'coaster'* Kylebay dan lywyddiaeth Capten William Evans, Moelfre.

Gan mai Cymry oedd pawb ond un o'r criw, Cymraeg oedd iaith ddyddiol y llong, ac yno y cafodd Hugh ei drwytho yn y cwmpawd Cymraeg.

Sylfaen y drefn oedd enwau merched yn cymryd lle'r prif bwyntiau, fel hyn (gan gofio mai dim ond y prif lythrennau a geir ar gerdyn y cwmpawd):-

North	N	Neli
East	E	Elin
South	S	Siani
West	W	Wini

O godi ein henghraifft flaenorol felly, yn lle dweud:

> *'Steer North East by East and a half East'*,
> *(Nor East b'East 'n half East)*

gorchymyn Capten Evans fyddai

> 'llywiwch Neli Elin wrth Elin a hanner Elin'
> (Neli Elin ŵr' Elin, hanner Elin)

Neu'r AB yn cymryd y llyw gan Hugh am bedwar o'r gloch y bore ac yn gofyn 'be 'di'r cwrs?' ac yn cael yr ateb:-

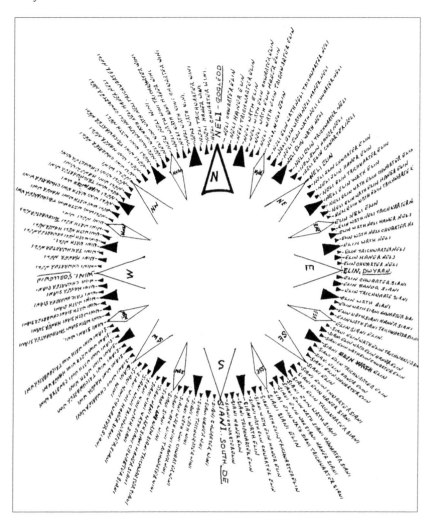

Y Cwmpawd Cymreig Llafar (Coasters Lerpwl) cyn 1935

'Wini wrth Siani a thrichwarter Siani'
(Wini ŵr' Siani trichwarter Siani)

h.y. *'West by South and threequarter South'*
(West b'Sou, threequarter South)

Mae llongwr wedi'i fagu yn y drefn yn medru adrodd pwyntiau'r cwmpawd, fesul chwarter pwynt, yn ribidi-res lithrig, o unrhyw bwynt, yn ôl neu ymlaen, mewn cylch cyfan (yr hyn a elwir *'boxing the compass'*) – ond mae'n amhosib gwneud hynny yn y Gymraeg os defnyddir y geiriau ffurfiol Gogledd, Dwyrain, De a Gorllewin. Y rheswm mwyaf wrth gwrs yw'r ffaith bod tair sill i dri o'r pedwar gair a does dim modd eu talfyrru'n daclus.

Dyma'r rheswm pam mae'r cyhoeddwyr ar y teledu yn swnio mor glonciog wrth drafod cyfeiriadau'r gwynt os yw rhywle ond o un o'r pedwar prif wynt. Gorchfygwyd y broblem gan longwyr yr hen ddyddiau drwy fabwysiadu'r 'merched' a chael pwyntiau Cymraeg a oedd llawn cyn hawsed a'r rhai Saesneg i'w hadrodd yn sydyn.

Wrth gwrs doedd dim teledu pan aeth Hugh Morris Williams i'r môr, na VHF i alw'r *coastguard* i gael argoelion diweddara'r tywydd dim – ond profiad a gwybodaeth yr hen gewri fel Capten William Evans – a oedd yn fwy na Capten cyffredin gan iddo drosglwyddo i fachgen ifanc dipyn o drysor yn ei Gwmpawd Cymraeg Llafar – rhyw fymryn neilltuol o hanes Cymru a'r Môr.

Capten Gwyn Pari Huws, 'Cwmpawd Cymraeg Llafar'
Cymru a'r Môr/Maritime Wales, 14 (1991), 125-128

Cymeriadau Gogledd Cymru

Rodney Hughes

Evan Owens (Ionawr 2, 1975)

Ar y diwrnod y gofynnais i wyliwr rhan amser y glannau a oedd modd cael gair ag ef ynglŷn â'i fywyd, roedd y tywydd yn rhyfeddol o gymedrol. Ond pan es i'w wylfa uwchben creigiau Moelfre i gynnal y sgwrs, roedd y môr yn berwi a'r gwynt yn chwythu'n gryf, fel pe bai'n ceisio dangos ei nerth i mi. Wrth gwrs, nid yw moroedd mawr na gwyntoedd cryf yn ddim byd newydd i Mr Evan Owens, Berwyn, Moelfre, a fu'n fecanic ar fad achub Moelfre cyn iddo gymryd swydd ran amser gyda gwylwyr y glannau.

Yn Llanddeusant y ganwyd Mr Owens ond fe'i magwyd yn Llandyfrydog, lle mynychodd yr hen ysgol gynradd dan y prifathro, Mr William Hughes, 'dyn gwyllt ei dymer ond cerddor a llenor medrus', meddai Mr Owens. Bu yn yr ysgol newydd am gyfnod cyn symud ymlaen i Ysgol y Sir, Llangefni, yn y dauddegau. Nid oedd ond oddeutu 300 o ddisgyblion yn yr ysgol yr adeg honno, a dyna pryd y digwyddodd y dirwasgiad a effeithiodd ar gannoedd o deuluoedd ym Môn a Phrydain.

Er hynny, dywed Mr Owens ei fod yn ffodus o gael byw mewn ardal ddiwylliedig, lle'r oedd cylchoedd trafod a chymdeithasau llenyddol yn eu bri, a'r oedolion yn gwneud eu gorau i sicrhau bod yr ifanc yn dysgu sut i drin a thrafod bywyd. Cael gwaith oedd y broblem fawr yr adeg honno. Nid oedd ond ffarmio neu'r môr amdani. Penderfynodd Mr Owens fynd ar y môr, a'i long gyntaf oedd y *Wild Rose*. Ar un daith yn y Sianel daethant ar draws llong o'r enw *Opal* oedd ar fin suddo wedi i'w llwyth lithro. Llwyddwyd i achub y criw i gyd ar wahân i'r Capten a'r peiriannydd. Er na wyddai hynny ar y pryd, roedd y fenter hon yn mynd i arwain i rai eraill a fyddai'n cael dylanwad mawr ar ei fywyd ymhellach ymlaen.

Yng nghanol y dirwasgiad, gorfodwyd i lawer o longau sefyll yn segur am nad oedd gwaith iddynt ac ymunodd Mr Owens am gyfnod â'r fintai o filoedd a deithiai i Langefni i gasglu'r dôl bob wythnos. I gadw dan ben llinyn ynghyd, cafodd waith yn hel yswiriant yn ardal Caergybi am gyfnod. Yr adeg hon, roedd cymylau duon rhyfel yn dechrau casglu uwchben Ewrop a phenderfynodd Mr Owens ymuno â'r Llu Awyr. Yn ystod pum mlynedd diwethaf y rhyfel, bu Mr Owens yn gweithio gyda hwy mewn gwahanol siroedd ym Mhrydain fel peiriannydd.

Rodney Hughes
Bu Rodney Hughes yn newyddiadurwr llwyddiannus a phinacl ei yrfa oedd fel golygydd y *North Wales Chronicle*. Dyn ei fro oedd Rodney a bu'n gwasanaethu fel Ysgrifennydd Cyngor Cymuned Moelfre ac yn asiant lleol i'r 'Shipwrecked Mariners' Society' *[Shipwrecked Fishermen & Mariners' Royal Benevolent Society]* am nifer o flynyddoedd. Ond cymerai ddiddordeb ym mhobl sawl bro, fel y dangoswyd yn ei golofn 'Cymeriadau Gogledd Cymru', colofn yn y Gymraeg, yn y *Chronicle* Seisnig. Bu hefyd yn ymgyrchydd gan chwarae rhan allweddol yn y frwydr i gael sganiwr i Ysbyty Gwynedd ac i sicrhau Oriel i Ynys Môn.

Ar ddiwedd y rhyfel, ymunodd â'r RNLI fel mecanic teithiol yn gweithio mewn gorsafoedd yn yr Alban, Cernyw, Ynysoedd yr Hebrides a lleoedd eraill. 'Roedd hwn yn gyfnod diddorol iawn a phob ardal â gwahanol ofergoelion am fywyd ar fad achub. Mewn un lle, er enghraifft, roedd yn bechod mawr sôn am fochyn ar fwrdd y cwch ac mewn man arall cwningen oedd y bwgan. Gan ei fod yn teithio o amgylch y wlad am gyfnodau eithaf byr, roedd yn rhaid bod yn wyliadwrus iawn rhag ofn defnyddio'r gair anghywir.

Yn 1949, symudodd Mr Owens i Foelfre fel mecanic llawn amser ar y bad achub a bu'r cyfnod nes iddo ymddeol yn 1972 yn un diddorol a llawn o brofiadau. Yn ystod y blynyddoedd hynny, achubwyd 300 o fywydau ym Moelfre, rhai ohonynt mewn amgylchiadau erchyll. Yr achlysuron hynny, wrth gwrs, yw'r rhai bythgofiadwy. Daeth y cyntaf ac, mae'n debyg, y gwaethaf, ym mis Hydref 1959, pan gipiwyd wyth o griw'r *Hindlea* oddi ar y llong a oedd yn cael ei malu ar greigiau Moelfre gan mlynedd i'r diwrnod a'r amser y suddodd y *Royal Charter*. Yr achos arall oedd y *Nafsiporos*, llong o wlad Groeg, a oedd mewn trafferthion y tu allan i Amlwch, pan achubwyd deg o bobl gan y Bad Achub. Am ei ran ar y ddau achlysur yma, derbyniodd Mr Owens fedal arian yr RNLI a chafodd hefyd fedal arian y Frenhines am ei ran yn achub criw'r *Hindlea*.

Mae pethau wedi newid yn arw yn ystod y blynyddoedd diwethaf, meddai. Pan ddechreuodd, nid oedd y fath beth â radio ar fad achub, a golygai hynny nad oedd y criw mewn cysylltiad â'r lan unwaith yr oeddent wedi gadael yr orsaf. Ond y peth pwysicaf a ddysgodd yn ystod ei gyfnod gyda'r bad achub oedd pa mor fychan a dibwys y gallai dyn fod pan fo yng nghanol y môr ac ar ei drugaredd.

Yn ogystal â bod yn gynghorydd cymdeithasol, mae Mr Owens yn ddiacon a thrysorydd Capel Carmel, Moelfre. Pan nad yw wrthi fel gwyliwr y glannau, mae'n hoff o fynd o amgylch Môn i ymweld â'r hen eglwysi. Ac wrth iddo sylwi ar eu muriau cadarn sydd wedi sefyll am ganrifoedd, mae ei ffydd yn nyfodol capeli'r cylch yn cryfhau. Efallai y bydd yn rhaid newid rhywfaint arnynt i gyd-fynd â'r oes, meddai, ond byddant i'w gweld mewn rhyw ffurf neu'i gilydd am amser maith eto.

John Bloom Roberts (Mehefin 13, 1974)

Hoff bleser plant Ysgol Llanallgo flynyddoedd yn ôl oedd edrych i lawr ar y llongau wrth eu hangor yn y Bae, a'r adeg honno roedd yna nifer ohonynt. Dros y blynyddoedd, daeth yn arferiad i blant yr ysgol gael mynd adref pan oedd llong eu tad ymhlith y rhai oedd yn glanio. Un o'r rheini oedd Capten John Bloom Roberts, Bryn Awel, Llanfaethlu, a ddywedodd fod yna gymaint o fechgyn yr ysgol â'u tadau ar y môr nes bod rhywun yn absennol o'r ysgol bob dydd o'r flwyddyn.

Cofia'n iawn brifathro'r ysgol, Mr Edwards, yn dysgu i'r hogiau sut i ddarllen semaffor a dilyn cwrs ar siartiau, er nad oedd ganddo ef ei hun gysylltiad â'r môr. Serch hynny, roedd mor gydwybodol ynglŷn â dysgu'r plant am siartiau ag yr oedd wrth ddysgu iddynt ddarllen ac ysgrifennu.

Magwyd Capten Roberts gyda'i nain ym Moelfre. Roedd hi'n brifathrawes yn Ysgol Llanallgo. Pan oedd Capten Roberts yn ifanc, roedd y teulu am iddo fynd i weithio yn y Banc, ond roedd ef wedi penderfynu mai i'r môr yr oedd arno eisiau mynd ac er iddo ffraeo gyda'i nain ynglŷn â'r penderfyniad, i'r môr yr aeth.

Felly, yn 1917, ac yntau ryw bedair ar ddeg oed, ymunodd Capten Roberts â'r *Kempock* a oedd yn hwylio o Gaerdydd i Ffrainc. Ar y ffordd ar draws, roedd *mines* yn ffrwydro o gwmpas y llong ac erbyn iddo ddod yn ôl roedd yn barod i dderbyn awgrym cynharach ei nain a chwilio am waith ar y lan. Ond dywedodd ei dad wrtho ei fod eisoes wedi cyweirio ei wely a bod yn rhaid iddo orwedd ynddo. A dyna a fu.

Roedd y *Kempock* yn hwylio o Foelfre yn aml iawn ac wedi i Capten Roberts dreulio ychydig o amser gartref, byddai'n mynd i ffwrdd unwaith eto. Ychydig cyn i'r llong fod yn barod i adael Moelfre un tro, cafodd Capten Roberts ddamwain a bu'n rhaid iddo aros gartref. Yn y Seiat, ychydig yn ddiweddarach, clywodd fod y llong wedi cael ei suddo ar y ffordd i Iwerddon.

Ei long nesaf oedd y *Dragon*, yn hwylio o Gaerdydd i Biddeford, ac ar ôl cyfnod ar honno, symudodd i'r *Bryn Awel*. Yna, ar long o eiddo Elder Dempster cyn mynd ar long dramor arall, y *Scholar* o eiddo Cwmni Harrison. Roedd yn bedair ar bymtheg oed erbyn hyn ac, fel llawer o fechgyn o'i oed, roedd arno angen cryn dipyn o fwyd. Ond bwyd oedd un o bethau gwaelaf y Cwmni, meddai. Ddau ddiwrnod cyn y Nadolig, a'r llong ger British Honduras, penderfynwyd lladd mochyn ar gyfer cinio. Wedi'r weithred, dechreuodd pawb fod yn ofergoelus, ac yn ddamweiniol – neu beidio – fe dorrodd llyw y llong. Gofynnwyd am wirfoddolwyr i fynd dros ochr y llong i weld beth oedd o'i le ac ar ôl i'r dynion, gan gynnwys Capten Roberts, glymu gwifrau wrth y llyw, llwyddwyd i fynd â'r llong i Lisbon i gael ei hatgyweirio. Pan gyraeddasant Llundain, cafodd y pedwar gwirfoddolwr fis o gyflog ychwanegol, a olygai wyth punt i Capten Roberts.

Ymhen ychydig, penderfynodd fod yn well ganddo hwylio o amgylch yr arfordir ychydig yn nes at Brydain. Aeth at ei dad, Capten John Roberts, ar y *Pine Villa*. Pan oedd y tu allan i Gaergybi, aeth y llong ar dân ac fe gollodd ei dad ei fywyd. Am ei ymdrechion i achub bywydau'r criw, anrhydeddwyd ef â'r DSC.

Cafodd ei docyn Capten yn 1927 a bu ar amryw o wahanol longau. Adeg yr Ail Ryfel Byd, roedd yn Feistr ar y *Polgrange* a suddwyd yn y Sianel yn 1940. Ychydig wedyn, troes llong arall yr oedd yn feistr arni, y *Quickthorn*, wyneb i waered ger Aberdaugleddau. Bob tro y suddai llong, roedd yn rhaid mynd i adrodd yr hanes i Whitehall, ond dywedodd Capten Roberts fod y bobl yno wedi blino'i weld wedi'r ail dro. Pan gollwyd y *Polgrange*, collodd ei holl eiddo, a chafodd fynd i'r ystafell hiraf a welodd erioed i ddewis un siwt allan o'r miloedd oedd yno.

Ar adeg arall, cofia deithio o Dde Iwerddon i Gaerdydd, gan ddod â llawer o nwyddau a oedd yn brin yng ngwledydd Prydain gydag ef. Cofia'n iawn un Nadolig, pan oedd ochr mochyn wedi cael ei adael ar y llong dros gyfnod o fordaith neu ddwy. Nid oedd neb fel pe bai arno'i eisiau a phenderfynodd Capten Roberts y byddai'n gwneud yn iawn at ginio Nadolig. Ond pan aeth ati i ddechrau'i baratoi, gwelodd ei fod wedi llwydo.

Dro arall, gorfodwyd iddo ef a rhai llongau eraill fynd i Brest yn Ffrainc i geisio cael milwyr allan o'r ardal. Pan gyrhaeddodd, dywedodd capten rhyw dynfad wrtho fod yr Almaenwyr wedi glanio yno. Ei long ef oedd y llong Brydeinig olaf i fynd allan o Brest wedi dyfodiad yr Almaenwyr, ac yn yr *Empire Lethe*, chwe blynedd yn ddiweddarach, ef oedd y cyntaf i fynd i mewn i Brest wedi iddynt gael eu trechu. Ar ddiwedd y rhyfel, ac yntau wedi cael llond bol ar y bomio a'r miri, ymunodd â Bwrdd Dociau Merswy, wedyn gyda'r Westminster Dredging Company gan orffen ei yrfa gyda chwmni Norwest. Yn ystod y blynyddoedd olaf hyn, cafodd fwy o gyfle na chynt i ddod adref yn weddol gyson.

Yn ystod y blynyddoedd diwethaf, treuliodd lawer o'i amser yn paentio o amgylch y tŷ, a dywedodd fod pobl Llanfaethlu erbyn heddiw yn ei weld yn rhyfedd os nad oedd ganddo frws paent yn ei law. Er y byddai'n hoff iawn o fyw ger y môr, dywed y byddai'n anodd iawn dygymod â gwneud dim mwy nag edrych allan arno heb allu mynd â llong allan. Byddai'n anodd dygymod â'r ffaith nad oes cymaint o ddŵr heli yn rhedeg drwy'i wythiennau erbyn heddiw.

John Richard Roberts (Tachwedd 21, 1974)

Daeth dathliadau diwrnod y Cadoediad ag atgofion melys a chwerw i ddyn o Foelfre a fu'n ymladd ar y Somme yn ystod y Rhyfel Byd Cyntaf. Cofia Mr John Richard Roberts, 3 Penrallt, Moelfre, yn arbennig, am gyfaill iddo a lwyddodd i fynd drwy'r cwrs ym Mharc Cinmel, ymlaen i'r Somme, a marw yn yr Eidal wedi iddo yfed llymaid o ddŵr. Cofia hefyd am gyfaill arall a gafodd ei saethu yn y Somme.

Wrth gwrs, roedd atgofion melys hefyd o'r amser cyn ac yn ystod y brwydrau ar y cyfandir. Cofia Mr Roberts yn iawn am yr hyfforddwyr ym Mharc Cinmel yn dweud wrth y bechgyn ifainc am naill ai dyfu mwstas neu farf. Ar adeg arall, pan oedd yn y Somme, roedd ef a chyfaill yn mynd trwy'r ffosydd pan ddaethant ar draws sach yn llawn o faco pibell. Yn ffodus, ysmygwyr cetyn oedd ef a'i gyfaill a chawsant ddigon o gyflenwad o'r sach i'w cadw i fynd am wythnosau.

Ganed Mr Roberts yn 1891, yn y Grand Lodge, Dulas, yn fab i Richard a Catherine Roberts. Roedd ei dad yn saer i stad y Plas a'i fam yn gogyddes yno. Hefyd bu ei daid, Mr John Goodman Roberts, yn brif arddwr yno am drigain mlynedd. Pan oedd Mr Roberts yn ifanc, symudodd y teulu i Siop Dublin, ac yno y câi bara eu pobi i drigolion cylch eang.

Wedi iddo gael ei addysg yn ysgol Penysarn, dan y prifathro Mr Thomas Hughes, aeth i weithio i Lys Dulas. Bu yno am rai blynyddoedd tra parhaodd y gwaith, ac wedyn aeth yn ôl i bobi bara yn Siop Dublin, a mynd â hwy mewn car a cheffyl i ardal Moelfre, Capel Parc, Rhosybol a mannau eraill. Yna, dechreuodd y Rhyfel Byd Cyntaf ac ymhen dwy flynedd roedd ar ei ffordd i Barc Cinmel i gael ei hyfforddi cyn ymuno â Chatrawd Gyntaf y Ffiwsilwyr Brenhinol Cymreig. Bu yno am chwe mis cyn cael ei symud gyntaf i Boulogne, yn Ffrainc, wedyn i Mametsad, ac yna i'r Somme. Wedi cyfnod ar faes y gad, symudwyd ei gatrawd i Ypres cyn mynd ymlaen unwaith eto i'r Eidal.

Bechgyn o Gaernarfon oedd gydag ef fwyaf yn y Somme, a chofia un adeg pan orchmynnwyd iddo gadw ei ben yn isel gan fod *sniper* yn y cyffiniau. Wrth iddo gerdded trwy'r ffosydd gyda swyddog, daeth ar draws Lewis Gun. Cododd ei hun i fyny ychydig i edrych ar y gwn. Maluriwyd y sights gan fwled a'r eiliad nesaf syrthiodd siel wrth eu hochr. Neidiodd y ddau i mewn i lecyn diogel ac yno y buont nes i bawb gael eu galw allan i gario'r rhai oedd wedi eu hanafu.

Ychydig cyn iddo fynd adref am seibiant, clywodd fod bachgen a oedd yn byw heb fod nepell o Benysarn wedi cael ei ladd. Pan gyrhaeddodd adref, tarodd ar ei deulu ond oherwydd rheolau cyfrinachedd yn ystod y rhyfel, ni allai ddweud wrthynt am ei farwolaeth.

Aeth yn ôl i'r cyfandir drachefn a bu yno tan 1919, gan gyrraedd adref ar Ddydd Mawrth Crempog y flwyddyn honno ar ôl cerdded dros Fynydd Parys o Orsaf Amlwch.

Aeth i weithio'n ôl i Lys Dulas am gyfnod ac, yn 1922, priododd a daeth i fyw i Foelfre. Yn ystod y chwe blynedd nesaf, bu'n gweithio yn chwarel Traeth Bychan, ac am rai blynyddoedd wedyn bu'n bostman yn y cylch, gan gerdded cylch o ryw bedair milltir ddwywaith y dydd. Bu'n gwneud hynny am un mlynedd ar hugain ac yn ystod yr Ail Ryfel Byd, bu'n gwasanaethu fel gwyliwr y glannau yn ogystal â chyda'r peirianwaith achub bywydau. Wedi iddo orffen gweithio i'r llythyrdy, aeth i weithio at y Cyngor Sir, a bu yno nes iddo ymddeol yn 66 oed.

Ers blynyddoedd bellach, mae Mr Roberts wedi cymryd diddordeb arbennig mewn materion lleol, ac ef yw cadeirydd y Cyngor Cymdeithasol. Bu'n gadeirydd y Cyngor Plwyf cyn hynny. Am y deugain mlynedd diwethaf, bu'n athro Ysgol Sul yng Nghapel Carmel, Moelfre, lle mae hefyd yn ben blaenor ac yn Arolygydd yr Ysgol Sul. Gyda'i wraig, Jane, mae'n gofalu am y Capel a'r bore Sul diwethaf pan agorodd ddrws y Capel daeth yr atgofion am y rhyfel yn ôl i'w feddwl eto.

John Roberts (Ionawr 23, 1975)

Rhwng y Sulgwyn a dechrau Medi, arferai amryw o fechgyn alw yn y Syrcas a oedd wedi aros mewn llain o dir ym Marian-glas rai blynyddoedd yn ôl. Ond nid syrcas gyffredin oedd hon. Nid oedd yr un anifail ynddi ond roedd yn lle cysurus i Mr John Roberts, Minffordd, Moelfre. Pan oedd yn rhedeg becws ym Marian-glas, arferai dreulio misoedd y gwanwyn a'r haf mewn pabell a godwyd ar lain o flaen yr adeilad. Bachgen a fyddai'n gweithio gyda Mr Roberts a fedyddiodd y babell yn Syrcas, gan ei bod yn un anferth ac yn fan cyfarfod i fechgyn ifainc y cylch am sgwrs gyda'r nos.

Ganwyd Mr Roberts yn Eugrad Terrace, Marian-glas. Ail ŵr i'w fam oedd ei dad, ac roedd ei nain yn fydwraig leol. Ond er bod amryw o blant yn y teulu, rhaid oedd galw ar Dr Williams, Llangefni, yn hytrach na nain i fod wrth law adeg yr enedigaeth. Aeth i'r ysgol gynradd yn Llanallgo gan gael ei hebrwng yno bob dydd gan ei athrawes, Miss Williams, a oedd yn byw ym Marian-glas. Rhaid oedd cerdded bob cam, wrth gwrs, a phan oedd yn glawio byddai Mr Roberts yn cael cysgodi dan ei chlog. Wedi iddo orffen yn Llanallgo, fe aeth i Ysgol Uwchradd yn Lerpwl. Arhosai gyda'i fodryb yn y ddinas honno ac un o'i gyd-ddisgyblion oedd y digrifwr, Arthur Askey. Pan oedd ei gyfnod yno'n dirwyn i ben, roedd y teulu i gyd yn awyddus iddo fynd i weithio mewn banc, ond roedd Mr Roberts wedi rhoi ei fryd ar gael mynd i'r môr.

I geisio'i ddarbwyllo, dywedodd rhai o'r teulu nad oedd ei olwg yn ddigon da ond pan aeth am brawf, fe'i pasiodd, ac fe aeth ef a'i ewythr, Capten John Lewis, o amgylch y llongau, i chwilio am fordaith iddo. Cafodd le'n brentis gyda PSNC gan ddechrau ym mis Mawrth 1914, a hwyliodd ar ei daith gyntaf i Chile. Un o'i gyfeillion yr adeg honno oedd Ifor Hughes, mab Mr R.R. Hughes, Niwbwrch. Wedi taith a aeth â'r llong i

Valparaiso, Lima, Buenos Aires a Rio de Janeiro, daeth y llong yn ôl. Pan gyrhaeddodd adref, cafodd ei argymell i adael y môr oherwydd ei iechyd ac ymunodd â Choleg y Skerries, Lerpwl, i ddilyn cwrs masnachol. Cydymaith iddo yn ystod y cwrs oedd Dick Hughes, Llannerch-y-medd, ac er bod llawer o arholiadau i geisio am wahanol swyddi, cafodd y ddau filoedd o hwyl. O'r diwedd, penderfynodd Mr Roberts ymuno â chwmni Asiantau Stadau.

Credai fod bron i 50 y cant o boblogaeth Lerpwl yr adeg honno yn Gymry, ac roedd yn arferiad treulio nos Sul yn y Capel. Derbyniwyd ef yn gyflawn aelod o Gapel Princes Road gan y gweinidog, Y Parchedig Hywel Harris Hughes.

Er ei fod yn berffaith hapus ar y lan, roedd galwad y môr yn dal yn gryf a llwyddodd ewythr iddo gael lle iddo ar long a oedd yn mynd ar daith i Dde America. Ar ôl galw yno, hwyliodd y llong i Efrog Newydd, lle cymerwyd Mr Roberts yn wael a'i orfodi i aros am gyfnod mewn ysbyty yn Long Island. Wedi iddo wella, hwyliodd i Ffrainc a thra oedd am gyfnod byr yn Dunkirk, bu ond i dim iddo golli ei fywyd pan ffrwydrodd bom yn y doc a chafodd anafiadau i'w fraich gan ddarnau ohoni. Pan ddaeth y llong yn ôl i Brydain, aeth ar gwrs gynnau yn Crystal Palace, gan ail ymuno â'r llong cyn iddi hwylio i Malta, drwy Gamlas Suez, gan dynnu llong arall ar ei hôl, am y Persian Gulf. Ond fe dorrodd y lein ar y ffordd a gorfodwyd iddynt angori. Tra oedd y llong wrth angor, daeth pysgotwr ati i geisio gwerthu. Gwaetha'r modd, nid oedd neb yn deall Arabeg ond gofynnodd y Capten i Mr Roberts geisio dangos i'r dyn beth oedd arnynt ei eisiau. Dechreuodd Mr Roberts siarad Cymraeg gydag ef. Cipiodd y 'sgotwr yr arian gan daflu pysgod ar y llawr, lluchio'i fasged dros fwrdd y llong a'u dilyn nerth ei draed. Synnodd y Capten fod rhywun yn deall Cymraeg yng nghanol yr Indian Ocean.

Bu mewn amryw o fannau eraill yn ystod y cyfnod a ddilynodd gan gyrraedd adref o Montreal ar gyfer y cadoediad. Yn nhafarn y Feathers, yn Lerpwl, cyfarfu â llawer o bobl a oedd newydd ddychwelyd o'r Lluoedd Arfog. Gofynnwyd i Mr Roberts pam nad oedd ef wedi bod yn gwasanaethu ei wlad a phan ddywedodd ei fod wedi bod yn teithio'r byd yn ystod y cyfnod yn cludo nwyddau angenrheidiol ar gyfer yr ymgyrch, codwyd ef a rhai llanciau eraill ar ysgwyddau torf o ddynion a gorymdeithiwyd i lawr at y Pier Head.

Erbyn y cyfnod hwn, roedd chwant y môr wedi mynd ohono a dechreuodd weithio fel pobydd gyda'i ewythr ym Marian-glas. Yn ystod y cyfnod yma, ymddiddorodd mewn beiciau modur a dechreuodd ef a Randall Grise Glwb Beiciau Modur Môn ac Arfon. Ymhen amser, gadawodd ei ewythr y becws iddo. Cafodd bopty newydd a fan fodur i gymryd lle'r drol a'r ceffyl. Ei was ar y pryd oedd Hugh Roberts, Eugrad Villa, ac ef a fedyddiodd y babell ar y llain. Arferai amryw o fechgyn y cylch ddod i mewn i roi cymorth iddo.

Priododd yn 1933 ac mae ganddo ddwy ferch, Dilys a Beryl. Mr Roberts yw aelod sefydlog yr Anglesey Wildfowlers Club ac mae hefyd yn llywydd ac aelod am oes o gangen y Traeth Coch o'r Clwb.

Wedi rhai blynyddoedd yn y becws, symudodd i Foelfre lle'r oedd ei dad-yng-nghyfraith, Mr John Williams, yn bostfeistr. Cymerodd y busnes drosodd rai blynyddoedd yn ôl, gan ymddeol ganol 1969. Yn 1970, gorfu iddo fynd i'r ysbyty i dynnu aren a phan ddaeth adref anfonodd hen gyfaill iddo, Mr Dafydd Thomas, y Traeth Coch, ddarn o farddoniaeth iddo:

Mewn rhyw ffordd rwyt yn llai o ddyn
Ers blwyddyn i eleni
Ond syllu ar dy folyn di
Rwyt fwy o *steak and kidney.*

Richard Owen (Mehefin 27, 1974)

Yn aml iawn, bydd rhywun yn clywed am weinidog yn derbyn galwad i ofalaeth. Tipyn llai cyffredin yw clywed am berson sydd wedi penderfynu ar ei fywoliaeth ac yna'n clywed yr alwad i fynd i wasanaethu Crist. Ond dyna fu hanes Brigadier Richard Owen, Boldon, Moelfre. Wedi iddo adael Ysgol Llanallgo, aeth i Lerpwl i gael ei brentisio fel trydanydd gyda Chwmni Chamber ac Isherwoods. Ar ddiwedd ei brentisiaeth, symudodd i weithio gyda chwmni puro siwgwr yn Lerpwl

Tra oedd yn Lerpwl, bu'n aros gyda dau wahanol deulu. Arferai fynd i'r Capel gydag un teulu ond nid gyda'r llall gan mai Catholigion oeddynt. Oherwydd hynny, roedd ganddo ychydig o amser iddo'i hun ar nos Sul. A dyna pryd y clywodd yr alwad, i fynd i wasanaethu gyda Byddin yr Iachawdwriaeth, gan ei fod yn teimlo fod ganddynt hwy rywbeth gwerth chweil i'w gynnig i bobl.

Pan oedd yn bump ar hugain oed, aeth i Goleg Hyfforddi'r Fyddin yn Llundain. Penodwyd ef i weithio yn Iwerddon ar ôl iddo gwblhau ei gwrs. Roedd hyn mewn cyfnod o ddirwasgiad a thlodi mawr ym mhob rhan o'r gymdeithas. Am gyfnod wedyn, bu yn Glasgow ac yn Ne Cymru.

Am gyfnod, bu hefyd yng Nghaergybi ac un peth na fyddai llawer o bobl yn ei gredu bellach, efallai, meddai, oedd fod tlodi mawr yno hefyd gyda cheginau cawl yn rhywbeth cyffredin. Cofia'n iawn am un dyn eithaf cyfoethog a fyddai'n rhoi arian i'r Fyddin er mwyn iddynt allu rhoi parti Nadolig i blant tlawd Caergybi.

Adeg y rhyfel, roedd ef ac eraill yn edrych ar ôl milwyr mewn gwahanol rannau o Brydain a phan oedd y rhyfel yn dirwyn i ben, anfonwyd ef i'r Almaen i ofalu am y milwyr a oedd am gael dod adref yn ôl. Pan ddaeth y rhyfel i ben, aeth yn ôl i efengylu ac am bron i chwe blynedd bu'n gweithio yn Burnham on Crouch. Bu'n gwasanaethu wedyn yn Aberystwyth am dair blynedd a hanner cyn symud i Swydd Efrog lle bu'n gweithio yn Bradford, Mirfield, a Staningly, ac yn Hartlepool, Swydd Durham.

Pan ymddeolodd ddwy flynedd yn ôl, wedi tair blynedd a deugain o wasanaeth, roedd wedi cyrraedd swydd Brigadier. Eglurodd Mr Owen fod y drefn ym Myddin yr Iachawdwriaeth yn dra gwahanol i'r drefn filwrol fel y cyfryw. Ar ôl gadael y Coleg Hyfforddi, roeddynt yn cael rank lefftenant ar brawf am flwyddyn. Yn ystod yr amser hwnnw, roedd pawb yn gwneud cwrs manwl ar y Beibl cyn cael eu penodi'n lefftenant. Wedyn, roedd yn rhaid aros am dair blynedd cyn cael penodiad yn Gapten, dwy flynedd ar bymtheg o wasanaeth cyn cyrraedd swydd Major a bod yn y swydd honno am ddeng mlynedd ar hugain cyn cael swydd Brigadier. Dyna'r rheng ucha' y gall y rhai yn rhan efengylaidd y Fyddin ei chyrraedd. Roedd graddau eraill yn bodoli yn y rhan weinyddol yn y pencadlys.

Mae gan y Fyddin ei chwmni argraffu enfawr ei hun, yn cyhoeddi papurau fel y *War*

Cry, Young Soldier a'r *Musician,* a'r cwmni yma, Gwasg Campfield yn St Albans, a rwymodd y Beibl a ddefnyddiwyd ym mhriodas y Frenhines Elizabeth II.

Er bod y gwasanaeth y Fyddin yn ddigon tebyg i wasanaeth unrhyw enwad arall, cred Mr Owen eu bod yn fwy dynamig yn eu hagwedd tuag at addoli. Mae mwy o fynd mewn gwasanaethau, mwy o'r gynulleidfa'n cymryd rhan ac, yn bwysicach na dim, mae'r Fyddin yn mynd allan i'r byd i chwilio am ei chynulleidfa yn hytrach na disgwyl iddynt ddod i adeilad.

Dywedodd Mr Owen ei fod, yn naturiol, yn colli ei waith, a'i bod yn anodd iawn dod yn ôl i gapel – mae'n flaenor yng Nghapel Carmel – i addoli. Ond mae'n rhaid gwneud y gorau o'r sefyllfa, meddai, gan ei bod yn anodd iawn teithio i naill ai Caergybi neu Gaernarfon lle mae'r Fyddin yn cynnal gwasanaethau.

Un rhan o'r gwaith a oedd yn dod â phleser arbennig iddo oedd gallu helpu teuluoedd a oedd wedi colli cysylltiad â'i gilydd. Gwnaed hyn trwy adran y bobl ar goll yn y pencadlys. Mae'r Fyddin yn cael mwy o lwyddiant na neb i ddod o hyd i bobl ar hyd a lled y byd, meddai. Cofia un tro, pan oedd yn Abertawe, am longwr wedi mynd i ffwrdd a 'run o'r teulu'n gwybod lle'r oedd. Cafwyd hyd iddo yng Nghanada mewn byr amser. Dro arall, yn Harrogate, gofynnwyd i Mr Owen ddod o hyd i ddynes na wyddai neb ddim amdani ond ei henw. Cyfarfu â hi ar ôl curo ar dri drws mewn rhan arbennig o Harrogate.

Nid oes amheuaeth, meddai, nad yw'r Fyddin wedi dod â gobaith i lawer o bobl ar hyd a lled y byd er pan gafodd ei sefydlu yn 1865. Roedd hynny'n unig, heb sôn am y cysur crefyddol a roddasai i bobl, wedi gwneud ei amser gyda'r Fyddin yn werth chweil.

Rodney Hughes, *Cymeriadau Gogledd Cymru* (Llangefni, Olwen Hughes, 1995)

Chwarae Plant

Robin Evans

Plant ydy plant ym mhob oes. Yn yr erthygl hon, bwriedir disgrifio bywyd plentyn yn ystod y blynyddoedd cyn yr Ail Ryfel Byd a hynny ar sail tystiolaeth lafar trigolion Moelfre a'r cylch.

Gan fod Moelfre yn bentref ar arfordir Môn, gellid disgwyl y byddai nifer o weithgareddau'r plant yn gysylltiedig â'r môr a'i bethau a pheth yn wahanol i weithgareddau plentyn yng nghefn gwlad.

Hyderaf y gellir dangos yn ogystal, bod chwarae plant yn rhan bwysig o'u profiadau cynnar wrth aeddfedu ond ei fod hefyd yn eu paratoi at fyd oedolion.

Gemau Cyffredin

Yn ôl y disgwyl, roedd nifer o'r gemau a chwaraeid ym Moelfre yn gyffredin i blant ar hyd a lled y wlad. Dylid cofio nad oedd y gemau hynny wedi eu cyfyngu i gyfnod arbennig, er bod rhai yn amlwg yn fwy tymhorol na'i gilydd. Ymhlith y gemau hynny oedd taflu pêl i'r cap, nofio, *hop scotch*, chwarae top a rowlio cylch gan ddefnyddio 'bach' (bachyn). Ymhlith y genethod, roedd chwarae cortyn yn boblogaidd iawn a'r hogiau yn ymuno'n bryfoclyd wrth redeg ar draws y cortyn. Byddai'r plant yn chwarae concyrs yn yr hydref ac mae'n siŵr fod ceisio estyn y concyrs o'r coed yn ddigon o sbort ynddo'i hun! Weithiau byddai'r hogiau yn gwneud llong gardbord neu bapur ac yna ei gwylio'n hwylio lawr afon y pentref at y môr. Ceir sawl cyfeiriad at chwarae 'cwch pig' neu 'dynnu torch', sef dau yn eistedd yn wynebu ei gilydd ac yn codi ei gilydd. Roedd marblis yn gêm boblogaidd arall ac yn hynod gystadleuol. Y nod oedd ennill yr un farblan fawr liwgar, sef y 'to'. Ond, un o gwynion amlwg y cyfnod oedd prinder pethau i'w gwneud gyda'r nosau yn ystod y gaeaf, ar wahân i gemau megis *ludo, draughts*, dominos a *snakes and ladders*.

Y Cartref – Teganau – Radio

Er bod gemau parod fel *ludo* yn cael eu chwarae yn y cartref, roedd y cyfle i chwarae yn y tŷ yn llawer mwy cyfyngedig, yn arbennig felly gyda'r nosau. Yn y gaeaf, roedd yn bosib chwarae allan am gyfnod gyda'r nosau cyn iddi dywyllu a byddai rhai plant yn mynd at lan y môr i chwilio am grancod. Ond gan nad oedd golau stryd yn y pentref, roedd yn rhaid hel traed am adref wrth iddi hi dywyllu. Wrth gwrs roedd darllen yn gyffredin mewn sawl cartref. Erbyn cyrraedd rhyw ddeuddeg neu dair ar ddeg mlwydd oed, comics oedd yn mynd â bryd y plant, rhai megis *Dandy* a *Tiger Tim* ac yn Gymraeg, *Cymru'r Plant*. Mae rhai trigolion yn cofio i'w rhieni neu neiniau a theidiau adrodd storïau iddynt gyda'r nosau. Dro arall, gwrandawai'r plant yn slei bach ar hanesion cymdogion yn ymweld â'u rhieni. Byddai'r plant hynny oedd wedi sicrhau lle yn yr ysgol ramadeg yn Llangefni yn wynebu un gorchwyl amlwg gyda'r nosau, sef gwneud gwaith cartref bob nos.

Mewn sawl cartref môr nid oedd prinder teganau. Derbyniai plant i longwyr deganau yn anrhegion gan eu tad, ac roedd plant i gapteiniaid yn derbyn anrhegion drudfawr ac egsotig. Cofia Katie Roberts iddi gael dol fawr gan ei thad, y Capten John Parry, ac mai hi oedd un o'r rhai cyntaf yn y pentref i gael pram yn ddiweddarach ar gyfer y ddol. Yn naturiol ddigon, llongau bychain oedd anrhegion y tad i'w brawd Emrys.[1] Ond nid plant llongwyr yn unig a dderbyniai deganau. Derbyniai holl blant ardal Penrhosllugwy anrhegion gan yr Arglwydd Boston ym Mhlas Llugwy yn flynyddol. Y disgybl ysgol uchaf ei bresenoldeb oedd yn cael y dewis cyntaf. Cofiai Jane Lewis fel y gosodid bwrdd mawr hir yn y Plas a'i thaid, Henry Lewis, a arferai ffermio yno, yn gwylio'r digwyddiad. Gan fod ei thaid yn denant i'r Arglwydd Boston, rhennid y teganau dros ben, rhyw dri neu bedwar fel arfer, rhwng Jane Lewis a'i brodyr adeg y Nadolig.[2]

Yn ystod y 1920au a'r 1930au daeth math newydd o adloniant i rai o gartrefi'r fro, sef y radio. Gramoffon, yn unig, oedd ar gael i Richard a Robert Owen yn blant.[3] Daeth y radio ar ôl iddynt adael yr ysgol ar ddiwedd y rhyfel byd cyntaf. Yng nghartref ei fodryb y gwelodd John Matthews Owen ei radio gyntaf. Cofiai fel yr oedd ei fodryb yn gwrando ar y radio efo ffôn-pen a'i fod ef wedi rhannu un o glustiau'r ffôn-pen. O dro i dro byddai'r radio yn rhoi sgrech annaearol a dychryn pawb![4]

Roedd gwrando ar y radio yn ddigwyddiad cymunedol hefyd. Cofia Mrs Elizabeth Parry fynd i wrando ar *Children's Hour* yng Nghartrefle tua 1925. Yn ddiweddarach, yn yr 1930au, daeth y radio'n fwy poblogaidd. Ond gan nad oedd *Radio Times* ar gael, nid oedd pob ymgais i sicrhau gwrando cymunedol yn llwyddiant. Yng Nghapel Carmel, capel Annibynwyr y pentref, cynhelid Cyngerdd Calan a chyfle yno i bawb wrando ar y radio. Un tro, pan gyhoeddodd Mr Cadwaladr y gweinidog, eu bod am gael clywed miwsig o *wireless* Capten William Roberts, rhoddodd y radio sgwich fawr dros bob man a dechreuodd bobl chwerthin.[5] Yn ôl y sôn, gallai Capten Roberts fod yn un blin ac wrth glywed sŵn chwerthin, caeodd ei ges a cherdded allan efo'r radio.[6] Ond, yr un Capten Roberts, sef Yncl Bila i bobl Moelfre, a drefnai i blant wrando ar y radio yn ei gartref, Y Crown. Cofiai'r Capten Harry Owen Roberts fel y byddai ef, yn bymtheg mlwydd oed, a'i ffrindiau yn cael mynd i'r Crown i wrando ar y gemau pêl-droed a ddarlledwyd ar y radio. Er mwyn helpu'r hogiau i ddeall lle oedd y bêl, yr oedd math o gerdyn ar gael yn rhannu'r cae – ABCDE ac ati – ac fel hyn gallai'r hogiau fwynhau'r gêm.[7]

Fe ddaeth y radio yn boblogaidd iawn felly ac roedd rhywbeth arno at ddant pawb. Ond yn ôl rhai, roedd peryglon yn y teclyn newydd. Fe arferai Owen Owen, tad Robert a Richard Owen, Boldon, wrando ar y newyddion ac yna ei ddiffodd yn syth gan ddweud 'pobl tŷ tafarn sydd rŵan.'[8] Gallai perchnogaeth radio ennyn cenfigen hyd yn oed. Un tro daeth Huw Owen, Bryn Cydafael, adref efo *crystal set*, yr unig un yn yr ardal ar y pryd. Gosododd ef yn y tŷ gan roi'r wifren yn sownd yn y lein ddillad. Bore trannoeth galwodd plismon ym Mryn Cydafael yn holi am drwydded. Wedi benthyg y radio dros y penwythnos oedd Huw Owen a hynny heb drwydded. Pwy oedd wedi ei riportio? Cymdoges a hithau wedi bod yn y tŷ'r noson gynt yn gwrando ar yr union radio.[9]

Chwaraeon

Nid gwrando ar y bêl gron yn unig oedd hogiau Moelfre. Erbyn diwedd y bedwaredd ganrif ar bymtheg sefydlwyd tîm pêl droed 'Llanallgo and District'.[10] Er nad oedd tîm pêl-droed yn y pentref ei hun erbyn degawdau cynnar yr ugeinfed ganrif, yn sicr roedd plant o bob oed yn mwynhau chwarae pêl droed. Chwaraeai Owen Jones Hughes bêl-droed, ond nid hefo pêl droed go iawn wrth gwrs, mewn cae a berthynai i'r Post a byddai perchnogion y cae yn eu hel i chwarae i rywle arall o dro i dro.[11] Arwydd o frwdfrydedd a gallu chwaraewyr Moelfre oedd i Owen Emlyn Jones a'r Capten Harry Owen Roberts gael eu dewis i chwarae i dîm ysgol Llangefni.

Roedd criced hefyd yn boblogaidd ymhlith y bechgyn a'r merched ac fe chwaraeid y gêm yn 'cae bach' yng nghyffiniau Cocyn ac felly byddai'r bêl yn cael ei churo i'r môr yn aml! Yn ystod degawdau cynnar y ganrif, daeth ymwelwyr yn fwyfwy amlwg yn y pentref yn yr haf. Trefnid gemau criced rhyngddynt hwy a phlant y pentref. Roedd gan Cyrnol Williams dîm yn y Parciau a phan fyddai ei dîm ef yn chwarae yn erbyn tîm tafarn y Marquis, estynid gwahoddiad i hogiau'r pentref ymuno efo nhw.[12]

Er nad oedd cae pêl-droed na chae criced swyddogol ar gael, roedd cwrt tenis yn y pentref am gyfnod. Roedd y cwrt ar draws y ffordd i fferm Tŷ Mawr, ger Fron Villa ac Ardmore ac yng nghyffiniau ystafelloedd newid tîm pêl-droed Moelfre heddiw, ac fe delid 2/6 am awr o chwarae ar y cwrt glaswellt. Ond, bodlonai llawer o blant ar guro pêl yn erbyn talcen tŷ. Diddorol yw nodi yma nad oes son am rygbi, ein gêm genedlaethol, yn ystod y cyfnod hwn yn hanes Moelfre.

Urddau

Yn ystod degawdau cynnar yr ugeinfed ganrif gwelwyd cynnydd ym mhoblogrwydd mudiadau Seisnig megis y Sgowtiaid a'r Girl Guides. Mr Marriott, a arferai fyw yn Nhan yr Onnen ond o Gei Connah yn wreiddiol, oedd yn arwain y Sgowtiaid. Ar ôl iddo roi'r gorau i'r Sgowtiaid, un o athrawon yr ysgol, sef Trefor Owen fu'n gyfrifol gan drefnu iddynt gyfarfod yn yr ysgol.[13]

Roedd y Girl Guides yn yr ardal hefyd, er nad yw pawb yn eu cofio'n cyfarfod yn y pentref ei hun. Ymddengys iddynt gyfarfod yn y Reading Room (sef Neuadd yr Eglwys heddiw) ar un adeg. Yno byddai'r genethod yn dysgu amryw o weithgareddau megis gwnïo a dawnsio gwerin.

Er nad oedd cangen o'r Urdd yn Moelfre ei hun, roedd rhai plant yn aelodau yn Llanallgo, a hynny dan ofal cangen Marian-glas, ac roedd yn weithgarwch poblogaidd iawn. Roeddynt yn cyfarfod ar nos Lun dan ofal John Pierce, athro Cymraeg yn ysgol Llangefni. Ymaelodi yn ysgol Llangefni wnaeth y Capten Harry Owen Roberts.[14] Gellid dadlau felly, er bod y mudiadau uchod yn denu aelodau o Moelfre ei hun, eu bod i ryw raddau yn ffurfiol ac, o bosibl felly, yn ddieithr hefyd i fwyafrif plant Moelfre.

Capel ac Eglwys

Canolbwynt bywyd cymdeithasol trigolion Moelfre oedd y capel neu'r eglwys, yn blant ac oedolion. Yn hyn o beth, doedd Moelfre ddim gwahanol i weddill Cymru. Yr un oedd y drefn i bob plentyn ar y Sul, codi i'r gwasanaeth erbyn deg y bore ac adref am unarddeg, yr Ysgol Sul rhwng dau a thri ac yna adref. Ni chaniateid chwarae allan ar y Sul. Yn ystod yr haf byddai'r mamau yn mynd am dro efo'r plant i gyfeiriad Swnt a Phorth Helaeth, ond nid oeddynt yn cael chwarae o gwbl. Doedd dim dewis gan y plant – roedd yn rhaid mynd i'r capel dair gwaith ar y Sul a 'toedd 'na ddim pardwn i'w gael.'[15]

Cynhelid gweithgaredd yn y capel bob nos bron: Cyfarfod Gweddi ar nos Lun, Band of Hope ar nos Fawrth, Seiat ar nos Fercher a Chyfarfod Lenyddol ar nos Wener. Wrth gwrs, i'r plant roedd nifer o'r gweithgareddau hyn yn 'esgus' iddynt fynd allan gyda'r nosau a dyma un rheswm pam fod y plant mor selog.[16] Nid cyfle i blant a phobl ifanc gymdeithasu gyda'r nosau yn unig oedd y capel. Rhoddai gyfle iddynt deithio ymhellach na'u bro, i Gymanfa Blant, Cymanfa Ganu a Sasiwn a hynny ar hyd a lled yr ynys. Roedd yn gyfle felly i blant Moelfre fynd am dro 'i'r wlad'. Cymaint oedd dylanwad a phwysigrwydd y capel ym mywydau'r plant fel y byddai'r plant yn 'chwarae capel' hefyd. Cofia Mrs Elizabeth Parry fel y byddai hi a'i ffrindiau yn mynd i gyfeiriad y Swnt i chwarae capel, neu byddai Mrs Parry yn chwarae capel yn y tŷ ar ei phen ei hun.[17]

Ni ddylid dibrisio cyfraniad cymdeithasol y capel na'r eglwys i fywydau plant a phobl ifanc. Roedd cynnydd yn nifer y rhai a fynychai'r eglwys am gyfnod, a hynny oherwydd dylanwad y Person, John Parry. Trodd nifer o deuluoedd at yr eglwys am gyfnod am fod John Parry yn berson bywiog iawn – ac roedd ganddo gôr!

Mynd 'i'r Wlad'

Ffordd arall o ddiddanu plant, ac i blant ddiddanu eu hunain, oedd wrth fynd am dro. Gellid mynd am dro o amgylch y pentref ei hun neu ymhellach, megis 'i'r wlad'. Ar lafar gwlad pobl Moelfre, golyga 'mynd i'r wlad' fynd y tu hwnt i'r pentref ei hun. Mewn gwirionedd roedd mynd i gyfeiriad Llanallgo neu Lugwy neu Draeth Bychan neu bellach yn golygu eu bod yn mynd 'i'r wlad'. Arferai plant y cyfnod gerdded ar hyd yr arfordir a mynd am bicnic yng nghwmni rhieni a theulu i draeth Llugwy dyweder. Wrth fynd yn hŷn, byddai'r plant yn mynd am dro gyda'i gilydd ac roedd hi'n bosibl teithio tipyn pellach ar gefn beic.

Un man cyfarfod am sgwrs i blant degawdau cynnar yr ugeinfed ganrif oedd Llanallgo. Byddai gangiau o blant Moelfre yn cerdded i fyny'r lôn i Lanallgo a siarad yno am oriau, yn enwedig yn y gaeaf pan nad oedd cychod i'w trin. Ar achlysur arall, pan oedd Eleanor Lloyd Owen yn ifanc, bu gweithwyr yn trin y lôn a'i lledu am gyfnod hir, ac roedd *steam roller* yno. Er bod y tân wedi oeri llawer erbyn gyda'r nos, roedd y peiriant yn boeth o hyd ac eisteddai'r plant yno am oriau yn siarad a chadw'n gynnes.[18]

Er mai digon plwyfol oedd trigolion Moelfre, nid oedd y trefi yn llefydd mor ddieithr â hynny. Gellid teithio ar *wagenette* i Fangor, Amlwch neu Langefni. Yn ôl Robert a Richard Owen, Boldon, ar y llaw arall, doedd pob plentyn ddim yn prysuro i'r trefi. Unwaith neu ddwywaith y flwyddyn y byddent yn mynd i Fangor yn blant. Nid oedd dyfodiad y bysus yn yr 1930au yn golygu bod plant yn mynd i'r trefi'n amlach ac roedd llawer yn gweld teithio i rywle fel Bangor yn ddieithr o hyd. I Eleanor Lloyd

Owen byddai mynd i Fangor ar ddydd Sadwrn yn 'achlysur mawr' a phan oedd hi'n ifanc iawn, fe gynhyrfai'n lan wrth feddwl am y trip.[19]

Fe nodwyd yn gynharach bwysigrwydd yr eglwys a'r capel i'r gymuned, ac fe geid cyfle i deithio y tu hwnt i'r fro yn sgil bwrlwm yr enwadau crefyddol. Er bod y tripiau ysgol Sul wedi dod i'w bri erbyn y 1920au, yr hyn a roddai gyfle i blant deithio, o safbwynt gweithgareddau'r capeli fel y soniwyd eisoes, oedd y Cymanfaoedd Plant a gynhelid ar hyd a lled yr ynys. Wrth gwrs cynhelid Cymanfaoedd Plant yn Moelfre hefyd a chyfle felly i blant Moelfre ddod i adnabod blant o fröydd eraill. Rhoddai achlysuron o'r fath gyfle i blant Moelfre sylweddoli nad hwy oedd yr unig rai anwybodus am fywyd y tu allan i'w bro. Yn ôl Robert a Richard Owen, Boldon, pan fyddai Cymanfa Blant yn Moelfre, byddai Jabas Owen yn rhybuddio plant Rhosfawr, Hebron a Thalwrn: 'cymwch chi ofal rŵan ar y creigiau 'na, mae hogia Moelfre wedi arfer boddi.'[20] Yn sicr nid oedd plant y wlad yn deall bywyd pentref glan y môr. Adroddodd Robert a Richard Owen un hanesyn difyr am gymdogion iddynt, William a Mary Jones. Roedd William Jones wedi gwneud mat mawr, 'mat llongwrs', a Mary Jones hithau wedi ei sgwrio a'i roi i sychu ym Mhorth Llydan, yn ôl hen arfer y pentref. Roedd carreg fawr fflat yno lle byddai'r merched yn sgwrio'r matiau llongwyr a'u gadael i sychu dros nos. Ond, cymerodd rhai o blant 'y wlad' fat Mary Jones gan feddwl ei fod o wedi cael ei olchi i'r lan. Cyhoeddwyd apêl am y mat yn y capeli eraill er mwyn ei gael yn ôl!

Ond, roedd cyfle arbennig i nifer o blant pentref fel Moelfre deithio ymhellach na Môn a Bangor a hynny ar longau eu tad, yn enwedig os oedd eu tad yn berchennog neu'n gapten llong. Doedd pob gwraig i gapten llong ddim yn mynd i ffwrdd efo'r gŵr, nac yn mynd â'r plant i ffwrdd ychwaith, ond fe geid ambell gyfle o dro i dro. Un o berchnogion llongau amlwg y pentref ar droad y ganrif oedd y Capten Henry Hughes, Trem y Don ac roedd ei wraig, Catherine Emma Hughes, wedi hen arfer mynd ar y môr gan fynd ag un neu ddau o'r plant hefo hi.[21]

I blant, fel Katie Roberts a'i brawd Emrys, roedd yn antur fawr mynd am yr haf efo'u tad, y Capten John Parry.[22] Roedd eu mam, Mary Parry, yn llongwr da ac ni fyddai hi byth yn sâl, ond nid felly'r plant. Serch hynny roedd yn wyliau braf. Weithiau y fam, Mary Parry, yn unig fyddai'n mynd i ffwrdd ac felly roedd math arall o wyliau i'r plant, Katie ac Emrys. Arhosent hwy yng nghartref eu nain a thaid, sef Henry a Catherine Griffiths. Henry Griffiths oedd teiliwr y pentref ac roedd ei gartref, Craig Môr, yn wynebu'r môr uwchben traeth Moelfre. Cysgai Katie Roberts yn y llofft gefn ac ynddi ffenestr fach yn edrych allan dros lan y môr. Byddai wrth ei bodd yn eistedd yn gwylio ei thaid wrth ei waith yn y gweithdy. Fel nifer o blant eraill, roedd y plant wrth eu bodd yn aros efo nain a thaid tra bod y rhieni i ffwrdd ar y môr.

Anturiaeth fawr arall i sawl un o blant Moelfre fyddai mynd i gwrdd â'u tad wrth iddo ddychwelyd adref neu gyrraedd porthladd. Gallai hynny olygu mynd i stesion Benllech ar ôl clywed bod y tad ar ei ffordd adref neu ei gyfarfod yn rhywle fel Lerpwl. Treulid ychydig ddyddiau yno cyn i'r tad hwylio eto neu dro arall ei gyfarfod er mwyn hwylio gydag ef. Yn ogystal â hyn, byddai'r plant wrth eu boddau yn gweld llong eu tad yn cyrraedd bae Moelfre a mynd i'w nôl, neu ddisgwyl iddo gyrraedd y lan a'i ddanfon yn ddiweddarach at y llong. Nid anghyffredin felly mo atgofion Katie Roberts am long ei thad yn cyrraedd bae Moelfre a'i 'thaid Cartrefle', y cyn longwr Hugh Parry, yn mynd â hi, ei mam a gweddill y teulu i weld y Capten John Parry ar fwrdd y llong. Cofiai fel y deuai ei thad i lawr ochr y llong i'r cwch ac yna rhoddid hi ar ei gefn o a gafaelai hi am ei wddf wrth iddo ef fynd i fyny ochr y llong fel wiwer.[23]

Eisteddfodau, Dramâu, Cerdd

Ymddengys na chynhaliwyd yr un eisteddfod yn Moelfre ei hun, ond ym Marian-glas, ac roedd rhai o Foelfre yn amlwg yn cystadlu a llwyddo. Yn Eisteddfod y Marian, nos Wener yr 28ain o Chwefror a dydd Sadwrn y 1af o Fawrth, 1930, er enghraifft, bu nifer o Foelfre'n llwyddiannus:

> Canu dan 14 oed – Margaret Matthews
> Deuawd – Mona Williams a Gracie Roberts
> Unawd yr offeryn cerdd – Katie Lewis[24]

Yn Marian-glas y cynhelid dramâu hefyd. Yn sicr roedd digwyddiadau'r Marian yn apelio ond eto'n bell o'r pentref i lawer. Ar nosweithiau gaeafol a'r tywydd yn ddrwg, heb amheuaeth roedd y pellter yn rhwystr i drigolion Moelfre gael mwynhau'r adloniant yno, ac roedd hynny'n arbennig o wir i'r plant.

Nid Katie Lewis oedd yr unig un i ddysgu chwarae offeryn cerdd. Fe gafodd Eleanor Lloyd Owen a'i chwaer Jeannie Owen wersi chwarae piano a'r ffidil. Cofnodid eu llwyddiant hwy, ac eraill o'r pentref a'r fro, yn aml yn *Y Clorianydd*, megis

> 'Llongyfarch Miss Jeannie Owen, Bryn Awelon, am basio arholiad London College of Music, efo first class certificate am chwarae y piano – a nid yw hi'n ddeg mlwydd oed eto. Ei hathrawes yw Miss Margaret Jones [Alawes y Don], LL.C.M., Moelfre.'[25]

Bu gan Miss Margaret Jones gerddorfa fach yn y pentref am gyfnod ac uchafbwynt eu blwyddyn fyddai perfformio yng Nghyngerdd Calan Capel Carmel. Ond, ychydig o blant Moelfre, ar y cyfan, fu'n dysgu canu offeryn ac yn cystadlu mewn eisteddfodau yn ystod y cyfnod hwn.

Yr Ysgol

Roedd chwaraeon yn rhan o fywyd ysgol y plant i gyd a chwaraeid pob math o gemau yno. Cyfeiriwyd at nifer ohonynt eisoes, megis marblis a *hop scotch*. Math o chwarae swyddogol yr ysgol oedd dril, sef sefyll mewn rhesi a gorymdeithio ar iard yr ysgol. Ar iard yr ysgol hefyd, chwaraeai'r plant *ring a ring a roses* a *drop the handkerchief*. Ceid hwyl fawr yn chwarae trên gyda rhes o blant a rhaff rownd canol yr un ar y blaen a'r un yn y cefn yn dal dau ben y rhaff. Fel plant pob oes byddent yn mynd i ddringo coed i Goed y Gell hefyd.

Roedd hwyl i'w gael ar y ffordd adref o'r ysgol. Gelwid rhan gyntaf y ffordd sy'n arwain o Lanallgo i Foelfre yn 'Allt Person'. Roedd cloddiau ar ochr y ffordd, un mawr ac un llai, a byddai'r plant yn mwynhau eu hunain yn rhedeg ar hyd y cloddiau hyn, sef ar hyd y 'trên bach' a'r 'trên mawr'. Ar waelod 'Allt Person' roedd 'Pwll Bwgan' ac, wrth basio, fe geisiwyd codi ofn ar ei gilydd.

Yn ystod 1910 mae llyfr cofnodion yr ysgol yn frith o hanes bechgyn yn chwarae triwant. Ymddengys mai un ateb yn nhyb y prifathro oedd rhoi gwersi mewn morwriaeth. Yr oedd hyn yn gam doeth ar ei ran gan fod cymaint o'r bechgyn yn mynd ar y môr ar ôl gadael yr ysgol. Roedd yr hogiau yn amlwg yn mwynhau'r gwersi hyn ac yn gweld gwerth ynddynt. Dyma enghraifft amlwg, a phrin o bosib, o gael hwyl wrth ddysgu a hwnnw'n ddysgu perthnasol iawn.

Dathliadau ac Achlysuron Arbennig

Un traddodiad byw iawn yn y fro yn ystod hanner cyntaf y ganrif oedd mynd i glapio wyau. Cofiai Margaret Williams iddi hi fynd i glapio ond mai ychydig iawn o wyau a gâi'r plant am fod pawb yn mynd i glapio![26] Ond, roedd math newydd o wyau ar gael hefyd, sef wyau Pasg siocled! Cedwid y wyau tan y Pasg a gwledda wedyn! Cofia Eleanor Lloyd Owen fel y byddai'n cael hwyaden neu iâr siocled, bwyta'i gwaelod hi ac yna cadw'r gweddill tan eto.[27]

Roedd y Nadolig yn naturiol yn achlysur arbennig i'r plant fel heddiw. Un o nodweddion amlwg y Nadolig oedd derbyn anrhegion, megis afal ac oren, bagiad o bethau da, llyfr, pensiliau a dol. I blant Moelfre, yr anrheg orau fyddai gweld eu tad yn dod adref dros y Nadolig – ac anrheg efo fo wrth gwrs!. Rhyw ddwywaith yn unig y mae Eleanor Lloyd Owen yn cofio i'w thad ddod adref dros yr Ŵyl ac ar un achlysur mae'n cofio cael dol fawr o Ffrainc ganddo.[28]

Yn yr un modd, roedd y Flwyddyn Newydd yn bwysig iawn. Nos Galan cynhelid *Watchnight* yn Eglwys Llanallgo ac fe âi nifer fawr yno, yn hen ac ifanc. Dyma noson hefyd ar gyfer direidi a'r plant yn dwyn giatiau. Ateb un dyn i'r broblem hon oedd sicrhau ei fod yn peintio'i giât yn gynharach yn ystod y dydd! Ar ddydd Calan hefyd, trefnid cyngerdd te parti yn y capel. Ar ddydd Mawrth Ynyd byddai'r plant yn mynd adref yn gynnar o'r ysgol. Dathlwyd dydd Gŵyl Dewi wrth fynd adref am y prynhawn ac roedd canu Cymraeg y bore hwnnw gan mai ychydig iawn o Gymraeg oedd yn yr ysgol yr adeg honno. Ymddengys nad oedd Gŵyl Sant Ffolant na Noson Guto Ffowc yn cael eu dathlu yn ystod degawdau cynnar yr ugeinfed ganrif.

Mae Moelfre yn enwog am ei bad achub ac roedd presenoldeb y bad achub yn cynnig sawl achlysur ar gyfer plant o bob oed. Gelwid y bad achub allan yn aml a byddai gweld lansio'r bad achub yn ddigon i atal gwersi yn yr ysgol. Yn ystod y dydd, os oedd y plant adref, roedd galw'r bad achub i gynorthwyo llong neu gwch mewn trafferthion yn cynhyrfu'r plant i gyd. Byddent yn rhedeg ar ras i gyrraedd y cwt i weld y bad yn cychwyn.

Roedd rhai digwyddiadau nodedig yn hanes y bad achub a'r pentref yn ennyn sylw plant y pentref. Fel hyn yr adroddodd *Y Clorianydd* am un digwyddiad ar Ionawr yr 22ain, 1930:

Bywydfad Newydd Moelfre
Cyrraedd wedi mordaith faith a stormus
Teyrnged un o'r dwylo'

... Dringodd bron yr holl bentrefwyr i fyny i'r twr gwylio i ddisgwyl y bywydfad,
a phan dderbyniwyd neges o oleudy Pwynt Lynas iddi basio, rhedodd ugeiniau
o ddynion, merched a phlant i lan y môr i roi croeso cynnes i'r llestr ... Ymfalchïa
pentrefwyr Moelfre yn eu bywydfad a gorchestion y dwylo. Y mae'r bechgyn yn
y pentref lawn mor awyddus am fod yn perthyn i'r criw a'u tadau o'u blaen ac
edrychid ... gyda llygaid braidd yn genfigennus a beirniadol ar y dyn ieuanc
talgryf a ddewiswyd i ddal a bachu y rhaff gyntaf a daflwyd o'r bywydfad
newydd.[29]

Ond, achlysur prin iawn oedd derbyn bad achub newydd.

Achlysur blynyddol, fodd bynnag, oedd diwrnod y bad achub a gynhelid yn yr haf.
Rhoddai hyn gyfle i'r criw ddangos eu doniau a chyfle hefyd i blant y pentref helpu wrth
fynd o gwmpas yn hel arian gan ymwelwyr. Roedd un digwyddiad pwysig arall yn yr haf
sef regata gyda nifer fawr o gystadlaethau a chyfle i'r hen a'r ifanc fwynhau eu hunain.
Pobl Moelfre oedd yn trefnu'r regatas ac yn amlwg yn eu plith oedd John Roberts y
Post a hefyd Catherine Owen, Boldon. Deuai pobl o bob rhan o'r ynys, gan gynnwys
cychod o Gemaes er enghraifft, ac nid yn unig i gystadlu ond hefyd i fetio ar y rasys.
Cynhelid cystadlaethau nofio ar draws y traeth. Ar gyfer y rasys cychod, gosodwyd
bwiau a rhaid oedd hwylio o'u hamgylch. Trefnid sawl ras hwylio – ar gyfer dau rwyfwr,
pedwar rhwyfwr, gŵr a gwraig, dwy wraig ac yn y blaen. Hefyd cynhelid cystadleuaeth
bysgota fel rhan o'r regata am gyfnod. Diwrnod llawn felly a chyfle i'r plant wylio a
chystadlu hefyd, wrth nofio a chwarae efo iotiau model.

Roedd pob math o ddigwyddiadau eraill yn cynnig siawns i blant fwynhau eu
hunain ym Moelfre. Bu math ar ffair yn ymweld â'r pentref ar ddechrau'r ganrif a hynny
o amgylch safle arosfa bws y pentref heddiw. Cofia Kitty Evans-Roberts fod arth yn y
ffair ac adroddai Robert Owen ei fod yntau'n cofio'r arth ac iddo roi pysgodyn yn ei
geg![30] Ond, erbyn yr 1930au yr atyniad agosaf o'r math yma mae'n debyg oedd y sioe
bach ym Menllech.

Mae'r cyfeiriad at Fenllech yn ein hatgoffa nad ym Moelfre yn unig yr oedd hwyl
i'w gael i'r plant. Yn ôl cofnodion yr ysgol, bu'r ysgol ar gau un prynhawn yn Ebrill 1909
gan fod y rheilffordd newydd yn cael ei hagor yn y Benllech. Fel y cyfeiriwyd eisoes,
roedd cyngerdd weithiau yn y Capel yn Llanallgo neu yn yr ysgoldy yn Marian-Glas.
Mae'n amlwg bod math newydd o adloniant wedi cyrraedd y fro hefyd, sef y Sioe
Babanod – er nad oedd y 'cystadleuwyr' ieuengaf o reidrwydd yn ymwybodol o'r hwyl!
Wrth gwrs roedd pwrpas mwy difrifol i'r sioe, sef hybu gofal ac iechyd plant. Roedd
amrywiaeth oedran yn cystadlu yn y sioe, megis dan 6 mis oed, dan 12 mis oed, rhwng
blwydd a dwyflwydd a rhwng tair a phum mlwydd oed. Yn ddigon naturiol un o'r
beirniaid oedd y meddyg lleol, Dr C.A. Trouncer.

Byddai digwyddiadau'r byd yn effeithio ar chwarae plant hefyd. Gêm boblogaidd
iawn yn ystod ac wedi'r Rhyfel Mawr oedd chwarae 'soldiwrs a nyrsus'. Cofiai Margaret
Williams fel y byddai'r hogia yn cloddio ffosydd ac yn defnyddio darnau o bren fel

gynau gyda chwffio mawr. Roedd y merched, ar y llaw arall, yn rhoi croesau coch ar eu bratiau. Wedi brifo byddai'r hogiau yn mynd i'r ysbyty at y merched. Roedd hyn i gyd yn digwydd ym Mhorth Neigwl, lle mae'r hen gwt bad achub heddiw.[31]

Triciau a Drygau

Cyfeiriwyd eisoes at ddireidi plant ar y ffordd i'r ysgol ac ar eu ffordd adref. Wrth gwrs ni chyfyngwyd ar yr hwyl fel arall a chawn sawl enghraifft o blant yn chwarae triciau ac yn gwneud drygau fel ym mhob oes. Un tric poblogaidd oedd rhoi tywarchen ar ben corn tŷ er mwyn mygu'r tŷ. Tric arall oedd chwarae 'pin a botwm', sef defnyddio rîl o edau efo botwm a phin yn sownd iddo. Rhaid oedd sticio'r pin ym mhwti ffenestr y tŷ a thrwy dynnu ar y rîl roedd yn bosibl cnocio'r ffenest. Hefyd llenwai'r plant hanner casgen efo dŵr a'i rhoi i orwedd yn erbyn drws tŷ ac yna cnocio'r drws a rhedeg i ffwrdd. Byddai'r hogiau weithiau yn cael hyd i nyth hedydd a rhoi wyau hedydd yn nyth deryn to a rhoi wyau deryn to yn nyth hedydd. Roedd mynd ar fwrdd yr hen long *John Nelson* a oedd yn y pwll (gyferbyn â safle'r Kinmel Arms heddiw) a dringo i fyny'r mastiau a chael eu hel oddi yno hefyd yn hwyl i'r plant.

Mae rhai campau yn sicr yn haeddu eu cofnodi. Un o gymeriadau amlycaf Moelfre oedd y diweddar John Matthews Owen. Dyma un hanesyn ganddo ef.

Dwi'n cofio John Owen crydd yn Crown Bach ... ac mi oedd ganddo fo fwgi yno (yn ei weithdy) ... o gaban y *Sarah Lloyd* oedd o, wedi ei gael o gan Robin Parry,...oedden ni'n cael mynd i gwëithdy John Owen crydd yn dydd a gyda'r nos ... ar ôl tua pump ... oedden ni'n cael ein hel allan i gyd, wedyn fyddai'r *old timers* yn dod i mewn wedyn – Twm Idwal, Tomos Hughes Pencae, Dic Bach Jane Owen ... a fyddai'r hen John Owen yn rhy dlawd 'chi, toedd ganddo fo ddim glo 'chi mond rhyw hen wadna sgidia' oedd o'n tynnu, (a byddai'n eu rhoi) yn y blydi bwgi 'ma. Ac oedd o 'di hel ni allan beth bynnag ac oedd hi wedi bod yn wynt dwyrain mawr ac oedden nhw (y pysgotwyr) ddim 'di bod allan yn nol rhwydi ers tua dyddiau ... wedi dŵad â'r rhwydi i'r lan 'te a'r gro yn un o benwaig 'di drewi. A dyma Owen Jones a finnau efo pwced, yn llond hi o benwaig, ac am Crown Bach a ni (rhoi peg yn stwffwl drws y gweithdy fel na ellid ei agor) ac ar y to ... gwagio'r penwaig i lawr y corn a llechan a charreg arno. Mewn dipyn glywson ni Tomos Hughes Pencae:
'Mae'n mygu'n arw 'ma John Owen.'
ac oedden ni'n clywed John Owen yn pwnio (y bwgi) 'te.
'Agorwch y drws.'
Doedd y ffenest ddim yn agor.
'Fydda i 'di mygu yma,' medda fo, ac o'n ni'n clywed rhywun yn trio agor y drws.
Ond roedd y drws wedi cael peg ynddo fo'n 'toedd, roedd hi'n *hopeless* ... ag oedd 'na garreg yn y wal a byddai John Owen yn iwsio'i fwrthwl fel hyn 'chi i gnocio (ar fur y tŷ, wedyn) fe fyddai'i wraig yn dŵad rownd ... ond doedd hi ddim yn tŷ y noson yma ylwch, a peth nesa' glywon ni oedd y ffenest yn cael ei

malu, rhyw hen ?gongl bach oedd o ... a Dic Bach Jane Owen ... yn cael ei stwffio
drwodd i fynd rownd i agor drws ... wedyn oedd John Owen yn trio dal ni wedyn
doedd i roi cweir i ni 'toedd. Mam (yn dweud wrth John Matthews Owen)
    'Dos i post i nol ...'
    'Na wnaf.'
    'Am be?'
    'John Owen crydd ishio'n nal i.'[32]

   Nid oedd trugaredd i'w gael i'r sawl nad oeddynt o'r pentref ychwaith. Adroddai
tad John Evans stori am hen fachgen o Marian-glas yn mynd efo'i gar a merlen am beint
i dafarn Tan Fron. Ni allai ddal ei ddiod o gwbl ac arferai adael y dafarn tua deg o'r
gloch. Erbyn hynny byddai'r hogiau wedi gwahanu'r car a'r ceffyl ac yna eu hailgysylltu
gan sicrhau bod y car un ochr i'r giât a'r ceffyl yr ochr arall! Byddai'r hen fachgen yno
am oriau heb ddeall beth oedd wedi digwydd.[33]

Helpu'r Teulu

Rhan bwysig o dyfu i fyny oedd helpu'r teulu. Nid wyf am awgrymu yma bod y sefyllfa
yn y gymuned forwrol yn wahanol iawn i fywyd cefn gwlad. Ond rhaid cofio bod y tad,
sef y penteulu, yn absennol o nifer fawr o gartrefi'r pentref a hynny, weithiau, am gyfnod
hir. Er na ellir disgrifio'r hyn a ganlyn fel 'chwarae' nac 'adloniant' mae'n wir serch
hynny y gallai fod yn hwyl ac yn sicr datblygid sgiliau cymdeithasol y plant a'u
cyflwyno'r un pryd i fyd gwaith.
   Cawn sawl cyfeiriad at helpu yn y cartref a'r plant mewn rhai cartrefi yn gyfrifol am
agweddau ar waith y cartref. Roedd gan blant Trem y Don waith wedi'i rannu
rhyngddynt – un yn glanhau, un arall yn nôl neges ac yn y blaen.[34] Byddai plant o bob
rhan o'r plwyf yn mynd i hel mwyar duon a madarch. Byddai Eleanor Lloyd Owen yn
mynd i Draeth Coch i hel cocos achos 'doedd dim llawer o bobol yn mynd cyn belled.[35]
Pan oedd Robert a Richard Owen yn blant, byddent yn mynd â chrwyn tatws i Mrs
Owen, Bryn Llwyd, yn fwyd i'r mochyn ac yn cael ceiniog neu ddime am eu trafferth.[36]
Byddai'r plant hefyd yn ymuno mewn gweithgareddau megis hel coed tân neu ddrec
môr. Mewn cyfnod o dlodi, gallai cyfraniad y plant fod yn werthfawr iawn. Weithiau
treuliai tad John Matthews Owen, saer llong, gyfnod hir ar y môr a neb wedi clywed dim
oll amdano. Nid oedd hyn yn anghyffredin mewn pentrefi morwrol. Roedd John
Matthews Owen a'i frawd Bob yn awyddus i helpu eu mam. Gwyddent lle'r oedd
Richard Jones Pwllgoch a William Jones Ty'n Lon yn gosod eu trapiau dal cwningod yn
'R Aber a Phant y Gaseg. Felly fe âi'r ddau frawd yno ar doriad gwawr a chymryd rhyw
hanner dwsin o gwningod a chael chwecheiniog yr un gan dai yn y pentref.
   Roeddynt hefyd yn hel gluad gan fynd o amgylch y caeau yn eu troi un diwrnod ac
yna eu casglu drannoeth a llwyddo i hel bag neu ddau fel hyn. Os oedd cant o lo yn
dŵad i'r tŷ bob wythnos, yna rhoddid gluad ar ei ben a'i gymysgu.[37] Roedd cyfle i blant
ennill ceiniog neu ddime neu bethau da a hynny am fynd â thelegram i gartref rhywun
neu'i gilydd, gan fod teligramau yn cyrraedd pentref morwrol yn beth cyffredin iawn.

Paratoi at fod yn Oedolyn

Yn ogystal â chyfrannu at fywyd y teulu fel y disgrifiwyd uchod, roedd plant hefyd yn chwarae gemau a efelychai fyd oedolion. Roedd y gemau hynny yn eu paratoi at fod yn oedolion eu hunain. Un ffordd syml oedd drwy 'chwarae siop bach'. Byddai'r plant i gyd yn chwarae siop ar lan y môr a hel gwymon i'w werthu yn y siop a defnyddio cerrig lliwgar yn bres. Wrth gwrs roedd y bechgyn yn chwarae bod yn llongwyr. Cofiai John Matthews Owen fel y byddai ef a'i ffrindiau yn chwarae llong ar greigiau ym Mhorth Helaeth.

> 'Byddai tad rhywun yn gapten a byddai hwnnw ar y *bridge* yn gweiddi ordors ar bawb. Will bach Sarah, ei dad o'n *engineer*, fo byddai'r *chief* bob amser, i lawr ? yn cnocio bwced, injan y llong yn mynd, a rhywun arall yn fanna hefo rhaff a rhyw garreg *let go* i'r angor, a hwn yn gweiddi ar y *bridge* '*let go* i'r angor'. Trwy'r dydd fel'na.'[38]

Roedd mwyafrif plant Moelfre, yn fechgyn ac yn enethod fel ei gilydd, yn gallu trin cwch yn ifanc iawn. Yn blentyn roedd mam Robert a Richard Owen a dwy o'i ffrindiau ym menthyg cychod er mwyn 'mynd i forio' a phobl ar eu holau hwy am wneud! Pwysleisiai Robert a Richard Owen bod eu mam yn gallu rhwyfo cystal ag unrhyw ddyn.[39] Byddai oedolion yn mynd â phlant efo nhw yn eu cychod neu yn rhoi benthyg cwch i'r plant. Hyn sy'n esbonio pam yr oedd dynion fel Dic Evans yn gallu hwylio cwch pan oedd o'n ddim o beth. Roedd ar frys gwyllt i adael yr ysgol er mwyn mynd ar y *Seagull* efo'i daid. Roedd mwyafrif trigolion Moelfre yn dysgu rhwyfo yn ifanc iawn.[40]

Y môr oedd ar feddwl mwyafrif llethol y bechgyn, a hynny yn oes y llongau hwyliau ac yn oes y stemars. Fel y cyfeiriwyd eisoes, byddai rhai yn chwarae llong ar yr hen *John Nelson* a orweddai yn y pwll ger tafarn Tan Fron am flynyddoedd. Caent gyfle yno i feithrin sgiliau'r llongwr. Ceisient wneud rafft i groesi'r pwll. Adroddodd John Evans fel y bu i'w dad, Tommy Evans, yn blentyn tua naw neu ddeg mlwydd oed, fynd ar fwrdd sgwner ar y gro. Roedd ef a gweddill y plant yn dangos eu hunain. Ond wrth ddringo'r mast, syrthiodd Tommy Evans a thorri'i fraich. Roedd tad, hen daid a saith brawd Tommy Evans eisoes ar y môr felly pa ryfedd i'w chwarae efelychu gwaith oedolion. Ond roedd hefyd yn baratoad pwysig ar gyfer byd gwaith.[41]

Er nad oedd llongau hwyliau yn gorwedd ar y gro erbyn oes y llongau stêm, nid oedd hynny'n rhwystr i hogiau ifanc y pentref flasu bywyd llongwr. Yn ôl John Matthews Owen:

> Wedyn roeddem yn llongwrs cyn mynd i'r môr erioed. Roedd llongau hwylio ac wedyn stemars yn dod i'r bae ac fyddai ni ynddyn nhw. Roeddem yn gallu rhwyfo yn hogia bach, cwch tad neu taid un ohonom, a rhwyfo at y llongau ac yna arni ac i fyny'r mast.[42]

Byddai'r hogiau weithiau'n rhwyfo allan i long yn y bae gan obeithio gwerthu cig iddynt a chael cyfle i fynd ar fwrdd y llong. Wrth gwrs, fel y cyfeiriwyd eisoes, roedd plant i gapteiniaid yn ffodus iawn mewn un ystyr, yn gallu mynd i ffwrdd i hwylio gyda'u tad gan weld tipyn o'r byd a phrofi bywyd y llongwr go iawn.

Roedd y bechgyn wrth eu boddau yn gwrando ar straeon y llongwyr hŷn. Roedd yn arferiad i ddynion Moelfre dreulio cyfnodau maith yn eistedd neu'n cerdded ar lan y môr, neu ar ben yr allt yn edrych i lawr ar y traeth, yn 'iarnio', sef dweud straeon am eu profiadau ar y môr.

Byddai'r plant wrth eu bodd yn gwrando ar hanesion y dynion profiadol hyn, nifer ohonynt yn hen gapteiniaid sgwners. Gwyddai'r hogiau am longau a phorthladdoedd pell flynyddoedd cyn iddynt fynd i'r môr eu hunain. Nid oedd hyn wedi ei gyfyngu i lan y môr Moelfre.

Wedi iddo ymddeol, roedd Capten William Roberts, Crown, y cyfeiriwyd ato eisoes, yn dysgu yn yr Ysgol Sul. Bu'n berchen ar y *Frances* ac hanes y *Frances* yn unig a geid ganddo am yr awr gyfan yn yr Ysgol Sul. Fel y dywed Dic Evans, 'oedden ni'n gwybod am bob rhaff oedd ar y *Frances*' ar ôl awr yn yr Ysgol Sul!⁴³

Casgliad

Gwelir felly bod amryw ffyrdd y byddai plant yn diddanu eu hunain yn ystod degawdau cynnar yr ugeinfed ganrif. Yn ddiniwed neu'n ddireidus, yn draddodiadol neu'n newydd, yn sefydliadol neu'n ddamweiniol, yn blentynnaidd neu'n efelychu oedolion: roedd y chwarae plant a ddisgrifiwyd uchod i gyd yn adlewyrchu profiadau plant mewn cymuned forwrol ac yn eu paratoi ar gyfer byw a gweithio yn y gymuned honno a hynny fel oedolion.

Robin Evans, 'Chwarae Plant'
Trafodion Cymdeithas Hynafiaethwyr a Naturiaethwyr Môn (2001), 44-58

1   Cyfweliad efo Katie Roberts, 6/1/1994.
2   Cyfweliad efo Jane Lewis, 15/9/1993.
3   Cyfweliad efo Robert a Richard Owen, 15/9/1993.
4   Cyfweliad efo John Matthews Owen, 14/4/1993.
5   Roedd y Capten William Roberts yn un o gymeriadau'r pentref. Bu'n berchennog dwy long, sef y *Mary Goldsworthy* a'r *Frances*. Enillodd Fedal Aur yr RNLI am ei ran yn achub criw'r *Excel* yn 1927.
6   John Matthews Owen, op.cit.
7   Cyfweliad efo Capten Harry Owen Roberts, 6/5/1998.
8   Robert a Richard Owen, op.cit.
9   Cyfweliad efo Eleanor Lloyd Owen, 28/7/1992.
10 *Y Clorianydd*, 8/10/1896.
11 Cyfweliad efo Owen Jones Hughes, 22/7/1993.
12 Capten Harry Owen Roberts, op.cit.
13 Ibid.
14 Ibid.
15 Owen Jones Hughes, op.cit.
16 Eleanor Lloyd Owen, op.cit.
17 Cyfweliad efo Elizabeth Parry, 6/11/1997.

18 Cyfweliad efo Eleanor Lloyd Owen, 28/10/1992.
19 Ibid.
20 Cyfweliad efo Robert a Richard Owen, 25/6/1992.
21 Cyfweliad efo Anita Parry, 16/12/1993.
22 Cyfweliad efo Katie Roberts, 25/11/1993.
23 Ibid.
24 *Y Clorianydd* – 5/3/1930.
25 *Y Clorianydd* – 30/4/1930.
26 Cyfweliad efo Margaret Williams, 20/10/1994.
27 Cyfweliad efo Eleanor Lloyd Owen, 17/6/1993.
28 Ibid.
29 *Y Clorianydd* – 22/1/1930.
30 Cyfweliad efo Kitty Evans-Roberts, 3/1/1994; Cyfweliad efo Robert Owen, 3/1/1992.
31 Cyfweliad efo Margaret Williams, 19/2/1992.
32 Cyfweliad efo John Matthews Owen, 01/08/1992.
33 Cyfweliad efo John Evans, 21/9/1994.
34 Anita Parry, op.cit.
35 Eleanor Lloyd Owen, 28/10/1992, .op.cit.
36 Cyfweliad efo Robert a Richard Owen, 2/6/1992.
37 Cyfweliad efo John Matthews Owen, 2/12/1992.
38 Ibid.
39 Robert a Richard Owen, 20/10/1992, op.cit.
40 Cyfweliad efo Dic Evans, 2/7/1992.
41 Cyfweliad efo John Evans, 21/9/1994.
42 Cyfweliad efo John Matthews Owen, 20/6/1992.
43 Dic Evans, op.cit.

ATODIADAU

Atodiad 1
Detholiad o longau y buddsoddodd trigolion plwyf Llanallgo ynddynt

Mae'r wybodaeth a ganlyn yn seiliedig ar Gofrestrau Llongau Biwmares yn unig ac o'r herwydd nid yw'n cynnwys yr holl longau y bu trigolion y plwyf yn buddsoddi ynddynt.

Enw'r Llong	Man Adeiladu a'r Dyddiad	Math	Tunnelli
Adventure	Aberaeron	slŵp	28
Amelia	Caernarfon 1804	slŵp	32
Betsey	Glasson Dock 1843	smac	24
Betty & Peggy	Rhuddlan 1783	slŵp	28
Cambria	Bangor 1860	sgwner	56
Caroline	Fflint 1839	sgwner	52
Catherine	Nefyn 1783	slŵp	10
Clara Jane	Cemaes 1859	sgwner	61
Conway Castle	Conwy 1803	slŵp	52
Cornist	Caer 1811	galliot	46
County of Anglesea	Kilkeel 1877	dandi	24
Cymraes	Amlwch 1836	slŵp	21
Cymro	Amlwch 1844	smac	20
Darling	Abermaw 1781	slŵp	33
Dart	Hoole 1836	slŵp	44
Diligence	Conwy 1801	slŵp	27
Eilian Hill	Amlwch 1878	sgwner	112
Eliza	Bangor 1866	sgwner	101
Elizabeth	Prince Edward Island 1838	sgwner	76
Elizabeth & Jane	Caernarfon 1813	slŵp	56
Ellinor	Caernarfon 1805	slŵp	36
Esther	Ulverston 1842	slŵp	24
Glynrhonwy	Caernarfon 1828	smac	42
Grace	?, Sir Gaernarfon 1770	slŵp	24
Industry	Caer 1823	smac	23
Jane	Pwllheli 1770	slŵp	23
Jane	Abersoch 1787	slŵp	50
Jane & Sarah	Padstow 1855	smac	43
Jenny	Aberystwyth 1771	slŵp	27
John & Mary	Lerpwl 1841	slŵp	31
John Nelson	New Brunswick ?1846	badlong (cetsh)	49
Lady Robert Williams	Traeth Coch 1821	snow	167
Lewis	Prince Edward Island 1848	sgwner	69
Lively	Pwllheli 1788	slŵp	24
Lord Willoughby	Conwy 1841	sgwner	71
Lovely Peggy	Abermaw 178?3	slŵp	29
Lydia	Caernarfon 1803	slŵp	39
Mackerel	Pwllheli 1789	slŵp	26

Margaret Elizabeth	Conwy 1853	slŵp	38
Maria & Elizabeth	Bangor 1839	sgwner	103
Mary	Gellgoch, Sir Faesyfed 1775	slŵp	33
Mary	Pwllheli 1805	slŵp	59
Mary Ann Jane	Foryd	fflat (dandi 1871)	56
Mayflower	Aberteifi 1774	slŵp	23
Nancy	Lerpwl 178?9	slŵp	11
New Maria	Dulas 1853	iôl	16
Peggy	Traeth Coch 1791	smac	6
Penelope	Conwy 1855	sgwner	87
Pennant	Conwy 1775	slŵp	30
Pride of Anglesea	Barnstaple 1859	sgwner – badlong (cetsh)	88
Providence	Conwy 1793	slŵp	43
Rachel	Caernarfon 1804	slŵp	18
Richard William	Caernarfon 1821	snow	103
Rising Star	Port St Mary 1866	llusglong (lygar)	21
Sarah	Lerpwl 1818	slŵp	16
Sarah	Y Fali 1844	smac	18
Sea Queen	Amlwch 1861	sgwner	82
Siberia	Conwy 1802	slŵp	16
Sisters	Nefyn 1788	slŵp	27
Sovereign	St Ives 1846	iôl	13
Stag	Aberdaugleddau 1818	slŵp	26
Stanley	Conwy 1805	galliot	71
Stanley	Caergybi 1829	smac	34
Tammie Norrie	Ayr 1855	llong ysgafn (cytar)	17
Thomas Mason	Runcorn 1838	sgwner	62
Two Brothers	St Ives 1868	dandi	19
William Henry	?Penclawdd, Morgannwg	sgwner	96
William Shepherd	Fflint 1864	sgwner	72

Ffynhonnell: Gwasanaeth Archifau Gwynedd, 'Cofrestrau Llongau Biwmares'

Atodiad 2
Buddsoddwyr Llongau Llanallgo

Prif fwriad y tabl a ganlyn yw nodi'r llongau y bu i drigolion plwyf Llanallgo fuddsoddi ynddynt (gweler Atodiad 1) ynghyd ag enwau'r buddsoddwyr hynny a'u galwedigaethau. Nodir yn ogystal y buddsoddwyr o du allan i'r plwyf a oedd wedi buddsoddi'r un pryd â'r buddsoddwyr o Lanallgo neu a brynodd y cyfranddaliadau gan, neu eu gwerthu i, fuddsoddwyr o Lanallgo. Er gwendidau'r tabl (gweler isod) mae'n cynnig darlun o natur y buddsoddwyr a phatrymau daearyddol cyfranddalwyr yr amrywiol longau.

Sylwer:

- Mae'r golofn 'Llanallgo' yn dynodi os oedd y buddsoddwr/wraig o blwyf Llanallgo neu ddim.

- Mae'r golofn Pd/Pc yn nodi os oedd y buddsoddwr yn berchennog-danysgrifiwr (Pd - *subscribing owner*) neu'n berchennog cyffredin (Pc – *non-subscribing owner*). Roedd y perchennog-danysgrifiwr fel arfer yn arwyddo'r gofrestr a'r datganiad swyddogol ond nad oedd o reidrwydd yn dal y nifer fwyaf o gyfranddaliadau.

- Mae'r golofn 'Nifer' yn nodi nifer y cyfranddaliadau yn nwylo'r buddsoddwr.

- Mae'r golofn 'Cyfnod Perchnogaeth' yn nodi'r blynyddoedd y gwyddys i drigolion plwyf Llanallgo fuddsoddi yn y llong dan sylw ond, oherwydd natur y ffynonellau sydd ar gael, mae'n bosibl bod y gwir gyfnodau yn llawer hwy.

Fel yn achos Atodiad 1, gan fod y wybodaeth a ganlyn yn seiliedig ar Gofrestrau Llongau Biwmares yn unig nid yw'n cynnwys yr holl longau y bu trigolion y plwyf yn buddsoddi ynddynt. Dylid pwysleisio yn ogystal mai cynnig ciplun yn unig mae'r tabl gan ei bod yn aml yn anodd, yn bennaf oherwydd natur y Cofrestrau, i wybod i'r dim pwy oedd yr holl gyfranddalwyr, a nifer eu cyfranddaliadau, ar unrhyw un cyfnod. Felly hefyd, er bod y golofn 'Cyfnod Perchnogaeth' yn dangos pryd y bu'r cyfranddaliadau yn nwylo'r buddsoddwr, am resymau trefniadol nid oedd yn bosibl dangos, er enghraifft, pwy werthodd cyfranddaliadau i bwy, a faint a werthwyd/brynwyd, er mewn sawl achos gellir eu dyfalu'n weddol rhwydd.

Enw	Cyfenw	Cyfeiriad	Llanallgo	Gwaith	Pd/Pc	Nifer	Llong	Adeiladwyd	Cyfnod Perchnogaeth
Rowland	Hughes	Moelfre	Llanallgo	Capten Llong		64	*Adventure*	1860	1860
Thomas	Owen	Moelfre	Llanallgo	Morwr		32	*Adventure*	1860	1860
Griffith	Edwards	Bodafon	na	Ffermwr	Pd		*Amelia*	1804	1804
Robert	Pritchard	Llwydiarth Esgob	na	Bonheddwr	Pd		*Amelia*	1804	1804
Richard	Price	Cefnan	na	Ffermwr	Pc		*Amelia*	1804	1804
Elizabeth	?	Traeth Coch	na	Gwraig Weddw	Pc		*Amelia*	1804	1804
Evan	Lewis	Traeth Coch	na	Ffermwr	Pc		*Amelia*	1804	1804
Richard	Edwards	Bodafon?	na	Ffermwr?	Pc		*Amelia*	1804	1804
Rowland	Edwards	Bodafon?	na	Ffermwr?	Pc		*Amelia*	1804	1804
John	Edwards	Bodafon?	na	Ffermwr?	Pc		*Amelia*	1804	1804
Lewis	Edwards	Bodafon?	na	Ffermwr?	Pc		*Amelia*	1804	1804
Edward	Williams	Llanallgo	Llanallgo	Bragwr	Pd		*Amelia*	1804	1804
Owen	Williams	Gell	Llanallgo	Morwr	Pc		*Amelia*	1804	1804
David	Lloyd	Llandudno	na	Capten Llong		48	*Betsey*	1843	1845
John	Williams	Llandudno	na	Bonheddwr		16	*Betsey*	1843	1845
Richard	Owen	Caernarfon	na	Capten Llong		64	*Betsey*	1843	1874-1888
Thomas	Hughes	Ty Newydd	Llanallgo	Morwr		32	*Betsey*	1843	1859-1874
Thomas	Lewis	Moelfre	Llanallgo	Capten Llong		64	*Betsey*	1843	1859
John	Lewis	Moelfre	Llanallgo	Capten Llong		32	*Betsey*	1843	1859-1865
William	Williams	Tyddynygraig	Llanallgo	Morwr		32	*Betsey*	1843	1859-1874
William	Morgan	Llandegfan	na		Pd		*Betty & Peggy*	1783	1786-1795
John	Morgan	Llantysilio	na	Morwr	Pd		*Betty & Peggy*	1783	1795
Thomas	Hughes	Llandegfan	na	Morwr	Pd		*Betty & Peggy*	1783	1798-1814
Henry	Morgan	Llantysilio	na	Perchennog Siop	Pc		*Betty & Peggy*	1783	1798-1810
Thomas	Blackwell	Llantysilio	na	Fiteliwr	Pc		*Betty & Peggy*	1783	1810-1812

Owen	Williams	Llanallgo	Llanallgo	Morwr	Pd		Betty & Peggy	1783	1786-1795[1]
Jane	Rees	Llandegfan	na	Gwraig Weddw	Pc		Betty & Peggy	1783	1798-1814
Jane	Williams	Llandegfan	na		Pd		Betty & Peggy	1783	1795
Thomas	ThomasParry	?	?			12	Cambria	1860	1871
Samuel	Roberts	Bangor	na	Adeiladwr Llongau		4	Cambria	1860	1871-1875
William	Parry	?	na			8	Cambria	1860	1871
William	Williams	?	na			8	Cambria	1860	1871
William	Williams	?	na			8	Cambria	1860	1871
Richard	Power	Lancaster	na	Capten Llong		6	Cambria	1860	1871
John	Williams	Llanfair is Gaer	na	Morwr		10	Cambria	1860	1875
William	Roberts	Tyncraig	Llanallgo	Morwr		24	Cambria	1860	1871-1875
Ellen	Williams	Llanfair is Gaer	na	Gwraig Weddw		32	Cambria	1860	1875
William	Thomas	Amlwch	na	Adeiladwr Llongau		48	Caroline	1839	1870
Owen	Owens	Moelfre	Llanallgo	Capten Llong		16	Caroline	1839	1870-1885
Evan	Prichard	Llanallgo	Llanallgo		Pd		Catherine	1783	1788
MJ?	Treweek	Cemaes	na	Adeiladwr Llongau		40	Clara Jane	1859	1859
William	Smith	Lerpwl	na	Perchennog Siop		10	Clara Jane	1859	1859
David	Jones	Moelfre	Llanallgo	Capten Llong		10	Clara Jane	1859	1859
Robert	Lewis	Moelfre	Llanallgo	Pysgotwr		4	Clara Jane	1859	1859
Israel	Mathews	Rhoscolyn	na	Morwr	Pd		Conway Castle	1803	1819-1826
Robert	Roberts	Llanbeulan	na	Pannwr	Pd		Conway Castle	1803	1819-1826
William	Williams	Llanrhwydrys	na	Ffermwr	Pc	4	Conway Castle	1803	1826-1827
Joseph	Jones	Amlwch	na			32	Conway Castle	1803	1826-1830
Shadrach	Owen	Llanrhwydrys	na	Ffermwr		4	Conway Castle	1803	1827-1830
Hugh	Lewis	Amlwch	na	Perchennog Siop		8	Conway Castle	1803	1828-1830
Rev. James	Smedley?	Amlwch	na	Clerigwr		4	Conway Castle	1803	1828-1830

John	Lewis	Amlwch	na	Morwr		4	Conway Castle	1803	1828-1830
John	Lewis	Amlwch	na	Capten Llong		4	Conway Castle	1803	1830
Owen	Williams	Llanallgo	Llanallgo	Morwr	Pd		Conway Castle	1803	1819-1826[2]
Catherine	Williams	Llanrhwydrys	na	Gwraig Weddw	Pc		Conway Castle	1803	1819-1826
Thomas	Williams	Traeth Coch	na	Bonheddwr	Pd	16	Cornist	1811	1826-1835
John	Roberts	Traeth Coch	na	Morwr	Pd	4	Cornist	1811	1826-1835
Robert	Roberts	Llaneugrad	na	Ffermwr	Pd	4	Cornist	1811	1826-1835
John	Owen	Hendrefadog	na	Bonheddwr	Pc	17	Cornist	1811	1826-1835
William	Pritchard	LlanfairME	na	Morwr	Pc	4	Cornist	1811	1826-1835
Hugh	Hughes	Fferam	na	Ffermwr	Pc	5	Cornist	1811	1826-1835
Richard	Griffith	Lerpwl	na	Masnachwr	Pc	9	Cornist	1811	1826-1835
Richard	Jones	Lerpwl	na	Masnachwr	Pc		Cornist	1811	1826-1835
Richard	Thompson	Lerpwl	na	Masnachwr	Pc		Cornist	1811	1826-1835
Ellen	Hughes	Fferam	na	Gwraig Weddw	Pc	5	Cornist	1811	1836-1845
John	Smart	Caerloyw	na	Cigydd		64	Cornist	1811	1836-1845
Edward	Williams	Glanrafon	Llanallgo	Bonheddwr	Pd	9	Cornist	1811	1826-1835
Grace	Williams	Biwmares	na	Gwraig Weddw	Pd	9	Cornist	1811	1836-1845
William	Roberts	Llaneugrad	na	Morwr		21	County of Anglesea	1877	1877-1891
William	Jones	Portdinllaen	na			64	County of Anglesea	1877	1900
Owen	Jones	Moelfre	Llanallgo	Capten Llong		64	County of Anglesea	1877	1891-1900
William	Williams	Moelfre	Llanallgo	Morwr		22	County of Anglesea	1877	1877-1891
Richard	Williams	Moelfre	Llanallgo	Morwr		21	County of Anglesea	1877	1877-1891
Thomas	Hughes	Penrhosllugwy	na	Morwr	Pd	16	Cymraes	1836	1836-1848
Nicholas	Treweek	Amlwch	na	Masnachwr	Pc	48	Cymraes	1836	1836-1848
Henry	Hughes	Penrhosllugwy	na	hogyn?	Pc	10	Cymraes	1836	1849
John	Lewis	Ty Hir	Llanallgo	Morwr		12	Cymraes	1836	1840-1848[3]
Nicholas	Treweek	Amlwch	na	Masnachwr		56	Cymro	1844	1849-1855

Samuel	Treweek	Amlwch	na	Cyfrifydd		4	*Cymro*	1844	1849-1853
Evan	Jones	Amlwch	na	Cyfrifydd		4	*Cymro*	1844	1849-1853
William	Thomas	Amlwch	na	Perchennog Llongau		64	*Cymro*	1844	1862
Rowland	Owen	Moelfre	Llanallgo	Morwr		32	*Cymro*	1844	1855-1862
Owen	Williams	Moelfre	Llanallgo	Morwr		32	*Cymro*	1844	1855-1862
Hephzibah	Bradley	Porthllongdy	na	Hen Ferch	Pd	32	*Darling*	1781	1836-1837
Thomas	Williams	Traeth Coch	na	Bonheddwr	Pd	32	*Darling*	1781	1836-1852
John	Jones	Llaneugrad	na	Morwr		11	*Darling*	1781	1839-1852
Thomas	Jones	Llaneugrad	na	Morwr		11	*Darling*	1781	1839-1852
Owen	Jones	Llaneugrad	na	Morwr		10	*Darling*	1781	1839-1852
Lipu?	Williams	Tanygraig	Llanallgo	Gwraig Weddw		32	*Darling*	1781	1852
Thomas	Hughes	Llanallgo	Llanallgo			32	*Dart*	1836	1871
Thomas	Hughes	Llanallgo	Llanallgo			33	*Dart*	1836	1871
Thomas	Williams					64	*Dart*	1836	1871
John	Griffith	Llanallgo	Llanallgo	Morwr	Pd[4]		*Diligence*	1801	1807?
Evan	Prichard	Amlwch	na	Bonheddwr?	Pd		*Diligence*	1801	1808?
James	Roose	Amlwch	na	Bonheddwr	Pd		*Diligence*	1801	1808?
Robert	Roberts	Amlwch	na	Perchennog Siop	Pd		*Diligence*	1801	1808?
Owen	Jones	Amlwch	na	Perchennog Siop	Pc		*Diligence*	1801	1808?
Samuel	Samuel	Caernarfon	na	Adeiladwr Llongau	Pc		*Diligence*	1801	1808?
William	Thomas	Amlwch	na	Adeiladwr Llongau		64	*Eilian Hill*	1878	1878-1880
Lewis	Hughes	Amlwch	na	Perchennog Gwaith Cemegau		8	*Eilian Hill*	1878	1880
William S	Barnet	Lancaster	na	Perchennog Gwaith Glo		4	*Eilian Hill*	1878	1880
Griffith	Jones	Sir Gaerhirfryn	na	Masnachwr Glo		4	*Eilian Hill*	1878	1880
Richard	Chamber	Gwyndy	na	Ffermwr		4	*Eilian Hill*	1878	1880
Charles Henry	Hill	Northumberland	na	Cynhyrchydd Cemegol		8	*Eilian Hill*	1878	1880
John	Owens	Landring	Llanallgo	Capten Llong		16	*Eilian Hill*	1878	1880

Thomas Thomas	Parry	Bangor	na	Perchennog Llongau		18	*Eliza*	1866	1871-1874
Samuel	Roberts	Bangor	na	Perchennog Llongau		12	*Eliza*	1866	1871-1874
Richard H	Power	Lerpwl	na	Perchennog Llongau		18	*Eliza*	1866	- 1871-1874
Richard	Williams	Nefyn	na	Capten Llong		12	*Eliza*	1866	1871-1874
Richard	Williams	Bryn Tirion[5]	Llanallgo	Capten Llong		4	*Eliza*	1866	1871-1875
William	Williams	Moelfre	Llanallgo	Morwr		64	*Eliza*	1866	1876
Mary	Williams	Bryn Tirion	Llanallgo	Gwraig Weddw		64	*Eliza*	1866	1876
Nicholas	Treweek	Amlwch	na	Masnachwr		56	*Elizabeth*	1838	1851-1855
James	Treweek	Amlwch	na	Bonheddwr		4	*Elizabeth*	1838	1851-1859
Nicholas	Treweek	Lerpwl	na	Brocwr Llongau		4	*Elizabeth*	1838	1851-1859
John	Hughes	Amlwch	na	Capten Llong		16	*Elizabeth*	1838	1855-1859
William	Jones	Amlwch	na	Capten Llong		16	*Elizabeth*	1838	1855-1859
David	Lewis	Moelfre	Llanallgo	Morwr		16	*Elizabeth*	1838	1856-1859
Ann	Jones	Pentraeth	na	Gwraig Weddw	Pd	4	*Elizabeth & Jane*	1813	1826-1837
William	Prichard	Traeth Coch	na	Morwr	Pc		*Elizabeth & Jane*	1813	1813-1837
John	Roberts	Traeth Coch	na	Morwr	Pc		*Elizabeth & Jane*	1813	1813-1826
Michael	Jones	Llugwy	na	Ffermwr	Pc		*Elizabeth & Jane*	1813	1813-1825
William	Jones	Pentraeth	na	Ffermwr	Pc		*Elizabeth & Jane*	1813	1813-1828
John	Jones	Amlwch	na	Bonheddwr		4	*Elizabeth & Jane*	1813	1825-1826
Hugh	Owen	Traeth Coch	na	Iwmon		4	*Elizabeth & Jane*	1813	1826
Robert	Roberts	Llaneugrad	na			8	*Elizabeth & Jane*	1813	1826-1828
John	Jones	Pentraeth?	na			4	*Elizabeth & Jane*	1813	1837
William	Williams	Glanrafon	Llanallgo	Morwr	Pd[6]		*Elizabeth & Jane*	1813	1813-1837
Edward	Williams	Glanrafon	Llanallgo	Ffermwr	Pd[7]		*Elizabeth & Jane*	1813	1813-1837
Jane	Mathews	Lerpwl	na	Gwraig Weddw	Pc		*Elizabeth & Jane*	1813	1813-1837
Thomas	Williams	Llanallgo	Llanallgo	Bonheddwr			*Elizabeth & Jane*	1813	1837
Jane	Owen	Llanbedrgoch	na	Gwraig Weddw	Pc		*Elizabeth & Jane*	1813	1813-1837
Elizabeth	Williams	Traeth Coch	na	Gwraig Weddw	Pc		*Elizabeth & Jane*	1813	1813-1837
Jane	Williams	Glanrafon	Llanallgo	Gwraig	Pc[8]		*Elizabeth & Jane*	1813	1813-1837

William	Prichard	LlanfairME	na	Ffermwr	Pd		*Ellinor*	1805	1806-1816
Hugh	Hughes	Llanddyfnan	na	Ffermwr	Pd		*Ellinor*	1805	1806-1816
Robert	Roberts	Llanddyfnan	na	Ffermwr	Pd		*Ellinor*	1805	1806-1816
Robert	Parry	LlanfairME	na	Saer	Pc		*Ellinor*	1805	1806-1816
Owen	Jones	LlanfairME	na	Saer	Pc		*Ellinor*	1805	1806-1816
Robert	Parry	Llaneugrad	na	Ffermwr	Pc		*Ellinor*	1805	1806-1816
Thomas	Edwards	Llangefni	na	Perchennog Siop	Pc		*Ellinor*	1805	1806-1816
Robert	Thomas	Llanddyfnan	na	Labrwr	Pc		*Ellinor*	1805	1806-1816
William	Philips	Llanddyfnan	na	Ffermwr	Pc		*Ellinor*	1805	1806-1816
Owen	Williams	Llanallgo	Llanallgo	Morwr	Pc		*Ellinor*	1805	1806-1816
Thomas	Roberts	Trefriw	na	Capten Llong		64	*Esther*	1842	1860-1863
Thomas	Roberts	Trefriw	na	Capten Llong		64	*Esther*	1842	1871-1877
William	Roberts	Moelfre	Llanallgo	Capten Llong		32	*Esther*	1842	1863-1871
Richard	Williams	Moelfre	Llanallgo	Capten Llong		32	*Esther*	1842	1863-1866
Thomas	Elias	Llanfwrog	na	Ffermwr		4	*Glynrhonwy*	1828	1828-1838
John	Johnston	Caergybi	na	Peiriannydd		32	*Glynrhonwy*	1828	1828-1838
William	Hughes	Llanynghenedl	na	Ffermwr		4	*Glynrhonwy*	1828	1828-1838
Hugh	Roberts	Llanynghenedl	na	Ffermwr		4	*Glynrhonwy*	1828	1828-1838
Richard	Williams	Llanynghenedl	na	Ffermwr		4	*Glynrhonwy*	1828	1828-1838
Richard	Griffiths	Llanfair yn Neubwll	na	Ffermwr		8	*Glynrhonwy*	1828	1828-1838
Nicholas	Treweek	Amlwch	na	Masnachwr		4	*Glynrhonwy*	1828	1838-1844
Lewis	Williams	Llanallgo	Llanallgo	Morwr		64[9]	*Glynrhonwy*	1828	1838-1844
Richard	Evans	Llanallgo	Llanallgo	Morwr	Pd		*Grace*	1770	1801-1813
Evan	Prichard	Llanallgo	Llanallgo	Morwr	Pd		*Grace*	1770	1801-1813
William	Evans	Llanallgo	Llanallgo	Morwr		32	*Industry*	1823	1838-1860
John	Evans	Llanallgo	Llanallgo	Morwr		32	*Industry*	1823	1838-1860
John	Price	Caergybi	na	Morwr	Pd	12	*Industry*	1823	1830-1838

Forename	Surname	Place	Parish	Occupation	Pd/Pc	No.	Ship	Year	Dates
William	Parry	Llanfwrog	na	Morwr	Pd	8	Industry	1823	1830
William	Parry	Caergybi	na	Morwr	Pc	8	Industry	1823	1830-1831
Henry	Evans	Caergybi	na	Morwr	Pc	12	Industry	1823	1830-1831
Richard	Roberts	Caergybi	na	Morwr	Pc	10	Industry	1823	1830-1838
John	Jones	Caergybi	na	Adeiladwr Llongau	Pc	8	Industry	1823	1830-1838
David	Grifith	Caergybi	na	Groser	Pc	10	Industry	1823	1830-1838
Robert	Williams	Caergybi	na			4		1823	1830-1838
Martha	Williams	Caer	na	Gwraig Weddw	Pc	4	Industry	1823	1830-1838
Richard	Hughes	Dalar, Moelfre	Llanallgo	Capten Llong		64	Jane & Sarah	1855	1889-1899
James	Owens	Bangor	na	Capten Llong		64	Jane & Sarah	1855	1883
Rowland	Owen	Caeau Gleision	Llanallgo	Morwr		32	Jane & Sarah	1855	1883-1889
Frances	Owens	Bangor	na	Gwraig		32	Jane & Sarah	1855	1883
Sarah	Webber	Barnstaple	na	Gwraig		64	Jane & Sarah	1855	1899
William	Jones	Bangor	na	Morwr	Pd		Jane	1787	1797-1800
Owen	Williams	Llanallgo	Llanallgo	Morwr	Pc		Jane	1787	1797-1800
John	Griffiths	Llanallgo?	Llanallgo	Morwr	Pd		Jane	1770	1804-1806
Richard	Hughes	Llanallgo	Llanallgo	Morwr	Pd		Jane	1770	1806-1815
Owen	Hughes	Llanallgo	Llanallgo	Morwr	Pd		Jane	1770	1806-1815
William	Lewis	Llanallgo	Llanallgo	Morwr	Pd		Jane	1770	1806-1815
John	Hughes	Traeth Coch	na	Morwr	Pd		Jane	1770	1815-1816
Owen	Williams	Traeth Coch?	na	Iwmon	Pd		Jane	1770	1815
Owen	Jones	Traeth Coch	na	Masnachwr	Pc		Jane	1770	1816-1825
Owen	Jones	Amlwch	na	Masnachwr	Pc		Jane	1770	1816-1825
William?	Hughes	Amlwch	na	Bonheddwr	Pc		Jane	1770	1816-1825
William	Morgan	Amlwch	na	Ffermwr	Pd		Jane	1770	1825
William	Hughes	Amlwch	na	Iwmon	Pd		Jane	1770	1825
Hugh	Williams	Croesallgo	Llanallgo		Pc		Jane	1770	1816-1825
Jane	Roberts	LlanfairME	na	Gwraig Weddw	Pd		Jane	1770	1816

Owen	Davies	Llanallgo	Morwr	Llanallgo	Pd		*Jenny*	1771	1791-1796
John	Mostyn	Amlwch	Masnachwr	na	Pd		*Jenny*	1771	1790
?	Roberts	Llaneilian	?	na	Pc		*Jenny*	1771	1790
William	Davies	Penrhosllugwy	Ffermwr	na	Pc		*Jenny*	1771	1791-1796
Owen	Hughes	Llangefni	Ffermwr	na	Pc		*Jenny*	1771	1791-1796
Elin	Thomas	Penrhosllugwy	Gwraig Weddw	na			*Jenny*	1771	1790-1796
John	Lewis	Moelfre	Capten Llong	Llanallgo		48	*John & Mary*	1841	1867-1869
William	Thomas	Lerpwl	Brocwr Llongau	na		16	*John & Mary*	1841	1867-1869
Richard	John	Aberthaw, Morgannwg	Perchennog Llongau	na		64	*John & Mary*	1841	1869
Jane	Owen	Primrose Villa, Moelfre	Gwraig	Llanallgo		64	*John Nelson*	1846?	1897
John	Owen	Ty Hir, Moelfre	Capten Llong	Llanallgo		64	*John Nelson*	1846?	1878-1893
Elizabeth Jane	Rowlands	Bangor	Gwraig	na		64	*John Nelson*	1846?	1878
Jane	Williams[10]	Brodawel, Moelfre	Gwraig	Llanallgo		64	*John Nelson*	1846?	1893-1897
John	Owen	Llanallgo	Ffermwr	Llanallgo			*Lady Robert Williams*	1821	1822-1823
Erasmus	Griffiths	Biwmares	Masnachwr	na			*Lady Robert Williams*	1821	1822-1823
Thomas	Hughes	Caernarfon	Masnachwr	na			*Lady Robert Williams*	1821	1822-1823
Griffith	Jones	Llandwrog	Bonheddwr	na			*Lady Robert Williams*	1821	1822-1823
Owen	Jones	Pentraeth	Perchennog Siop	na			*Lady Robert Williams*	1821	1822-1823
Elizabeth	Williams	Llanbedrgoch	Gwraig Weddw	na			*Lady Robert Williams*	1821	1822-1823
Robert	Owen	Llanallgo	Perchennog Car	Llanallgo		64	*Lewis*	1848	1890-1894
Owen	Roberts	Bangor	Adeiladwr Llongau	na		64	*Lewis*	1848	1890
Richard	Evans	Llanallgo	Morwr	Llanallgo	Pd		*Lively*	1788	1804-1815
Hugh	Hughes	Llangefni	Perchennog Siop	na	Pd		*Lively*	1788	1804-1815
William	Lloyd	Llangefni	Perchennog Siop	na	Pd		*Lively*	1788	1804-1815

William	Prichard	Llanfair	na	Perchennog Siop	Pd		*Lively*	1788	1804-1815
Thomas	Williams	Llanfihangel	na	Saer Maen	Pc		*Lively*	1788	1804-1815
David	Lewis	Llanallgo	Llanallgo	Capten Llong		12	*Lord Willoughby*	1841	1862-1864
Griffith	Davies	Bangor	na	Perchennog Siop		8	*Lord Willoughby*	1841	1859-1864
Evan	Jones	Dinbych	na	Ffermwr		8	*Lord Willoughby*	1841	1857
Richard	Williams	Conwy	na	Tafarnwr		12	*Lord Willoughby*	1841	1859-1863
David	Roberts	Conwy	na	Dilledydd		20	*Lord Willoughby*	1841	1859-1864
Peter	Webster	Conwy	na	Fferyllydd		16	*Lord Willoughby*	1841	1857
Margaret	Townley	Llanrwst	na	Hen Ferch		16	*Lord Willoughby*	1841	1864
Catherine	Webster	Conwy	na	Gwraig Weddw		16	*Lord Willoughby*	1841	1859-1864
Robert	Owen	Llanallgo	Llanallgo	Morwr	Pd		*Lovely Peggy*	1783?	1786-1788
Rowland	Owen	Amlwch	na	Morwr	Pd		*Lovely Peggy*	1783?	1786-1788
David	Jones	Lerpwl	na		Pc		*Lovely Peggy*	1783?	1786-1788
John	Prichard	Lerpwl	na		Pc		*Lovely Peggy*	1783?	1786-1788
William	Hughes	Amlwch	na		Pc		*Lovely Peggy*	1783?	1786-1788
Margaret	Hughes	Llanddyfnan	na	Gwraig		4	*Lydia*	1803	1830
Elin	Hughes	Llanddyfnan	na	Gwraig Weddw		6	*Lydia*	1803	1833
Mary	Jones	Penrhosllugwy	na	Gwraig Weddw		8	*Lydia*	1803	1824-1833
Jane	Owen	Caernarfon	na	Gwraig Weddw		8	*Lydia*	1803	1824-1830
John	Roberts	Llaneugrad	na	Morwr	Pd		*Lydia*	1803	1803-1831
Owen	Jones	Penrhosllugwy	na	Ffermwr	Pd		*Lydia*	1803	1803-1824
John	Roberts	Llanfairpwll	na	Morwr	Pc		*Lydia*	1803	1803-1830
Thomas	Owen	Caernarfon	na	Morwr	Pc		*Lydia*	1803	1803-1810
Robert	Hughes	Conwy	na	Saer	Pc		*Lydia*	1803	1803-1833
Robert	Roberts	Llaneugrad	na	Ffermwr		12	*Lydia*	1803	1824
Griffith	Roberts	Caernarfon	na			8	*Lydia*	1803	1824-1830
Hugh	Hughes	Llanddyfnan	na	Ffermwr		6	*Lydia*	1803	1826-1833
Hugh	Hughes	Llanddyfnan	na	Masnachwr		6	*Lydia*	1803	1826-1830

Owen	Hughes	Llanddyfnan	na	Morwr		4	*Lydia*	1803	1826-1830
William	Prichard	LlanfairME	na			6	*Lydia*	1803	1829-1830
John	Williams	Biwmares	na	Fiteliwr		4	*Lydia*	1803	1828-1830
Evan	Evans	Bangor	na	Morwr		4	*Lydia*	1803	1833
Nicholas	Treweek		na			64	*Lydia*	1803	1833
Edward	Williams	Llanallgo	Llanallgo	Ffermwr	Pd		*Lydia*	1803	1803-1830
Owen	Williams	Llanallgo	Llanallgo	Morwr	Pc		*Lydia*	1803	1803-1833
Elizabeth	Williams	Llanbedrgoch	na	Perchennog Siop	Pc		*Lydia*	1803	1803-1830
Eleanor	Williams	Llanallgo	Llanallgo	Hen Ferch		4	*Lydia*	1803	1830-1833
David	Owen	Llanallgo	Llanallgo	Morwr	Pd		*Mackerel*	1789	1806-1813
William	Davies?	LlanfairME	na	Ffermwr	Pd		*Mackerel*	1789	1806-1813
John	Roberts	Llaneugrad	na	Morwr	Pc		*Mackerel*	1789	1806-1813
Hugh	Jones	Llaneugrad	na	Ffermwr	Pc		*Mackerel*	1789	1806-1813
William	Philips	Llanddyfnan	na	Ffermwr	Pc		*Mackerel*	1789	1806-1813
William	Jones	Llantrisant	na	Ffermwr	Pc		*Mackerel*	1789	1806-1813
Edward	Williams	Llanallgo	Llanallgo	Ffermwr	Pd		*Mackerel*	1789	1806-1813
Rowland	Owen	Llanallgo	Llanallgo	Morwr		32	*Margaret Elizabeth*	1853	1864-1875
William	Jones	Llanrwst	na	Masnachwr Coed		64	*Margaret Elizabeth*	1853	1864
Griffith	Williams	Traeth Coch	na	Ffermwr		16	*Margaret Elizabeth*	1853	1864-1890
Samuel	Thomas	Cemaes	na	Saer		64	*Margaret Elizabeth*	1853	1890-1897
Owen	Williams	Llanallgo	Llanallgo	Capten Llong		16[11]	*Margaret Elizabeth*	1853	1864-1890
Richard	Williams	Craig y Don, Moelfre	Llanallgo	Capten Llong		64	*Margaret Elizabeth*	1853	1897-1908
Jane?	Evans	Llangollen	na	Hen Ferch	Pc	4	*Maria & Elizabeth*	1839	1839-1850
Jane	Jones	Biwmares	na	Hen Ferch	Pd	4	*Maria & Elizabeth*	1839	1839-1850
John	Williams	Lerpwl	na	Morwr	Pd	16	*Maria & Elizabeth*	1839	1839-1850
Edward	Ellis	Bangor	na	Adeiladwr Llongau	Pd	4	*Maria & Elizabeth*	1839	1839-1850
Richard Morris	Griffiths Jr	Bangor	na	Perchennog Siop	Pc	4	*Maria & Elizabeth*	1839	1839-1850

        Ffarwel i'r Grassholm Gribog:

Edward	Roberts	Faenol	na	Ffermwr	Pc	12	*Maria & Elizabeth*	1839	1839-1850
John	Jones	Caernarfon	na	Gwneuthurwr Rhaffau	Pc	4	*Maria & Elizabeth*	1839	1839-1845
Joseph	Jones	Lerpwl	na	Groser	Pc	12	*Maria & Elizabeth*	1839	1839-1850
John	Davies	Lerpwl	na	Morwr	Pc	4	*Maria & Elizabeth*	1839	1839-1850
William Henry	Winn	Lerpwl	na	Masnachwr Cywarch a Llin		4	*Maria & Elizabeth*	1839	1845-1850
John	Owen	Caernarfon	na	Masnachwr		4	*Maria & Elizabeth*	1839	1850
John	Jones	Bangor	na	Masnachwr Blawd		8	*Maria & Elizabeth*	1839	1850
Hugh	Williams	Llanallgo	Llanallgo	Ffermwr	Pc	4	*Maria & Elizabeth*	1839	1839-1850
John	Matthews	Llanallgo	Llanallgo	Morwr	Pd		*Mary*	1775	1802
John	Matthews	Llanallgo	Llanallgo	Morwr	Pd		*Mary*	1805	1805-1810
Owen	Jones	Penrhosllugwy	na	Ffermwr	Pd		*Mary*	1805	1805-1810
William?	Williams	Llandyfrydog	na	Ffermwr	Pd		*Mary*	1805	1805-1810
Evan	Lewis	Llanbedrgoch	na	Ffermwr	Pc		*Mary*	1805	1805-1810
Thomas	Stringer	Lerpwl	na	Gwneuthurwr Blociau	Pc		*Mary*	1805	1805-1810
Owen	Williams	Llanallgo	Llanallgo	Morwr	Pc		*Mary*	1805	1805-1810
Edward	Williams	Llanallgo	Llanallgo	Ffermwr	Pc		*Mary*	1805	1805-1810
Jane	Lewis	Tros yr Afon, Moelfre	Llanallgo	Gwraig Weddw		25	*Mary Ann Jane*	1863	1884-1885
David	Lewis	Tros yr Afon, Moelfre	Llanallgo	Capten Llong		50	*Mary Ann Jane*	1863	1877-1884
John	Lewis	Tros yr Afon, Moelfre	Llanallgo			25	*Mary Ann Jane*	1863	1884-1885
John	Owen	Penrhosllugwy	na	Capten Llong		50	*Mary Ann Jane*	1863	1863-1877
Owen	Owens	Amlwch	na	Masnachwr Blawd		4	*Mary Ann Jane*	1863	1863-1855
William	Thomas	Amlwch	na	Perchennog Llongau		6	*Mary Ann Jane*	1863	1863-1855
Thomas	Morgan	Barrow in Furness	na	Capten Llong		4	*Mary Ann Jane*	1863	1863-1855
Shadrach	Williams	Llanrhwydrys	na	Ffermwr	Pd		*Mayflower*	1774	1786-1813

John	Hughes	Llanfairynghornwy	na	Ffermwr	Pd		*Mayflower*	1774	1786-1813
Robert	Hughes	Llanfechell	na	Morwr	Pd		*Mayflower*	1774	1787-1813
Owen	Williams	Llanallgo	Llanallgo	Morwr	Pd		*Mayflower*	1774	1786-1813
Owen	Davies	Llanallgo	Llanallgo	Morwr	Pd		*Nancy*	1789?	1789-1791
William	Davies	Llanallgo	Llanallgo	Ffermwr	Pd		*Nancy*	1789?	1789-1791
Rowland	Hughes	Moelfre	Llanallgo	Morwr	Pd	32	*New Maria*	1853	1853-1871
John	Owen	Penrhosllugwy	na	Morwr	Pd	16	*New Maria*	1853	1853-1871
Richard	Edwards	Penrhosllugwy	na	Ffermwr	Pc	16	*New Maria*	1853	1853-1871
Owen	Williams	Llanallgo	Llanallgo	Morwr	Pd		*Peggy*	1791	1791-1795
Elizabeth	Davies	Conwy	na	Gwraig Weddw		32	*Penelope*	1855	1876-1884
Catherine	Webster	Conwy	na	Gwraig Weddw		8	*Penelope*	1855	1855-1856
David	Lewis	Moelfre	Llanallgo	Capten Llong		32	*Penelope*	1855	1866-1883
John	Cropper	Penbedw	na	Contractiwr		8	*Penelope*	1855	1855-1866
Henry	Jones	Conwy	na	Bonheddwr		8	*Penelope*	1855	1855-1866
William	Owen	Conwy	na	Bragwr		8	*Penelope*	1855	1855-1856
Robert	Davies	Conwy	na	Dilledydd a Theiliwr		32	*Penelope*	1855	1855-1876
Shadrach	Williams	Llanrhwydrys	na	Ffermwr	Pd		*Pennant*	1775	1786-1829
William	Morgan	Llantysilio	na	Morwr	Pc		*Pennant*	1775	1786-1799
Owen	Williams	Llechcynfarwy	na	Ffermwr	Pc		*Pennant*	1775	1786-1799
Hugh	Prichard	Penrhosllugwy	na	Morwr			*Pennant*	1775	1816-1820
Hugh	Prichard	Penrhosllugwy	na	Ffermwr			*Pennant*	1775	1816-1820
Robert	Price	Traeth Coch	na	Fiteliwr			*Pennant*	1775	1820-1826
?	?	Cemaes	na	Morwr			*Pennant*	1775	1820-1826
Henry	Parry	Llanbadrig	na	Ffermwr			*Pennant*	1775	1820-1829
James	Davies	Lerpwl	na	Masnachwr		8	*Pennant*	1775	1825-1829
Watkin	Williams	Llanbadrig	na	Morwr	Pd	8	*Pennant*	1775	1826-1829

Hugh	Parry	Llanbadrig	na	Ffermwr	Pc	16	*Pennant*	1775	1826-1828
William	Williams	Llanrhwydrys	na	Ffermwr	Pc	16	*Pennant*	1775	1826-1828
Joseph	Jones	Amlwch	na			16	*Pennant*	1775	1828-1830
Owen	Williams	Llanallgo	Llanallgo	Morwr	Pd		*Pennant*	1775	1786-1830
John	Owen	Moelfre	Llanallgo	Capten Llong		16	*Pride of Anglesea*	1859	1877-1879
Robert	Jones		na			16	*Pride of Anglesea*	1859	1879-1880
Thomas	Jones	Amlwch	na	Perchennog Llongau		36	*Pride of Anglesea*	1859	1879-1880
William	Thomas		na			4	*Pride of Anglesea*	1859	1879-1880
Owen	Jones		na			4	*Pride of Anglesea*	1859	1879-1880
David	Jones		na			2	*Pride of Anglesea*	1859	1879-1880
WH	Peters		na			2	*Pride of Anglesea*	1859	1879-1880
William	Williams	Llanrhwydrys	na	Morwr	Pd		*Providence*	1793	1793-1800
Richard	Price	Llanrhwydrys	na	Ffermwr	Pd		*Providence*	1793	1793-1800
Owen	Jones	Llanfachraeth	na	Ffermwr	Pd		*Providence*	1793	1793-1800
Thomas	Owen	Llanbeblig	na	Morwr	Pd		*Providence*	1793	1800-1804
Robert	Jones	Llandwrog	na	Morwr	Pd		*Providence*	1793	1800-1804
John	Roberts	Llanfair	na	Morwr	Pd		*Providence*	1793	1800-1804
Owen	Williams	Llanallgo	Llanallgo	Morwr	Pd		*Providence*	1793	1793-1804
Richard	Matthews	Aelwyd Isa	Llanallgo	Morwr	Pd		*Rachel*	1804	1809-1811
William	Williams	LlanfairME	na	Morwr	Pd		*Rachel*	1804	1809-1811
?	Matthews	Lerpwl	na	Morwr	Pd		*Rachel*	1804	1809-1811
Grace	Lloyd	Biwmares	na	Gwraig Weddw			*Richard William*	1821	1821-1825
John	Williams	Biwmares	na	Morwr			*Richard William*	1821	1821-1825
John	Rowlands	Cadnant	na	Morwr			*Richard William*	1821	1821-1825
Hugh	Rowland	Cadnant	na	Perchennog Siop			*Richard William*	1821	1821-1825
John & Samuel	Salesbury	Lerpwl	na	Gwneuthurwr Hwyliau			*Richard William*	1821	1821-1825
Richard	Lloyd	Lerpwl	na	Fferyllydd			*Richard William*	1821	1821-1825

Robert	Jones	Caernarfon	na	Perchennog Siop		*Richard William*	1821	1821-1825
John?	Lloyd	Caernarfon	na	Pensaer		*Richard William*	1821	1821-1825
Thomas	Rolson?	Lerpwl	na			*Richard William*	1821	1822-1825
Edward	Williams	Glanrafon Bach	Llanallgo	Ffermwr		*Richard William*	1821	1822-1825
Thomas	Hughes	Moelfre	Llanallgo	Pysgotwr	32	*Rising Star*	1866	1882-1894
John	Lewis	Moelfre	Llanallgo	Capten Llong	32	*Rising Star*	1866	1882-1894
Catherine	Matthews	Penrhoslugwy	na	Gwraig Weddw	32	*Sarah*	1818	1850
Thomas	Lewis[12]	Llanallgo	Llanallgo	Morwr	32	*Sarah*	1818	1843-1859
Owen?	Roberts	Moelfre	Llanallgo	Morwr	32	*Sarah*	1818	1850-1859
Hugh	Roberts	Cricieth	na	Morwr	64	*Sarah*	1818	1843
William	Matthews	Penrhoslugwy	na	Morwr	32	*Sarah*	1818	1843-1850
Robert	Hughes	Amlwch	na	Morwr	64	*Sarah*	1818	1859
William	Roberts	Llanallgo	Llanallgo	Morwr	32	*Sarah*	1844	1860
John	Hughes	Bodedern	na	Bonheddwr	8	*Sarah*	1844	1850
William	Hughes	Llanrhuddlad	na	Masnachwr	8	*Sarah*	1844	1850-1852
Owen	Hughes	Llanrhuddlad	na	Ffermwr	8	*Sarah*	1844	1850-1852
Rowland	Jones	Llanrhuddlad	na	Ffermwr	4	*Sarah*	1844	1850
John	Williams	Llanrhuddlad	na	Mwynwr?	4	*Sarah*	1844	1850-1852
William	Hughes	Bodedern	na	Perchennog Siop	8	*Sarah*	1844	1850-1852
Ebenezer	Evans	Bodedern	na	Perchennog Siop	8	*Sarah*	1844	1850-1852
John	Lewis	Llanddeusant	na	Perchennog Siop	4	*Sarah*	1844	1850-1852
Thomas?	Ellis	Caergybi	na	Gwneuthurwr Hwyliau	4	*Sarah*	1844	1850-1852
Robert	Williams	Caergybi	na	Saer Maen	8	*Sarah*	1844	1850
John	Matthews	Penrhoslugwy	na	Morwr	12	*Sarah*	1844	1852
William	Thomas	Llanfaethlu	na	Morwr	36	*Sarah*	1844	1852-1860
Evan	Williams	Llanallgo	Llanallgo	Labrwr	12	*Sarah*	1844	1850-1852
David	Lewis	Moelfre	Llanallgo	Capten Llong	16	*Sea Queen*	1861	1861

Nicholas	Treweek	Amlwch	na	Masnachwr	Pd	40	*Sea Queen*	1861	1861
John M.J.	Treweek	Amlwch	na	Masnachwr	Pd	4	*Sea Queen*	1861	1861
Evan	Jones	Amlwch	na	Cyfrifydd		4	*Sea Queen*	1861	1861
Richard	Hughes	Llanallgo	Llanallgo	Morwr	Pd		*Siberia*	1802	1821-1827
Owen	Jones	Llaneugrad	na	Morwr	Pd		*Siberia*	1802	1821-1826
Robert	Roberts	Llaneugrad	na	Ffermwr		64	*Siberia*	1802	1827
Edward	Williams	Llanallgo	Llanallgo	Ffermwr	Pc		*Siberia*	1802	1821-1827
William	Price	Llandegfan	na	Bonheddwr	Pd		*Sisters*	1788	1801-1805
John	Hughes	Llandegfan	na	Morwr	Pd		*Sisters*	1788	1801-1805
Henry	Morgan	Llantysilio	na	Perchennog Siop	Pd		*Sisters*	1788	1801-1805
Richard	Jones	Penmynydd	na	Ffermwr	Pd		*Sisters*	1788	1801-1805
Owen	Williams	Llanallgo	Llanallgo	Morwr	Pd		*Sisters*	1788	1801-1805
William	Heard	Porthaethwy	na	Capten Llong		64	*Sovereign*	1846	1882
Israel	Matthews	Llanallgo	Llanallgo	Pysgotwr		64	*Sovereign*	1846	1869-1880
Robert	Matthews	Moelfre	Llanallgo	Morwr		64	*Sovereign*	1846	1880-1882
Robert	Thomas	Lerpwl	na	Perchennog Siop		64	*Stag*	1818	1884
Joseph	Williams	Moelfre	Llanallgo	Morwr		64	*Stag*	1818	1884-1903
Richard	Williams		na	Morwr	Pd		*Stanley*	1805	1806-1811
Samuel	Mocoson?	Llanrhwydrys	na	Masnachwr	Pd		*Stanley*	1805	1806-1811
Robert	Williams	Amlwch	na	Masnachwr	Pd		*Stanley*	1805	1806-1811
John	Price	Conwy	na	Bonheddwr	Pc		*Stanley*	1805	1806-1811
William	Hughes	Amlwch	na	Bonheddwr	Pc		*Stanley*	1805	1806-1811
Thomas	Owen	Llanrhwydrys	na	Morwr	Pc		*Stanley*	1805	1806-1811
Richard	Jones	Caergybi	na	Perchennog Siop	Pc		*Stanley*	1805	1806-1811
Richard	Price	Llanfechell	na	Ffermwr	Pc		*Stanley*	1805	1806-1811
William	Evans	Llanfairynghornwy	na	Ffermwr	Pc		*Stanley*	1805	1806-1811

Owen	*Williams*	*Llanallgo*	*Llanallgo*	*Morwr*	*Pc*		*Stanley*	*1805*	*1806-1811*
John	Evans	Llanallgo	Llanallgo	Morwr	Pd	32	*Stanley*	1829	1836-1837
William	Evans	Llanallgo	Llanallgo	Morwr	Pd	4	*Stanley*	1829	1836-1837
David	Jones	Caergybi	na	Morwr	Pd	16	*Stanley*	1829	1829-1837
Richard	Hughes	Caergybi	na	Morwr	Pd	12	*Stanley*	1829	1829-1836
John	Jones	Llanfwrog	na	Ffermwr	Pc	16	*Stanley*	1829	1829-1837
Hugh	Hughes	Caergybi	na	Ffermwr	Pc	4	*Stanley*	1829	1829-1836
Edward	Meredith	Caergybi	na	Saer Llong	Pc	16	*Stanley*	1829	1829-1837
John	Roberts	Caergybi	na	Iwmon	Pc	8	*Stanley*	1829	1829-1836
John	Thomas	Caergybi	na	Ffermwr	Pc	4	*Stanley*	1829	1836-1837
Thomas	Owens	Moelfre	Llanallgo	Capten Llong		32	*Tammie Norie*	1855	1873-1883
Henry	Hughes	Penrhosllugwy	na	Capten Llong		32	*Tammie Norie*	1855	1873-1883
Hugh	Ellis	Porthaethwy	na	Cynhyrchydd Llechi		64	*Tammie Norie*	1855	1883-1903
Catherine Ann	Davies	Bangor	na	Hen Ferch			*Thomas Mason*	1838	1852-1894
Mary Eliza	Owen	Bangor	na	Gwraig			*Thomas Mason*	1838	1852-1894
Rowland	Jones	Penrallt, Moelfre	Llanallgo	Capten Llong		48	*Thomas Mason*	1838	1893-1894
John Owen	Davies	Bangor	na	Ffermwr			*Thomas Mason*	1838	1852-1894
Samuel	Mason	Runcorn	na	Adeiladwr Llongau		16	*Thomas Mason*	1838	1852-1894
Owen	Williams	Moelfre	Llanallgo	Capten Llong		64	*Two Brothers*	1868	1868-1876
Elizabeth	Hughes	Pontrhydybont	na	Gwraig Weddw		21	*William Henry*	?	1887
Henry	Hughes	Moelfre	Llanallgo	Capten Llong		64	*William Henry*	?	1887-1891
William	Owen	Caergybi	na	Diledydd		64	*William Henry*	?	1861-1887
Evan	Hughes	Pontrhydybont	na	Capten Llong		21	*William Henry*	?	1861-1887
Owen	Jones	Pontrhydybont	na	Saer		21	*William Henry*	?	1861-1887
Henry	Grffiths	Penrhosllugwy	na	?Teiliwr/Morwr?		32	*William Henry*	?	1887-1891

Henry	Hughes	Cocyn	Llanallgo	Capten Llong	32	William Shepherd	1864	1891-1910
Henry	Grffiths	Penrhosllugwy	na	Dilledydd a Theiliwr	32	William Shepherd	1864	1891-1894
James	Linton	Kilkeel	na	Athro Ysgol	24	William Shepherd	1864	1910
John	McConnell	Kilkeel	na	Masnachwr	24	William Shepherd	1864	1910
Samuel	Chambers	Kilkeel	na	Capten Llong	16	William Shepherd	1864	1910

1   Hefyd perchennog cyffredin 1798-1812
2. Hefyd perchennog cyffredin efo 4 cyfranddaliad, 1826-1830
3   Hefyd perchennog danysgrifiwr efo 12 cyfranddaliad, 1849
4   Yna perchennog cyffredin
5   Mae'n debygol mai hwn yw yr un Richard Williams a enwir fel Richard Williams o Nefyn, uchod
6   6 cyfranddaliad yn 1826
7   8 cyfranddaliad yn 1826
8   2 gyfranddaliad yn 1826
9   Lewis Williams efo 64 cyfranddaliad yn 1838 ond yn gwerthu 48 i Nicholas Treweek yr un flwyddyn a gwerthu'r cyfan iddo yn 1844
10 Gwraig Capten John Williams
11 48 cyfranddaliad yn 1875
12 21.5.1859, Thomas Lewis yn gwerthu ei holl gyfranddaliadau i Owen Roberts

Atodiad 3
Cychod Pysgota Moelfre

Casglwyd y wybodaeth isod o Gofrestr Cychod Pysgota Môr sydd yn Archifdy Caernarfon.

Cwch	Cyriant	Rig	Hwyliau	Math o bysgota (1)	Math o bysgota (2)	Hyd - troedfeddi	Tunelledd gros	Criw	Perchennog	Cyfeiriad	Pryd	Capten
Alice	peiriant cynorthwyol	badlong (cetsh)	hwyl flaen, prif ac ôl	treillio	iein	40	8.84	2	William Roberts	Tegfan	1932-1933	William Roberts
Alice Blue Bell	peiriant cynorthwyol	smac	prif hwyl, jib	treillio	iein	27	3.58	2	WH Roberts a Henry Roberts	Dolfor	1939-1941	Henry Roberts
Amy	cwch rhwyfo			lein	rhwyd	10	0.31	2	O Jones	Sea View	1941-1948	O Jones
Betty	cwch rhwyfo			lein		12	0.61	1	Hugh Owen	Môn Eilian	1941-1942	Hugh Owen
Blodwen	hwyl	un mast	prif hwyl	lein		15	0.74	1	John Owen	Gwynle	1941-1945	John Owen
Blodwen	hwyl	un mast	prif hwyl	iein		15	0.74	1	William Jones	Seiriol View	1945-1947	William Jones
Blodwen	peiriant			treillio	lcin	17	1.49	2	Henry Roberts	Dolfor	1945-46	Henry Roberts
Catherine	hwyl		lyg, jib	pysgod mân	penwaig	15	0.87	2	Owen Owens	Boldon	1940-1946	Owen Owens
City of Birmingham	peiriant cynorthwyol	dandi	hwyl ôl, prif hwyl, brig-hwyl, stae-hwyl a jib	treillio	iein	40	12	2	William Roberts	Gwynfor	1936-1940	Thomas Roberts
Dabchick	hwyl		lyg, jib	pysgod mân	penwaig	14	0.78	2	Robert Owen	Roseland	1940-1945	R Owen
David	cwch rhwyfo			rhwyd, cawell cimwch	lein law	11	0.32	1	William Evans	Bay View	1953-1959	William Evans

(1) 'Pencraig High Street' ac yna yn ei le mae 'Beach Cottage' mewn coch ac yna mae High Street, Moelfre, Anglesey.
(2) Llinell drwy 'Sea View Bungalow, Moelfre' ac yna – 55 Manchester Road, Knutsford.
(3) Y cofnod yn cynnwys nodyn i'r cwch gael ei cholli drwy longddrylliad.
(4) Y cofnod yn cynnwys nodyn i'r cwch gael ei throsglwyddo o Lerpwl 21/11/1912 ac yn gorwedd i fyny 26/6/1913, 25/5/1914 ac 18/5/1915.
(5) Y cofnod yn cynnwys llinell drwy 'Ynysfor' ac yna 'Gorphwysfa' yn ei le.

David	cwch rhwyfo			rhwyd, cawell cimwch treillio	lein law	11	0.32	1	David Evans	Gwynlys	1959-1967	David Thomas Evans
Edith	peiriant allfwrdd			treillio		13	0.58	3	William Jones	Seiriol View	1948-1952	William Jones
Eleanor	peiriant allfwrdd cynorthwyol	lyg	lyg, hwyl	lein	rhwydi	12	0.45	2	Hugh P Jones	Bryn Eilian	1949-1961	Hugh P Jones
Elfed	peiriant allfwrdd			lein		13	0.64	2	Owen H Jones	Hyfrydle	1949-1950	Owen H Jones
Ella	cwch rhwyfo			lein		10	0.47	1	William Owen	Arfryn	1941-1942	William Owen
Elsie	peiriant allfwrdd cynorthwyol			lein		10	0.51	1	William Roberts	Gwynfor	1949-1952.	William Roberts
Fox	hwyl		jib a phrif hwyl	lein	rhwydi	13	0.68	4	John Owen	Gwynle	1943-1947	John Owen
Frances	peiriant cynorthwyol a hwyl	badlong (cetsh)	jib a hwyl ôl	treillio	lein	16	1.01	1	William Roberts	Tegfan?	1933-1935	William Roberts
Frances	hwyl		lyg a jib	pysgod mân	penwaig	15	1.03	2	William Roberts	Gwynfor	1940-1942	William Roberts
Freda	peiriant allfwrdd			lein	lein	15	0.74	2	William H Davies	Hafan	1949-1960	William H Davies
Gladys	peiriant a hwyl	smac	prif hwyl a stae-hwyl	rhwyd dramal	cewyll cimwch	37	11.13	4	W G Williams ac W Roberts	Monfa	1932-1933	W G Williams
Glenys	peiriant allfwrdd			lein		10	0.34	2	William Jones	Seiriol View	1948-1950	William Jones

Glenys	peiriant allfwrdd			lein		10	0.34	2	H ac E Kesterton	Gorphwysfa	1950-1952	H ac E Kesterton
Gwyneth	hwyl		lyg a jib	pysgod mân	penwaig	12	0.52	2	William Lewis	Min y don?	1940-1946	W Lewis
Jane & Alice	peiriant cynorthwyol	slŵp	?brig-hwyl ?hwyl flaen a jib	treillio	?berdysyn, lein	36	11.17	2	Katie Hughes	Arfryn	1926-1928	John Hughes
Jean	hwyl		lyg a jib	pysgod mân	penwaig	15	0.78	3	H. P. Jones	Bryn Eilian	1940-1965	H P Jones
Jemima	peiriant a hwyl	smac	prif hwyliau, stae-hwyl, jib, ?hwyl gaff a brig-hwyl	treillio	lein	33	8.72	2	William Roberts ac Owen Williams	Crown House	1926	William Roberts
Kate	hwyl		lyg a jib (peiriant allfwrdd 1948)	pysgod mân	penwaig	12	0.62	3	Richard Owen	2 Penrhos Terrace	1941-1956	R Owen
Katie	hwyl		lyg a jib	pysgod mân	penwaig	15	0.63	3	Thomas Owen	Ynysfor	1940-1942	Thomas Owen
Katie	hwyl		lyg a jib	pysgod mân	penwaig	15	0.63	3	David Williams	Bodwena	1942	David Williams
Kenneth	cwch rhwyfo			lein	rhwyd	12	0.45	2	O Jones	Sea View	1941-1949	O Jones
Kenneth	cwch rhwyfo			lein	rhwyd	12	0.45	2	Kenneth Hughes	Mor-Annedd	1949-1963	K Hughes
Kingfisher	peiriant cynorthwyol	un mast	prif hwyl a stae-hwyl	lein		12	0.7	2	Lewis Sayx	Fflint	1941	

Lark	hwyl (peiriant 1948)		lyg a jib	pysgod mân	penwaig	14	0.95	2	Thomas Williams	Penrallt	1940-1952	T. Williams
Linda	peiriant allfwrdd			cewyll cimwch	rhwydi	10	3.7	1	Hugh Owen	Morawelon	1948-1961	H Owen
Madge	hwyl		lyg a jib	pysgod mân	penwaig	15	0.97	2 (ac 1 bachgen)	John Matthews	2 Penrallt	1940-1948	J Matthews
Maggie	hwyl	slŵp	stae-hwyl a jib	treillio	lein	27	6.47	2	Thomas Jones	Ty'n-y-coed	1910-1913	Thomas Jones
Margaret	hwyl		prif hwyliau a stae-hwyl	lein	cimwch	13	0.82	1	William Roberts	Gwynfor	1942-1947	William Roberts
Margaret Elizabeth	hwyl	lyg	lyg a jib	lein	lein hir	18	1.22	2	Thomas J Jones	Cranford	1941-1942	Thomas Jones
Marina	peiriant			cimwch		14	0.47	1	William Roberts	Gwynfor	1938-1939	William Roberts
Marina	hwyl		lyg a jib	pysgod mân	penwaig	14	0.58	1	William Roberts	Gwynfor	1940-1942	W Roberts
Mary E	peiriant cynorthwyol			lein		14	0.48	1 (ac 1 bachgen)	Arthur ?Glithers	Teg Fan	1953-1955	Arthur ?Glithers
Mona	hwyl		lyg a jib	pysgod mân	penwaig	16	1.25	3	Owen Owens	Penrhos Terrace	1941-1949	R Owen
Olwen	cwch rhwyfo (yna peiriant allfwrdd)			lein		12	0.61	1	David Williams	Bodwena	1941-1943	David Williams
Olwen	cwch rhwyfo (yna peiriant allfwrdd)			lein		12	0.61	1	A C Chapman	Pencraig (1)	1943-1949	A C Chapman

Pamela	peiriant cynorthwyol ac yna '(Britannia 4½ HP)'	lyg	lyg	treillio	lein	12	0.5	2	W J Francis	Bodwena	1948-1956	W J Francis
Pat	peiriant			treillio	lein	25	2.78	1	Alun J Williams	Bodwena	1947-1948	Alun J Williams
Peggy	hwyl a pheiriant	smac	prif hwyl, hwyl flaen, brig-hwyl a jib	treillio	lein	33	10.97	2	William Roberts	Crown House	1926-1928	William Roberts
Pride	hwyl		lyg a jib	pysgod mân	penwaig	11	0.45	2	W R Matthews	2 Penrallt	1940-1949	W R Matthews
Ruth	peiriant			treillio	lein	15	0.75	1	J A Phibbs	Sea View Bungalow (2)	1941-1946	J A Phibbs
Ruth	peiriant			treillio	lein	15	0.75	1	Henry Roberts	Dolfor	1947-1952	Henry Roberts
Sarah Jane	hwyl	llong ysgafn (cytar)	lyg a stae-hwyl	treillio	lein	23	3.37	1 (ac 1 bachgen)	Hugh Jones	Cemaes Bay	1918-1919	Hugh Jones
Seagull	peiriant cynorthwyol			cawell cimwch	lein	13	0.4	1	William Evans	Bay View	1953-1959	William Evans
Seagull	peiriant cynorthwyol			cawell cimwch	lein	13	0.4	1	W E Roberts	Morlais	1959-1969	W E Roberts
Silver King (3)	peiriant			treillio		30	3.24	2	William J Francis	Bodawen	1956	W J Francis
Spray	hwyl a pheiriant	iôl	stae-hwyl a hwyl ôl	treillio	lein	25	2.22	2	William Roberts	Crown House	1928-1932	William Roberts

	hwyl	smac	treillio	lein							
Werna(4)		prif hwyl, hwyl flaen, brig-hwyl, stae-hwyl a jib		lein	26	6.07	2	Owen Jones	Penrallt	1912-1916	William Jones
Betty	cwch rhwyfo yna peiriant allfwrdd 5/1/1948		cimwch	pysgod mân	13	0.58	1	Thomas Owen	Ynysfor (5)	1941-1947	Thomas Owen
Betty	cwch rhwyfo yna peiriant allfwrdd 5/1/1948		cimwch	pysgod mân	13	0.58	1	John Owen	Gwynle	1947-1956	John Owen
Betty	cwch rhwyfo yna peiriant allfwrdd 5/1/1948		cimwch	pysgod mân	13	0.58	1	Evan Owens	Lifeboat House	1956-1967	Evan Owens

MYNEGEIAU

Sefydliad Astudiaethau Hanes Morwrol Cymru

MOROL

Institute of Welsh Maritime Historical Studies

Noddwr: Dafydd Elis-Thomas AC

Sefydlwyd MOROL (Sefydliad Astudiaethau Hanes Morwrol Cymru – Institute of Welsh Maritime Historical Studies) yn 2005 gyda'r nod o hybu diddordeb ac ymchwil yn hanes morwrol Cymru ac mewn sefydlu cysylltiadau rhyngwladol. Digwyddiad agoriadol MOROL oedd Darlith Goffa Aled Eames ym Moelfre. Cymerwyd camau bras ymlaen yn ystod 2009 gyda chynhadledd arbennig i ffurfioli'r sefydliad a thrwy gynnal cynhadledd ar y thema 'Cymru a'r Môr' ar y cyd â Fforwm Hanes Cymru ym Mhlas Tan y Bwlch.

Mae MOROL, mewn cydweithrediad â Gwasg Carreg Gwalch yn falch o gyflwyno'r gyfres newydd hon o gyhoeddiadau ar hanes morwrol Cymru. Y nod yw cyhoeddi gwaith newydd gan haneswyr morwrol o'r radd flaenaf ochr yn ochr ag ailargraffu clasuron yn y maes. Bydd y gyfres yn cyhoeddi yn y Gymraeg a'r Saesneg (yn cynnwys cyfieithiadau o rai testunau Cymraeg) ar ystod eang o bynciau morwrol. Eisoes fe gyhoeddwyd astudiaeth cyffredinol ar hanes cymunedau morwrol Cymru Welsh Ships and Sailing Men gan J. Geraint Jenkins, ailargraffiad o Hen Longau Sir Gaernarfon gan David Thomas ac ailargraffiad o Porthmadog Ships gan Emrys Hughes ac Aled Eames.

Hoffai MOROL gydnabod cefnogaeth werthfawr Myrddin ap Dafydd a Gwasg Carreg Gwalch i lwyddiant y gyfres hon.